KB261958

제국기계 비판
제국기계 비판

국립중앙도서관 출판시도서목록(CIP)

제국기계 비판 / 조정환 지음 -- 서울 : 갈무리, 2005
  p. ;   cm. -- (아우또노미아총서 = Autonomia ; 6)

권말부록수록
참고문헌과 색인수록
ISBN 89-86114-74-7 04300 : \20000
ISBN 89-86114-21-6(세트)

340.4-KDC4
320.02-DDC21   CIP2004002272

아우또노미아총서6

제국기계 비판 *A Critique of the Imperial Machine*

지은이 조정환
펴낸이 장민성
책임운영 신은주 편집부 최미정 마케팅 오정민

펴낸곳 도서출판 갈무리 등록일 1994. 3. 3. 등록번호 제17-0161호
용지 화인페이퍼 인쇄 한영문화사 제본 우진제책
초판인쇄 2005년 1월 1일 초판발행 2005년 1월 22일

주소 서울 마포구 서교동 375-13 성지빌딩 101호 (121-839)
전화 02-325-1485 팩스 02-325-1407
website http://galmuri.co.kr e-mail galmuri@galmuri.co.kr

ISBN 89-86114-74-7 04300 / 89-86114-21-6 (세트)
값 20,000원

제국기계 비판

A Critique of the Imperial Machine

조정환 지음

2005

지구화에 저항하고 지역성을 방어한다는 좌파의 전략은 해롭다. 왜냐하면 지역적 정체성들로 보이는 것이 많은 경우에 자율적이거나 자기결정적이지 않고 오히려 자본주의적 제국기계의 발전을 부양하고 지지하기 때문이다. 제국기계에 의해 작동되는 지구화 혹은 탈영토화는 사실상 지역화나 재영토화에 대립하지 않고 오히려 차이화와 동일화의 이동적이고 조율적인 회로를 가동시킨다. 지역적 저항의 전략은 적을 오인하며 그 결과 적을 감춘다.

– 마이클 하트 · 안또니오 네그리

제국을 전복하기

1

　이라크 전쟁 동안에 우리는 텔레비전을 통해 휘황찬란하고 다양한 상품들의 광고형상들과 나란히 헤아릴 수 없을 만큼 많은 부상자들, 시신들의 형상을 보아야 했고 아우성, 통곡, 절규의 소리를 들어야 했다. 그 모든 장면들을 규율하는 것은 중무장을 하고 시청자들을 향해 총부리를 겨누고 있는 군인들과 그들에게 명령을 내리는 장군들, 그리고 조지 부시였다.

　바스라와 바그다드와 무술이 함락되고 티크리트가 함락되어 이라크 전체에 대한 제국의 전쟁적 약탈이 완료된 뒤, 후세인과 그 인척들의 궁전에서 집기들을 가지고 나오던 시민들은 중무장한 미군에 의해, 미군의 명령을 받은 이라크 경찰에 의해, 그리고 미군의 보호를 받으며 활동하는 자경단에 의해 약탈자들로 분류되고 그것들을 회수당했다. 나라 전체를 약탈하지 못하는 사람들만이, 아니 어쩌면 지구 전체를 송두리째 약탈하지 못하는 사람들만이 약탈자, 안녕과 질서의 침해자, 즉 테러 분자로 범주화되는 것이다.

부시는 전면전은 끝났고 제한전만이 남았다고 선언했다. 전면전이 나라를 약탈하는 전쟁이라면 제한전은 질서를 회복하는 전쟁, 이른바 '민족을 새롭게 건설하는 전쟁'이다. 제한전의 금언(金言)은 정의(定義)와 당위로 구성된 두 문장으로 압축된다: "나의 질서가 아닌 것은 무질서이며 나의 정부가 아닌 것은 무정부이다(정의). 무질서와 무정부는 끝나야 한다(당위)."

민족건설 전쟁에서 사회의 안녕과 질서를 보장하는 것은 치안이다. 치안의 논리를 그 원시적 형상에서 이해하는 것은 쉽다. 두 팔을 목뒤로 돌린 채 체념한 듯 비틀거리며 걸어가는 사내와 그의 등 뒤에 총부리를 겨누고 번득이는 눈빛으로 그 사내를 밀치는 무장한 사내 사이의 경찰적 관계가 원시적 형상의 치안이다. 그렇다면 그것의 발전된 형상은 무엇인가? 바그다드에 쏟아졌던 집속탄, 열화우라늄탄, 스마트폭탄(이것들의 배후에는 아직 몸을 움직이지 않고 있으며 자신의 존재만으로 명령을 하는 폭탄의 절대군주인 핵이 있다)과 그것들에 의해 찢겨지는 이라크 사람들의 살, 뼈, 집의 폭력적 관계가 그것이다. 첩보위성을 통해 샅샅이 재현되어 있는 이라크의 시공간적 지도와 실제의 이라크의 삶 사이의 정보적 관계가 그것이다. 부시의 입가에 머금어진 미소와 공포에 짓눌려 눈물조차 흐르지 않는 이라크 어린이의 눈 사이의 생물적 관계가 그것이다. 상품인가 죽음인가 사이에서 선택을 강요하는 텔레비전과 나의 지붕에 폭탄이 떨어지지 않고 있는 것에 안도의 가슴을 쓸어 내리는 유순한 시청자들 사이의 매체적 관계가 그것이다. 전쟁 이후에 치안이 오는 것이 아니라 '폭력적 치안'에서 '규율적 치안'으로의 단계론이 있을 뿐이다.

우리가 살고 있는 곳은 이렇듯 '치안기계'의 내부이다. 우리는 도시(city)에 살고 있는 것이 아니라 수용소(camp)에 살고 있다는 지오르지오 아감벤(Giorgio Agamben)의 생각은 옳았다. 우리는 21세기의 쉰들러들이며 솔제니친들이다. 당신이 지금 있는 곳에 당신이 왜 왔는가를 생각해 보라. 그곳이 컨베이어벨트 앞이건, 슈퍼마켓의 계산대이건, 은행의 창구건, 강당의 의자건, 병원의 침상이건…. 당신이 그곳에 자유의사에 따라 왔는지 아니면 어떤 필연성(Not-wendig-keit)의 강제 때문에, 즉 궁핍(Not) 때문에 그곳에 수용되었는지 생각해 보라. 21세기에 미국은, 20세기에 독일과 소련이 국경 내부에 구축했던 강제 수용소를 지구 전체에 확산한다. 도시에서 수용소로! 이것이 이라크 전쟁을 통해 드러난 치안기계의 실상이다.

도시가 계약적 공장노동을 통해 노동자의 노동시간을 착취한다면 수용소에서는 수용된 사람의 모든 것이 수용한 사람의 임의에 맡겨진다. 노동뿐만 아니라 지성이, 지성뿐만 아니라 재산이, 재산뿐만 아니라 이빨에 도금된 금이, 도금뿐만 아니라 타고 있는 몸이 산출하는 에너지가 수용소 체제에 약탈된다. 노동시간에 기초한 교환관계로서의 가치법칙의 패권은 확실히 끝난다. 그러나 지금 그것을 끝내고 있는 것은 코뮌이 아니라 수용소다.

수용소에서 모든 개인들, 모든 집단들은 잠재적 범죄자, 잠재적 적이다. 이라크에서 미국의 실재적 적인 이라크 병사는 말할 것도 없고 얼마나 많은 민간인들이 자살전사로 오인되어 죽임을 당했는가? 그리고 얼마나 많은 미·영의 병사들, 기자들, 수용주체들의 이른바 '아군'이 잠재적 적으로 오인되어 다치고 죽었는가? 이제 또 얼마나 많은 사람들이 범죄 혐의를 받는 나라의 국민이라는 이유로 죽임을 당할 것인가? 이 잠재적 범죄자의 목록이 시리아, 이란, 북한 등에 그칠 것이라고 믿는 사람들은 아무도 없다. 수용소는 어느 누구도 믿을 수 없는 절대적 불신에 의해 지배되기 때문이다. 지금의 어떤 동맹자들도 잠재적 범죄자의 일부이다. 심지어는 자기 자신까지도 잠재적 적이다. 테러가 일반적인 것으로 되는 만큼 오인도 일반적인 것으로 된다.

이라크 전쟁을 통해 지구상의 모든 국가의 주권자들은 이제 자신의 주권이 대략 한 달 남짓한 기간에, 어쩌면 그보다 훨씬 더 짧은 시간에 초토화될 수 있다는 사실을 깨달아야 했다. 지구상의 모든 개인들은 미국이 마음을 먹기만 하면 언제든지 자신의 목숨이 박탈될 수 있다는 사실을 깨달아야 했다. 이 세계의 누구든지 지금 샅샅이 감시되고 있는 지구 파놉티콘에 수용되어 있다는 사실을 절감해야 했다. 도주할 '외부'는 더 이상 없다. 나의 목숨, 나의 땅, 나의 재산, 나의 권력, 한마디로 나의 삶 자체가 진정한 의미에서 나의 것이 아니다. 그 어느 것도 후세인의 것이 아니라면, 그 어느 것도 김정일의 것이 아닐 것이며, 어쩌면 그 어느 것도 부시의 것이 아닐지 모른다. 치안기계는 유일한 주권, 유일한 소유를 주장함으로써 주권과 소유를 전면적으로 부정하는 기계이다.

지금의 아랍이 그렇듯이 유럽도 러시아도 중국도 이 전 지구적 파놉티콘, 지구제국의 '외부'는 아니다. 그들은 지구적 수용소, 보편적 전쟁질서, 휴식 없는 치안기계의 귀족적 일부일 뿐이다. 유엔에서의 논쟁이 '전쟁인가 아닌가'가 아니라 '전쟁을 앞당길 것인가 늦출 것인가' 사이에서 맴돌았던 것은 아마도 이 때문일 것이다. 전쟁이 발발한 후 유럽이 미국의 승리(이것은 제국질서의 승리를 의미한다!)를 거듭 지지했던 것도 이 때문일 것이다. 미국이 승리하고 나서 유럽의 정부들이, 거대한 반전운동의 눈치를 보아가며, '이라크가 화학무기를 사용하면…' '치안회복을 위해…' 등 파병의 명분을 확보하기에 여념이 없었던 것도 아마 이 때문일 것이다.

이라크 전쟁은 군주제-귀족제-민주제 사이의 제국 내부의 위계를 좀더 분명히 만든다. 그것은 제국 권력의 국방을 담당했던 미국에 의한 일방주의적 쿠데타였던 셈이다. 그런데 그것을 가능케 한 미국의 무력은 제국에 의해 보장되고 양육되어 온 무력이다. 유엔이 NATO, NPT, MD 등 각종 협정을 통해 군사력의 미국 독점을 얼마나 완벽하게 보증해 왔는가?

그렇다면 우리에게 남은 것은 절대적 공포와 절대적 절망뿐인가? '일차원적 사회'(마르쿠제)가 제국기계 속에서 살아가는 우리의 피할 수 없는 운명인가? 이 질문은 지금 제국 권력, 전 지구적 수용소, 자동 치안기계가 얹혀 있는 지반을 탐사하는 데에서 시작해야 한다.

미국의 이라크 침공이 뚜렷이 보여주는 측면의 하나는 역설적이게도 제국의 자립성의 부재, 그것의 치명적인 '자연' 의존성이다. 미국의 전쟁이, 향후 십수 년 내에 감산되기 시작하고 수십 년 내에 고갈될 것으로 예상되는 석유에 대한 갈증에 의해 추동되고 있다는 것은 이제 어린이들이 그리는 풍자만화의 반복되는 주제로 되었다.

미국의 석유소비는 세계석유 소비량의 4분의 1을 차지한다고 한다. 이것에 의해 부채질 된 미국의 '에너지 위기' 의식이 무력을 통해서라도 산유지역에 흡혈 파이프를 박으려는 동기를 제공한다는 것이다. 그러나 산유지역에 흡혈 파이프를 박으려는 나라는 미국만이 아니다. 독일도, 프랑스도, 중국도, 러시아도 주요 산유국들에 파이프라인을 박기 위해 혈안이 되어 있다. 자연이 제공하는 유한한 에너지인 화석연료와 우라늄에 의존하고 있으며 또 이 의존에서 벗어날 어떠한 대안확보에도 무관심한 것은 특정한 민족국가인 미국만이 아니라 자본주의 자체이며 자본주의적으로 조직된 인류의 삶 자체이다. 끊임없는 과잉생산으로 에너지에 대한 과잉소비를 자극하는 자본주의적 시스템이 지속되는 한에서, (높은 비용의 지불을 요구하는 대체 에너지가 아니라!) 자연이 주는 저비용의 화석연료의 확보만이 이윤경쟁에서 승리할 수 있는 조건인 한에서 석유의 고갈은 필연적이다.

지금 미국의 권력자들과 결탁되어 있는 정유회사들에게, "중요한 것은 '당신이 지금 얼마나 벌 수 있는가?'라는 단기적 문제가 아니라 '석유가 고갈되면 인류가 어떻게 되는가?'라는 장기적인 인류

적 문제이다”라고 말하는 것은 우이독경(牛耳讀經)이며 마이동풍
(馬耳東風)일 것이다. 미국이, 그리고 선진 자본주의 나라들이 대체
에너지의 개발보다 기존 천연 에너지의 독점적 착취의 길을 택하
는 것은 대체 에너지의 개발이 불가능함을 시사하는 것이 아니라
자본주의라는 시스템이 친생태-재생가능 대체 에너지 개발의 길로
나아갈 능력이 없음을 시사한다. 다시 말해 인간과 자연 사이의 착
취적 관계가 아닌 순환적 관계를 창출할 능력이 자본주의 시스템
속에 없음을 시사한다. 이것은 더 멀리는 우리로 하여금 에너지 과
잉소비적인 지금의 자본주의적 삶과는 다른 삶의 양식을 강구하고
창출하는 것이 시급한 과제임을 알려준다.

미국은 OPEC에 미치는 후세인의 국가주의적 석유 정치의 영향
력을 제거하고 석유를 신자유주의적 시장 통제 아래로 가져오기
위해 후세인에 대항하는 전쟁을 시작했다. 하지만 이것은 더 심층
에서 고찰될 필요가 있다. 후세인의 국가주의적 석유 정치의 영향
력(‘고유가’)은 고갈을 통해 자본에게 가해져 오는 자연의 복수(‘멸
망’)에 의존하고 있는 것이다. 그러므로 미국의 이라크 침공은 이
자연의 복수에 대한 단말마적 대응이며 자본의 삶과 자연의 삶 사
이의 적대, 그 화해불가능성의 적나라한 표출이기도 하다.

그러나 자본은 주어진 자연만을 착취하는 기계가 아니다. 그것
은 점점 인위적 자연, 즉 인간과 그 사회를 착취하는 기계로 발전
되어 왔다. 자본주의의 일차 에너지는 석유이지만 그보다 훨씬 주
요한 에너지는 인간(과 그의 노동)이다. 유가는 석유의 희소성에 의
해 좌우되기도 하지만 더 많은 경우 채굴 노동자들의 투쟁에 의해

좌우된다. 나이지리아, 베네수엘라, 이란, 쿠웨이트, 이라크 등에서
노동자들의 투쟁이 상승할 때 석유 자본가들이 그것의 비용을 유
가에 전가함으로써 전 지구의 소비자들에게 그 부담을 돌리기 때
문이다. 다른 나라보다도 산유국들에서 전제주의적 정치가 더 오
래 지속되는 이유는 노동자들을 자유롭게 하기보다 그들을 억압하
는 것이 석유 자본가에게 가져다주는 더 커다란 이윤 때문이다. 전
쟁의 효과는 강력한 군사적 장치들과 비상조치들을 통해, 다시 말
해 사회의 수용소화를 통해 채굴 노동자들의 요구와 저항을 쉽게
억제할 수 있다는 데에 있다.

그러나 이것은 다른 측면에서는 자본의 '인간' 의존성을 고백하
는 방법에 다름 아니다. 자본은 자연에 의존하는 관계이자 동시에
인간(과 인간의 삶)에 의존하는 관계이다. 자연이 고갈, 부패, 변이,
전염, 소멸 등으로 복수를 한다면 인간은 불복종, 탈주, 저항, 반란,
혁명으로 복수를 한다. 이라크에 대한 미국의 침공은 이미 전 세계
의 수많은 다중들을 거리로 나서게 하고 저항의 협력체를 발생시
켰으며 새로운 저항의 방법에 대한 사유를 발생시켰다.

전쟁이 시작되자마자 바스라에서 후세인에 반대하여 일어난 폭
동은 바그다드에서 미국의 점령에 반대하는 시위로 발전했다. 전
면전이 끝난 후 이라크에서 미국과 그 동맹국들에 대한 저항은 더
욱 거세어졌다. 부시의 생각과는 달리 전면전은 끝나지 않았다. 제
한전과 전면전은 시간 속에서 교체된다. 전 세계의 반전운동들은
이제 이 목소리들에 어떻게 응답할 것인가? 전쟁은 끝났다며 일상
으로 돌아갈 것인가? 아니면 우리 모두가 서로 다른 양상의 삶을

살고 있는 '수용소 군도'의 수용민임을 성찰하면서 이들의 목소리에 맞추어 '수용소를 코뮨으로' 바꾸기 위한 협력의 활동을 지속할 것인가? 이 질문에 우리가 어떻게 응답하는가에 따라 '절망인가 희망인가', '죽음인가 삶인가'라는 전 인류적 운명이 규정될 것이다.

2

이 책은 세 개의 부로 구성된다.

제1부는 '제국'에 관한 부로서 탈근대 세계가 어떤 갈등구조를 갖고 있는지를 살피는 것이다. 여기에서는 맑스가 『자본론』에서 전개한 포섭론에 입각하여 포섭의 탈근대적 가상실효적 변형을 다루고 오늘날의 합성된 주권이 제국주의인가 제국인가라는 쟁점을 살피며 제국에서 드러나는 미국 일방주의와 그것의 위기에 대해 알아본다.

제2부는 '다중'에 관한 부로서 오늘날의 계급구성이 다중의 기획으로 나타나고 있는 현실을 민중, 시민 기획과의 차이 속에서 검토한 후 싸이버스페이스와 주변부에서, 그리고 특히 한국의 1987년 이후의 역사 속에서 다중의 실제적이고 경향적인 출현에 대해 알아본다.

제3부는 '자율'에 관한 부로서 현 시기 제국적 주권합성과 다중적 계급구성의 전략적 갈등 속에서 인류의 자율의 전망을, 지구제국(global empire)을 지구촌(global village)으로 변형하기 위해 필요한

다중의 윤리정치적 힘과 덕에 대해 살펴본다.

여기에 실린 글들은 원래 하나의 체계를 갖춘 단행본으로서 씌어진 것들은 아니다. 하지만 이 책『제국기계 비판』을 편집하는 과정에서 나는 각 글들이 하나의 유기적 체계를 갖출 수 있도록 각 장들과 부들이 서로 독립적이면서 동시에 서로 연결되도록 배치하고 원고의 불필요한 부분을 삭제하는가 하면 필요한 경우에는 가필했다. 제국기계가 치안기계, 수용소기계, 약탈기계로 나타나면서도 가상실효적 생산기계로, 다중과 자율의 생산공장으로 나타난다는 사실은 많은 사람들에게 친숙한 생각은 아니다. 그래서 나는 이러한 제국기계 비판의 맥락을 짚을 수 있도록 각 부에서 이론과 실제가 함께 배치될 수 있도록 노력했다. 각 부에 실린 여러 논문들 중에서 첫 글은 주로 제국, 다중, 자율과 관련한 이론적 문제를 다루며 나머지는 그것들의 실제적 양상을 다룬다. 다시 이 실제적 양상을 다룬 부분도 전 지구적인 양상을 다룬 후에 다시 한국이라는 특수한 지형 속에서 그것을 다시 고찰하는 방식으로 배치했다. 독자들의 이해를 돕기 위해「부록」으로 지난 두 세기에 걸친 역사를 투쟁의 순환과 유통의 측면에서 정리한 도표를 수록했다.

여기에 수록된 글들의 다수는 다양한 매체들에 발표되었던 것들이다. 초기 발표지면(제목을 고치고 내용을 새롭게 다듬은 부분이 많기 때문에 구체적 발표년도와 호수는 기재하지 않는다)을 제공해 준 月刊『現代思想』(일어), *Multitude*(불어), 계간『문화과학』, 계간『당대비평』, 웹저널『자율평론』, 계간『황해문화』, 반년간『맑스주의 연구』, 반년간『시민과 세계』, 반년간『정치비평』, 그리고

『한국정치연구』등에 감사드린다. 그리고 일부의 글은 <맑스코뮤날레>, <비판산업사회학대회> 등의 학술대회나 여러 유형의 토론회에서 발표한 것을 이 책에 맞게 수정한 것이다.

이 모든 글에서 나의 관심은 현대 세계의 배치상태와 그 내부의 갈등을 파악하고 그 속에서 이 갈등적 상황을 타파하고 새로운 시간의 도래를 가져오는 창조적이고 내밀한 힘의 움직임을 가능한 한 예민하게 파악하는 것에 집중되어 있다. 이 책에서 이 과제는 '버츄얼리즘'(virtualism)이라는 지적 모험으로 나타나는데, 이것은 『아우또노미아』(갈무리, 2003)가 내게 남겨놓은 화두이기도 했다. 1부 첫 장에서 지배의 새로운 양상('virtual subsumption')으로 출현한 버츄앨러티가 3부 마지막 장에서 덕의 윤리정치('virtue', 'virtuosity')로 역전되는 과정이 (2부에서 상술된) 가상실효적이고 인공지능적인 주체성인 다중에 의해 추동됨을 보여줌으로써 나는 버츄얼의 전복적 운동을 그려보려 했다. 이 시도는 나름대로는 강렬한 것이었지만, 그럴수록 내게 남는 것은 해답이 아니라 꼬리를 무는 더 많은 물음들이다. 이 중단되지 않는 물음들의 폭력이 내게 기쁨을 주고 있다면 그것은 아마도 그 폭력이 '공통기계'의 은밀하나 요란스런 움직임의 진동으로 느껴지기 때문일 것이다.

2004년 12월 1일

차례

책 머리에 : 제국을 전복하기   7

제1부 제국

1장 탈근대와 맑스의 포섭론
  맑스의 포섭론   30
  가상실효적 포섭   40
  포섭과 공통적 삶   49

2장 제국주의인가 제국인가
  현대 제국주의론 비판   56
  제국주의 기획의 케인즈주의적 변형   64
  신자유주의적 지구화와 제국의 등장   67
  제국에 대항하는 '전쟁기계'   72
  대항–지구화   79

3장 세계시장과 제국
  생산과 유통   85
  시장과 국가   88
  세계시장과 제국   92
  세계시장의 모순적 결과   95
  세계시장 속의 이질(異質) 운동   99

세계시장과 다중   106

4장 **지구제국의 위기와 미국 일방주의**
　　지구제국과 그 내적 갈등   113
　　미국의 위기정치   127
　　'미제국'의 욕망과 '지구제국'의 현실 사이   141

5장 **제국 속의 한국과 동북아시아**
　　노무현 정부의 신국토구상의 기본논리   146
　　'동북아시아 중심국가' 구상   150
　　평화번영   152
　　지역혁신   156
　　신행정수도   158
　　지역혁신의 모순과 그 결과   161
　　포섭의 중층화   165
　　사회갈등의 발전   167
　　노동과 삶정치   171

6장 **지구적 약탈의 제국과 탈근대 지구촌의 전망**
　　자본의 민족국가적 구성의 위기   175
　　지구화, 즉 전 지구적 자본구성   183
　　오래된 미래 : 지구촌의 전망   192

제2부 다중

7장 다중의 계보학

대중의 형성과 '민족–민중' 201

'계급–민중' 기획과 그 한계 207

탈근대적 다중의 출현 211

시민과 그 한계 216

공통체 219

다중 개념의 발전 222

8장 싸이버스페이스와 다중

싸이버스페이스 현상 : 역사와 특징 229

싸이버스페이스에서의 주권합성 239

싸이버스페이스에서의 계급구성과 다중 245

싸이버스페이스에서 다중의 삶과 투쟁 255

싸이버스페이스의 윤리정치와 민주주의 265

9장 주변부와 다중

신자유주의와 주변부 271

이슬람권의 대응 275

남아프리카의 대응   297

라틴 아메리카의 대응   305

지구적 네트워크   318

10장 한국에서 다중 개념의 형성

주권합성과 계급구성   324

1987년의 균열과 시민사회의 등장   326

민주주의 이행인가 신자유주의 이행인가   329

시민   333

민중   339

국민   347

다중   350

11장 탈근대의 한국사회와 다중

경제위기 이전의 계급상황   360

김대중 정부하의 자본 재구성과 계급 탈구성   366

경제위기 이후 노동계급 재구성의 동태   370

한국에서 새로운 사회적 주체성의 동태   373

자율의 힘   377

제3부 자율

12장 맑스·엥겔스와 프롤레타리아 자율

무정부주의와 국가사회주의 비판 386

맑스·엥겔스와 자율의 정치 399

13장 대의기계 비판

참여민주주의 405

사회민주주의 408

참여민주주의 및 사회민주주의의 힘과 한계 411

참여와 분배 원리의 발생적 토대 418

대의민주주의와 민주주의의 전도 420

절대적 민주주의 421

14장 우리 시대의 진보

진보로서의 역사 425

구원으로서의 역사 429

척도로서의 시간 434

존엄의 시간 437

구성으로서의 역사 441

15장 삶정치와 자율

긍정성 450

자유주의와 사회주의 비판 453

계급관점의 역전 456

진보주의와 구원주의에 맞서 458

자율능력의 발생 461

신자유주의 반혁명 468

다중과 협력 473

탈국가적 이행 479

16장 다중자율의 윤리정치

저항의 진리모델 486

규범모델과 욕망모델 489

욕망모델의 변형 499

덕(德)의 윤리정치 508

참고문헌 510

부록 19~21세기의 국제적 투쟁주기와 투쟁순환들 521

찾아보기 524

1

제국

1장 탈근대와 맑스의 포섭론

2장 제국주의인가 제국인가

3장 세계시장과 제국

4장 지구제국의 위기와 미국 일방주의

5장 제국 속의 한국과 동북아시아

6장 지구적 약탈의 제국과 탈근대 지구촌의 전망

1장 탈근대와 맑스의 포섭론

20세기 맑스주의 역사에서 그다지 주목받지 못한, 아니 외면되어 왔다고 하는 것이 오히려 적합할 맑스의 이론들 중의 하나가 포섭(subsumption)의 이론이다. 『그룬트리세』(*Grundrisse*), 『1861~1863년 경제학 초고』를 포함하는 자본론 연구과정에서 맑스의 핵심적 관심사 중의 하나였던 포섭론은 『자본론』 서술과정에서는 제외되었다. 포섭론에 대한 상세한 서술을 담고 있는 것으로 『자본론』 6장에 포함시키려 했던 「직접적 생산과정의 제 결과」는 맑스 자신이 편집하여 출판한 『자본론』 1권에 포함되지 않았다.[1] 그렇지만 우리는 『자본론』의 첫 부분에서 상술되는 가치론이, 좀더 구체적으로

---

1. 이 장편 논문은 칼 맑스, 『경제학 노트』, 이론과 실천, 1988, 45~179쪽에 김호균의 번역으로 실려 있다.

말하면 절대적 잉여가치론과 상대적 잉여가치론을 다룬 3, 4, 5편 (7장에서 18장까지)이 맑스의 포섭론의 변용임을 알 수 있다. 이러한 변용은 권력이나 투쟁의 문제보다는 자본의 운동법칙을 규명하고자 한『자본론』서술의 목적에 비추어보면 당연한 것일 수 있다. 이는 분명히 6부작 플랜(plan)의 일관성과 체계성을 염두에 둔 편집 실천의 결과였을 것이다. 그래서『자본론』에서는 '포섭'이라는 용어가 제3권 50장「경쟁이 창조하는 환상」에서 두 번 등장할 뿐 전체적으로 소거되어 있는 것이다.

　『자본론』에서 포섭론의 이러한 소거, 혹은 가치론에의 용해는 맑스의 플랜 전체에서 보면 자연스러운 것이지만 그것이 낳은 결과는 커다란 것이었다.『자본론』전체 플랜의 미완성으로 인해 포섭론이 가치론으로 '대체'된 것으로, 즉 포섭론이 포기된 것으로 인식되는 결과를 가져왔던 것이다. 이것은 역사적으로 중요한 인식론적 편향을 생산한다. 요컨대『자본론』3권에서 제시되는 이윤율 저하 경향이 단순히 총자본 속에서 가변자본의 상대적 감소의 결과로, 즉 자본의 자기운동의 결과로 이해되도록 만든 것이다. 이같은 객관주의적 시각 속에서 자본주의가 스스로 붕괴할 것이라는 파국론이 도출되는 것은 어렵지 않은 일이었다. 이것은 실천적으로 자본주의가 붕괴할 때를 기다리자는 점진적 대기주의를 낳는 한편, 바로 그것의 거울 이미지로서, 파국을 앞당기기 위한 전위적 실천이 필요하다는 주의주의적 대리론을 낳았다. 이후 맑스주의의 역사는 안타깝게도 이 양자간의 악순환적 논쟁을 벗어나지 못했다. 포섭론에서 가치론으로의 '대체'가 가져온 이 부정적 결과를 고려

할 때, 포섭론을 복원하고 발전시키는 문제의 중요성은 아무리 강
조해도 지나치지 않은 것으로 보인다.

맑스의 포섭론은 20세기 후반에 이르러서야 전통적 맑스주의의
제도화에 대한 비판의 흐름 속에서 주목되기 시작했다. 1950~60
년대에 출현한 프랑스의 상황주의자들, 이탈리아 오뻬라이스모
(Operaismo) 등이 그 흐름의 대표적 사례이다. 특히 이탈리아 아우
또노미아(Autonomia) 운동의 핵심 이론가인 안또니오 네그리는 『자
본론』에서 전개되는 객관주의적 서술법에 대한 해독제를 『그룬트
리세』에서 찾고 그 속에 전개된 맑스의 포섭론에 주목함으로써 자
본주의 사회의 발전에 대한 정치적 독해의 가능성을 열어젖힌다.
이 글에서 나는 맑스의 포섭론을 개괄하고 안또니오 네그리를 비
롯한 아우또노미아 이론가들이 그것을 어떻게 발전시켰는지를 살
펴본 후, 현대 사회를 설명하기 위해 지금까지의 포섭론들로부터
의 어떤 추가적 발전이 필요한지에 대해 살펴볼 것이다. 이를 위해
나는, 지금까지 형식적 포섭(formal subsumption)과 실제적 포섭(real
subsumption)이라는 대쌍(對雙) 속에서 전개되어 온 포섭론의 한계
를 설명하면서 오늘날의 탈근대적 현실에서 지배와 저항, 권력과
활력의 관계양상을 밝히기 위해서는 '가상실효적 포섭'(virtual
subsumption)이라는 새로운 개념화가 필요하다고 주장할 것이다.[2]

2. 'real subsumption'은 한국어로 흔히 '실질적 포섭'이라고 번역되어 왔으나 이 글에서
   시도되는 'virtual subsumption' 개념의 'virtual'과의 혼동을 피하기 위해 '실제적'으로
   번역하며 'virtual'은 흔히 '가상적'으로 번역되지만 그것이 가상적일 뿐만 아니라 실
   제적 효과를 갖는다는 점에서, 즉 부재하는 실효라는 점에서 '가상실효적'이라고 옮
   긴다.

맑스의 포섭론

맑스에게서 형식적 포섭은 일견 모순되어 보이는 두 가지 방식으로 규정된다. 하나는 자본주의적 생산과정의 일반적 형태로서의 형식적 포섭이며 또 하나는 자본주의적 생산양식 발전의 역사적 시대구분으로서의 형식적 포섭이다. 형식적 포섭에 대한 첫 번째 규정에서 중시되는 것은 노동과정이 자본의 가치화과정의 수단이 된다는 자본주의의 일반적인 특징이다.

노동과정은 가치화과정의, 자본의 자기가치화 과정의, 잉여가치 창출과정의 도구가 된다. 노동과정은 자본 아래에 포섭된다(그것은 자본의 고유한 과정이다). 그리고 자본가는 그 과정의 지휘자로서, 지도자로서 그 과정에 들어간다. 왜냐하면 자본가에게 그것은 동시에 직접적으로 소외된 노동의 착취과정이기 때문이다. 나는 이것을 노동의 자본 아래로의 형식적 포섭이라고 부른다. 그것은 모든 자본주의적 생산과정의 일반적 형태이다.[3]

노동과정을 가치화과정으로 전환시키지 못한다면 자본관계는 유지될 수 없다. 이 기본적 관계를 창출하는 과정이 형식적 포섭이다. 이 과정은 자영농이나 소작농이 차지농을 위해 일하게 되고, 수공업자나 노예가 임노동자로 되는 과정을 포함한다. 이 과정이

---

3. 칼 맑스, 「직접적 생산과정의 제 결과」, 『경제학 노트』, 이론과 실천, 1988, 88쪽, 번역은 수정함.

얼마나 유혈적인 과정이었는가는 원시적 축적을 다룬 장에서 서술된다. 그러나 맑스가 형식적 포섭이 자본주의적 생산과정의 일반적 형태라고 말하는 한에서 그는 이 강제적 포섭의 과정이 자본주의의 한 시기에 그치지 않고 부단히 반복된다고 말하는 셈이다.

그러나 맑스는 자본주의를 형식적 포섭과 동일시하지 않았다. 오히려 고유하게 자본주의적인 포섭은 이 형식적 포섭과는 다른 것이라고 말한다. 형식적 포섭은 '자본에의 포섭 이전에 이미 존재했고 과거의 다양한 생산과정과 다른 생산조건들에 기초해서 형성되었던 기존의 노동과정'4을 가치화과정에 포섭하는 것이다. 형식적으로 포섭된 노동이 전래의 노동과정과 갖는 차이가 있다면 그것은 노동과정이 수행되는 규모(생산수단의 범위 및 노동자의 수)의 확대뿐이고 기술적으로는 기존의 노동과정과 차이를 갖지 않는다. 다만 잉여노동의 강제방식에서 기존의 노동과정과 차이가 있을 뿐이다. 다시 말해, 노동자의 객관적 노동조건들(생산수단)과 주관적 노동조건들(생활수단)이 자본에 의해 독점되어 있고 이 때문에 노동자는 자신의 노동력을 팔지 않을 수 없도록 강제되며 이 과정이 이전과는 달리 화폐를 매개로 한 비인격적인 경제적 강제로서 나타난다는 점만이 다르다. 여기에서 자본가의 유일한 관심은 노동자의 노동시간을 늘리는 것에 있다. 다시 말해 노동시간을 절대적으로 늘리는 방식으로 잉여가치를 확대창출하는 것에 있다. 이것이 자본주의적 생산과정의 일반적 형태로서의 형식적 포섭의 특수

---

4. 같은 책, 89쪽.

성이다.

그렇다면 '고유하게 자본주의적인 포섭'은 이와 어떻게 다른 것일까?

맑스에 따르면, 노동과정이 자본에 직접 예속되어 있다는 점에서 그 포섭은 형식적 포섭의 일반적 특징을 갖고 있다. 그러나 그것은 '노동과정의 실제적 본성과 그것의 실제적 조건을 변화시키는 양식'으로서 자본주의 이전의 생산과정이 갖고 있지 못했던 새로운 자본주의적 특질들에 의해 지배된다. 그것은 과학 및 기계류의 직접적 생산에의 응용과 그로 인한 노동의 사회적 생산력들의 발전이다. 생산수단의 소유나 점유의 규모도 개인이나 그 가족의 생산이라는 개인적 규모를 떠나 사회적 규모로 확대된다. 기계류가 발전하고 교통수단이 증가하면서 형식적으로만 포섭되었던 부문이 실제적으로 포섭된다. 대량의 과잉인구가 방출되고 다시 이것을 토대로 새로운 사업부문이 탄생하여 사회적 규모로 발전한다. '생산을 위한 생산'이 고유하게 자본주의적인 방식으로 실현된다. 생산의 규모가 사회적인 것으로 확장되고 노동자들은 이렇게 공동적인 노동 조건들을 사용하여 사회적 수준에서 협업한다. 노동조건들의 이러한 공동적이고 동시적인 사용이 비록 노동자들의 절대적 가치를 증가시키더라도 생산된 총생산물에서 차지하는 그것의 상대적 가치는 하락시킨다(그래서 상대적 잉여가치는 상승한다). 한편에서 생산이 욕구의 제약에서 풀려나고 다른 한편에서 생산이 생산자들에 냉담한 까닭에 생산의 발전은 적대적으로 진행된다. 때로는 공황이 때로는 혁명이 자본주의적 생산과정을 엄습하여 자본주의적 생산양식을 새롭게 혁신하지 않을 수 없도록 강제한다. 자본주의 고유의 이 특수한 포섭형태를 맑스는 실제적 포섭이라고 부르는데, 이 포섭 양식에서 상대적 잉여가치의 창출이 주요한 목적으로 되는 것은 이러한 혁신적 메커니즘 때문이다.[5]

그렇다면 맑스는 이 두 포섭형태의 관계를 어떻게 생각했을까?

맑스주의에서 이 두 포섭형태는 흔히 계기(繼起)적인 것으로, 역사적으로 교체하는 것으로 이해되어 왔다. 하지만 맑스의 생각은 이와는 다르다. 이 양자는 병존(竝存)과 상승(相乘)의 관계로 나타난다. 한편에서 볼 때, 자본주의적 생산양식에 하나의 특수한 형태로서의 형식적 포섭과 또 다른 특수한 형태로서의 실제적 포섭이 공존한다는 점에서 두 형태는 병존한다. 물론 이 병존은 불균등하다. 왜냐하면 형식적 포섭은 실제적 포섭 없이 존재할 수 있지만 실제적 포섭은 형식적 포섭 없이는 존재할 수 없기 때문이다.[6] 다른 한편에서 볼 때 형식적 포섭의 발전은 실제적 포섭을 발전시키며 실제적 포섭은 다시 형식적 포섭을 발전시킨다는 점에서 상승한다.

어쨌든 잉여가치의 두 가지 형태 ― 절대적 및 상대적 ― 가 그 자체로 그것의 구분된 실존 속에서 고찰되면 절대적 잉여가치가 언제나 상대적 잉여가치에 선행한다. 노동의 자본 아래로의 포섭의 두 가지 분리된 형태들 혹은 자본주의적 생산의 두 가지 구분되는 형태들은

---

5. 이상은 같은 책, 102~106쪽 참조
6. 같은 책, 88쪽.

잉여가치의 두 가지 형태에 상응한다고 말할 수 있다. 생산의 첫 번째 형태는 언제나 두 번째 형태의 선행자가 된다. 비록, 좀더 발전된 형태인 두 번째 형태가 다시 새로운 생산부문에서 첫 번째 형태를 도입할 수 있는 기초를 이룰 수 있지만 말이다.[7]

이러한 상승작용을 통해 노동의 새로운 종류가 부단히 창출되고 노동의 종류는 지속적으로 변이한다. 이것은 사용가치의 다양성을 가져오는데 이것은 또한 교환가치의 실제적 발전이기도 하다. 이런 방식으로 이루어지는 자본주의적 생산양식의 지속적 발전은 사회 전체에 확장된 노동분업을,[8] 사회적 생산력을 가능케 한다.

이제 남는 문제는 이 두 가지 포섭형태의 병존적 상승이행의 동학을 설명하는 것이다. 이것을 설명하는 전통적 방식이 있다. 그것은 절대적 잉여가치와 상대적 잉여가치의 관계를 직선적 이행과 교체의 관계로 보고 그 이행을 축적을 위한 자본의 자기운동으로 설명하는 것이다. 여기에는 병존적 상승이행의 직선적 교체이행으로의, 그리고 갈등과 적대를 내포하는 '포섭형태 운동'에서 경제적 '가치형태 운동'으로의 평면화와 단순화가 있다. 이러한 평면화와 단순화를 통해 무시되는 것은 노동자의 성장하는 욕구와 그 충족을 위한 투쟁이 이 이행에 미치는 효과이다. 무엇보다도 교환관계의 발전이 사용가치의 다양화를 낳고 그만큼 노동자의 욕구도 증식된다는 점이 고려되어야 한다. 한편에서 노동자 자신이 이 새로

---

7. 같은 책, 93쪽. 번역은 수정함. 강조는 인용자.
8. 같은 책, 102쪽.

운 욕구들의 충족을 위해 노력한다. 그것은 외적 강제나 우연에 의해서가 아니라 내적 필요에 의해 추동되기 때문에 더 나은 노동을, 즉 더 높은 생산성을 가져온다.

낯선 고객을 위해 노동하는 자립적 수공업자에 비해, 자본가를 위해 일하는 노동자의 노동은 개별 고객들의 우연적 욕구가 아니라 그를 고용하는 자본의 착취욕구에 의해서만 한도가 주어지므로 그 노동의 연속성이 자연히 증대된다. 노예에 비해 이 노동은 더 집중적이므로 더 생산적이다. 노예는 그에게 속하지 않는 그러나 보장되어지는 그 자신의 실존을 위해서가 아니라 외적 공포에 의해 자극되어서만 노동하는 데 반해, 자유 노동자는 자기 욕구에 의해 추동된다. 자유로운 자기결정, 자유의 의식(아니 오히려 관념)뿐만 아니라 이와 결부되어 있는 책임의 감정(의식)은 자유로운 노동자를 다른 노동자들보다 훨씬 더 나은 노동자로 만든다. 동일한 종류의 다른 상품판매자들에 의해 추방되지 않으려면 모든 상품판매자와 마찬가지로 그는 그가 공급하는 상품에 대해 책임을 지고 일정한 품질로 공급해야 한다. 노예와 노예주 관계의 연속성은 노예가 직접적 강제에 의해 보존되는 관계이다. 이에 반해 자유 노동자는 그 관계를 그 스스로 보존해야만 한다. 왜냐하면 그의 실존 및 그의 가족의 실존 여부가 자본가에게 자신의 노동능력의 판매를 부단히 갱신할 수 있는가 없는가에 달려 있기 때문이다.[9]

분명히 이 자유 노동자의 노동이 더 많은 자본을 가져올 것이다.

---

9. 같은 책, 99쪽, 번역 수정.

하지만 여기에서 맑스는 지나치게 '실존(existence)의 강제'라는 측면만을 강조한다. 노동자는 다른 한편에서 더 적은 노동시간, 더 나은 임금, 더 좋은 노동조건 등 한마디로 더 나은 삶(life)을 욕구하며 이것의 실현을 위해 노력한다. 역사 속에서 멈추어지지 않는 노동자들의 투쟁은 실존을 위한 투쟁일 뿐만 아니라 더 나은 삶을 위한 투쟁일 수 있다는 점은 무시된다.[10]

그렇지만 포섭형태의 이행에서 이 투쟁들이 수행하는 역할은 간과되지 않는다. 맑스는, "표준노동일의 제정은 자본가와 노동자 사이의 수세기에 걸친 투쟁의 결과"[11]라고 강조한다. 이렇게 노동자들의 투쟁에 의해 표준노동시간이 정해지고 사회적 임금의 평균수준이 정해지면 그것은 자본에게는 축적의 제약이자 한계로 다가간다. 그래서 자본은 잉여가치를 추출하기 위한 다른 방법을 찾지 않으면 안 된다.[12] 맑스는 기계가 바로 이 적대적 상황에서 자본가가 선택한 방법이자 무기임을 이렇게 표현한다.

누구의 수고를 덜어준다는 것은 자본주의적으로 사용되는 기계의 목적이 결코 아니다. 기계는 노동생산력을 발전시키는 다른 모든 수단과 마찬가지로 상품의 값을 싸게 하며, 노동일 중 노동자가 자기

---

10. 이 배제 역시, 의식적으로 이루어진 것일 수 있다. 자본에 관한 책에서 임금에 관한 서술은 필요한 범위 내에서만 다루고 임금투쟁과 관련된 부분은 '임금에 관한 장'으로 미루었을 가능성이 있기 때문이다.

11. 칼 맑스, 『자본론』 제1권(상), 비봉출판사, 1990, 346쪽.

12. Jason Read, *The Micro-Politics of Capital*, State University of New York Press, 2003, p. 112.

자신을 위하여 필요로 하는 부분을 단축하며, 노동일 중 자본가에게 공짜로 제공하는 다른 부분을 연장하기 위한 것이다. 기계는 잉여가치를 생산하기 위한 수단이다.[13]

기계가 잉여가치를 창출하는 메커니즘은 다양하다. 그것은 아동과 여성을 노동에 참여시킴으로써 노동력 가치를 직접적으로 하락시키고, 노동력 가치를 구성하는 상품들(예컨대 생필품)의 가격을 하락시킴으로써 노동력 가치를 간접적으로 하락시키며, 때로는 생산물의 개별가치와 사회적 가치의 격차를 높임으로써 일정기간의 특별잉여가치를 취득할 수 있도록 하기도 한다. 무엇보다도 기계의 자본주의적 사용은,

한편으로 노동일의 무제한 연장에 대한 강력한 새로운 동기를 제공하고 또 노동방식 자체와 사회적 노동유기체의 성격을 변혁시켜서 노동일을 연장시키려는 경향에 대한 모든 반항을 좌절시키게 된다. 다른 한편으로 기계의 자본주의적 사용은 부분적으로는 노동계급 중 종전에 자본가의 손이 미치지 않았던 층들을 자본가에 복종시킴으로써, 또 부분적으로는 기계에 의하여 쫓겨난 노동자들을 하는 일 없게 만듦으로써 자본의 명령에 복종하지 않을 수 없는 과잉노동인구를 생산한다.[14]

---

13. 칼 맑스, 앞의 책, 475~476쪽. 이와 유사하게 맑스는 "기계는 자본의 독재를 반대하는 노동자들의 주기적 반항인 파업을 진압하기 위한 가장 유력한 무기"(같은 책, 552쪽)라고 말한다.
14. 같은 책, 519쪽.

그러므로 기계의 도입이 곧바로 상대적 잉여가치 생산양식으로의 이행을 가져왔던 것이 아니라 오히려 절대적 잉여가치 생산양식의 강화도 가져왔던 것이다. 이 억압적 시나리오의 반전은 노동계급의 반항에 의해 이루어졌다. "점차 증대하는 노동계급의 반항이 의회로 하여금 노동시간을 강제적으로 단축하도록 한 것"[15]이 그것이다. 이것이 자본으로 하여금 기계체제를 '노동일 연장(주어진 조건 위에서 이루어지는 노동시간 연장의 형식적 방법)'보다 '노동강도 강화(새로운 조건의 창출을 통해 이루어지는 노동시간 연장의 실제적 방법)'의 방향에서 발전시키도록 강제했고 이로써 형식적 포섭보다 실제적 포섭이 자본주의적 생산과정의 주요한 양식으로 되도록 만드는 것이다.

이렇게 역동적인 투쟁을 통한 실제적 포섭양식의 '적대적 구성'[16]을 맑스가 다음처럼 평면화하고 있는 것은 다소 이상하게 느껴질 수 있다.

상대적 잉여가치의 생산은 진정한 자본주의적 생산방식을 요구하게 되는데, 이 생산방식은 자본에 대한 노동의 형식적 종속(subjection)의 토대 위에서 그 자신의 방법, 수단 및 조건을 만들어 내면서 자연발생적으로 발생한다. 이 발전의 과정에서 형식적 종속은 자본에 대한 노동의 실제적 종속으로 대체된다.[17]

---

15. 같은 책, 521쪽.
16. Jason Read, *op. cit.*, p. 112.
17. 칼 맑스, 앞의 책, 641쪽. 강조는 인용자. 번역용어 수정함.

그것이 자연발생적 과정처럼 보일지라도 실제로는 적대적 과정임은 지금까지 충분히 살펴보았다. 문제는 형식적 종속에서 실제적 종속으로의 '대체'라는 관념이다. 앞서 나는 두 가지 포섭형태의 관계가 병존적 상승이행의 관계라고 불렀다. 하지만 이 이행에는 분명히 대체라고 부를 만한 것이 진행된다. 왜냐하면 상대적 잉여가치의 생산과 실제적 포섭은 '노동의 기술적 과정과 사회의 인적 구성을 철저히 변혁시키기'[18] 때문이다. 잉여가치를 생산하는 이 새로운 방식이 어떤 생산부문 전체를 정복하자마자 그것은 생산과정의 일반적인 형태로, 사회적으로 지배적인 형태로 된다. 왜냐하면 그것이 상대적 잉여가치 생산의 특수한 방식으로 계속하여 작용하기 위해서는 형식적으로만 자본에 종속되었던 산업부문들을 계속 장악하면서 확산되어야 하고 또 그 지배하에 들어온 산업부문들을 생산방법의 변화를 통해 계속적으로 변혁해야 하기 때문이다.[19] 그러므로 절대적 잉여가치를 생산하는 형식적 포섭의 방식이 상대적 잉여가치를 생산하는 방식의 확장과 더불어서 양적으로 확장된다고 할지라도 실제적 포섭이 사회적으로 지배적이며 헤게모니적인 포섭양식으로 된다는 것은 엄연한 사실이다. '대체'의 관념은 이 점을 표상하는 한에서만 타당성을 갖는다.

---

18. 같은 책, 641쪽.
19. 같은 책, 같은 곳 참조.

가상실효적 포섭

실제적 포섭론은 비판이론가들과 상황주의자들에 의해서도 탐구되었지만 그것이 갖는 '적대적 구성'의 메커니즘은 이탈리아의 오뻬라이스모와 아우또노미아 이론가들에 의해 비로소 온전히 탐구되었다고 할 수 있다. 특히 안또니오 네그리는 포섭론의 적대적 구성 속에서 지금까지 강조해 온 지배의 배치와는 다른 측면, 즉 산 노동의 협력적 네트워크의 변형이라는 숨어 있는 측면을 강조하고 또 정교화함으로써 맑스의 포섭론을 발전시킨다.

우리는 노동과정에 대한 통제의 형식 속에서 진행되어 온 위에서 언급한 진화를 '형식적 포섭'에서 '실제적 포섭'으로의 이행이라는 개념적 틀 내부에서 분석했다. 맑스는, 그의 저작의 여러 곳에서 명백하게 나타나듯이, 이 이행을 예견했고 또 그것을 자본주의적 생산양식에 의한 사회 전체의 종속의 달성이라고 묘사했다. 나는 이러한 이론적 틀이 정밀조사를 이겨낼 견고함을 갖고 있다고 믿는다. 그렇다면 이런 질문이 제기될 수 있을 것이다. '그렇다면 이미 잘 이해되었다고 생각되는 시대와 관련하여 (그리고 그 시대의 서술에서 나타나는 문필적 극화와 관련하여) 왜 그토록 많은 정치적 흥분들이 있는 것일까?' 그 답은 분명히 이렇다. 변형의 내적 성격에 부속하는 것이면서도 그 변형을 있는 그대로의 혁신으로 환호하는 그 무엇이, 지금까지 충분히 설명되지 않은 그 무엇이 있다는 것이다. 여기에서 우리는 무엇보다도 이 숨겨진 그 무엇(강조—인용자)을 강조하고 싶다.[20]

이 '숨겨진 무엇'이란 실제적 포섭이 지배의 재배치일 뿐만 아니라 그와 동시에 '산 노동'의 질적 변형 혹은 주체성의 새로운 생산이기도 하다는 것이다. 이것은 "생산은 주체를 위한 대상뿐만 아니라 대상을 위한 주체도 생산한다."[21]는 맑스의 생각을 실제적 포섭의 조건에 적용하는 것에 다름 아니다. 실제적 포섭하에서 주체성은 재생산과 연관될 뿐만 아니라 그 자체가 자본주의적 생산의 내용으로 된다는 점이 네그리가 강조하고자 하는 점이다. 이 점을 조금 더 구체적으로 이해하기 위해 네그리가 주목하고 있는 맑스의『그룬트리세』로, 그곳에서 전개된 실제적 포섭에 대한 설명으로 돌아가보자.

맑스에 따르면 실제적 포섭은 과학기술의 생산에의 응용에 의해, 기계류 체제의 구축(이른바 '자동화')에 의해 추동된다. 이렇게 해서 정립된 기계는 개별 노동자의 노동수단으로 나타나지 않고 오히려 노동자가 기계의 부속물로 나타난다. 이렇게 해서 생산에 대한 자본가 통제는 인격적 외양을 벗어버리고 사물들의 필연적 속성으로 나타난다. 이것은 인간중심으로 배치되었던 생산을 기계중심으로 재배치한 것의 결과이다. 그런데 이 기계적 재배치는 기계의 부속물로 된 노동자들을 협력하게 하는 원인으로 될 뿐만 아니라 동시에 선행하는 노동자 협력의 결과이기도 하다. 왜냐하면 기계를 낳는 과학활동은 두뇌에 의해 이루어지는데, 이 두뇌 활동의

---

20. A. Negri, *The Politics of Subversion*, Great Britain, Polity Press, 1989, p. 71~2, 번역은 인용자.
21. 칼 맑스,『정치경제학 비판 요강』제1권, 김호균 옮김, 백의, 2000, 62쪽.

주체도 사회로부터 분리된 개인이 아니라 사회적 개인 혹은 사회 자체이기 때문이다.[22] 일단 기계를 매개로 한 노동자들의 협력이 등장하면 그것은 개별 공장 수준에 그치지 않고 전 사회적 수준의 협력으로 발전하게 된다.

당시에 맑스는 이 '일반적인 사회적 노동'을 기계류에 의해 대표되는 고정자본 속에서만 보았다. "사회의 생산력은 고정자본으로 측정되고 고정자본에서 대상적인 형태로 실존하며 반대로 자본의 생산력은 자본이 무상으로 점취하는 이 일반적인 진보와 더불어 발전한다."[23]고 본 것이다. 요컨대 맑스의 시각에서 기계류는 물화된 일반지성이다. 그가 자본의 완전한 발전으로 파악한 이 일반화된 기계체제에서 산 노동은 그 물화된 일반지성의 부속물로, 그것의 부차적 계기로 떨어진다.

> 고정자본의 발전은 일반적인 사회적 지식이 어느 정도까지 직접적인 생산력으로 되었고 따라서 사회적 생활과정 자체의 조건들이 어느 정도까지 일반적 지성의 통제 아래 놓였으며 이 지성에 따라 개조되는가를 가리킨다. 사회적 생산력이 지식의 형태로뿐만 아니라 사회적 실천의 기관들, 현실적 생활과정의 직접적인 기관들로서 어느 정도까지 생산되었는가를 가리킨다.[24]

---

22. 같은 책, 77쪽.
23. 칼 맑스, 『정치경제학 비판 요강』 제2권, 김호균 옮김, 백의, 2000, 372~373쪽.
24. 같은 책, 382쪽.

　이 사회적 노동 혹은 사회적 생산력의 고정자본으로의 실현 혹은 실재화가 바로 실제적 포섭의 근본조건이자 그 결과이다. 그러나 맑스는 고정자본이 활동하는 사회, 사회적 일반지성임을 결코 잊지 않았다. 그가, "생산은 특수한 생산에 불과한 것이 아니다. 차라리 생산영역들의 크고 작은 총체 속에서 활동하는 것은 언제나 일정한 사회체, 사회적 주체이다."[25]라고 말하는 것은 이 때문이다. 그리고 이 주체는 사회적 생산과정의 종국적 생산물로도 이해된다.

　우리가 부르주아 사회를 고찰하면 사회적 생산과정의 마지막 결과로서 그곳에는 언제나 사회 자신, 즉 사회적 관계 속에서의 인간 자신이 나타난다. 생산물 등처럼 고정된 형태를 가지는 모든 것은 이 운동에서 계기로, 소멸적 계기로만 나타난다. 여기에서 직접적 생산과정 자체는 계기로서만 나타난다. 과정의 조건들과 대상화들은 스스로 균등하게 과정의 계기들로 나타나며 과정의 주체들로서는 개인들, 그러나 그들이 새롭게 생산하듯이 재생산되는 상호관계 속에서의 개인들만이 나타난다. 이 개인들이, 자신들이 창조하는 부의 세계를 갱신함에 따라 그들 자신을 갱신하는 그들 자신의 운동의 항구적인 과정.[26]

　네그리는 생산과정을 시작하고 또 그것에 의해 생산되는 이 사회적 주체가 실제적 포섭의 국면에서는 대공장의 고정자본 속에

---

25. 칼 맑스, 『정치경제학 비판 요강』(제1권), 54쪽.
26. 칼 맑스, 『정치경제학 비판 요강』(제2권), 389쪽.

물화되거나 종속되어 있지 않다고 파악하는 점에서 맑스의 관점을 넘어선다. 그는 사회 속에 산포한 임금·비임금의 다양한 노동형태들에서 사회적 주체성이 어떻게 움직이고 있는지를 고찰한다. 그 고찰의 주요한 초점은 정보화(그리고 네트워크화)에 맞추어진다. 네그리는 맑스가 '일반지성'을 사고하면서 그것이 기계류가 아니라 산 노동 속에서 나타나는 경우를 무시했다고 보았다. 그가, 지성의 객관화를 강하게 함축하는 '일반지성'이라는 개념 대신 지성의 주체화를 강하게 함축하는 '대중지성'이라는 용어를 필요로 했던 것은 이 때문이다. 맑스는 고정자본을 일반지성과, 아니 인간 자신과 동일시했다.[27] 하지만 역사 속에서 기계류의 발전 자체는 그 어떤 해방적 역전도 가져오지 못한 채 인간을 억압하는 거대한 괴물로서 실현되었다. 대규모화된 공장체제가 가져온 것은 채플린식의 <모던 타임즈>나 강제노동수용소였다. 네그리는 정보화와 정보사회의 저변에서 생성되고 있는 다중들의 지적·정서적 소통과 협력에 주목하면서 맑스의 일반지성과는 다른 대중지성의 출현을 선언했다. 그런데 네그리는 이 같은 탈근대성을 맑스가 근대성을 서술하기 위해 사용한 실제적 포섭이라는 개념을 통해 파악하려고 시도했다.[28] 하지만 그가 다루고 있는 대상은 실제적 포섭의 과정에서 혹은 그 결과로서 생산된 새로운 주체성이며 그 주체성의

---

27. 같은 책, 388쪽.
28. 네그리는 이 새로운 경향을 파악하기 위한 모색의 과정에서 1970년대에 일시적으로 '총체적 포섭'(total subsumption)이라는 용어를 사용하지만 그 용어사용이 지속되지는 않는다.

운동에 대한 대응으로 나타나는 포섭의 새로운 양상들이 아닌가?

네그리에 따르면 1968년 혁명의 시기에 실제적 포섭에 대한 대규모의 새로운 유형의 저항이 전개되었다. 그것은 기계에 예속된 소외된 노동에 대한 거부, 통제된 자유시간, 규율된 소비에 대한 거부를 표현했다. 1968년에 등장한 새로운 주체성들은 이러한 거부를 통해 '사회적 생산의 더 높은 차원에 대한 의지'를 표현했다.[29] 그리고 무엇보다도 이 주체성들은 기계체제에서 소외되었던 몸의 해방을 추구하는 '몸들의 반란'이었고 새롭게 생산된 욕구들과 필요들의 충족을 요구하는 것이었다.[30]

이후 네그리는 이 새로운 반란을 진압하기 위한 새로운 포섭방식이 진행중임을 다양한 각도에서 규명했다. 그것은 기계의 부속물이기를 거부하는 이 산 노동의 직접적 협력과 활력을 다시 '새로운 생산부문'(주로 서비스 산업부문)으로 편입시킴으로써 그것을 착취하고자 하는 자본의 시도이다. 네그리는 이 과정에서 발생한 노동형태를 '비물질적 노동'이라는 용어로서 개념화하고자 한다. 그것은 더 이상 물적 형태의 상품을 생산하지 않으며 정서를, 소통을, 사회적 관계를, 한마디로 비물질적 형태의 '삶'을 직접적으로 생산한다.

이 비물질적 노동은 외형적으로 보면 기계류 체제와 연결되지 않은 몸들의 노동, 즉 육체노동으로 나타난다. 두뇌와 손발, 입과

---

29. 안또니오 네그리·펠릭스 가따리, 『미래로 돌아가다』, 조정환 편역, 갈무리, 2000, 124쪽.
30. 같은 책, 128쪽.

눈 등 신체의 다양한 기관들이 직접적으로 생산에 참여하기 때문이다. 그렇다면 이것은 실제적 포섭의 헤게모니하에서 전개되는 형식적 포섭의 새로운 영역확장인가? 노동과정의 가치화 과정 아래로의 포섭이라는 형식적 포섭의 일반적 의미에서는 그러하다고 말할 수 있다. 하지만 이 과정은 노동시간이 더 이상 실제적 척도가 아닌 (그럼에도 불구하고 가상실효적으로는 척도로서 기능하는) 상황 속에서 진행되고 있다. 그러므로 여기에서 생산되는 것은 노동시간의 연장을 통한 잉여가치 생산으로서의 절대적 잉여가치가 아니다. 그렇다고 그것이 필요노동시간의 단축을 통한 잉여노동시간의 연장으로서의 상대적 잉여가치의 생산도 아니다. 그렇다면 자본주의는 어떻게 축적하며 자신을 재생산하는가? 또, 노동시간에 기초하는 가치법칙이 위기에 처했는데도 그것이 해방의 생산으로 되지 않고 삶의 위기의 부단한 생산으로 되는 것은 무엇 때문인가?

이 문제에 직면하여 전통적 맑스주의는 제3세계 노동착취공장에서의 확대되는 육체적 노동시간이 전 지구적 자본주의를 떠받치고 있다고 주장하곤 한다. 또 페미니스트들의 일부는 비임금의 여성 가사노동이 필요노동시간을 단축하여 자본에게 상대적 잉여가치를 가져다준다고 주장한다. 이렇게 주변영역에서 절대적 혹은 상대적 잉여가치의 원천을 찾는 이러한 관점은 일면에서 진실이다. 이것은, 모든 새로운 포섭양식과 생산양식이 선행하는 포섭형태를 폐기하는 것이 아니라 대체하면서 동시에 보존하고 때로는 확대한다는 맑스의 생각과도 부합한다. 그러나 이들은 생산양식과 포섭양식에서 나타나고 있는 새로운 변화를 파악하려 하지 않는다는 점에서는 진실을 회피하는 셈이다.

이들과는 다른 대답은 들뢰즈와 가따리에 의해 주어졌다. 이들은 가치법칙을 벗어나는 정서적 노동과 삶정치적(biopolitical) 노동의 체제를 설명하면서 자본주의적 사회체는 노동시간 및 노동량의 잉여의 추출에 의존하기보다 오히려 '복잡한 질적 과정'[31]에 의존한다고 주장한다. 여기에서 생산되는 잉여가치를 이들은 '흐름의 잉여가치' 혹은 '기계적 잉여가치'라고 명명한다.

기계적 잉여가치란 첫째로 잉여노동과 필요노동의 차이를 나타내는 것이 아니라 자본의 두 평면의 단절을, 즉 충만한 기관 없는 신체의 흐름과 그것의 재영토화인 공리화된 동일성 사이의 단절을 나타낸다. 그래서 기계적 잉여가치의 '착취'는 공리화된 주체들의 형성 자체이다. 둘째로 기계적 잉여가치는 '사회화된 노동자'(socialized worker) 명제가 서술하려고 했던 복잡하고 질적이며 정서적이고 기계적인 과정들의 전 사회적 생산을, 그리고 이 체제 속에서 가치의 매우 확산적이고 무장소적인 성격을 나타낸다.[32] 자본은 이제 양적 노동시간을 착취하는 관계가 아니라 다양한 가치세계들의 보편적 평면(즉 적분)으로 작용한다. 훈육공간에서는 일종의 엔트로피로 경험되는 탈주선조차도 이 보편적 평면에서는 생산의 추동력으로 된다.[33] 고정자본, 가변자본, 그리고 자유시간은 특수한

---

31. Gille Deleuze & Felix Guattari, trans. by Brian Massumi, *A Thousand Plateaus*, USA, University of Minnesota Press, 1987, p. 492.

32. Nicholas Thoburn, *Deleuze, Marx, and Politics*, Great Britain, Routledge, 2003, p. 97.

'기계적 환경' 속에 짜넣어지며 그곳에서 각각의 환경들 속의 힘들, 관계들, 그리고 정서들의 총체가 공리화되어 기계적 잉여가치를 생산한다. 착취는 기계적 배치에 관심을 가지며 인간과 그의 능력들은 이 배치의 구성부분으로 된다. 공장에서 기계들이 그 스스로 작동하고 있는 것으로 보여도 사실상 그것들을 관통하고 있는 것은 사회 전체이며[34] 모든 개인들은 통상적인 생산의 현장에 부재하는 것처럼 보일 때에도, 이들이 자신들을 연결접속하는 탈코드화된 흐름들을 접합접속함으로써 그것을 공리화하는 사회체에 결합되어 있는 한, 연구하거나 소통하거나 봉사하거나 혹은 소비하는 삶의 모든 과정들에서 잉여가치를 생산하는 주체로 기능한다.[35] 이제 사회적 노동자가 가상실효적인 방식으로 기능하는 것이다.

여기에서 자본주의적 사회는 하나의 기계적 주체로 등장한다. 자본은 다양한 개인들, 집단들로 하여금 표현하라, 연구하라, 몸을 가꾸라, 창조하라, 소통하라, 협력하라고 명령하는 하나의 가상실효적 기계가 됨으로써, 그리고 그 개별 구성부품들이 자신의 자원을 극대화하기 위해 애쓰는 하나의 기업가로서, 그리고 자기마케터(self-marketer)로서 사고하고 행동하도록 만듦으로써 이 매우 복잡한 조립체의 생산성을 전유한다.[36] 네트워크 사회[37], 네트워크 권

---

33. *Ibid.*, p. 98.

34. *Ibid.*, p. 98.

35. 이에 대해서는 질 들뢰즈·펠릭스 가타리, 『천 개의 고원』, 김재인 옮김, 새물결, 2001, 제13장 참조.

36. 쎄르지오 볼로냐·안또니오 네그리 외, 『이딸리아 자율주의 정치철학·1』, 이원영 편역, 갈무리, 1997, 314쪽 이하 참조.

력38 등의 용어는 자본의 포섭양식의 이러한 변화를 지칭하기 위해 사용되기 시작한 말이다. 이러한 사회에서 가치법칙은 위기에 처하지만 가상실효화(virtualization)를 통해 다시 가치관계가 부과된다. 여기에서 노동시간이 척도로서 어떤 지속적 역할을 한다면 그것은 근대 자본주의의 형식적(formal) 척도나 실제적(real) 척도로서가 아니라 기계적 흐름들을 변조하는 가상실효적(virtual) 척도로서이다.39 이런 변화와 그 속에서 나타나고 있는 경향은 이미 실제적 포섭이라는 술어를 통해서는 설명될 수 없는 것이다. 새로운 포섭양식, 즉 가상실효적 포섭양식과 그 헤게모니는 이미 작동하기 시작했다.

포섭과 공통적 삶

그럼에도 불구하고 지금까지 맑스주의들은 형식적 포섭의 확장에만 관심을 두어오거나 혹은 반대로 실제적 포섭을 넘어서는 새로운 포섭양식을 실제적 포섭이라는 술어 속에서 이해하려고 해왔다. 그것을 새로운 가상실효적 포섭양식의 출현으로 이해하는 것은 우리가 포섭의 낡은 이미지에 사로잡히지 않고 구성적 탈주

---

37. Manuel Castells, *The Rise of the Network Society*, USA, Blackwell Publishers, 1997 참조.
38. M. Hardt & A. Negri, *Empire*, USA, Harvard Univerity Press, 2000 참조.
39. 가상실효적 포섭을 들뢰즈와 가따리처럼 '기계권'으로 이해할 수도 있을 것이다. 이럴 때 가상실효기계(virtual machine)는 신체기계-실제기계를, 그리고 심지어는 전쟁기계까지 하위지층으로 삼으면서 그것들을 사회체에 통합시킨다.

선을 찾아가기 위해서, 그리고 실제적 포섭을 자본주의적 생산의 최종적 단계로 보면서 해방의 임박함이라는 붕괴론적 징후에 시달리지 않기 위해서도 필요하다. 그리고 이것은 실제적 포섭의 경험을 절대화하여 그것을, 인간이 벗어날 길 없는 하나의 총체적 지배로 읽으면서 갇힌 운명의 불가피성과 해방적 역전의 불가능성이라는 비관주의적 징후에 시달리지 않기 위해서도 필요하다. 가상실효적 포섭은 형식적 포섭이나 실제적 포섭을 제거하지 않는다. 실제적 포섭 국면에서 형식적 포섭형태가 확대되기도 하는 것처럼 가상실효적 포섭의 헤게모니하에서도 형식적 포섭형태나 실제적 포섭형태가 확대되기도 한다. 그것은 삶을 착취하고 명령하는 포획지층들을 구성한다.[40] 그러나 그 지층의 구성이 자본주의적인 한에서, 즉 삶을 대상으로 하면서도 그것에 의존적인 '포섭'인 한에서 그것은 언제나 적대적 구성의 원리를 벗어날 수 없다. 포섭하는 자본이 전유할 수 있는 것은 협력의 형태들과 산물들일 뿐 협력 자체는 아니다. 가상실효적 포섭하에서도 또 다시 새로운 주체성은 생산된다. 아니 새로운 주체성의 생산은 한층 높은 기반 위에 전개된다.[41] 사회적 협력 흐름의 확장, 공통성의 잠재력의 증대는 그것의 확고한 지반이 되고 있다. 공통적 삶은 가상실효적 포섭하에서

---

40. 네그리의 포섭론에서는 단계론과 지층론 사이의 일정한 긴장이 있으며 전자에 강조점이 두어진다. 그가 경향을 현실로 오인한다는 비판은 네그리 고유의 '경향의 방법론'이 갖는 긍정성을 몰각하는 것이지만 그의 '약한' 지층론이 나타내는 문제점의 일단을 지적하는 것으로 읽을 수도 있다.
41. 적대적 구성의 원리와 그것의 양상에 대해서는 조정환, 『아우또노미아』, 갈무리, 2003, 2~5장을 참조하라.

도 부단히 새롭게, 그리고 다르게 회귀한다. 이제 가상실효적 포섭과 실제적 포섭의 다름을 좀더 구체적으로 밝히는 일이, 그리고 그 속에서 코뮤니즘의 독특한 회귀 양상을 밝히는 문제가 우리에게 남는다.[42] 이 문제가 가장 명확하게 나타나는 곳은 현대적 포섭의 주권형태 이행에서이다. 이제 '제국주의인가 제국인가'라는 금세기의 논쟁적 주제를 통해 제국주의 내부에서의 주권형태의 국면 변화와 새로운 포섭형태인 제국의 등장, 그리고 그것에 대항하는 힘들의 새로운 배치에 대해 살펴보기로 하자.

---

42. 코뮤니즘의 이 영원회귀에 대한 이론적 탐구로는, 조정환, 같은 책, 제7장과 제11장을 참조하라.

2장 제국주의인가 제국인가

오늘날 신자유주의적 지구화를 해석하는 두 개의 관점이 대립하고 있다. 하나는 그것을 '강대국들의(특히 미국의) 제국주의적 행동'으로 바라보는 것이고, 또 하나는 그것을 미국을 정점으로 하는 '전 세계의 여러 권력 기관들의 네트워크 즉 제국의 행동'으로 바라보는 것이다.

신자유주의적 지구화를 제국의 행동으로 보는가, 제국주의의 행동으로 보는가 하는 문제는 사회적 사실에 대한 인식과 판단의 차이에 의해 규정되고 있다. 하지만 이 문제는 그보다 더 중요하게 사회와 그것의 운동을 바라보는 관점의 차이에 의해 규정된다.

여기서 관점의 차이가 나타나는 두 가지 측면을 미리 말해 두자.

하나는 개념과 현실의 관계를 바라보는 철학적 차이이다. 현대의 제국주의론자들은 현대 자본주의의 현실에 제국주의라고 부를 수 있는 특징들이 존재하는가 않는가를 규명하는 데 초점을 맞추면서 마찬가지 방식으로 제국이라는 개념이 반영하는 어떤 현실이 있는가 없는가를 판단의 기준으로 삼는다. '이미 전개된 현실'이 현대 제국주의론자들의 양보할 수 없는 기반이다. 반면 제국론은 현대 자본주의 속에서 어떤 경향이 작동하고 있고 그 경향을 통해 어떤 현실이 생성되고 있는가에 초점을 맞추며 제국이라는 명명 행위를 새로운 현실이 구성되는 과정 속에 위치시킨다. 그래서 제국론에서 개념은 '구성되고 있는 현실', 즉 경향에 참여하는 지적 활동으로 사고된다. 개념은 객관적 현실을 관찰하고 반영하는 인식행위이기보다 현실의 구성에 참여하는 지적 실천이다.[1]

또 하나의 중요한 차이가 있다. 내가 보기에 그것은 자본합성론적 관점 대 계급구성론적 관점 사이의 차이라고 부를 수 있는 성격의 것이다. 현대의 제국주의론들에서 계급은 자본합성의 산물이며 그 결과이다. 계급투쟁은 자본합성 과정의 끝에 그 과정 속으로 외삽된다. 그래서 역사는 자본의 (모순적) 자기운동으로 설명된다. 반면 제국론에서 자본합성은 계급구성 과정에 대한 수동적 대응으로 전개된다. 자본이 노동에 의존하는 것인 한에서 이것은 필연적이다. 그래서 계급투쟁은 자본합성 과정을 규정하는 일차적 요소로 간주된다. 그래서 역사는 노동의, 좀더 정확하게는 보편적 인간활동의 자기운동으로 설명된다.

---

1. 이에 대해서는 조정환, 『아우또노미아』, 갈무리, 2003의 379~380쪽 '리얼리즘에서 버츄얼리즘으로' 참조.

이러한 관점의 차이로 인해, 신자유주의적 세계화를 제국주의의 행동으로 보는 관점은 그것을 자본의 일방적인 행동으로 파악함에 반해 신자유주의적 세계화를 제국의 행동으로 보는 관점은 그것을 아래로부터 프롤레타리아의 행동에 대한 자본의 수동적 대응으로 파악한다. 전자의 관점 속에서 오늘날 지구화하는 사회는 무엇보다도 자본의 힘에 의해 주도적으로 재조직되고 있는 것으로 설명된다. 이 설명 속에서 민중은, 특히 제3세계의 민중은 자본의 권력에 희생당하는 피동적 존재에 불과하다. 그러나 후자의 관점에서 오늘날 신자유주의적 지구화는 민중의 투쟁과 그 다중적 재구성의 활동에 의해 조성된 축적 위기의 상황을 헤쳐 나가려는 자본의 결사적 몸부림으로 파악된다. 민중과 다중은 희생자로서보다는 역사의 주체로 등장한다. 이러한 역사관은, 신자유주의적 지구화라는 대응을 불가피하게 만든 자본의 위기가 전후 제3세계의 민족해방운동들과 제1세계를 중심으로 발생했던 새로운 사회운동들을 통해 아래로부터 강제되었다는 생각에 의해 뒷받침된다.

나는 전자의 관점에 의해서는 계급구성의 역동성을 파악할 수 없을 뿐만 아니라 오늘날의 사회편성[2]조차 올바르게 읽을 수 없다고 주장할 것이다. 사회를 재편성하려는 자본의 부단한 노력이 존재하는 것이 사실이고 오늘날 그것이 신자유주의적 지구화로 나타

---

2. 이 글에서 편성은 forrmation에, 합성은 composition에, 구성은 constitution에 대응하는 것으로 설정된다. 그러므로 사회편성이란 1980년대 한국의 사회과학 논의에서 사회구성이라고 불렸던 것에 상응하며 사회편성체란 과거의 사회구성체를 지칭하는 개념으로 사용된다.

난다고 하는 점에서는 이견이 존재하지 않는다. 이견은, 자본의 그러한 노력이 사회의 아래로부터 전개되는 생산하는3 계급들의 투쟁에 의해 근본적으로 규정되고 있다는 사실을 승인하는가 않는가에 의해 발생하고 있다. 그리고 다른 쟁점은 신자유주의적 지구화가 그에 맞서는 이 생산하는 계급들의 정치적 재구성의 노력을 동반하고 있다는 점을 어떻게 해석하는가, 즉 생산하는 계급들의 투쟁을 자본의 노력으로부터 독립적인 것으로 간주하는가 아니면 종속적인 것으로 간주하는가 하는 점에서 발생한다. 그러므로 여기서 중요한 것은 자본이 취하는 특수한 행동들, 그리고 그 행동들에 의해 규정되는 사회의 재구조화 혹은 사회의 재편성이 사회의 아래로부터 역동하는 생산하는 계급들의 활력에 의해 어떻게 영향을 받고 있는지를 설명하는 것이다.

자본의 힘이 우월할 때 사회는 이해관계(interest)에 따라 편성되어 특정한 형식을 갖게 된다. 하지만 그 형식화의 과정, 즉 사회편성의 과정이 계급구성의 과정에 의해 영향을 받고 있고 또 그것에 반작용하며 그것에 의해 파열되기도 한다는 점은 오늘날의 상황을 이해함에 있어 아무리 강조해도 지나치지 않다. 신자유주의적 지구화를 제국의 행동으로 정의하려는 시도는 바로 이 점을 의식하고 있고 또 강조한다. 바로 이 점에서 이 이론적 시도는, 신자유주

---

3. 나는 여기서 생산을 가치생산으로부터 분리시켜 부의 생산을 포괄하는 광의의 개념으로 사용할 것이다. 부의 생산에는 노동계급뿐만 아니라 여성, 노인, 어린이 등 이른바 다중이라고 부를 수 있는 다양한 사회집단들이 참여한다. 심지어는 자연까지 여기에 참여하고 있다고 말해야 한다.

의적 지구화를 오래된 제국주의의 지속이라고 보면서 자본의 일방
성과 우월성을 강조하는 입장과는 커다란 차이점을 갖는다. 이것
은 나타나는 사실들을 반영하는 문제에서의 차이라기보다는 오히
려 사회와 역사를 바라보는 시선에서의 차이이다. 참여자의 시선
인가 관찰자의 시선인가, 바로 여기에서 신자유주의적 지구화를
제국으로 정의할 것인가 제국주의로 정의할 것인가를 가르는 선이
발생하는 것이다.

현대 제국주의론 비판

　오늘날 신자유주의적 지구화를 둘러싼 논쟁 구도의 특이함은 새
로운 신생의 이론인 제국론이 오래된 제국주의론에 의해 도전받는
양상을 띠고 있다는 것이다. 신자유주의적 지구화에서 제국적 주
권의 운동을 간취하고 그것을 '제국'이라는 새로운 개념으로 정식
화한 마이클 하트와 안또니오 네그리는 뜻밖에도 제국주의론을 비
판하는 일에 많은 에너지를 투입하지 않는다. 오히려 이들은 레닌
의 제국주의론이 프롤레타리아 혁명의 기획이었다는 점을 강조하
면서 그것의 주체성론을 계승하는 태도를 취한다. 신자유주의적
지구화가 전개된 20세기 말의 꽤 긴 시간 동안 제국주의론이 별다
른 주목을 받지 못하고 망각 속에 묻혀 있었던 점을 고려하면 이
비판적 계승의 태도는 자연스러운 것으로 이해된다. 그러나 새로운
세기의 벽두에 출간된 『제국』이 얻은 국세적으로 광범한 관심은 상

황을 바꾸어 놓았다. 1990년대 10년 동안 이론지형의 주변으로 밀려났던 제국주의라는 개념이 전통적 좌파들의 지리정치적 관심을 새롭게 재조직하면서 제국주의론이 제국론을 반격하는 양상이 전개된 것이다.[4] 이렇게 하여 역설적이게도 제국론은 제국주의론의 부활을 가져왔다. 제국론의 전진은 이제 제국주의론의 긍정적 요소를 계승하는 방식만으로는 이루어질 수 없다. 그것은 이제 제국주의론의 반격이라는 상황 속에서 그것들이 제기하는 논점들에 대한 비판적 응답을 불가피한 것으로 받아들이지 않을 수 없게 되었다.

여기서 나는 제국주의론으로부터 제기되는 쟁점들 하나하나를 검토하는 방법을 택하기보다 제국주의론을 현대에 적용하는 관점들의 일반적 문제점을 지적한 후 제국이라는 개념이 제국주의 개념과는 달리 현대 사회의 어떤 새로운 지점을 밝혀내는지를 긍정적으로 서술하는 방법을 택할 것이다. 아직은 현대의 제국주의론자들이 제국이라는 개념을 실질적이고 다면적으로 이해하지 못하고 있으며 그래서 쟁점 자체가 지구화를 둘러싼 대안정책 논의로 협소하게 구성되어 있다고 생각되기 때문이다.[5]

---

4. 물론 현대의 제국주의론 속에는 다양한 경향과 흐름이 존재하며 그들 내부의 분기가 있다. 그 중 일부는 제국론의 문제제기를 상당부분 흡수하면서 자신을 방어하기도 한다.
5. 제국론의 핵심을 '세계화에 대한 지지'라고 이해하는 제국론(그리고 제국주의론)에 대한 '정책론적' 파악이 그 대표적 예이다. 손호철, 「반세계화(지구화) 투쟁은 역사적 반동인가? ─네그리·하트, 『제국』의 비판적 평가」(2003년 9월 5일 맑스코뮤날레 쟁점토론회 발제문. 이 글은 『맑스주의 연구』 창간호, 2004에 수정되어 수록되었다.) 참조.

우선 신자유주의적 지구화를 미국의 제국주의적 행동으로 파악하는 관점은 생산하는 힘들, 주체들의 투쟁적 역동성을 무시하는 객관주의적 관점을 취한다. 그것은 신자유주의적 지구화를 자본운동의 하나의 객관적 발전단계로 파악한다. 이러한 관점 속에서 노동은 그 자체가 자본운동의 파생물로 이해된다. 가변자본의 처지를 넘어서려는 노동의 '운동'도 자본이 위기에 빠진 때에 사후적으로, 그리고 일시적으로만 등장한다. 다시 말해 역사를 자본의 객관적 자기운동이라는 단선적 맥락에서 정의하면서 노동의 움직임을 그것의 파생물 혹은 그것에 대한 수동적 대응으로 이해하는 것이다. 이 정의 속에서 '독점'(독점자본주의), '국가독점'(국가자본주의 혹은 국가독점자본주의), 그리고 '초국적 독점'(세계자본주의) 등은 자본 내부의 경쟁에 따른 자본의 자기재구조화로 나타난다. 자본주의의 발전은 계급투쟁과 아무런 관련도 갖지 않거나 그것으로부터는 독립적인 과정으로 나타난다. 계급투쟁은 자본주의의 모순적 발전의 결과로 나타나며 자본주의의 발전과정에 외삽(外揷)된다.

이러한 객관주의는 '역사적 실재로서의 제국주의'를 '자본주의의 내적 경향으로서의 제국주의'와 동일시하여 결국에는 제국주의를 자본주의 그 자체와 등치시키는 생각으로 나타나기도 한다.[6] 여

---

6. 제국주의를 '자본주의의 고유한 역사적 경향'으로 정의하는 것이 그것이다. 정성진, 「21세기의 자본주의와 제국주의」(장상환 외, 『제국주의와 한국사회』, 한울아카데미, 2002, 31쪽. 이 경향론은 카우츠키의 정책론이나 네그리·하트의 주권형태론과 다를 뿐만 아니라 레닌의 단계론과도 구분되는 것이다. 하지만 정성진의 제국주의 개념은 "한 나라에 의한 다른 나라로부터의 가치의 체계적 전유"(같은 책, 35쪽)라는 부등가 교환론적 종속이론에 의해 깊이 침윤되고 있다. 즉 자본주의에서 '국가간 불평등과

기에서 제국주의 개념은 지나치게 확장되어 자본주의 개념을 대체하거나 아니면 그 자체로는 무의미한 용어로 된다.[7] 제국주의 개념의 이러한 공동화(空洞化)를 메우기 위해 사용되는 것이 자유무역 제국주의 → 재분배적 제국주의 → 세계패권적 제국주의로의 3단계 발전론이다. 하지만 제국주의 개념의 확장과 단계론적 설명 속에서도 객관주의는 변함없이 나타난다.[8]

제국주의론의 두 번째 문제점은 국가주의적 관점이다. 제국주의는 경제적으로 볼 때는 독점을 의미하지만, 정치적으로 볼 때는 민족국가 주권이 국경을 넘어 이동하는 것이다. 이것은 민족국가가 총자본이자 자본운동의 주된 관리자인 시기의 자본주의 질서이다. 그러나 민족국가들이 지역적 국가연합체나 초국적 기업들에 의해 절합되고 그것이 다시 미국이나 강대국들의 연합체 혹은 초민족적 기관들에 의해 통합되는 현 시기에 제국주의를 주장하는 것은 '민족국가로 분할된 세계경제'라는 낡은 이미지를 새로운 상황에 무리하게 적용하는 것이다. 여기에서 강하게 나타나는 것은 근대 자본주의의 발전에서 주요한 역할을 수행했던 국가를 자본주의의 (심지어는 자본주의 이전과 이후 시대까지 포함하는) 모든 시대의 중심행위

종속의 구조'를 이론화하는 것이 정성진의 제국주의론의 목표이다.

7. 제국주의가 자본주의와 불가피하게 연결되어 있고 자본주의에 제국주의로의 경향, '가치 실현을 위해 외부를 병합하는 경향'이 있는 것은 사실이다. 이런 의미에서는 제국도, 병합할 외부가 사라진 시대에 자본주의의 제국주의적 경향이 발현되는 하나의 형태라고 볼 수 있다. 그러나 이 경향은 '역사적 실재이자 특수한 주권형태로서의 제국주의'와는 구별되어야 한다. 이 글에서 제국과 구별되는 것으로서의 제국주의는 후자를 지칭한다.

8. 같은 책, 35~38쪽.

자로 간주하는 것, 즉 국가주의적 관념이다.

제국주의론에는 또 다른 문제점이 있다. 그것은, 제국주의론이 역사적 주체성으로서의 노동과 그것의 자기조직적 운동보다는 부르주아 사회의 발전 원리이자 그것의 결과인 '가치와 그것의 운동'을 무엇보다도 중요한 인식대상으로 파악하며 '가치의 양적 이동'에 관심을 집중한다는 것이다. 이것은 제국주의론의 여러 가지 계열들에 공통되는 요소이다. 제국주의론은 크게 보아 독점론, 국가독점론으로 이어지는 독점론적 계열과 부등가교환론, 종속론으로 이어지는 종속론적 계열로 분화발전되어 왔다. 이 어느 쪽이든 사회의 생산력을 가치 술어에 따라 평가하는 관점에 입각해 있다. '가치라는 범주가 어떤 갈등적 관계를 통해 생산되는가'라는 관점이 아니라 '생산된 가치가 어떤 경로를 따라 누구의 수중으로 귀속되는가'라는 관점에서 사회의 구조를 바라보는 것이다. 독점론은 일국 내에서 가치의 주된 귀속 계급(독점자본)을, 종속론은 세계체제 속에서 가치의 주된 귀속 국가(중심부)를 관심의 초점에 놓으면서 그로 인해 가치를 박탈당하는 자들이 누구인가를 살핀다. 독점론의 입장에서 가치를 박탈당하는 자들은 이론적으로는 프롤레타리아트로 설정되지만 실제로는 비독점자본들로 설정된다. 종속론의 입장에서 그것은 이론적으로는 주변부 프롤레타리아트이지만 실제로는 주변부국가들이다. 이런 굴절을 통해서 프롤레타리아트적 입장은 억제되고 비독점의 자본들이나 주변부의 국가들이 반제국주의 정치학의 중심으로 떠오른다.

제국주의론에 입각한 정치학이 가치박탈을 강조하면서도 이렇게 프롤레타리아트로부터 멀어지는 것은 이것이 생산된 가치의 양적 이동에 관심이 있을 뿐 가치의 발생과 그 원천에 관심을 갖지 않는 것과 무관하지 않다. 실제로 가치 생산과정에 대한 비판의 오랜 부재를 통해 제국주의론자들에게서는 맑스의 가치론과 가치법칙에 관한 이론을 특수한 시대에만 적용 가능한 역사적 이론으로서가 아니라 모든 역사에 통용되는 보편이론으로 간주하는 경향까지 발생했다.[9]

이렇게 가치주의적 관점[10]에서 일국 혹은 세계의 불평등구조를 살필 때 주체성에 대한 관심은 실종된다. 직접적 문제의식이 '독점자본/비독점자본 간 갈등'의 해결이나 '중심부국가/주변부국가 간 갈등의 해결'로 설정되어 자본/노동의 적대가 감추어지게 된다. 그렇게 될 때 실천적 문제설정은 자본관계의 극복으로 발전할 수 없으며 자본주의의 한계 내에 갇히게 된다. 이러한 문제설정 속에서 프롤레타리아는 능동성이나 자기가치화 능력을 갖지 못한 희생자로 묘사되며 그것이 혁명적 호명을 받을 때조차도 부르주아적 문제의 해결을 위해 동원되는 피동적 동원군으로 나타날 뿐이다. 제국주의론의 이러한 문제점은 20세기 제국주의론이 제2인터내셔널 이후의 경직된 자본주의 발전 단계론에 의해 침윤된 결과로 보인다. 게다가 레닌의 제국주의론에서 나타나는 주체성의 관점, 즉 프

---

9. 가치에 대한 제국론의 역사적 비판(즉 '가치법칙의 위기' 이론)을 가치법칙의 부정이라고 단죄하는 것은 이러한 가치주의의 나르시즘적 자기-이미지에 지나지 않는다.
10. 맑스는 가치의 폐지를 설명하기 위해 가치의 발생과 가치의 운동을 설명한다. 그런데 근대 제국주의론자들은 가치의 발생이나 가치의 폐지와는 무관하게 가치의 운동만을 문제 삼는다.

롤레타리아 혁명적 관점이 탈색되면서 그러한 객관주의는 한층 심화되었다고 할 수 있다.

이러한 문제점을 극복하기 위해서는 역사적 제국주의나 제국을 계급구성에 반작용하는 주권합성체의 역사적 형태로 파악할 필요가 있다. 이것은 프롤레타리아가 역사 속에서 수행하는 능동적 행위들을 있는 그대로 파악하는 일이며 자본주의를 계급적대와 계급투쟁의 관점에서 파악하는 일이다. 계급투쟁의 관점에서 볼 때[11] 제국주의는 노동과 자본 사이의 계급투쟁의 조건이자 과정이며 동시에 그 결과인 역사적으로 특수한 주권합성체[12]로 이해할 수 있다.

제국주의를 주권합성체로 이해할 때 그것은 제국주의론이 이해하는 제국주의와는 다른 모습으로 나타난다. 많은 사람들이 제국주의라고 부르는 '역사적 실재로서의 제국주의'는 자본의 객관적이고 법칙적인 단계가 아니라 발전된 유럽 자본주의가 2차 산업혁명을 기반으로 구축한 주권형태이다. 2차 산업혁명을 전후한 시기에 전문 노동자들의 생산력은 노동시간 외에 공장 내 분업적 협업의 수준과 숙련도에 의해 결정되었다. 기술적·지적 숙련을 무기로 공장에서의 협력적 생산과정에 대한 통제권을 장악한 전문 노

---

11. 이것은 개별 자본간 경쟁을 자본주의 발전의 동학으로 놓는 관점, 그래서 계급투쟁을 최종심급에서야 비로소 등장시키는 관점과는 양립할 수 없다. 계급투쟁은 자본주의 발전의 전 시기에 그리고 자본 회전의 전 계기들에 걸쳐 전개되기 때문이다.
12. 주권합성은 사람들의 '삶활력'을 '노동력'으로 조직하는 계급합성 과정, 노동력을 시민사회의 구성부분으로 편제하는 사회편성 과정을 포함하면서 이 두 과정을 조절하는 자본의 최상위의 정치적 행동이다.

동자들은 노동조합과 제1인터내셔널을 결성해 자본의 지배에 저항했다. 제1인터내셔널은 생산수단이 직접적 생산자인 노동자로부터 분리되어 있는 현실을 비판하면서 생산수단과 노동자의 재결합을 변혁의 이념으로 내세웠다. 1870년의 파리 코뮨, 1905년과 1917년 러시아의 소비예뜨, 1918년 독일의 래테(Räte) 등은 이러한 이념이 혁명적 현실로 출현한 사례들이었다.

이에 대한 자본의 공장 수준에서의 대응은 화학, 전기와 같은 새로운 생산기술을 생산 속으로 도입하는 것이었다. 이것은 공장에 결집된 전문 노동자들의 숙련 권력이 생산과정에 대한 헤게모니를 장악하고 있고 그것이 저항의 원동력이 되고 있는 상황에서 그 권력을 해체하기 위한 것이었다. 자본은 공장의 생산협력 과정을 지배하는 전문 노동자들의 숙련된 육체력을 점차 기계의 합리화된 반복적 운동으로 대체하면서 대공장 체제를 준비하는 한편 이를 통해 대규모로 결집된 노동력을 관리하기 위해 민족국가를 강화했다. 민족국가는 노동계급을 분할하여 그 상층을 권력 체제 내로 포섭하는 한편 하층에 대한 관리를 맡도록 위임하는 장치로 기능했다. 또 민족국가는 해외의 프롤레타리아와 국내의 프롤레타리아를 대립하도록 만드는 분할의 기계로 기능했다.

이렇게 국내 노동계급의 저항을 통제하기 위한 정치적 장치인 민족국가 주권이 세계 프롤레타리아를 분할하면서 타국의 노동계급을 자국의 주권과 영토 아래로 포섭하고 병합하기 위한 시도가 제국주의로 나타났다. 그것은 국가가 독점자본과 조직된 노동자 상층을 배외주의적 관점에서 결집시키고 다른 지역, 다른 국가를 병합하면서 자국의 영토를 확장하는 주권합성 형태였다. 이것은 숙련 전문 노동자들이 공장에 구축한 계급구성을 민족국가 주권 속에 흡수함으로써 그것의 독자성을 해체하는 한편 위로부터 재편 성된 노동자들의 힘을 자본주의의 세계적 발전의 동력으로 만들기 위한 권력 장치였다.

제국주의 기획의 케인즈주의적 변형

상품수출, 자본수출 외에 전쟁까지 포함하는 다양한 대외 팽창 수단을 동원하여 식민지 주민으로부터 잉여가치를 수탈하는 한편 자국내 숙련 노동자들의 공장 권력을 민족국가 주권 아래로 포섭 하려 한 제국주의 기획은 부분적으로는 성공했지만 좌파 전체를 포섭하는 데는 실패했다. 제2인터내셔널의 우파와 중도파가 사회 애국주의로 전향함으로써 제국주의 기획의 동반자로 견인되었지만 그 좌파는 제국주의 기획을 거부했던 것이다. 레닌을 비롯한 러시 아 사회민주주의 좌파와 로자 룩셈부르크를 비롯한 독일의 사회민 주주의 좌파는 제국주의 전쟁을 계급전쟁으로 전환시키는 봉기의 기획을 제기함으로써 자본의 제국주의적 전쟁 기획에 파열구를 냈 다.

1917년 러시아혁명은 전위와 대중 사이에 지도와 피지도의 관계 를 형성하면서 봉기에 나선 숙련-전문 노동자의 투쟁기획의 부분 적 승리를 보여준다. 이 과정의 기층에서 노동자, 농민, 병사 등 민중의 다양한 부분을 포괄하는 자치적 조직이 소비예뜨의 형태로 나타났지만 그것이 당들 사이의 경쟁을 통해 헤게모니를 잡은 전문 노동자층의 지도력을 대체할 수 있을 만큼 활력적인 것은 아니었다. 소비예뜨는 자율적으로 탄생했지만 멘셰비끼와 볼세비끼 사이의 헤게모니 경쟁을 겪으면서 점차 당들의 헤게모니에 종속되어 갔다. 마침내 1917년의 봉기가 소비예뜨를 배제한 채 볼세비끼당의 주도로 전개되었고 볼세비끼의 봉기가 성공한 이후 소비예뜨가 당의 외곽기구로 무력화되어 갔던 것은 이러한 사정을 반영한다.

소비예뜨를 자신의 지도력 아래에 포섭하면서 봉기를 주도한 숙련 노동자층은 주권 그 자체를 비판하기보다 새로운 주권형태를 추구하는 경향을 갖고 있었다. 그 결과 혁명 정권은 제국주의 기획이 핵심적으로 사용했던 민족국가라는 주권기관을 (해체하기보다) 이행을 위한 기관으로 사용하기에 이르렀다. 이것은 역설적이지만 제국주의 기획의 완성, 즉 전문 노동자 권력의 민족국가 주권 아래로의 최종적 포섭을 가져왔다.

동구의 경우 전문 노동자가 주권 주체로 전화하는 것에 의해 민족국가적 주권형태가 완성되었다면, 서구의 경우는 숙련 노동자와 미숙련 노동자 사이의 위계를 없애는 대중 노동자화를 통해 민족국가적 주권형태의 전일적 지배가 초래되었다. 이러한 재편 과정에는 테일러주의를 통해 노동력을 기술적으로 조직하는 방법이 사용되었고, 생산과 분배와 소비를 연결시키기 위한 포드주의적 순환 관리가 사용되었으며, 국가를 자본주의적 생산의 관리 기관이자 동시에 직접적인 소유와 생산의 기관으로 전환시키는 케인즈주의 전략이 도입되었다. 케인즈는 1917년 혁명에서 나타난 통일된 프롤레타리아의 힘을 인정하면서 이것의 위험성을 자본가들에게 설명했고 그 힘을 축적의 동력으로 흡수하는 일의 중요성을 설득했다. 이것은 기본적으로 프롤레타리아의 분할 위에서 그 상층을 흡수하고자 한 제국주의의 흡수 기획을 국내 프롤레타리아 전체에 대한 흡수 기획으로 확장하고 민족국가에 대외 정치적 역할뿐만 아니라 자본주의 생산의 총 관리자라는 경제적 역할까지 부여하고자 한 시도였다.

이렇게 하여 케인즈주의적으로 변형된 제국주의 체제에서 제국주의 전쟁은 냉전의 형태로 나타났다. 냉전은, 지구의 영토를 양극으로 분할한 두 체제의 은밀하나 치열한 경쟁을 의미했으며 '외부의 병합'이라는 제국주의 기획의 한층 높은 수준으로의 발전을 의미했다. 자본과 노동 사이의 새로운 거래를 의미하는 서구에서의 뉴딜(New Deal)은 역시 제국주의적 성격을 갖는 소련의 사회주의 권력에 대한 대응으로서의 성격을 갖는 것이었다. 이 때부터 전쟁은 해당국가의 모든 계급이 민족국가를 중심으로 뭉쳐 다른 국가들과 국가간 전쟁을 벌이는 총력전(total war)의 성격을 띠었다. 제2차 세계대전(그리고 한국전쟁과 베트남전쟁)이라는 막간의 열전들을 포함했던 장기적 냉전 속에서 영국을 필두로 한 옛 열강들의 권력은 점차 쇠퇴했고 이 과정은 소련의 붕괴와 미국 헤게모니의 구축으로 종결되었다.

그러나 주목해야 할 점은 미국의 헤게모니가 고전적인 제국주의 기획의 계승과 반복을 통해 획득된 것이 아니라는 것이다. 그것은 헤게모니의 새로운 유형을 준비함으로써, 경쟁과 적대를 자신의 계획 속에 포섭하여 발전의 동력원으로 삼는 케인즈주의 기획의 국제정치적 적용을 통해서, 요컨대 전 지구적 네트워크 권력이라는 탈제국주의적 기획을 통해서 획득되었다. 제국주의에서 제국으로의 주권형태의 이행이 가속된 것은 이러한 과정을 통해서였다.

신자유주의적 지구화와 제국의 등장

그러나 이것은 제국이 등장하는 과정의 한 측면일 뿐이다. 제국적 기획의 출현은 냉전의 결과이기도 하지만 동시에 프롤레타리아의 재구성에 대한 대응의 산물이기도 하기 때문이다. 이 점을 밝히기 위해서는 우선 대중 노동자를 흡수하여 발전과 확장의 동력으로 삼으려 한 케인즈주의 기획이 프롤레타리아 내부에 분열적 효과를 가져왔음에 주의해야 한다. 그것은, 한편에서는 조직된 대중 노동자층, 즉 보장 노동자층의 상승을 낳았고 다른 한편에서는 국가 및 자본의 흡수기획의 외부로 배제되었던 잉여 노동자층, 즉 비보장 노동자층을 낳았다. 비보장 노동자층은 실업자, 여성, 학생, 빈민 등의 형태로 축적되고 있었다. 1968년의 혁명은 보장 노동자들이 케인즈주의 기획에 협력하고 있을 때, 이들 비보장 노동자 층 주도로 프롤레타리아의 다른 집단들이 결집하여 국가주의적 케인즈주의 기획에 도전한 사례이다.

이것은 국가자본과 산업자본의 위기를 촉발하면서 지구화와 제국으로의 이행을 가져오는 계기로 작용했다. 이윤율의 하락을 겪은 국가자본과 산업자본이 이윤보다는 이자를 찾아 나서면서 금융자본의 기금화가 이루어지고 자본들의 국경을 넘는 융합이 현실화되었기 때문이다. 그러므로 신자유주의적 지구화는 대중 노동자의 두 층의 도전이 창출한 위기를 극복하기 위한 자본의 주권 재합성의 산물로 이해할 수 있다.

제국적 주권은 제국주의적 주권과 다른 몇 가지 특징을 갖는다.

우선 제국은 탈영토적인 질서이다. 제국적 질서 아래에서 생산은 공장 기반을 떠나 사회 전체로 확산되고 분업은 한층 더 지구적인 지평에 배치된다. 생산과 소비의 간극은 줄어들고 점차 단일한 과정의 두 측면으로 통합된다. 상품과 자본의 국제적 이동은 더욱 자유롭게 된다. 관세, 보호 등에서 국경이 완전히 철폐되지는 않지만 그것이 자본에게 급격히 방해물로 느껴진다.

둘째 제국은 총체적인 질서이다. 제국에는 낡은 생산 기반들이나 유통 수단들, 그리고 주권기관들이 보존된다. 그것들은 새로운 생산 기반, 유통 수단들, 그리고 주권기관들과 더불어 네트워크를 이루지만 그것은 헤게모니적 명령 구조에 종속된다. 즉 제국은 그 각각의 마디들이 부분을 이루는 단일한 총체성을 구성한다.

셋째 제국은 주권들의 합성체 혹은 혼합체이다. 하트와 네그리에 따르면 그것은 다중의 활력을 주권으로 전환시키는 거대한 혼합체로서 세 개의 단으로 나누어지며, 각 단은 다시 몇 개의 수준으로 구성되는 피라미드적 구조물에 비교할 수 있다.

이제 이 구조물의 세부를 조금 더 자세히 살펴보자.

첫째로 통합의 단인 최상층의 단은 세 가지 수준으로 구성되어 있다. 피라미드의 가장 좁은 정상에는 하나의 초강국, 즉 힘의 전 지구적 사용에 헤게모니를 쥐고 있는 미국이 있다. 미국은 혼자 행동할 수도 있지만 유엔의 산하에서 다른 국가들과 협력하여 행동함으로써 더 큰 이득을 얻는 초강국이다.[13] 이 독보적 지위는 냉전의 종식과 함께 부여되었으며 걸프전에서 처음 확인되었다. 첫째 단의 두 번째 수준에서는 일단의 민족국가들이 주요한 초국적 금융도구들을 통제하여 국제적 교환을 규제하는 능력을 갖는다. 이 국가들은 일련의 기구들―G8, 파리와 런던 클럽들, 다보스 등―에 모여 있다. 첫째 단의 세 번째 수준에는 이질적인 연합들(군사적·금융적 수준들에 헤게모니를 행사하는 강국들도 포함)이 국제적 수준에서 경제, 사회, 문화, 정치가 뒤섞인 삶정치적 권력을 펼친다.[14]

둘째 단은 통합보다는 절합(articulation)이 강조되는 전 지구적 명령 배분의 단이다. 이 단은 초국적 자본주의 기업들이 세계시장 전역에 확대해 놓은 네트워크들―자본 흐름의 네트워크, 테크놀로지 흐름의 네트워크, 인구 흐름의 네트워크 등―를 통하여 주로 구축된다. 시장을 구성하고 또 시장에 물건을 제공하는 이 생산조직들은 첫째 단을 구성하는 중앙권력의 산하에서 종횡으로 확대된다. 세계 명령의 단일하고 단성적인 정점은 이렇듯 초국적 기업들과 시장의 조직화에 의하여 절합된다. 세계시장은 영토를 동질화

---

13. 이라크 전쟁을 통해서 부정된 것은 미국에 대한 이러한 성격 규정이다.
14. 안토니오 네그리·마이클 하트, 『제국』, 윤수종 옮김, 이학사, 2001, 404쪽.

하는 동시에 차별화하며 전 지구의 지리학을 다시 쓴다. 이 둘째 단에, 초국적 기업들의 권력에 종종 종속되는 수준에, 지역적 영토적 조직들에서만 존재하는 민족국가들의 일반적인 집합이 자리잡고 있다. 민족국가들은 전 지구적 헤게모니적 권력의 정치적 매개, 초국적 기업들과 관련한 협상, 제한된 영토 내에서의 삶정치적 욕구에 따른 소득의 재분배 등의 기능을 수행한다. 민족국가는 전 지구적 유통 흐름의 여과기이며 전 지구적 명령 접합의 조절기이다. 바꾸어 말하면 전 지구적 권력으로 들어가고 그로부터 나오는 부의 흐름을 포획하고 분배한다. 이것은 자국의 인구에 대한 가능한 한에서의 훈육을 통해 실행된다.[15]

셋째 단은 전 지구적 권력 배치에서 민중의 이해를 대표하는 집단들로 구성된다. 이것들은 전 지구적 권력의 구조에 직접 통합될 수 없는 성격을 가진 주체성인 다중을 여과하고 재현하는 메커니즘을 구축한다. 다중을 이렇게 여과하고 재현하여 전 지구적 헌법에서 대표될 수 있는 주체성인 민중으로 바꾸는 역할은 주로 민족국가들이 담당한다. 그래서 민족국가는 "다중을 대표하는 민중"을 다시 대표한다.[16] 이 단에서 민족국가가 유일한 대표자인 것은 결코 아니다. 민족국가와 자본으로부터 상대적으로 독립된 다양한 기구들이 더 명확하고 직접적으로 민중을 대표한다. 이 기구들은 다중의 욕구와 욕망을 전 지구적 권력구조의 기능 속에서 대표될 수 있

---

15. 같은 책, 405쪽.
16. 같은 책, 406쪽. (이 대목의 한글판 번역에는 이 같은 두 '단계'의 재현이 두 '종류'의 재현으로 잘못 새겨져 있다.)

는 방향으로 돌림으로써 종종 전 지구적 시민사회의 구조로 기능한다. 이 새로운 전 지구적 시민사회의 형식 속에 미디어나 종교제도와 같은 시민 사회의 전통적 구성요소들도 여전히 잔존한다. 민중을 대표하는 새롭고 중요한 세력들은 비정부기구들(NGO)이다. 이것들은 국가구조와 별도로 (혹은 그것과 대립하면서) 민중을 대표하고 그 이익을 위해서 활동한다. 그리고 이것들은 지역, 국가, 초국 세 수준에서 모두 활동한다. 어떤 경우에 이들 비정부기구들은 민중의 근저에 있는 생명력, 즉 삶을 대표하면서 정치를 삶의 문제로 전환시키기도 한다. 그리하여 이들은 여기서, "정치를 넘어서는" 제국의 작동, 삶정치의 지형에서의 제국의 작동, 삶 자체의 욕구를 충족시키는 제국의 작동과 일치하는 활동을 한다.[17] 그래서 제국의 권력은 사회의 상층에서만 작용하는 것이 아니라 통합-절합-대의라는 다층구조를 통해 삶 깊숙이까지 내려가며 삶의 생산과 재생산에 영향을 미치는 삶권력으로 작동한다.[18]

한 가지 덧붙여야 할 것은 주권이 제국적인 것으로 이행한다고 해서 제국주의적 경향이 완전히 사라지는 것은 아니라는 점이다. 제국 속에서도 '경향으로서의 제국주의'는 살아 움직인다. 제국은 그 자체가 위기를 관리하는 시스템이다. 그래서 제국 네트워크의 각 단, 각 층에서 움직이는 마디들(비정부기구들, 민족국가들, 기업들, 다양한 유형의 지역적·국가적 연합체들, 그리고 미국 등)을 절합하고 통합하는 일은, 그 과정 속에서 성공하기도 하고 실패하기

---

17. 같은 책, 406~408쪽.
18. 이에 대한 좀더 자세한 설명은 1부 4장 「지구제국의 위기와 미국 일방주의」 참조.

도 하는 불안정성을 갖는다. 제국은 생성하면서 동시에 부패하는 불안정한 주권형태이다. 바로 그렇기 때문에 제국주의와 같은 낡은 경향들이 때로는 제국의 혼합적 총체성의 균형을 뚫고 나오는 경우도 있다. 그러나 그것들이 제국적 주권 패러다임을 파괴하거나 대체할 힘을 갖고 있지는 못하다.

제국에 대항하는 '전쟁기계'

우리가 여기서 강조해야 할 것은 제국적 주권의 양면성이다. 제국은 제국주의보다 더욱 악성적인 지배형태를 가져오기도 하지만 그와 동시에 해방을 향한 새로운 잠재력의 축적을 가져온다. 이 잠재력은 다양하고 이질적이며 혼성적인 주체성의 형태를 띤다. 하트와 네그리는 스피노자의 용어를 빌려 이것을 다중(multitudes)이라고 부른다. 제국적 지배형태 속에서 다중은 민족국가나 NGO에 의해 민중으로 대의되면서 더 상위의 기업체 연합에 의해 절합되고 미국과 강대국 연합에 의해 주권적 통합을 경험한다. 다른 한편에서 다중은 그 제국에 대한 대항을 통해 양적으로 증대하며 새로운 질의 주체성을 획득해 나간다.

그 새로운 질을 민중 및 대중의 질과 비교하면 다음과 같다.

다중은 통합되고 단일하며 대의된 주권적 주체성인 민중 개념과는 달리 반대의적이며 반주권적인 주체성이다. 다중은 비합리적이고 수동적인 주체성인 대중 혹은 군중과는 달리 능동적이며 행동적이고 자기조직화하는 다양성이다. 다중은 민중과는 대조적으로 사회적 힘들의 다양성이며 군중과는 대조적으로 공통의 행동 속에서 결합한다. 요컨대 다중은 특이성들의 공통성이며 공통적 특이성들이다.[19] 이제 이 다중을 시공간적 좌표 속에서 고찰해 보자.

다중은 계급구성 개념이다. 그런데 계급구성은 역사 속에서 변화한다. 왜냐하면 자본에 저항하는 노동자들이 자신들을 집합적으로 구성하려 할 때마다 자본이 기술 혁신, 생산수단 혁신, 노동영역의 확장, 노동조직의 혁신 등을 통해 그 집합적 구성을 탈구성하거나 분쇄하려 하기 때문이다. 그러나 자본은 운명적으로 노동에 의존하기 때문에 그 혁신의 과정은 새롭고 다양한 유형의 노동을 새로이 생산하는 과정이 될 수밖에 없고 이 과정에서 노동자들은 새로운 능력, 새로운 경향, 새로운 특질을 가진 노동계급으로 자신을 재구성하기 때문이다.[20] 노동을 포섭하려는 자본과, 자본관계로부터 벗어나려는 노동의 투쟁은 제국 이전에는 주기적 순환의 형상을 띠어 왔다. 구성과 재구성을 통해 나타나는 계급투쟁의 이 시간적 흐름을 자본의 축적주기와 구분되는 것으로서의 투쟁주기라고 부를 수 있다. 그리고 우리는 제국의 형성 이전에 적어도 두 번의 계급투쟁 주기가 있었음을 확인할 수 있다.

첫 번째 주기는 제1인터내셔널의 정치적 선동활동에서 시작하여 사회주의적 정치조직 및 노동조합들이 구성된 1880년대와 1890

---

19. 마이클 하트, 「지구화와 민주주의」, 웹저널 『자율평론』(http://jayul.net) 2호, @Theoria 옮김, 2002년 9월.
20. 닉 다이어 위데포드, 『사이버-맑스』, 신승철·이현 옮김, 이후, 2003, 151쪽.

년대를 거쳐 1905년 러시아혁명과 반제국주의 투쟁의 최초의 국제
적 파고 이후에 정점에 도달하는 투쟁주기다.

두 번째 주기는 1917년 혁명에서 시작하여 1968년의 새로운 혁
명에 이르기까지의 투쟁주기이다. 이 속에서 우리는 다시 두 개의
소주기를 구분할 수 있다. 하나는 러시아혁명에서 촉발되어 유럽
혁명으로 확산되었지만 독일의 노동자 병사 평의회(래테)의 파괴
이후 한편으로는 파시즘에 의해 봉쇄되고 다른 한편으로는 뉴딜에
의해, 그리고 동구에서는 반파쇼 인민전선에 의해 흡수되어간 투
쟁주기이다. 다른 소주기는 1949년의 중국혁명에서 시작하여 아프
리카 및 남미의 해방투쟁을 거쳐서 1960년대의 전 세계적 폭발에
이르기까지의 투쟁주기이다.[21]

이 두 번(세분하면 세 번)의 투쟁주기는 저항하는 노동의 공통
욕망들을 소통하고 그것을 단일한 형태, 단일한 조직, 단일한 방향
으로 번역하는 것에 입각한 국제적 투쟁주기의 형상을 취했다. 그러
나 지구화 및 제국의 형성과 더불어 이러한 국제적 투쟁주기의 형
상은 사라지는 것처럼 보인다. 그러나 새로운 형상, 새로운 특질을 가
진 사회운동의 출현이 확인되며 그것은 2003년까지 새로운 두 번의
투쟁주기를 보여준다.[22]

첫 번째 주기는 1968년에서 1991년까지의 시기로 프랑스 5월 혁
명에서 시작하여 1969년 이탈리아의 뜨거운 가을을 거쳐 전 세계
에 확산된 새로운 사회운동들에 의해 개시된다. 이것은 1979년 이

---

21. M. Hardt & A. Negri, *Empire*, Harvard University, 2000, p. 51.
22. 안토니오 네그리 · 마이클 하트, 『제국』, 윤수종 옮김, 이학사, 2001, 95쪽.

란의 노동자평의회인 쇼라와 1980년 한국의 광주민중항쟁 및 폴란드 연대노조 운동에서 색다른 형상으로 재출현했고 1986년 프랑스 학생운동, 1987년 한국의 노동자 대투쟁, 그리고 1989년 중국의 천안문 시위를 거쳐 1990년대 초 동유럽으로부터 주민들의 대탈주 운동으로 베를린 장벽을 허물고 낡은 사회주의를 붕괴시키는 것으로 작용했다.

냉전이 종식되면서 구축된 새로운 세계질서는 또 하나의 새로운 유형의 투쟁주기가 시작되는 조건이 되었다. 새로운 세계질서를 흔드는 새로운 유형의 투쟁은 그 질서의 헤게모니를 장악하고 있던 미국에서 터졌다. 1991년 걸프전의 여파 속에서 일어난 1992년의 로스앤젤레스 봉기가 그것이다. 이 투쟁은 서부 해안선을 따라 멕시코로 전파되어 1994년 치아빠스 주(州)의 사빠띠스따 투쟁으로 이어졌으며 1995년 12월에는 프랑스 공공부문파업, 1996/7년에는 한국 노동자 총파업을 통해 전통적 노동계급까지 신자유주의에 반대하는 다중의 투쟁 대오에 합류하도록 만들었다. 1999년 이후 2001년까지 이어진 씨애틀-퀘벡-제노바에 이르는 신자유주의적 지구화 반대 투쟁, 그리고 2003년의 국제적 반전 투쟁 등은 이 투쟁주기에서 빼놓을 수 없는 중요한 사건이다.

우리는 이 두 번의 투쟁주기들에서 1968년 이전의 두 번의 투쟁주기들에서와는 다른 몇 가지의 새로운 특징들을 확인할 수 있다. 첫째로 최근의 투쟁들에서 각각의 투쟁들은 국지적이지만 그것들은 직접적으로 전 지구적 수준으로 도약하고 제국적 주권합성을 공격한다. 둘째로 모든 투쟁들은 경제투쟁과 정치투쟁 사이의 전통적 구분을 파괴할 뿐만 아니라 문화적 성격을 획득한다. 셋째로, 그래서, 새로운 투쟁들은 삶정치적 투쟁으로서 삶의 형식을 둘러싼 투쟁으로 되며 새로운 공적 공간, 새로운 공통체의 형식을 창조하기 위한 구성의 투쟁으로 된다.[23]

자본이 생산현장에서의 권력과 착취를 기반으로 유통, 분배, 소비에 이르는 일련의 사회적 과정들을 순환하면서 사회를 통합적으로 편성해 나가듯이 자본의 착취에 맞서는 투쟁도 이 모든 순환의 회로들 속에서 그것에 맞서 그것을 넘어서는 운동을 지속한다. 계급투쟁의 이 공간적 흐름을 자본 순환과 구분되는 것으로서의 투쟁 순환이라고 부를 수 있다.[24]

제국에서 투쟁순환은 제국주의에서의 투쟁순환과는 다른 특징을 보여준다. 이것은 제국에서 자본의 사회에 대한 포섭수준이 깊어지고 실질화한 것과 연관되어 있다. 이제 자본의 순환은 생산공장에서 이루어지는 소비재와 내구재의 생산과 재생산을 넘어 노동력의 재생산을, 나아가서는 자연의 생산과 재생산까지 포괄하지 않을 수 없게 되었다. 삶의 영역에서 제기되는 투쟁으로 인해, 자본이 노동력과 자연을 비자본주의적 재생산과정에 맡겨둔 채 그것을 무상으로 수취하는 일이 어렵게 되고 따라서 가치 생산과 유통의 영역이 재생산의 과정을 포괄해야 하도록 되었기 때문이다. 투쟁은 이제 사회적 삶의 모든 층에서 직접적으로 제기된다.

우선 생산공장에서의 투쟁은 전과 다름없이 계속된다. 농업, 제

---

23. 같은 책, 같은 쪽.
24. 닉 다이어 위데포드, 앞의 책, 201쪽.

조업 등의 전통적 산업부문에서 전개되는 봉기들, 점거들, 사보타지와 파업들, 시위들이 그것이다. 새로운 것은 새로운 산업부문에서의 투쟁들이다. 서비스 부문, 연구 부문, 과학기술 부문, 관리 부문 등에서도 자본관계에 저항하는 투쟁이 전개되는데 그 투쟁들은 전통적 투쟁방법을 채택하기도 하지만 그와는 다른 방법을 취하기도 한다. 좀더 지적이고 정서적인 투쟁들이 나타나는 것이다.

노동력 재생산의 영역에서 전개되는 투쟁들은 전례 없이 격렬하다. 제국과 그 마디인 국가들은 오늘날 전 지구적인 네트워크 파놉티콘으로 전화했고 지배의 욕망은 감옥과 같은 거시 기관에서 유전자 통제와 같은 미시조작으로까지 나아가고 있다. 이러한 상황에 맞서 감옥, 안보기구들, 군대 등과 같은 전통적 노동력 통제기관들에 대항하는 투쟁들 외에 원격통신, 유전공학, 생명공학 등 노동력을 통제하는 미시적 조작에 대항하는 투쟁들이 급속히 발전하고 있다. 이것은 자본의 삶정치에 대항하는 투쟁들인데 이것들은 임신, 출산, 낙태, 육아, 질병(에이즈 등), 보건, 성별(페미니즘), 세대, 죽음 등의 영역에서 이윤적·통제적 관점과 그 실행에 대항하여 나타나는 투쟁들이다. 그리고 학생, 교사·교수, 교직원, 산학협력체, 문화운동들 등에 의해 교육·문화 영역에서 벌어지는 투쟁들은 점차 핵심적 생산수단으로 되고 있는 인간의 두뇌를 통제하려는 자본의 기획에 대항하여 자본관계로부터 집단적 두뇌를 해방시키려는 투쟁이다.

자연의 재생산 영역에서도 투쟁은 전개된다. 그것은 주로 녹색운동 혹은 생태운동에 의해 표현되고 있다. 쓰레기, 오염물질, 유독성 폐기물, 거리의 도로화에 대한 저항을 통해 강, 산, 바다를 포함하는 대지와 대기를 지키고 재생산하려는 노력이 진행되는 것이다. 이것은 자연과 인간의 협력관계를 복원하려는 투쟁으로 발전하기도 하는데 유전자 변형에 대한 투쟁, 동물권이나 생물다양성을 지키려는 투쟁 등이 그것이다.

사회적 소통 영역에서도 투쟁들이 전개된다. 일방향적 언론 및 방송에 대항하는 투쟁들, 미디어와 자본의 융합에 대항하는 투쟁, 정보소비자 운동, 주파수 권리와 채널 권리, 대안 미디어 및 전술 미디어 운동은 다중을 에테르적으로 통제하며 다중의 지성을 정보 상품으로 전화시키는 매스 미디어에 대항하는 투쟁이다. 싸이버스페이스는 매스 미디어의 일방주의에 대항하는 다중의 투쟁에 의해 급격히 확장되었다. 싸이버스페이스는 다중지성이 생산되고 유통되는 핵심적 공간이었다. 자본은 싸이버스페이스를 식민화하기 위한 전쟁을 시작함으로써 이러한 상황을 역전시키려 했다. 그것은 싸이버스페이스에 명령, 감시, 착취의 제도를 도입하는 것으로 나타났다. 그것은 프라이버시를 침해하고 다중의 지성에 소유권의 날인을 찍고(지적재산권) 다중을 디지털 위계로 분할하는 것이었다. 그러나 자본의 이러한 노력은 오늘날 싸이버스페이스를 투쟁의 공간으로 전환시키려는 광범위한 저항노력에 직면하고 있다.[25]

이처럼 현실공간인가 가상공간인가를 불문한 모든 공간에서, 생산과정인가 재생산과정인가를 불문한 모든 영역에서, 전통적 노동자인

---

25. 메일링리스트, 웹페이지, 게시판, 인터넷 공통체, 블로그, 플래쉬몹 등이 이러한 투쟁에 사용되며, 해킹, 바이러스 유포 등도 저항의 수단으로 사용될 때가 있다.

가 새로운 유형의 노동자인가를 불문한 노동자의 모든 층에서, 정치/경제의 분리를 넘어, 그리고 물질/정신의 분리를 넘어 다양한 투쟁들이 다양한 방식으로 전개되고 있는 것이 오늘날의 현실이다.[26]

문제는 아직 이 투쟁들이 공통의 언어, 공통의 목표를 획득하고 있지 않다는 것이다. 물론 여기서 공통 언어, 공통 목표라 함은 사회주의 운동을 이끌었던 단일한 언어, 단일한 목표와 동일한 것은 아니다. 그것은 제3의 초월적 권력에 의해 매개됨이 없이 특이성들이 직접적으로 공통적인 것을 창출하기 위해 필요한 언어적 정신적·정서적 수단을 지칭한다.

대항-지구화

신자유주의적 지구화에 대한 실천적 대응은 강대국가에 대한 반대의 수준이 아니라 전 지구적 자본주의에 대한 반대의 수준에서 구축되어야 한다. '제국주의 국가들에 대항하는 국가의 자립성과 자립적 국가들의 연대'를 대안으로 사고하면서 그것을 노동계급에 의한 국가권력 장악에서 찾는 것은 이제 명령관계로 전화하고 있는 자본주의적 착취관계의 폐절이라는 당면 과제를 미래로 유보하는 것이다. 케인즈주의 시대 이후로 국가 역시 자본임은 너무나 분명해졌기 때문이다.

---

26. 이상에서 서술한 투쟁의 순환과 유동을 좀더 구체적으로 도식화한 내용은 이 책의 부록으로 수록되어 있다.

그것은 민족국가를 무기로 하는 반지구화, 즉 민족국가가 세계분할의 초점이 되는 시대로의 역행이어서는 안 된다. 지구화에 대항하는 근거가 지역이나 민족 혹은 국가에서 찾아질 때 그것은 제국이 프롤레타리아 국제주의에 대한 대응이라는 점을 망각하는 것이며 이미 지구적 수준에서 사회화된 생산력에 낡고 협소한 생산관계를 강제로 부과하는 것에 다름 아니다.

다양한 투쟁들이 단일한 지휘체계에 의해 묶일 수 있다는 생각은 환상적이다. 왜냐하면 각각의 투쟁들은 현존하며 부단히 갱신되는 신자유주의적 질서에 대한 저항일 뿐만 아니라 그것으로부터의 탈주의 경향을 갖고 있기 때문이다. 이미 신자유주의 그 자체가 탈주하는 다중들이라는 새로운 특질에 대한 대응(쫓아가며 착취한다)의 한 방식이었다. 중앙집권적인 단일한 지휘체계 구상이 자리잡을 수 있는 공간은 없다.

설령 단일한 지휘체계의 구축이 가능하다고 하더라도 그것이 투쟁의 발전에 효과적일 것이라는 생각은 잘못이다. 다중은 수동적 존재가 아니라 능동적 존재이기 때문에 그 능동성, 창의성을 연결하여 증폭시키는 것이 가장 유효한 조직화의 방법이다.

그러므로, 다양한 투쟁들과 대안적 사회운동들의 수평적 네트워크를 구축하는 것이 가장 중요한 정치적 과제라고 할 수 있다. 지도 정당에 의한 투쟁의 총체성과는 질적으로 전혀 다른, 특이한 투쟁들의 공통성을 창출해 내는 것, 이를 위해 각각의 투쟁들이 자신을 적극적으로 유통시킴과 아울러 공통의 적, 공통의 언어를 찾아 다른 투쟁들과 연결하려고 하는 코뮤니즘적 노력이 절실하게 필요한 것이다.

그런데 오늘날 이 노력을 전개할 현실적 지반을 파악하기 위해서는 주권형태의 이행만을 파악하는 것만으로는 부족하다. 포섭양식의 변화는 오늘날 세계시장의 현실화를 통해서 나타나고 있는 만큼 지금까지 우리가 주권의 지평에서 살펴본 제국의 개념을 세계시장이라는 가치의 생산과 실현의 지평에서 다시 조명해 보고 또 좀더 구체화해 보도록 하자.

3장 세계시장과 제국

우리가 지금 경험하고 있는 것은 새로운 세계시장이다. 신자유주의적 지구화는 우리가 20세기에 경험했던 것과는 매우 다른 새로운 세계시장을 창출하고 있으며 우리를 바로 그 새로운 세계시장의 한 가운데로 옮겨 놓고 있다. 그것은 무수한 사물들, 활동들, 생각들이 교류되고 소통되는 통합된 공간이다. 지금까지 작용했던 교류의 장애물들의 많은 부분이 철거되었다. 국경 장벽이 낮아지고 교통과 통신 수단의 발달로 너무 멀었던 공간들이 압축되고 번역능력의 발달과 영어의 국제어화 등으로 인해 언어장벽이 낮아짐으로써 지구 전체가 마치 하나의 마을처럼 가까워지고 있는 것처럼 보인다. 세계를 나누고 있던 많은 분할선들도 철거되고 있나. 예컨대 자본주의와 비자본주의를 나누던 분할선들은 사라지고 없다. 자본주의와 구별되는 새로운 생산양식으로 인식되면서 별개의 진영을 구축했던 이른바 '사회주의 진영'이 붕괴되면서 자본주의와 사회주의를 나누던 정치적 구별선 역시 사라지고 없다. 공장과 시장을 가르던 선들도 이제는 희미해지고 없다. 공장은 시장의 한 계기로 편입되었고 사회적 공장도 세계시장의 한 요소에 불과한 것으로 보인다. 이제 모든 지리적 지역, 삶의 모든 영역이 어떤 형태로건 자본관계 내부에 통합되었다.

그러나 분할선들이 사라지고만 있는 것은 아니다. 낡은 분할선이 사라지는 대신 새로운 것이 생긴다. 오래된 분할선들의 위치가 이동하고 선들의 굵기가 바뀌며 그것의 색깔들이 변한다. 대륙을 따라 발전되면서 발전된 자본주의와 덜 발전된 자본주의, 가난한 지역과 부유한 지역을 나누었던 남북 분할선이 이제 세계 전체를 착취하는 계급과 착취당하는 계급으로 나누는 계급 분할선과 교직되고 있다. 그 결과 중심부와 주변부의 구분선은 이제 북미와 유럽 내부에서도 그어지고 있으며 이른바 주변부에서도 중심부라고 부를 수 있는 지대가 형성되고 있다. 인종적 분할선들은 피부색과 같은 생물학적 척도에 따라서 그어지기보다 점차 문화적 척도에 따라 그어지고 있다. 성적 분할선들은 종교나 전통에 의해 나누어졌던 것에서 점차 경제적 능력, 사회적 위치에 따라 그어지고 있다. 진영을 가르던 정치적 선이 사라진 자리에 이른바 '불량국가들'과 그렇지 않은 국가들을 나누는 테러주의의 선, 제국적 테러와 저항적 테러의 분할선이 그어지고 있다.

이 격동하는 분할선들과 그것을 둘러싼 아비규환들을 품은 채 새로운 세계시장은 거대한 스펙터클로서 우리에게 나타난다. 세계시장은 올림픽·월드컵 같은 스포츠 축제들, 박람회들, 인공위성들, 다국적 미디어들, 국제여행들, 국제대회들, 자동차와 비행기들, 인공지능을 갖춘 초고층의 마천루들, 무차별 살인들과 전쟁들, 핵들, 세균들, 고엽제들, 부시들, 마약들, 조직폭력배들, 부패들, 비리들, 장기판매들, 인공수정들, 복제인간들, 스타크래프트들, 사이보그들 등이 펼치는 숨 막히는 파노라마로 나타난다. 이 새로운 세계시장의 스펙터클은 우리의 넋을 빼았으면서 우리를 실재의 사막이 아니라 포스트모더니즘적 환상의 세계로 안내한다. 우리는 거대한 세계극장에서 상영되는 영화의 구경꾼들로 배치된다. 달라진 것이 있다면 이 구경꾼들이 예전과는 달리 그 영화의 장면들에 능동적으로 참여하고 있다는 가상을 느낄 수 있게 되었다는 것뿐이다. 세계극장의 어둠은 깊고 출구는 잘 보이지 않으며 출구를 찾으려는 노력마저 희미해지는 것 같다.

그러나 로스앤젤레스, 치아빠스, 파리, 서울, 씨애틀, 제노바, 부에노스아이레스에서 지난 10여 년간에 단속적으로 타오른 불꽃들은 우리가 사는 세계에 대한 이 같은 비판이론적·상황주의적·문명비판적 관점의 한계를 보여주지 않는가? 나는 여기에서 구경꾼으로 보이는 우리들이 바로 이 극장을 만들어낸 사람들이며 상영되고 있는 영화는 바로 우리의 이야기라는 관점에서 세계극장으로 나타나는 세계시장을 조명할 것이다. 여기에서 세계시장은 부르주아 사회에서 인간들의 가장 기본적인 행위인 교환에 근거하여 설명된다. 세계시장은 노동과 자본의 교환에서 발생하는 잉여가치의 유통공간으로 정의될 것이다. 세계시장은 자본주의적 축적의 필연적 경향인 자본의 사회화를 초국적 수준에서 완성하며 그에 상응하여 노동의 사회화를 전 지구적 수준에서 촉진한다. 자본이 초국적의 사회적 자본으로서 제국적 주체로 전화함에 따라 노동계급도 민중이나 대중과는 달리 복수적이고 이질적인 주체성인 다중으로 전화한다. 이것이 세계시장을 제국과 다중의 전장으로 만든다. 다중이 그 차이들을 기초로 지금의 제국적 매개를 대체하는 '공통적인 것'을 창출할 수 있는가 없는가 하는 것이 현 시기 인류에게 제기된 긴급한 문제로 되는 것은 이 때문이다.

생산과 유통

세계시장은 새롭게 조직된 확장된 유통공간이다. 그러므로 우리는 바로 유통에서 시작해야 할 것 같다. 그런데 유통되는 것은 무엇인가? 우리가 경험하고 있는 것이 자본주의적 세계시장인 한에서 그것은 분명히 상품들이다. 우리의 세계시장은 무수한 소비재 상품들, 생산재 상품들, 원료 상품들로 득실댈 뿐 아니라 그보다 더 많이 신용-금융 상품들, 정보상품들로 득실댄다. 그리고 또 세계 전역은 서로 다른 피부색을 가진, 서로 다른 언어를 사용하는, 서로 다른 숙련도의, 서로 다른 성별의 노동력들로 득실댄다. 140여 년 전에 출간된 『자본론』의 첫줄, "자본주의적 생산양식이 지배하는 사회의 부는 '상품의 방대한 집적'으로서 나타난다"[1]는 구절은 정확히 우리가 살고 있는 세계시장의 모습을 그리고 있는 것 같다.

상품들의 운동이 날로 복잡하고 요란스럽게 확장되는 이유는, '더 많은' 잉여노동시간의 착취가 개별 자본들의 생존의 조건이자 자본 일반의 재생산의 조건이며, 그것이 다시 그 창출된 잉여가치의 실현을 위한 더 큰 상품유통 공간을 필요로 하기 때문이다. 잉여가치의 창출은 자본의 삶의 첫 국면에 불과했다. 생산과정의 끝에서 자본가는 자신이 지불한 임금으로는 모두 소비될 수 없는 양의 가치를 갖게 되는데, 이것은 자본과 노동의 적대가 착취된 잉여가치 실현의 위기라는 형태로 나타난 것에 다름 아니다. 자본의 사활은 이 위기를 극복할 수 있는가 없는가에 달려 있게 된다. 해결의 방법은 무엇인가? 한 지점에서 창출된 잉여가치는 그 지점에서 소비될 수 없으므로 교환을 통한 그것의 실현을 위해서는 다른 지점에서 창출된 잉여가치가 있으면 된다. 이것은 무엇을 의미하는가? 한 지점에서 더 많은 잉여가치가 창출될수록 다른 지점에서도 더 많은 잉여가치가 창출되어야 한다는 것! 그 결과 유통은 끊임없이 확장되고 확대된다. 그래서 '끊임없이 확대되는 유통영역의 생산'[2]은 자본의 존재조건으로 된다. 더 넓은 유통영역의 생산, 그리고 유통의 조직화는 실현 위기를 정상화하기 위한 자본의 일상적 투쟁이다. 이렇게 볼 때 유통은 착취에 기초하는 잉여가치화 동학의 공간적 확장이며 시장의 지리적 확장은 그것의 산물이다.

---

1. 칼 맑스, 『자본론』 제1권, 비봉출판사, 1990, 43쪽.
2. 칼 맑스, 『정치경제학 비판 요강』 제2권, 백의, 2000, 18쪽.

유통되는 것은 가치들이다. 그 가치들이 유통 속에서 성공적으로 실현된다고 가정했을 때 그 한편에서는 잉여가치의 이윤, 지대, 이자형태로의 축적이 이루어지고, 다른 한편에서는 새로운 잉여가치를 더 큰 규모에서 창출할 노동력의 확대재생산이 이루어진다. 이렇게 해서 생산은 다시 더 큰 규모로 시작될 수 있다. 자본이 이 재생산의 과정에서 착취에 성공한다면 아마도 더 큰 잉여가치가 그의 수중에 들어올 것인데 이것은 역설적으로 실현의 위기가 그에게 더 큰 규모로 닥쳐오는 것을 의미하며 이 위기를 해결하기 위해 유통영역을 확대하기 위한 더 큰 노력을 쏟지 않으면 안 된다는 것을 의미한다. 이 나선형적 운동의 현 국면이 오늘날 우리가 경험하고 있는 새로운 형태의 세계시장이라면 이 세계시장은 실제로는 오래 전부터 자본의 개념 속에 내재해 있었던 것이라고 해야 할 것이다.

세계시장, 다시 말해 유통영역의 전 지구적 확장은 삶의 모든 마디들이 가치의 창출과 증식이라는 잉여가치화 계열의 마디로 편입되었음을 의미한다. 생산, 유통, 분배, 소비 등 순환의 제 계기들이 세계시장의 구성요소로 되고 세계시장은 하나의 역동적 총체성으로 구성된다. 삶은 세계시장에 포섭되었다. 이제 더 이상 외부가 없는 것으로 보인다. 그런데 자본은 늘 자신의 외부에 의존해 오지 않았는가? 풍부한 자연력을 무상으로 점취했으며 비자본주의 세계가 길러온 인적 자원들을 아무런 투자 없이 노동력으로 만들어 온 것이 자본의 발전 조건이 아니었는가? 생각해 보면 노동력도 많은 경우가 자본관계 외부에서 형성되어 착취 가능한 형태로 자본에게 주어져 오지 않았는가? 그러나 이제 무상점취할 수 있는 자연자원은 급속히 고갈되어 가고 있으며 노동운동의 발전은 노동력의 비용을 높이고 있다. 민족해방운동, 여성운동, 생태운동의 발전은 이른바 외부들, 즉 자연, 여성, 식민지 주민에 대한 착취를 더욱 어렵게 만들고 있다. 이런 의미에서의 세계시장은, 삶의 모든 영역의 자본 속으로의 포섭 바로 그것 때문에, 자본에게는 가장 대규모화되고 가장 심화된 위기이다. 종말론과 묵시록적 포스트모더니즘이 주목하는 있는 것, 그것은 자본이 경험하고 있는 세계의 모습이다.

시장과 국가

여기서 잠시 이 종말론적 세계에 대한 사회(민주)주의적 좌파의 처방전을 검토해 보기로 하자. 그 처방전에 쓰여 있는 주요 약품명은 '국가', 특히 사회(민주)주의적 국가이다. 그것은 노동계급의 권력 주체로의 부상을 의미한다. 여기에 이르는 경로에 대한 제안은 (기존 국가권력의 장악에서 새로운 국가권력의 수립에 이르기까지) 다양하지만 이 처방전은 국가로 된 노동계급이 시장 경쟁과 그것의 무정부성을 통제할 때 국제 사회의 평화적 발전이 이루어질 수 있다는 생각을 담고 있다.

우선 사회(민주)주의적 좌파가 전하는 희망의 메시지가, 우리가 경험하고 있는 현실에 기초하고 있는 것이 아니라 이미 지나가 버린 옛 세계에 기초하고 있다는 사실을 지적해야겠다. 국가를 시장의 해독제로 사용하려는 생각은 자본이 다수의 개별 자본으로 분산되어 있고 그들 사이의 자유경쟁이 자본운동의 가장 기본적인 동력으로 되고 있던 자유경쟁 자본주의에 대한 대안으로 탄생했다. 그것은 제1차 산업혁명 시기의 사회적 모순을 해결하기 위한 방책으로 구상되었다. 1917년 혁명은 이 대안의 가장 적극적인 실험을 우리에게 보여준다. 그리고 이것은 1929년 자유경쟁 자본주의의 대위기 이후 유럽을 비롯하여 세계 전역에서 자유경쟁 자본주의의 위기를 예방하거나 봉합하는 개혁적 대안으로 채택되었다. 동구의 사회주의나 서구의 사회민주주의가 노동계급의 국가권력 장악이라는 이념적 형태로 실현되었던 것은 아니지만, 이 양자는 노동의 힘을 국가와 사회 조직의 주요한 원리로 인정했고 바로 그 정도만큼 노동의 국가였던 것만은 분명하다.

20세기는 이런 의미에서 사회(민주)주의의 시대였다. 우리는 사회(민주)주의의 파산 이후의 시대에 살고 있다는 의미에서 21세기에 살고 있는 셈이다. 사회(민주)주의의 시대는 확실히 자유경쟁 자본주의의 시대를 끝냈고 민족국가들의 자유경쟁의 폭력적 형태인 고전적 제국주의 시대를 약화시켰다. 시장의 소용돌이, 그 예측 불가능성은 국가에 의해 조절되었다. 그런데 이 시간 동안 자본관계는 약화되고 자본 너머로의 이행이 준비되었던 것인가? 사회(민주)주의의 안정기인 전후 호황의 시대를 거친 후 지난 30여 년의 역사는 정확히 그 반대가 사실임을 말해 준다. 자본주의에서 탈자본주의로의 이행이 아니라 자유로운 자본의 사회적 자본으로의 진화, 이것이 사회(민주)주의 시대가 우리에게 남긴 유산이다. 국가에 의해 자본의 사회화는 효과적으로 진행되었다. 어떻게?

우리는 맑스가 『자본론』 1권에 넣으려다가 뺀 하나의 장 「직접적 생산과정의 제 결과」의 일절을 빌어 그 진행 과정을 이렇게 요약할 수 있다. 요컨대 '사회(민주)주의 시대에 노동의 자본에의 실제적 포섭이, 또한 고유한 자본주의적 생산양식이 확립되었다'고[3] 자본주의적 생산양식은 이 시기에 절대적 잉여가치보다 상대적 잉여가치의 생산을 주요한 토대로 삼는 것으로 변화되었다. 작업장 내 협업, 노동들의 사회적 분업, 기계의 대규모 이용, 역학 화학 전기학 등 자연과학과 공학의 생산과정에의 대규모 응용 등이 국가 수준에서 기획되고 명령·지도되고 또 실행되었다. 유통 시간의 단축과 유통영역의 확장을 위한 대규모의 노력이 국가에 의해 기획되고 시행되었다. 전국을 잇는 철도, 도로, 항로의 개발은 모든 국가의 기본적 역할이었다. 국가는 지휘자일 뿐 아니라 거대한 계획자로 등장했다. 국가는 일종의 총자본으로서 생산 및 유통의 영역, 분야, 규모, 방법을 계획했을 뿐만 아니라 대규모 신용의 창출과 신용 보증자로서 생산에 있을 수 있는 단절의 가능성을 제거했다. 국가는 국민의 삶의 과거와 현재뿐만 아니라 미래까지도 현재의 생산 속에 참여시키는 마술적 역할을 수행했다. 국가는 이렇게 자본을 전국적 수준에서 사회화할 뿐만 아니라 그 자체가 자본의 소유자로서, 다시 말해 사회적 자본가로서 행세했다. 이것이 가져온 것은 '노동으로부터의 해방'은 물론 아니고 '노동의 해방'도 아

---

3. 칼 맑스, 『경제학 노트』, 이론과 실천, 1988, 92쪽 참조. 그리고 자본주의 포섭양식의 탈근대적 진화에 대해서는 1부 1장 「탈근대와 맑스의 포섭론」 참조.

닌 '노동의 자본에의 실제적 포섭'이었고 자본주의를 진정으로 제
발로 서게 한 것이었다.

　오늘날 사회(민주)주의의 유산 상속자인 신자유주의와 자본의
지구화는 사회(민주)주의가 키워온 사회적 자본의 국경을 넘는 확
장, 국가라는 사회(민주)주의의 인큐베이터를 깨고 나오는 진정한
자본, 즉 사회적 자본의 초국적 운동이다. 국가가 그 자체 자본으
로서, 그리고 자본의 보호자로서의 성격을 버리는 것은 아니라 할
지라도 더 이상 국가는 자본의 사회화의 현 단계를 양육할 수도 관
리할 수도 없게 되었다. 국가는 사회적 자본을 키워냈지만 이제 사
회적 자본은 더 이상 국가의 보호 아래 성장해야 할 만큼 어리지
않다. 하루에도 헤아릴 수 없을 만큼 국경을 넘나드는 금융자본은
말할 것도 없고 생산자본과 유통자본도 점차 국경문턱을 장애로
느끼고 있지 않은가? 현존의 국가가 산업을 민영화하고 정보화하
며 세계시장의 흐름에 적응하려고 노력하는 것은 사회적 자본의
이러한 초국적 운동 상황에 상응하는 것으로 국가들이 합리적으로
자기를 개혁하는 노력의 표현이라고 해야 할 것이다. 자연과 인류
의 입장에서 보았을 때, 이것의 결과가 위에서 언급한 것처럼 아무
리 종말론적이고 묵시록적이라 할지라도 여기에 대한 대응책이 다
시 국가라는 계획자, 관리자에 대한 호소로, 요컨대 사회(민주)주의
로 나타나는 것은 시대착오적이다.

지금까지 우리는 세계시장을 가치관계의 공간적 확장으로 고찰했다. 이러한 시각 속에서 국가는 시민사회의 종합자이며 시장의 종합자이다. 국가가 시장을 계획하고 관리할 때조차도 시장은 본래적 발전을 계속한다. 초국적 자본은 국가 관리하에서 성장한 사회적 자본이 국경을 넘어 확장하는 것이면서 오히려 국가를 자신의 영향권 속에 배치하는 자본 발전의 현대적 형태이자 자본 개념에 내재한 세계시장의 고유한 발현이라는 생각이 이로부터 도출된다.

그렇다면 이제 자본은 다시 세계시장 흐름 속에서 자유경쟁 자본주의 시대와 동일한 무정부적 운동을 하고 있는가? 정부를 국가로 이해한다면 분명 자본의 초국적 흐름은 무정부적이다. 하지만 정부를 생산자들에게 질서를 부과하는 것으로서의 주권형태로 이해한다면 오늘날 자본의 흐름은 무정부적이지 않다. 안또니오 네그리와 마이클 하트는 자본이 초국적 금융기구, 초국적 군사기구, 초국적 무역기구, 초국적 개발기구, 초국적 행정기구, 초국적 정보고속도로 등의 구축을 통해 세계시장에 상응하는 주권형태를 구축해 가고 있으며 그것이 국가들을 마디로 하는 네트워크적 주권형태인 제국의 모습으로 나타나고 있다고 분석했다. 이런 의미에서 본다면 신자유주의는 사회(민주)주의의 종말과 자유경쟁 자본주의로의 회귀라기보다 그것의 지구적 수정, 다시 말해 국민시장을 넘어 세계시장을 토대로 작동하는 '수정된' 사회(민주)주의로서의 성격을 갖는다고 볼 수 있다. 이 점은 유럽과 세계 여러 지역에서의

신자유주의가 사회민주당이나 민주사회당 혹은 그와 동종의 정치
경향들과 별다른 갈등 없이 추진될 뿐만 아니라 이러한 정당조직
들이 신자유주의 이행의 주체로 되고 있는 현실을 통해 경험적으
로 뒷받침된다. 그리고 이 점은 현재의 신자유주의가 제국을 매개
로 자본의 사회화가 한층 더 고도화되는 과정이라는 점에서 이론
적으로 뒷받침된다.

　이에 대해 개별자본들간의 심화되어 가는 경쟁을 고려해야 한다
는 반론이 제기되는 것을 예상할 수 있다. 우리는 경쟁이 자본의
사회화를 방해하는 요인이라고 이해해야 하는가? 개별자본 운동의
무정부성의 극복을 사회변혁의 근본목적으로 설정해 온 사회주의
자들은 흔히 그렇게 생각하는 경향이 있다. 그러나 정작 그들이 기
대고자 하는 맑스는 그들을 지지해 주지 않는다. 왜냐하면 자유경
쟁은 경향에 불과했던 자본의 내적 법칙—요컨대 노동의 사회화
를 착취하는 것으로서의 자본의 사회화—을 현실적 법칙들로 정
립하는 자본의 자유롭고 현실적인 발전과정이라는 것이 맑스의 생
각이기 때문이다.

　자유경쟁은 다른 자본으로서의 자기 자신에 대한 자본의 관계, 즉
자본으로서 자본의 현실적 관계 행위이다. 자본의 내적 법칙들—자
본 발전의 역사적 전(前)단계들에서는 경향으로만 나타나는—이 비
로소 법칙들로 정립된다. 자신에 기초한 생산은 자유경쟁이 발전하
는 한에 있어서만 자신의 적합한 형태들로 정립되는데, 그 까닭은
자유경쟁이야말로 자본에 기초한 생산양식의 자유로운 발전, 자본의
조건들의 자유로운 발전이고, 이 조건들을 끊임없이 재생산하는 과

정으로서의 자본의 자유로운 발전이기 때문이다. … 자유경쟁은 자본의 현실적인 발전이다. 자본의 본성에 조응하는 것, 자본에 기초한 생산양식에 조응하는 것, 자본의 개념에 조응하는 것이 개별적인 자본에게는 자유경쟁에 의해서 외적인 필연성으로 정립된다. 자유경쟁에서 자본들이 서로에게, 노동 등에 가하는 상호강제는 (노동자들 사이의 경쟁은 자본가들의 경쟁의 다른 형태일 뿐이다) 자본으로서의 부의 자유롭고 현실적인 발전이다.[4]

자유경쟁은 자본을 자신 고유의 형태로, 즉 사회적 자본으로 발전시키는 동력이지 그것과 대립하는 것이 아니다. 사회적 자본은, 자유경쟁을 기반으로, 그 자유경쟁을 조절하면서, 그리고 노동과 자본 사이의 사회적 적대를 관리하기 위해 필요한 주권형태의 창출을 통해서 형성된다. 케인즈주의에서도, 제3세계의 권위주의에서도, 심지어는 경쟁을 완전히 지양한 것으로 보이는 사회주의에서도 자유경쟁은 변화된 조건 속에서 계속되었다. 신자유주의하에서 경쟁의 실재성과 그것의 지구적 확대가 그에 상응하는 주권형태인 제국의 발전과 양립 가능한 것은 이 때문이다. 오히려 신자유주의적 경쟁은 자본을 자신의 개념에 더욱 적합한 형태로, '초국적의 사회적 자본'으로 발전하도록 재촉하면서 그에 상응하는 제국적 주권형태의 발전을 가속시키고 있다고 보는 것이 현실에 더 적합할 것이다.

---

4. 칼 맑스, 『정치경제학 비판 요강』 제2권, 백의, 2000, 316~317쪽.

세계시장의 모순적 결과

　제국에 의해 조절되는 초국적 사회자본은 세계시장에서 드러나고 있는 권력의 공공연한 지형이다. 우리는 유통이 잉여가치화 운동의 공간적 확장이라고 말했다. 그리고 사회적 자본은 고유한 자본주의적 생산양식일 뿐만 아니라 분산된 개별자본과는 달리 계급투쟁의 주체로 전화한 자본, 질적 도약을 이룬 자본이다. 그것은 자본의 발전이라는 관점에서 계급투쟁을 조직하고 전진시킨다. 이런 의미에서 사회적 자본은 그 자체로 권력이다. 그것은 노동을 포섭한다.

　여기서 우리는 노동을 포섭한다는 것을 어떤 의미로 이해해야 하는가?

　노동력은 시장 속에 가치에 따라 측정 가능한 상품으로, 구매되고 판매되는 상품으로 존재하지만 노동력의 사용가치이며 노동과정에서 비로소 출현하는 산 노동은 자본과 대립하는, 가치를 갖지 않는 비자본이다. 아니, 자본은 노동이 비자본, 비가치로서 존재해야만 그것의 운동에서 가치를 이끌어 낼 수가 있다. 자본의 포섭은 노동력의 담지자인 노동자들을 일정한 공간(공장)에 모으는 것에서 시작한다. 노동자들의 노동력은 공장에 모이기 전의 상태, 수준 그대로이다. 자본가의 관심은 전적으로 이들의 노동시간에 집중된다. 노동자들을 더 오래 노동하도록 하게 하는 것, 이것이 이 국면에서 잉여가치화의 지배적 방법이며 바로 이것을 가능케 하기 위한 강압력의 행사가 이 국면에서 자본가의 지배방식이다. 이것을 우리는 형식적 포섭이라고 부른다. 그러므로 형식적 포섭에서의 권력은 원시적 축적 상황에서 행사된 직접적 폭력에서 그렇게 멀리 떨어져 있는 것이 아니다.

이러한 폭력에 대한 저항이 거세었을 것임은 능히 짐작할 수 있는 일이다. 맑스는 『자본론』 제10장에서 자본 권력에 대항하는 노동계급의 투쟁이 자본가계급에 대항하는 '은폐된 내전'이었다고 묘사하면서 표준노동일을 위한 투쟁이 영국에서 시작되어 프랑스, 미국으로 확산되었으며 마침내 국제노동자대회(제1인터내셔널)가 8노동시간으로의 노동일의 제한을 결의하기에 이르렀다고 쓰고 있다.[5] '필요노동시간의 단축을 통한 잉여노동시간의 상대적 연장'이라는 상대적 잉여가치화의 방법에 대한 자본가의 궁리는, 사회적 가치 이상으로의 상품판매를 통해 특별잉여가치를 수취하려는 탐욕에 의해서도 이끌렸지만, 다른 무엇보다도 이러한 노동계급 투쟁에 대한 대응으로서의 성격이 강하다. 왜냐하면 기계 등의 도입으로 노동생산력을 향상시킴으로써 생활수단의 가치를 하락시키고 이로써 필요노동시간을 단축시켜 (절대적 노동시간의 연장 없이도) 잉여노동시간을 상대적으로 연장시킬 수 있었기 때문이다.

상대적 잉여가치화의 방법은 절대적 잉여가치화와는 달리 노동력에 대한 외적 관리, 외부로부터의 명령만으로는 달성될 수 없었다. 자본가가 노동자 집단의 외부에 놓여서 명령과 폭력의 방식으로 그 집단과 관계 맺는다는 것은 자본가 권력의 강함보다는 상대

---

5. 칼 맑스, 『자본론』 제1권, 비봉출판사, 1990, 383~386쪽.

적 무력함의 표현이다. 실제로 자본주의 초기의 노동상황에서 생산과정 전반에 관한 숙련 노동자의 통제력은 자본가를 압도하는 것이었고 자본가는 폭력 이외에 특별한 통제수단을 갖고 있지 못했다. 하지만 상대적 잉여가치화의 과정은 노동자의 신체에 축적되어 있던 지식과 숙련을 노동자 외부의 기계로 이전시키는 전쟁적 과정이었다. 이것은 단순한 명령 외에 자본가 자신과 기계가 개별 노동자들에 대한 감독자, 관리자, 결합자로 나서는 것을 의미했다. 이것은 자본가의 지배력을 직접적 폭력 형태에서 권력 형태로 발전시킨다.

자본가가 이 과정에서 동원한 수단들은 여러 가지였지만 그 모두는 인류의 사회적 진보의 성과를 무상으로 점취한다는 공통적 성격을 갖고 있었다. 자본이 생산과 유통에 이용한 인류의 사회적 진보의 성과들을 범주화시켜 보면 1) 지성화 2) 기계화 3) 조직화 4) 사회화로 요약할 수 있다.

이것들은 노동의 성격에 어떤 변화를 가져왔을까? 육체노동은 과학과 기술의 응용을 통해 지성적 노동으로 전화되었으며 노동의 공동체적 성격은 기계로 이전되었다. 노동자는 기계를 돌보거나 보조하는 부속 공동체로 조직되었으며 노동 자체가 사회적 협업의 성격을 띠게 되었다. 노동의 생산력은 자본의 생산력으로 나타나며 또 그것은 또 개별자본의 생산력이 아니라 사회적 자본의 생산력으로 나타난다. 개별자본이 사회적 자본으로 전환하는 것에 비례하여 직접적 노동은 사회적 노동으로 대체된다. 이 과정은 일반적인 과학적 노동의 대규모 등장을 함축하는데 이것은 부의 생산에서 직접적 노동을 질적으로 부차화하고 또 양적으로 감축시킨다.
자본은 한편에서는 노동시간을 가치를 정립하는 유일한 요소로 정
립하면서 다른 한편으로는 이렇게 생산과정에서 노동을 부차화하
고 상대적으로 감축함으로써 잉여가치화를 위기에 몰아넣는다. 이
것은 끊임없는 이윤율 하락의 경향으로 나타나 자본의 발전을 위
태롭게 한다.

세계시장은, 자본이 인류의 사회적 진보, 사회적 생산력의 발전,
노동계급의 활력의 투쟁적 표출 등에 대한 대응수단으로 발전시킨
이 상대적 잉여가치화의 모순이 악순환적으로 확장되어 출현한 것
이다. 자본은 상대적 잉여가치화에 내재한 모순—그것은 직접적
으로는 소비능력 이상의 생산인 과잉생산의 형태로 나타난다—을
새로운 생산지점의 발견과 유통영역의 확장, 그리고 더 높은 수준
의 지성화, 기계화, 조직화, 사회화를 통해 그 때마다 극복해 간다.
국민경제를 넘어서는 자본의 대외진출인 제국주의적 시장 개척은
자본의 이러한 필요를 충족시키려는 경제적 정치적 군사적 욕구에
의거하고 있다. 지금의 세계시장은 자본이 이제 더 이상 외부의 생
산지점을 주어진 형태로는 찾을 수 없는 총체화된 공간의 탄생을
의미한다.

우리가 생각해 보아야 할 것은 자본으로 하여금 이렇게 지구 전
표면으로 나아오도록, 영속적으로 자신을 혁명하도록 만드는 저
모순의 뿌리에 무엇이 움직이고 있는가 하는 문제이다. 맑스는 무
수히 많은 곳에서 그것이 (마치 자본의 생산력인 것처럼 나타나지
만) 사회적 수준에서 협동적으로 움직이는 산 노동의 생산적 활력

임을 밝히고 또 천명한다. 자본의 것으로 보이는 생산력과 권력은 실제로는 산 노동의 활동력, 창조력, 발명력, 지력, 상상력, 협동력, 조직력 등의 소외된 형태에 지나지 않는다. 잉여가치화의 전 계열은 바로 그 죽음의 계열, 타나토스적 계열의 이면에서 전개되고 있는 산 노동의 이 활력이다.

세계시장 속의 이질(異質) 운동

그러므로 이제 우리는 자본의 운동과 그것의 현대적 발전의 표면이 아니라 그것의 이면에서 전개되는 활력의 움직임을 좀더 자세히 들여다보아야 한다. 세계시장은 사회적 산 노동의 지성과 조직력이 자본주의적으로 전유되는 공간이다. 세계시장의 역동성은 산 노동의 역동성을 반영한다. 그러나 우리가 세계시장과 초국적 산 노동의 관계를 자본의 부단한 지양적 종합에 의해 전개되는 '모순의 과정'으로만 파악하는 한 노동계급에게는 희망이 없거나 기껏해야 세계시장이 자신의 위기를 극복할 수단을 찾지 못하는 어떤 행운의 순간에 대한 기나긴 기다림만이 가능할 뿐이다. 물론 이 기다림 대신 세계시장의 위기를 재촉하겠다는 생각에서 테러적 전위투쟁을 벌이거나 아니면 세계시장의 제도적 운동에 동참하여 위기가 폭발하는 순간이 덜 고통스럽게 도래하도록 완충 역할을 수행하는 것이 가능할 것이다. 하지만 테러화와 제도화의 이 방법들이 산 노동의 창조적 활력에 부합하고 또 그것을 펼쳐낼 방법으로 적합한가는 1970년대 이래 이미 의문에 붙여져 왔다. 그것들은 산 노동의 활력이 그 고유의 새로운 표현양식을 확보하지 못한 순간에 채택되는 궁여지책으로서의 성격을 갖는데 20세기 말과 21세기 초에 이 방법들이 다시 한번 (한편에서는 신자유주의에의 동화의 모습으로, 다른 한편에서는 대량학살적 테러리즘이라는 이전보다 훨씬 더 절망적인 모습으로) 재연되고 있는 현실은 우리에게 한층 더 진지한 방법론적 성찰을 촉구하는 일이 아닐 수 없다.

맑스는 산 노동의 자기가치화 경향이 잉여가치화 경향의 '모순적' 결과로서 드러나는 것으로 서술하곤 하지만 우리는 여기에서 이미 드러나고 있는 방법론적 전도의 가능성을 본다. 맑스가 말하고자 한 것이 이 두 경향의 새로운 종합이 아니었음은 분명하다. "부르주아지는 자신에게 죽음을 가져올 무기들을 벼려낸 것만이 아니다. 그들은 이 무기들을 쓸 사람들도 만들어 내었다 — 현대 노동자들, 프롤레타리아들을"; "부르주아지는 무엇보다도 자기 자신의 매장인을 만들어 낸다. 부르주아지의 몰락과 프롤레타리아트의 승리는 다 같이 불가피하다"; "계급과 계급 대립이 있었던 낡은 부르주아 사회 대신에 각인의 자유로운 발전이 만인의 자유로운 발전의 조건이 되는 하나의 연합체가 나타난다". 『공산주의당 선언』의 어디에서나 찾아볼 수 있는 것은 이렇게 자본의 잉여가치화 계열의 중단, 파열, 몰락, 죽음의 불가피성에 대한 단언이며 산 노동의 연합체의 승리에 대한 예상이다. 더 이상 운동은 모순의 형태를 띠지 않는다. 모순이 아니라 모순 관계의 파괴, 변증법의 해체, 자기가치화 계열의 분리와 독립, 나아가 자기가치화 계열의 단독적 발전이 역사를 규정한다.

그렇지만 모순 관계를 해체하는 분리의 힘을 정확하게 포착하려면 그것이 속해 있는 모순 형태를 뚜렷하게 그려내 볼 필요가 있다.

우선, 생산과정에서 자본의 모순은 어떤 형태를 띠었는가? 노동이 가치의 원천이고 노동시간이 가치의 척도인 한에서, 그리고 가치화가 잉여노동시간의 증식인 한에서 자본은 잉여노동을 창출하려면 필요노동을 설정해야 했다. 자본은 실제로 잉여노동인데, 그것은 잉여노동을 가치로서 실현하는 한에서만 그리고 바로 그 정도에서만 필요노동을 설정한다. 자본은 잉여노동을 설정할 수 없을 때는 필요노동을 설정하지 않는다. 그런데 잉여노동시간을 증대함에 있어서 유일한 장애물은 필요노동시간이다. 요컨대 자본은 자신이 잉여가치를 확장하려는 경향을 가진 만큼 그것을 가로막는 장애물을 동시에 설정한다. 자신에게 특수한 장애물을 설정하면서 다른 한편으로는 그 장애물을 뛰어넘어 돌진하려고 하는 만큼 자본은 "살아 있는 모순"[6]이다.

이 장애물을 넘어서려는 노력, 즉 필요노동시간을 단축하려는 노력이 노동의 지성화, 조직화, 사회화로, 그리고 그것의 응축으로서의 기계화로 나타난다는 점에 대해서는 앞서 말했다. 기계화는 고정자본을 증대시키는 경향이 있다. 고정자본의 증대경향은 유통과정에 자본의 모순을 이식시킨다. 어떻게? 고정자본은 소재적으로는 생산국면에 머물러 있으면서 형태적으로만 유통하는 독특한

---

6. K. Marx, *Grundrisse*, Vintage Books, A Division of Random House, New York, 1973, p. 421.

상품이다. 고정자본은 그것의 가치 전체를 유통 속에 던져 넣는 것이 아니라 그것이 생산물에 이전한 가치만큼만 가치로서 유통한다. 다시 말해 고정자본에 투하된 가치의 완전한 유통과 회전은 그것의 가치화 능력이 고갈된 후에야, 즉 가치를 더 이상 생산물에 이전할 수 없게 된 이후에야 이루어질 수 있다. 이것은 고정자본에 투하된 전체 자본의 유통시간이 그만큼 길어짐을 의미한다. 유통시간은 자본에게는 가치를 가져다주지 않는 비용일 뿐이다. 그렇다면 이것은 무엇을 말하는가? 기계류에 대한 투자가 많을수록, 다시 말해 고정자본이 총자본에서 차지하는 구성부분이 증가함에 따라 자본의 유통시간이 증가하기 때문에 이윤은 감소한다는 것이다.

가치생산과정과 가치유통과정, 이 두 국면 모두에서 자본이 직면하는 모순은 모두 필요노동에 의해 강제된다. 필요노동시간을 늘리려는 노동계급의 투쟁이 크면 클수록, 그리하여 더 긴 유통시간을 요구하는 고정자본에 더 많은 자본이 투하될수록 자본이 직면하는 모순도 커질 것이다. 자본의 모순을 강제하는 것은 필요노동의 운동이다. 확실히 그것은 자본에게는 모순이다. 그런데 필요노동에게도 그것은 모순인가?

필요노동은 자본의 관점에서는 잉여노동과 대립한다. 필요노동은 그것이 없이는 잉여노동이 있을 수 없으면서 동시에 잉여노동을 위협하는 모순적 대립물이다. 그러나 노동계급에게 필요노동은 산 노동이 자본관계 속에서 취하는 강제된 형태이다. 그것은 잉여노동의 모순적 대립항이 아니라 잉여노동으로부터 독립된 실존이며 잉여노동의 종속변수가 아니라 잉여노동을 규정하는 독립변수,

즉 주체로서 움직인다. 그것은 산 노동의 자기가치화하는 힘이다. 필요노동을 존재조건으로 하는 자본이 필요노동의 무한정한 단축을 향해 움직이는 동안 산 노동은 잉여노동의 영(zero)의 수준으로의 단축(잉여노동시간의 필요노동시간으로의 흡수)을 향해 움직인다. 전자는 이룰 수 없는 모순된 꿈이지만 후자는 하나의 현실적 경향이다.

후자가 현실적인 이유는 무엇인가? 첫째 필요노동은 사회적, 역사적, 문화적 조건에 따라 가변적인 양이다. 잉여노동을 단축시키고 그것을 필요노동으로 환수한다는 것은 노동계급에게 사회적 부의 더 많은 부분이 귀속된다는 의미이다. 이것은 잉여노동에 기초한 자본의 모순적 노력과는 달리 실제로 실현 가능한 방향이다. 둘째로 필요노동의 운동은 잉여노동의 운동과는 전혀 상이한 원리에 따라 움직인다. 그것은 더 많은 가치의 창출을 위해 움직이지 않는다. 자본의 운동은 가치증식, 즉 M-C-M'(여기서 M은 화폐이며 C는 상품이다)의 회전경로 속에서 M의 M'로의 증식에 있다. 이 가치증식 운동은 자본을 앞서 말한 '살아 있는 모순'의 상태로 몰아넣는다. 하지만 필요노동의 운동은 가치증식의 원리에 따라 움직이지 않는다. 그것은 자본관계 속에서도 C-M-C라는 독특한 운동경로를 밟는다. 그것은 직접적인 사용가치로서 출발하여 사용가치에 대한 욕구를 따라 움직인다. 필요노동의 입장에서 기계화는 더 적은 시간에 더 많은 사용가치, 더 많은 부를 생산할 수 있는 조건이며 자신이 사용할 수 있는 부를 확장할 수 있는 잠재력이다. 이것은 필요노동에 더 많은 자유로움, 더 많은 여유를 가져다줄 것이다. 더욱 사회화되는 노동, 그것은 자본에게는 모순이지만 노동에게는 더 많은 자유를 위한, 강제된 노동으로부터의 해방을 위한 조건의 창출이다.

세계시장은 노동의 초국적 사회화의 산물이다. 국제적 분업과 국제적 협업에 기초한 국제적 생산 속에서 자본의 모순과 위기는 더 큰 규모로 확장되고 심화된다. 세계의 자본주의적 통일과 세계사회의 자본 아래로의 실제적 포섭이 진전될수록 자본의 세계시장적 공간은 평균화, 평준화되어 잉여가치 착취와 계급적대라는 자본 고유의 관계의 심화에 의해 더욱 균열된다. 자본은 세계시장 속에서도 모순적이다. 그것은 한편에서 노동의 초국적 사회화를 추진하면서도 다른 한편에서 그 경향을 잉여가치를 확보할 수 있는 수준에 제한한다. 이것을 위해 정리해고, 세계의 지역적 불균형, 성별-인종별-문명별 차별 등의 낡은 분할선들을 이용한다.

여기서 노동계급은 자본이 창출한 사회화의 수준을 넘어서 나아갈 필요를 느낀다. 노동계급은, 자본이 노동과 자본 사이의 '교환'이라는 가상을 매개로 이룩한 시장적 통일을 넘어 서면서 자본과의 교환관계 자체를 거부하고 파괴하는 것으로 나아간다. 자유주의에서 사회주의 및 케인즈주의로의 이행은 이러한 운동을 나타낸다. 이제 부르주아 사회를 지배하는 교환관계가 서로 투쟁하는 힘들의 관계로 드러난다. 임금은 가치관계에 따라 결정되기보다 사회적 정치적 수준에서의 역관계에 따라 결정된다. 노동과 소득이 분리된다. 이것을 통해 애초에 자본관계를 형성한 토대인 교환이라는 가상이 추방되고, 투쟁하는 두 계급간의 힘의 '비율'이 경제적 삶의 현실적 계기로 된다.

경쟁이 노동자로 하여금 자본가들과 교섭하고 또 다투도록 허용할 때, 노동자는 자신의 요구를 자본가들의 이윤에 비추어 측정하고 자신에 의해 창출된 잉여가치의 일정 몫을 요구한다. 그리하여 비율(proportion) 자체가 경제생활 자체의 현실적 계기가 된다. 나아가, 두 계급간의 투쟁—이것은 노동계급의 발전과 더불어 필연적으로 발생한다—에서, 바로 임금 자체에 의해 비율로 표현되는 그 두 계급 간 거리의 측정이 결정적으로 중요하게 된다. 교환의 가상은 자본에 근거한 생산양식의 과정에서 사라진다.[7]

'등가'가 아닌 '비율'? 그 비율은 생산과정에서는 잉여노동시간과 필요노동시간의 비율로 이미 나타난 바 있다. 이제 분배과정에서 그것은 이윤과 임금의 비율로 나타난다. 이 비율이 가치관계로서의 교환에 의해 규정된다는 가상을 벗고 상호간의 힘 관계에 의해 규정되는 것으로 될 때에도 우리는 자본의 힘과 노동의 힘을 등가적인 것으로, 동질적인 것으로, 혹은 대칭적인 것으로 파악해야 하는가? 아니다. 잉여노동이 교환가치를 향해 움직일 때 필요노동은 사용가치를 향해 움직인다. 이 흐름을 따라 우리는 자본이 권력을 향해 움직일 때 노동은 활력을 따라 움직인다고 말해야 한다. 두 개의 힘은 동질적인 것이 아니라 이질적이며 대칭적이 아니라 비대칭적이다. 하나는 죽음을 향해, 축적을 향해, 고정을 향해, 양

---

7. K. Marx, *Grundrisse*, Vintage Books, A Division of Random House, New York, 1973, p. 597.

을 향해, 형태를 향해 움직이는 반면 다른 하나는 삶을 향해, 흐름을 향해, 질을 향해, 내용을 향해 움직인다. 그래서 세계시장 수준에서 이루어진 자본의 조직화는 자본의 권력과 노동의 활력의 적대적 투쟁을 함축한다.

세계시장과 다중

　세계시장은 공간을 따라 조직된 자본이지만 그것이 궁극적으로 드러내는 것은 산 노동의 활력이며 그 활력의 시공간적 확장을 주장하는 새로운 주체성이다. 이 활력의 형태들을 세계시장 속에서 탐색하려고 할 때 우리는 축적영역의 확장과는 다른 사건이 진행 중인 것을 확인할 수 있다. 그것은, 새로운 유통영역의 창출과 새로운 생산영역의 창출이, 다시 말해 자본주의적 생산체계의 확장적 재생산이 새로운 욕구영역, 새로운 욕구대상, 새로운 욕구수준, 한마디로 지구적 수준에서 풍부해진 욕구체계를 더불어 생산한다는 사실이다. 이 새로운 주체성은 무엇보다도 자본주의적 생산과정과 유통과정에 의해 창출된 가치체계의 이면, 말하자면 그들 자신이 생산한 거대한 사용가치들과 사회적 부에 대한 욕구주체이자 소비주체로서 실재한다.

　생산영역과 유통영역이 지구적 규모로 확장된 만큼 이들의 실존 범위도 지구적이다. 생산영역과 유통영역이 다원화되고 복잡해진 만큼 이들의 존재양태는 복잡하고 이질적이다.[8] 어떤 집단은 임금을 받고 또 어떤 집단은 임금을 받지 않는다. 어떤 집단은 공장벽 안에 있으며 어떤 집단은 사회 속에 산재해 있다. 어떤 집단은 정해진 시간 동안만 일하며 또 어떤 집단은 하루 내내 일한다. 어떤 집단의 노동은 멸시되고 어떤 집단의 노동은 추앙된다. 어떤 집단은 부유하고 어떤 집단은 가난하다. 어떤 집단은 건강하고 어떤 집단은 병약하다. 어떤 집단은 두뇌로 일하며 어떤 집단은 손으로 혹은 온몸으로 일한다. 어떤 집단은 따뜻하고 어떤 집단은 차갑다. 어떤 집단은 늙었고 어떤 집단은 어리다. 어떤 집단은 활기차고 어떤 집단은 정적이다. … 등등. 이 모든 차이와 구분 속에서 새로운 주체성의 생산적 힘은 세계시장 속에서 풍부해져 있다. 이 생산적 힘 속에서 한 가지 경향을 발견할 수 있는데 그것은 이 생산적 힘 이 날이 갈수록 소통, 협동, 정서의 생산과 재생산이라는 비물질적 노동력의 형상을 취하는 경향이 있다는 것이다. 이것은 노동과 삶 사이의 경계를 희미하게 하면서 노동이 삶의 지평을 포괄하는 것 으로 확장될 수 있는 가능성을 제시한다.

이 풍부한 생산력에 기초하고 있는 주체성은, 특정한 민족국가 에 맞서면서 다른 독립된 민족국가를 추구하는 통일된 저항주체인 민중과도 구별되며 비합리적이며 수동적인 다수를 지칭하는 대중 혹은 군중과도 구별된다. 이 새로운 주체성은 민족국가를 넘어서 는 다양성과 이질성을 지니면서도 능동성과 생산성을 갖고 공통의 행동 속에서 결합하는 주체, 즉 다중(multitude)이다.9 다중은 세계

---

8. 안토니오 네그리·마이클 하트, 『제국』, 이학사, 2001, 92쪽 참조.

9. 마이클 하트, 「지구화와 민주주의」(http://jayul.net/view_article.php?a_no=96&p_no=1),

시장의 정치적 종합이자 사회적 자본의 주체성인 제국 속에 있지만 그것에 대항하고 있다. 왜냐하면 이들의 욕구는 양화, 측량성, 흡수, 집적, 집중, 확장의 노선을 따라 발전하는 잉여가치화의 계열과는 달리 질, 충족, 의지, 탈주, 활동, 흐름의 노선을 따라, 즉 자기가치화의 계열을 따라 발전하기 때문이다. 다중의 대항이 보여주는 이 복잡한 질적 성격으로 말미암아 측량가능한 '계급이익'(class interest)의 선을 따라 통일되었던 노동계급의 봉기적 저항노선은 약화되었다. 그러나 이것이 잉여가치화의 발전을 침식하고 전복하는 투쟁의 침체를 의미하는 것은 결코 아니다. 1968년 혁명 이후 세계 전역에서 출현한 프롤레타리아 투쟁의 새로운 순환은 비록 서로 횡적으로 소통할 수 있는 공통의 투쟁언어를 아직 확보하지는 못했지만 세계시장 수준에서 구축된 자본의 사회적 권력에 대항하여 그들의 절박한 요구들을 제기하고 있는 중이다. 1989년의 천안문 학생시위, 1990년을 전후하여 수년간 전개된 소련 민중의 투쟁, 1992년 로스앤젤레스 유색인 노동자들의 봉기, 1994년 치아빠스 원주민들의 봉기, 1995년 프랑스와 독일의 공공부문 노동자들의 투쟁, 1996/7년 한국 노동자들의 총파업, 1999년 씨애틀에서 시작된 반지구화 시위, 2000년 이후 라틴아메리카 다중들의 투쟁, 2003년 이후 전 지구적 차원에서 전개되고 있는 반전항위들 등은 이 새로운 투쟁형태들 가운데 표면으로 솟구쳐 오른 몇몇 사례들에 불과하다.

『자율평론』 2호, 2002년 9월 참조.

　　주목해야 할 것은 이렇게 두드러진 몇몇 사건들만이 아니다. 세계시장은 어떤 중심에 의해 구축된 자본의 공간이 아니라 각각의 경제적, 정치적, 사회적, 문화적 마디들의 네트워크에 의해 구축된 삶정치적 공간인 만큼 다중의 투쟁은 그 각각의 마디들에서 발생하여 자본의 네트워크를 타고 흐르면서 그것을 역전시키는 무수한 구성활동들을 낳는다. 산 노동에 의해 구축되어 온 생산적 힘들이 더 이상 자본의 생산력으로 나타나는 것이 아니라 다중의 지구적 공통체의 생산적 활력으로 나타날 때 자본과 주권의 위기가 구체화된다. 자본의 힘이 절정에 이르렀다고 느껴지는 순간에 공황이 찾아오곤 했듯이 제국의 힘이 최고로 고조되었다고 느껴지는 순간에 그것의 위기가 감지된다. 그래서 이제 2003년에 그 위력을 드러낸 미국 일방주의를 제국의 위기로 파악하는 관점에서 제국기계의 현실을 살펴보도록 하자.

4장 지구제국의 위기와 미국 일방주의

오늘날 세계자본주의를 주도하고 있는 자본형태가 산업자본이나 국가자본이 아니라 초국적 금융자본이라는 점에 대해서는 별다른 이의가 없는 듯하다. 이로 인해 IMF와 세계은행은 그 어느 국가보다도 강력한 영향력을 갖게 되었다. 실제로 지난 수십 년 사이에 세계의 다수의 민족국가들은, 위기를 계기로 하고 구제기금을 지렛대로 하는, 초국적 금융기관들의 신탁통치를 겪은 바 있다. 직접적인 위임통치를 겪은 나라들은 구제기금을 상환한 이후에도 오랫동안 이들 초국적 금융기관의 정책권고에 의지하지 않을 수 없게 된다. 왜냐하면 위기와 구제기금은 해당 국가의 법률, 정책, 생산, 소비, 금융, 문화 등을 초국적 금융자본의 이익이 관철될 수 있도록 재편하는 과정에 다름 아니기 때문이다. 그래서 초국적 금융자본의 국제적 영향력은 급속히 확산되고 있는 것처럼 보인다. 한국에서도 1993년 김영삼 정부에 의해 정책적으로 도입되기 시작했고 1997년의 경제위기를 통해 뼈아프게 체험됨과 동시에 또 가속된 이른바 '지구화'는 바로 '초국적 금융자본의 세계지배'라는 현상을 지칭한다.

초국적 금융자본의 세계지배가 민족국가적 주권에 기초한, 즉 국경 외부 세계의 영토적 병합을 통해 팽창하는 제국주의의 지양이며 어떤 외부도 갖지 않는 전 지구적 제국 주권으로의 이행을 가져오고 있다고 설명한 것은 하트와 네그리였다. 이 이행의 과정은 결코 자본의 자기운동이라는 단선적 과정이 아니다. 낡은 민족국가적 주권형태의 폐기를 강제한 것은 아래로부터의 국제주의적 투쟁이었기 때문이다. 따라서 제국의 구축은 주권형태의 위기에 대한 대응이자[1] 새로운 주권합성의 과정[2]으로 이해할 수 있다. 앞장에서 서술했듯이 이 제국적 주권합성 과정에서 노동력은 사회화되고 정보화된 전 지구적 노동력으로 나타나며 기계가 생산의 중심에 배치되고 정규직·비정규직의 인간 노동력이 그 주변에 배치되는 기술적 합성형태를 나타낸다. 이것은 자본의 유기적 구성이 불변자본의 압도적 우위로 나타난다는 것을 의미한다. 가변자본에 해당하는 총임금의 총자본에 대한 비중은 프롤레타리아 다수를 생

---

1. 이에 대해서는 조정환, 「제국, 자본주의적 주권의 최근 형태」(『지구 제국』, 갈무리, 2002, 25~54쪽, 특히 41~48쪽) 참조.
2. 주권합성과 계급구성이라는 대쌍 개념에 대해서는 조정환, 『아우또노미아』, 갈무리, 2003 참조.

존의 경계지대로 몰아넣을 정도로 낮아진다. 지구화로 현실화된 세계시장은 '점점 증가하는 양의 생산수단이 더욱더 적은 인간의 힘의 지출로 가동된다는 법칙'[3], 따라서 '한 쪽 끝에서의 부의 축적이 동시에 맞은 쪽 끝에서의 빈궁, 노동의 고통, 노예상태, 무지, 야만화, 도덕적 타락의 축적'[4]을 가져오는 '자본주의적 축적의 적대적이고 일반적인 법칙'의 문자 그대로의 실현으로 나타났다. 그러나 이것은 결코 자유로운 시장교환의 결과로 나타난 결과가 결코 아니다. 지구화를 통한 세계시장의 실질화 과정에서 국가권력은 적극적 역할을 수행했다. 한편에서 그것은 초국적 주권의 합성과정에 동참하여 자신을 지구제국의 마디로 편입시켰으며 다른 한편에서 국가는 시민사회에 광범하게 생성된 재현과 매개의 조직들을 자신의 영향력 아래로 포섭했다. 그리고 그것은 이러한 재편에 따르는 저항을 공포와 폭력으로 다스렸다. 국가는 중개자의 허울을 벗고 자신을 자본의 권력으로 좀더 공공연하게 드러냈다. 그리하여 '초국적 정치·금융·무역·군사기구들—민족국가들—기타 다양한 재현·매개의 조직들—지구적 노동력'을 잇는 복합적인 주권 계열이 빠르게 합성되었다. 이것이 초국적 금융자본을 주축으로 세계 프롤레타리아를 압박하는 총 지구 자본의 지배질서인 지구제국의 형상이다.

지난 10여 년간 지구제국은 이러한 위계화 속에서도 중심을 부각시키지 않는 합의적이고 네트워크적인 지배방식을 선택해 왔다.

---

3. 칼 맑스, 『자본론』 제1권(하), 김수행 옮김, 비봉출판사, 1990, 812쪽.
4. 같은 책, 813쪽.

지구제국의 무력을 독점한 경찰국가인 미국도 혼자 행동하기보다 유엔과 같은 국제정치기구의 합의 속에서, 그리고 합의를 배경으로 움직여 왔다. 그런데 2003년 3월 미국의 이라크 침공은 세계의 수많은 사람들로 하여금 이것이 '초강대국 미국의 세계지배와 미제국 질서의 탄생'이 아닌가 자문케 하고 있다. 이러한 정식화가 불러일으키는 것은 미국과 그것의 힘에 대한 공포이다. 이 공포로부터 두 가지의 태도가 나온다. 하나는 미국에의 복종을 통한 국익 챙기기라는 현실주의적 대응이며 또 하나는 반미주의를 통한 국가주권의 수호라는 저항주의적 대응이다. 이 글은 공포에 기초한 이러한 대응들에 대한 비판이다. 나는 여기에서 이라크 침공으로 나타난 미국 일방주의를 미국의 제국적 강력함의 표현으로서보다는 지구제국 속에서 미국이 처한 위기와 무력함과 이 위기에 대한 미국의 공포에서 비롯되는 쿠데타적 반발의 표현으로 읽는다. 그러면서 나는 지구제국에서 일어나고 있는 이러한 위기를 해방의 계기로 삼을 수 있는 지구 다중의 활력적 가능성을 살펴볼 것이다.

지구제국과 그 내적 갈등

  지구제국은 지구화와 세계시장의 형성을 바탕으로 합성된 주권 형태이다. 그러나 국가를 넘는 지구화는 일반화된 지구화를 직접적으로 가져오기보다 실제적으로는 지역화를 매개로 나타났다. 그리고 이것은 국가의 이익을 지역이나 지구의 이익보다 우선시하는 국가화 경향에 끊임없이 도전받고 지체되었다.

지구화 과정에서 나타난 지역화 경향은 EU(유럽연합), NAFTA(북미자유무역협정)와 그 확대판인 FTAA(미주자유무역협정) 기획, AFTA(아세안자유무역협정), MERCOSUR(남미남부공동시장) 등으로 실체화되었다. 이것은 인접한 국가들이 동맹을 맺고, 가맹국 상호간에 무역을 자유화하려는 노력이었다. 생산에 앞서 무역이 지역화의 일차적 목표가 된 것은 무역의 특성상 자연스러운 것이다. 그 결과 지구화의 첫 단계는 WTO(세계무역기구) 체제를 중심으로 추진되었다.

우선 유럽연합은 지역화를 자유무역을 넘어 경제통합의 수준으로까지 진전시킨 지역화의 선진적 형태이다. 이것은 모든 회원국이 자국의 고유한 관세와 수출입제도를 완전히 철폐하고 역내의 관세와 수출입제도를 공동으로 운영하는 것을 원칙으로 삼고 있다. 1993년 11월에 창설된 유럽연합에는 독일, 프랑스 등 서유럽 국가들뿐만 아니라 헝가리, 폴란드, 체코 등 10개의 중유럽 및 동유럽 국가들이 가입했거나 가입협상을 벌이고 있다. 또 유럽연합은 북미자유무역협정 회원국인 멕시코와 자유무역협정을 체결하여 2000년 7월 1일부터 동 협정을 발효시켰고 북미자유무역협정 및 남미남부공동시장과도 자유무역협정 체결을 모색함으로써 그 외연을 꾸준히 확대하고 있는 중이다.

1994년 1월에 출범한 북미자유무역협정은 상품 및 서비스 거래, 투자 및 금융을 자유화하고 해외 투자자의 권리를 보호하며 투자자에 대해 국가 제소권을 부여하는 등 자본의 이동과 그것의 이익

보호를 위한 매우 강력하고 포괄적인 협정을 지향하고 있다. 하지만 이것은 회원국들이 자국의 고유 관세와 수출입제도를 계속 유지하면서 무역장벽을 완화하거나 철폐해 나가는 방식을 채택하고 있다. 미국, 캐나다, 멕시코 등 3개국을 주축으로 하고 있는 북미자유무역협정은 2005년까지 북남미 34개국으로 구성된 미주자유무역협정(FTAA)을 출범시키기 위한 협상을 진행중이며, 유럽연합과 범대서양자유무역협정(TAFTA)을 체결할 구상을 갖고 있다.

브라질, 아르헨티나 등 남미 4개국을 주축으로 1995년 1월 출범한 남미남부공동시장(MERCOSUR)은 안데스공동체(CAN)와 통합하여 남미자유무역협정(SAFTA)을 출범시킬 계획을 갖고 있으며 유럽연합과의 통합에도 적극적이다.

인도네시아, 말레이시아, 태국 등 동남아 9개국을 주축으로 하는 아세안자유무역협정(AFTA)은 1967년 지역안보체로 출범한 ASEAN을 기반으로 1994년부터 역내국간 관세장벽을 점차 낮추기 시작했다. 2003년까지 아세안자유무역협정을 출범시키기로 결정하면서 아세안은 지역무역블록으로 급속히 전환하고 있는 중이다.

그리고 미주국가기구(OAS)가 제안해 현재 대륙 전체 32개 국가가 협상을 진행하고 있는 미주자유무역지대 기획이 있다. 이것은 북미자유무역협정의 확대판으로, 참가 국가나 협정 권한 모두에 있어서 역사상 가장 포괄적인 자유무역협정이다. 미주자유무역지대가 핵심적으로 추구하고 있는 내용은 의료, 교육, 환경 등 공공서비스를 포함하는 일체의 서비스 무역의 장벽을 없애 완전한 자유화를 이루고 투자자에게 더 많은 권한과 자유를 주는 것이다.[5]

자유무역협정 체결 방식을 중심으로 전개되는 지역화를 통해 회원국과 비회원국간의 교역과 투자가 이전보다 확대되는 무역창출 효과가 발생할 수 있다. 하지만 회원국과 비회원국간의 교류는 감소하고 회원국간에만 거래가 증가하는 역경향(이른바 '무역전환효과')도 출현한다. 이러한 지역화는 국제무역질서를 관장하는 WTO 체제에 의해 권장되고 용인되면서도 한편에서는 그것을 위태롭게 하는 요인으로 작용하고 있다.

그렇다면 이렇게 지구화가 지역화를 바탕으로 삼으면서 그것에 의해 도전받는 방식으로 나타나는 이유는 무엇인가? 이것은 지구화와 지구제국 속에서 더 높은 지위를 차지하려는 국가간 경쟁을 통해 설명할 수 있을 것이다. 이것은 EU의 결성과정에서 영국 국익주의와 유럽주의 사이의 갈등을 통해, 그리고 미주대륙의 헤게모니 국가인 미국의 끊임없는 영향력 확대 노력 등에서 입증되는 바이다. 그러나 지역화를 가져오는 국가간의 이 경쟁의 근본적 동력은 자국 내에서 프롤레타리아들의 투쟁을 효과적으로 진압하고 축적을 효과적으로 성공시키려는 계급지배의 동기에 의해 이끌리고 있다. 이것이 무엇보다도 다자간 협정에 대한 다중들의 투쟁에 대한 대응 방책으로 나타나고 있는 것은 이 때문이다. MAI의 결렬 이후 초국적 금융자본은 힘 있는 국가들과 영향력 있는 지역을 이용하여 전 지구적 금융을 확장하려는 기도의 일부로서 무역과 투자의 확장을 추진하고 있다. 지역화의 일정한 지연효과에도 불구

---

5. 이상의 주요 지역블록 이외에 WTO에 통보된 지역무역협정은 수백 건에 달한다. 이 것은 지구화의 과정이 지역 자유무역협정을 급속하게 확산시키고 있음을 보여준다.

하고 그것이 자본의 더 높은 형태의 전 지구적 다자체제를 관철시키는 지절(支節)로 작용하리라는 예상이 더 현실적으로 느껴지는 것은 이 때문이다. 이렇게 될 때 지금의 무역통합 과정은 금융통합 과정에 종속되어질 것이며 초국적 금융자본에 의한 프롤레타리아 지배가 전일적인 것으로 자리잡게 될 것이다.

초기 자본주의에서 국가는 자본을 총괄했지만 자본의 행위를 직접적으로 규제하지는 않았다. 국가가 자본에 대한 규제를 적극적으로 시작한 것은 독점의 형성으로 국가가 사회적 총자본으로서 기능하기 어렵게 된 상황에서였다. 제국주의 시대에 국가는 금융자본의 수출이 민족주권의 확장으로 연결될 수 있도록 매개하고 통제했다. 그렇다면 오늘날 초국적 금융자본의 국경을 넘는 자유로운 운동은 국가와 자본의 변증법의 종말을, 혹은 국가에 대한 자본의 승리를 의미하는가? 그렇지는 않다. 비록 민족국가의 힘이 상대적으로 약화되기는 했지만 국가의 기능과 그것의 구성요소들이 제국이라는 초국적 권력 네트워크의 마디로 전위되었기 때문이다. 이 과정은 정치과정의 메커니즘에 커다란 변형을 가져온다.

민족적 주권의 개념이 효력을 잃고 있듯이 정치적인 것의 이른바 자율성도 효력을 잃고 있다. 여론을 결정하는 자율적 영역이며 갈등하는 사회적 힘들을 매개하는 영역이라는 정치의 개념은 오늘날 존재할 여지가 거의 없다. 여론은 무역수지균형이라든가 통화가치에의 투자라든가 하는 경제적 요인들에 의하여 더 의미심장하게 결정된다. 이러한 움직임들에 대한 통제권은 주권을 쥐고 있다고 전통적으로 간주되는 정치세력의 손에 쥐어져 있지 않으며, 여론은 전통적인 정치적 메커니즘이 아니라 다른 수단에 의하여 정해진다. 정부와 정치는 초국적 명령의 체계 속에 완전히 통합된다. 통제는 일련의 국제적 단체들과 기능들에 의하여 이루어진다. 이는 정치적 매개의 메커니즘에 대해서도 마찬가지로 해당된다. 정치적 매개는 갈등의 매개와 계급갈등의 화해라는 전통적인 정치적 범주들을 통해서보다는 관료적 매개와 관리사회학의 범주들을 통하여 현실적으로 기능한다. 정치는 사라지지 않는다. 사라지는 것은 정치의 자율성이라는 개념이다.[6]

착취에서 일국적 관리의 모델이 초국적 명령 체계 속에 통합됨에 따라 대항권력이라는 일국적 저항의 모델도 힘을 잃는다. 헌법기능이 초국적 수준으로 이전하는 것도 이와 병행한다. 나는 이 책의 2장에서 이 초국적 헌법질서에 의해 구축되는 피라미드적 구조물에 대해 서술한 바 있다. 조금 길지만 이후의 논지 전개를 위해 해당 대목을 그대로 인용해 오도록 하자.

첫째로 통합의 단인 최상층의 단은 세 가지 수준으로 구성되어 있다. 피라미드의 가장 좁은 정상에는 하나의 초강국, 즉 힘의 전 지구적 사용에 헤게모니를 쥐고 있는 미국이 있다. 미국은 혼자 행동할 수도 있지만 유엔의 산하에서 다른 국가들과 협력하여 행동함으로써 더 큰 이득을 얻는 초강국이다. 이 독보적 지위는 냉전의 종식과 함

---

6. 안토니오 네그리·마이클 하트, 『제국』, 윤수종 옮김, 이학사, 2001, 401쪽.

께 부여되었으며 걸프전에서 처음 확인되었다. 첫째 단의 두 번째 수준에서는 일단의 민족국가들이 주요한 초국적 금융도구들을 통제하여 국제적 교환을 규제하는 능력을 갖는다. 이 국가들은 일련의 기구들—G7, 파리와 런던 클럽들, 다보스 등—에 모여 있다. 첫째 단의 세 번째 수준에는 이질적인 연합들(군사적·금융적 수준들에 헤게모니를 행사하는 강국들도 포함)이 국제적 수준에서 경제, 사회, 문화, 정치가 뒤섞인 삶정치적 권력을 펼친다. 둘째 단은 통합보다는 절합(articulation)이 강조되는 전 지구적 명령 배분의 단이다. 이 단은 초국적 자본주의 기업들이 세계시장 전역에 확대해 놓은 네트워크들—자본의 흐름의 네트워크, 테크놀로지의 흐름의 네트워크, 인구흐름의 네트워크 등—를 통하여 주로 구축된다. 시장을 구성하고 또 시장에 물건을 제공하는 이 생산조직들은 첫째 단을 구성하는 중앙권력의 산하에서 종횡으로 확대된다. 세계 명령의 단일하고 단성적인 정점은 이렇듯 초국적 기업들과 시장의 조직화에 의하여 절합된다. 세계시장은 영토를 동질화하는 동시에 차별화하며 전 지구의 지리학을 다시 쓴다. 이 둘째 단에, 초국적 기업들의 권력에 종종 종속되는 수준에, 지역적 영토적 조직들에서만 존재하는 민족국가들의 일반적인 집합이 자리잡고 있다. 민족국가들은 전 지구적 헤게모니적 권력의 정치적 매개, 초국적 기업들과 관련한 협상, 제한된 영토 내에서의 삶정치적 욕구에 따른 소득의 재분배 등의 기능을 수행한다. 민족국가는 전 지구적 유통의 흐름의 여과기이며 전 지구적 명령 접합의 조절기이다. 바꾸어 말하면 전 지구적 권력으로 들어가고 그로부터 나오는 부의 흐름을 포획하고 분배한다. 이것은 자국의 인구에 대한 가능한 한에서의 훈육을 통해 실행된다. 셋째 단은 전 지구적 권력 배치에서 민중의 이해를 대표하는 집단들로 구성된다. 이것들은 전 지구적 권력의 구조에 직접 통합될 수 없는 성격을 가진 주체성인 다중을 여과하고 재현하는 메커니즘을 구축한다. 다중을 이렇게 여과하고 재현하여 전 지구적 헌법에서 대표될 수 있는 주체성인 민중으로 바꾸는 역할은 주로 민족국가들이 담당한다. 그래서 민족국가는 "다중을 대표하는 민중"을 다시 대표한다. 이 단에서 민족국가가 유일한 대표자인 것은 결코 아니다. 민족국가와 자본으로부터 상대적으로 독립된 다양한 기구들이 더 명확하고 직접적으로 민중을 대표한다. 이 기구들은 다중의 욕구와 욕망을 전 지구적 권력구조의 기능 속에서 대표될 수 있는 방향으로 돌림으로써 종종 전 지구적 시민사회의 구조로 기능한다. 이 새로운 전 지구적 시민사회의 형식 속에 미디어나 종교제도와 같은 시민 사회의 전통적 구성요소들도 여전히 잔존한다. 민중을 대표하는 새롭고 중요한 세력들은 비정부기구들(NGO)이다. 이것들은 국가구조와 별도로 (혹은 그것과 대립하면서) 민중을 대표하고 그 이익을 위해서 활동한다. 그리고 이것들은 지역, 국가, 초국 세 수준에서 모두 활동한다. 어떤 경우에 이들 비정부기구들은 민중의 근저에 있는 생명력, 즉 삶을 대표하면서 정치를 삶의 문제로 전환시키기도 한다. 그리하여 이들은 여기서, "정치를 넘어서는" 제국의 작동, 삶정치의 지형에서의 제국의 작동, 삶 자체의 욕구를 충족시키는 제국의 작동과 일치하는 활동을 한다.[7]

제국적 헌법질서의 이 3단으로 된 피라미드적 구조를 하트와 네그리는 폴리비우스를 따라 제국의 잡종적 구성으로 재정식화한다. 제국에 대한 폴리비우스의 분석을 응용할 때 오늘날의 초국적 권

---

7. 이 책, 69~71쪽.

력질서는, 권력의 왕정식 통일과 힘의 전 지구적 독점(즉 군주제),
초국적 기업들과 민족국가들을 통한 귀족정치적 절합들(즉 귀족
제), 다양한 종류의 NGO들과 미디어 조직들과 다른 "평민적" 조직
들을 따라서 민족국가의 형태로 제시되는 민주주의적-재현적 국민
회의(즉 민주제)의 혼합으로 분석될 수 있다는 것이다. 이 질서에
대한 하트와 네그리의 분석은 인상적이다.

우리가 경험하는 바의 제국의 구성은 통치의 '좋은' 형태들이라기보
다는 '통치'의 '나쁜' 형태들이 발전되고 공존하는 것이라고 할 수도
있다. 혼합된 구성의 모든 요소들은 처음 보기에는 면이 고르지 않
은 렌즈를 통하여 왜곡된 것처럼 보인다. 왕정은 전 지구적 경찰력
으로 즉 학정의 한 형태로 제시된다. 초국적 귀족계급은 기업가적
미덕보다는 재정적 투기를 더 선호하는 것처럼 보인다. 그리하여 기
생적 과두계급처럼 보인다. 마지막으로 능동적이고 개방적인 요소를
이루어야 하는 민주 세력은 노골적으로 반동적이지는 않더라도 보
수적인 정신을 드러내는 조합주의적(corporative) 세력으로서, 미신과
근본주의의 집합으로서 나타난다. 개별 국가에서나 국제적인 수준에
서나 제국적 "민주주의"의 이 제한된 영역은 다중(multitude, 자유롭
고 생산적인 실천들의 보편성)으로서보다는 민중(People, 이미 수립
된 특권들과 속성들을 옹호하는 조직된 개별체)으로서 형상화된다.[8]

그런데 지금까지 폴리비우스 모델과의 유사성을 발견하는 것으
로, 즉 과거로 나아갔던 이들의 분석은 여기서 역전된다. 이제 반

---

8. 안토니오 네그리 · 마이클 하트, 앞의 책, 412쪽(번역 용어 일부 수정함).

대로 근대적인 것에서 탈근대적인 것으로의 변환이, 혼합에서 혼종으로의 전위가 분석된다. 여기에서 사법적 형식화의 틀, 보장의 헌법적 메커니즘, 평형의 도식이 근대적인 것에서 탈근대적인 것으로 나아가는 두 가지의 주된 축이 드러난다.

첫째 축은 혼합된 구성에서 혼종적 구성으로의 이행이다. 분리된 집단들과 기능들의 혼합(mixtum)이라는 고대적·근대적 모델에서 통치기능들의 혼종화(hybridisation) 과정으로의 이행. 실제적 포섭 과정 즉 노동을 자본에 포섭하고 전 지구적 사회를 제국에 포섭하는 과정은 권력의 형상들로 하여금 이전에 그 형상들의 관계를 정의하였던 공간적 거리와 척도를 파괴하도록 한다. 그리하여 그 형상들을 혼종된 형태 속에서 융합시킨다. 공간적 관계들의 이러한 전이는 권력의 행사 방식 자체를 바꾼다. 무엇보다 중요한 것은 그것이 통일된 세계시장 전체에 대한 지배를 가능하게 한다는 것이다. 제국적 왕정은 따로 분리된 장소에 있지 않다. 탈근대적 제국에는 로마가 없다. 왕정체 자체가 다양한 형태를 띠며 공간적으로 확산되어 있다. 혼종화 과정은 귀족제적 기능의 발전과 관련하여, 특히 생산적 네트워크들과 시장들의 발전 및 접합과 관련하여 더 분명하다. 실상 귀족제적 기능들은 왕정적 기능들과 불가분하게 융합되는 경향이 있다. 탈근대적 귀족제는 상품을 생산하고 팔기 위하여 중심과 주변 사이에 수직적 도관을 창출할 뿐만 아니라 생산자들과 소비자들의 넓은 지평을 항상 시장 속에 유지하고자 한다. 이 생산과 소비 사이의 다변적인 관계는 상품생산이 네트워크 구조에 심어진 비물질적 서비스에 의하여 압도적으로 정의되는 경향이 있는 때에 더 중요해진다. 여기서 혼종화는 생산과 유통의 회로의 형성을 조건짓는 중심적인 요소가 된다. 마지막으로 제국의 민주적 기능들은 바로 이 왕정적·귀족제적 혼종화들 내에서 결정된다. 때로 그 관계를 바꾸기도 하고 새로운 역관계들을 도입하기도 하면서 말이다. 분리된 것들의 유기적 상호작용이었던 것이 기능들 자체의 혼종화로 옮아가는 것이다.[9]

두 번째 축은 명령 행사 방식의 변화이다. 명령은 점점 더 사회의 시간적 차원에 대하여 즉 주체성의 차원에 대하여 행사되게 된다. 귀족제적 계기가 그 위계구조적 명령과 질서지우는 기능을 행사하는 방식은 전통적인 화폐적 도구들을 통할 뿐 아니라 사회적 행위자들 자체의 협력을 통한다. 사회적 협력의 과정이 입법을 통해 귀족제의 기능으로 형식화되는 것이다.

이렇게 왕정적 기능이나 귀족제적 기능이 새로운 혼종적 기능에서 모두 주체적이고 생산적인 기능과 연관되지만 핵심적인 것은 민주적 요소에 있으며, 민주적 계기의 시간적 차원은 궁극적으로 다중과 관련된다. 다중은 제국의 유연한 통제기구들에 포획되어 있다. 여기에서 바로 가장 중요한 질적 비약 즉 통치의 훈육적 패러다임에서 통제적 패러다임으로의 비약이 인식된다. 지배는 생산적이고 상호 협력하는 주체성들의 움직임에 대해 직접적으로 행사된다. 제도들은 이 움직임의 리듬에 따라서 지속적으로 형성되고 재정의된다. 권력의 위상학은 이제 공간적 관계들과 별 관계가 없고 주체

---

9. 같은 책, 412~413쪽.

성들의 시간적 전위 속에 각인된다. 제국은 '장소 아닌 장소'(non-place)에서 움직인다. 이 비(非)장소가 바로 제국의 혼종적 통제기능들이 행사되는 곳이다. 그럼에도 불구하고 제국의 이 비장소에서 우리는 지속적이고 끈질긴 주체성들의 움직임을 발견한다. 문제틀은 혼합된 구성과 유사하지만 전위, 변조, 혼종화를 통해 구성적 · 제헌적 과정이 정의된다. 사회적인 것에서 정치적인 것 및 사법적인 것으로의 움직임이 형태를 띠기 시작하면서 구성적 · 제헌적 과정에서 형식적 인정을 요구하는 사회적인 힘들과 정치적인 힘들 사이의 상호관계가 전개된다.[10]

지금까지 우리는 지구제국의 권력질서를 규정하고 있는 두 가지의 주요한 갈등요인에 대해 다루었다. 그런데 제국질서를 위태롭게 하는 더 중요한 갈등요인이 있다. 민중의 형태로 민족국가, 비정부기구 등에 의해 대의되고 있는 다중이 자신의 다양성과 능동성을 되찾고 삶정치를 더 이상 대의적 수준에 맡겨 두지 않으려고 할 때 이 갈등요인이 표면화한다. 지금까지 지구제국은 다중을 '생산적으로는 능동적이고, 정치적으로는 종속적인' 민중의 형상으로 배치하는 것을 통해 지배하려 했다. 하지만 여기에는 지속될 수 없는 불균형이 있다. 지난 십수 년의 역사는 다중이 자신에게 부과되는 정치적 종속의 굴레를 깨고 나오면서 생산적 능동성을 정치적 주체성으로 전환시키려 하는 자율 투쟁의 역사를 보여준다. 여기에서 우리는 몇 가지의 유형을 발견할 수 있다.

---

10. 같은 책, 412~415쪽.

하나는 직접적으로 지구제국의 군주적 층위와 귀족적 층위를 공격하는 투쟁이다. 이것은 1999년 씨애틀 투쟁에서 발생하여 퀘벡, 제노바 등으로 이어진 반지구화투쟁에 의해 특징지워진다. 다자간 투자협정은 반지구화투쟁에 밀려 부결되었으며 WTO, G8, 세계은행, IMF 등의 초국적 기구들의 회의가 반지구화투쟁의 표적으로 되었다. 지구화가 내적 경쟁에 의해 시달리는 지역화라는 불안정한 모습으로 나타난 것도 세계 다중의 이러한 지구화 항의투쟁과 무관하지 않다.

지구화 항의투쟁은 자본의 지구화에 대한 대안을 놓고 두 가지 경향으로 나누어진다. 하나는 민족국가를 지구화의 파괴적 효과를 막는 방파제로 사용하자고 주장하는 경향이다. 이것은 사회주의 및 사회민주주의적 좌파 흐름에 의해 대표되고 있다. 지역화를 통해 지구화에 대항하고자 하는 생태주의적 흐름도 이와 유사한 경향을 갖는다. 또 하나는 지구화하는 자본주의를 민족국가의 경계를 따라 분할되어 있던 자본주의에서의 일보진전으로 바라보면서 이것을 아래로부터 다중의 투쟁에 의해 전복하는 대안적 지구화를 주장하는 흐름이다. 대안적 지구화의 경향은 일찍이 사빠띠스따에 의한 새로운 인터내셔널 시도('대륙간회의')로 나타난 바 있으며 이것은 오늘날 언론, 생태, 평화, 노동 등에 걸친 많은 대안적 지구 네트워크의 형태로 그 모습을 나타내고 있다.

이와는 달리 지구제국의 신자유주의가 조형하는 삶정치의 지형 및 생산 재배치의 지형에서 그것에 대항하여 솟구쳐 오르는 투쟁들이 있다. 아르헨티나의 2001년 12월 봉기는 그것의 한 정점을 보여준다. 신자유주의에 의해 추방된 도시 주변의 실업자들을 중심으로 결집한 피께떼로들은 고속도로를 점거하여 유통을 통제했고 자본 도피나 파산으로 문을 닫은 공장은 노동자들에 의해 접수되어 자주적으로 관리되었다. 이곳에서 생산된 생산물은 부에노스아이레스를 비롯하여 아르헨티나의 50곳이 넘는 지역에서 수천 명씩 모여 주기적으로 열리는 <구역의회>의 자율시장에서 유통되었다. 또 구역의회에서는 수도, 전기의 공급과 같은 공공적 사안들이 국가행정 기관에서부터 독립적으로 논의되고 해결되었다. 이것들은 삶의 지형에서 새로운 주체성의 형상의 발생을 뚜렷이 보여준다. 이 주체성은 생산과 분배의 수준에서 초국적 금융자본과 대립한다. 초국적 금융자본은 미래에도 노동시간이 지속될 것을 전제로 융자를 하며 금리 혹은 이자율은 전 지구적 수준에서 미래 노동에 대한 착취가 계속될 수 있다는 것을 전제로 하여 형성되기 때문이다. 이 새로운 주체성은 노동을 삶의 수준으로 재통합함으로써 금융자본이 미래를 향해 놓으려 하는 '노동시간의 지속'이라는 축적의 다리를 흔들 뿐만 아니라 생산된 잉여가치의 재분배를 강제한다.

이와는 다른 또 다른 유형의 투쟁도 목격할 수 있다. 누구에게나 놀라움으로 다가왔던 2001년 9월 11일 펜타곤과 세계무역센터에 대한 테러도 지구화에 대한 대응의 하나이다. 그러나 그것은 지구화 자체에 반대하거나 반자본주의적인 지구화를 지향하는 투쟁이라기보다 지구화의 상층권력들의 각축에 의해 갈가리 찢겨진 역사를 갖고 있는 지역들에서 자본주의적 지역통합을 이루기 위한 노력이 취하는 극단적 형상에 더 가깝다. 이슬람 지역에서 다중들의 투쟁은 이 같은 테러리즘의 형상과 뒤섞이기도 하지만 그것과 구분 가능한 민주주의 투쟁의 형상을 취한다. 1979년에서 1982년 사이에 이란에서 출현했던 쇼라(노동자 평의회)와 1991년 걸프전 직후 이라크에서 출현했던 쇼라는 아래로부터의 투쟁이 취하는 집단적이고 자율적이며 수평적인 지향성을 보여준다. 또 1987년에서 1994년 사이에 팔레스타인에서 전개된 제1차 인티파다와 2000년부터 현재까지 같은 곳에서 재개된 제2차 인티파다 역시 다중의 자율적이고 불복종적인 투쟁의 모습을 보여준다.

미국의 위기정치

지구제국을 가로지르는 지역화와 국가화의 선, 그리고 군주제, 귀족제, 민주제의 선은 제국적 주권이 끊임없는 위기 속에서 운동하고 있음을 시사한다. 그리고 아래로부터 다중들의 투쟁은 제국의 이 분할선들을 교란시키고 재혼종하면서 지배의 불안정성을 초래한다. 이 두 흐름 사이의 긴장이 일방주의 및 예방주의적 대응이 출현하게 되는 토양이다.

지구제국의 위기는 이 질서를 이끄는 초국적 금융자본의 본질 자체에 내재한다. 초국적 금융자본은 노동계급과의 대면을 피해 생산에서 유리된 자본이다. 그것은 직접적으로 가치를 생산하지 않는 자본이다. 이것은 금융자본에 두 가지 특징을 각인한다. 하나는 생산자본에의 의존성이며 또 하나는 그 축적의 수탈적 성격이다. 전자는 금융자본이 사회적 착취가 성공할 수 있는가 없는가에 자신의 재생산을 의존하고 있음을 가리키며 후자는 화폐를 직접적인 명령과 수탈의 수단으로 사용함으로써 축적을 지속하는 그것의 성격을 지시한다. 이 두 가지 성격은 초국적 금융자본이 근본적으로 자본의 위기형태임을 시사하며 지구제국이 위기를 관리하는 주권형태임을 시사한다.

현재의 지구제국의 금융원리는 1944년 체결된 브레턴우즈 협정을 바탕으로 성립되었으며 그것의 기축화폐는 달러이다. 1971년 금태환정지가 선언되었음에도 불구하고 달러는 여전히 기축통화의 역할을 하고 있다. 미국이 지구제국의 왕정국가의 지위를 갖고 경찰국가로 기능하는 것은 비단 그것이 핵무기를 위시한 대량살상무기의 압도적 보유국이라는 사정 외에 달러가 세계시장의 기축통화라는 사정에 연유한다. 모든 자본가들이 달러를 필요로 하며 모든 국가들이 달러를 보유해야 하는 한에서, 달러는 핵무기가 군사적 수준에서 행사하는 명령과 다를 바 없는 수준의 화폐적 명령 기능을 갖게 된다. 미국이 쌍둥이 적자로 세계 제1위의 부채국가가 되었음에도 불구하고[11] 1997~98년 사이에 동아시아를, 그리고 2000~2년에 다시 라틴 아메리카를 휩쓴 것과 같은 경제위기가 미국을 덮치지 않고 있는 것은 바로 달러 기축이라는 지구제국의 화

---

11. 미국의 2001년 무역 적자는 중국에 대해 830억 달러, 일본에 대해 680억 달러, 유럽 연합에 대해 600억 달러, 멕시코에 대해 300억 달러, 한국에 대해 130억 달러, 이스라엘에 대해 45억 달러, 러시아에 대해 35억 달러, 우크라이나에 대해 5억 달러를 기록하고 있다. 엠마뉘엘 토드, 『제국의 몰락』, 주경철 옮김, 까치, 2003, 90쪽 참조.

폐체제와 연관되어 있다.

　그런데 따지고 보면 미국의 쌍둥이 적자 자체가 달러본위를 유지해야 하는 미국의 역할과 긴밀하게 연관되어 있다. 오늘날 미국에서 수출과 수입, 생산과 소비 사이에는 커다란 불균형이 있다. 2차 세계대전까지 자율적이고 생산적이었던 국가인 미국은 오늘날 소비를 위한 국가로 변형되었다. 1929년 대공황 직전에 전 세계 공업 생산의 44.5%를 차지했던 미국은 지금 공업 생산에서 유럽연합에 뒤지며 일본보다 약간 앞서는 정도에 있다. 생산에서 왜 이런 후퇴가 나타나는 것일까? 미국은 제2차 세계대전 직후 마셜 플랜을 통해 세계의 재건에 자금을 댔고 소련에 맞서 여러 나라에 군사적·경제적 원조를 제공했다. 이후 미국은 자신의 산업을 점차 군수산업에 특화하면서 세계에 대한 군사적·정치적 지배에서 나오는 부에 의존하기 시작했다. 이것은 소련 붕괴 이후, 특히 20세기의 말 수년 동안에 미국이 자신의 초강대국적 지위의 확보를 위해 전 지구적 재건 및 보안의 부담을 떠맡으면서 가속화되었다. 이것이 생산에서 미국이 급속하게 쇠퇴하게 된 배경이다.

　엠마뉘엘 토드는 미국이 제국의 수장으로서 맡는 이러한 역할에 대한 보상으로 받는 조공은 이 역할의 재생산을 감당할 수 없는 수준이라고 말한다. 일본과 독일에서 주둔 미군의 주거와 식량을 공급받는 것 외에 무기수출 소득이 있지만 그것은 무역수지 적자 액수를 메울 수 있는 수준이 되지 못한다는 것이다.[12] 그렇다면 미국

---

12. 같은 책, 119쪽.

은 어떻게 이 불균형을 메워 나가고 있는 것일까? 그것은 신자유주의화를 통해 전 세계의 부자들에게 더욱 집중된 잉여가치가 수익성보다 안전성을 찾아 미국으로 몰려드는 것에 의해 메워진다.

역사상 유례없는 무역수지 적자에도 불구하고 또 이자율이 낮고 유럽과 일본에 비해서 인플레이션율이 상대적으로 높은데도 불구하고 달러화는 오랫동안 강세를 유지하고 있다. 그 이유는 전 세계의 화폐가 미국으로 몰려오기 때문이다. 도처에서 기업, 은행, 제도권 투자가, 개인들이 달러를 사려고 하므로 달러화 가치가 높은 수준을 유지하게 되는 것이다. 이런 맥락에서 달러화는 소비재를 구매하는 데 사용되는 것이 아니라 미국에 대한 직접투자 혹은 유가증권 — 재무성 채권, 사채, 주식 — 구매에 사용된다.[13]

미국을 안전한 피난처로 인식하는 전 세계 부자들의 근심의 운동이 미국을 지탱한다. 이렇게 해서 미국의 주식가치는 천정부지로 치솟고 과대평가된다. 부의 인플레이션이 나타나는 것이다. 그렇다면 이 터무니없이 부풀려진 명목적 부의 운명은 어떻게 될 것인가? 엠마뉘엘 토드는 1,000억 달러 이상이 하루아침에 사라진 엔론사 몰락의 사례가 그것의 운명의 전조를 분명히 보여준다고 설명한다. 그 운명이란 부의 갑작스런 '증발'이다. '가장 가능성이 큰 것은 유례없이 큰 규모의 증권거래소 공황과 그에 뒤이은 달러화 폭락이다. 이렇게 되면 미국의 "제국" 경제의 지위는 끝장나게 된

---

13. 같은 책, 121쪽.

다. 엔론사와 앤더슨 사 사태 이후 2002년 4월 초에 시작된 달러화 가치하락이 이 체제의 우발적 사태인지 혹은 종말의 시작인지는 아직 모른다'.[14] 이것은, "미국은 제국의 위기와 쇠퇴를 바로 잡거나 만회할 수 없다. 미국은 유럽인들이나 심지어 근대적 주체가 자신의 근심과 불행을 해결하기 위해 도피할 수 있는 장소가 아니다. 그러한 장소는 없다"[15]는 하트와 네그리의 주장과 강하게 공명한다.

미국의 헌법은 다중을 활성화하며 다중의 구성 능력을 다양하고 조직화된 기능들의 흐름 속에서, 역동적이고 팽창적인 자기조절 과정 속에서 조직하는 것으로 정립되었다. 이것은 일종의 보편주의를 함축했다. 하지만 미국의 이러한 보편주의는 최근 급속한 쇠퇴를 겪고 있다. 일방주의가 강력하게 대두하고 있는 것이다. 이것은 지구화를 가로지르는 지역화, 국가화의 경향이 지구화의 추동자인 미국에서까지 강력하게 나타나면서 지구제국의 네트워크적 지배 규칙 속에서 움직였던 미국이 그 규칙을 벗어나 움직이고 싶어 한다는 것을 의미한다.

이것의 징후는 다양하게 나타나고 있다. 첫째는 백인-흑인-인디언으로 구성된 위계적 인종주의의 대두이다. 여기에 더욱 심화되는 빈부격차를 고려하면 미국에서 평등의 가치는 점차 약화되고 있음을 알 수 있다. 둘째는 2002년 1월 29일 부시의 연두교서에 표현된 종교적 도덕주의의 대두이다. 이란, 이라크, 북한을 '악의 축'

---

14. 같은 책, 133쪽.
15. 마이클 하트·안토니오 네그리, 앞의 책, 488쪽.

으로 설정한 이 연두교서는 진보의 담론이 구원의 언어에 자리를 내주고 있음을 암시한다. 미국의 친이스라엘 정책은 이러한 변화와 무관하지 않다. 이스라엘의 유대교와 미국의 기독교 근본주의 사이에 강한 정치적 동맹이 형성된다. 셋째 미국은 지구제국의 협의 규칙에서 이탈하여 자신을 지구질서의 '예외'로 설정하려고 하고 있다. 국제형사 재판소 창설에 대한 상원 비준 거부, 생물무기협정 검증 의증서 비준 유예, ABM(탄도탄요격 미사일협정)에서의 탈퇴와 미사일방위(MD) 체제의 추진, 전면핵실험금지조약(CTBT) 비준 거부, 그리고 핵무기의 실전사용을 고려하고 있는 미국 국방부의 핵태세 재검토(NPR) 보고서 등등 ···. 미국이 이라크 침공에 앞서 유엔안보리의 표결을 거부한 것도 이러한 맥락에 속한다.

이것은 미국의 점점 심화되는 위기의식의 표현이다. EU는 이제 세계 제1의 생산지대로 발돋움 했으며 유로화 강세는 달러 기축을 위협하고 있는 정도이다. 여기에 러시아와 EU의 강력한 접근이 있다. 중국은 급속한 산업화를 통해 미래의 사자로 느껴질 정도이다. 이렇듯 지구제국에서 미국의 패권은 급속하게 위기를 맞고 있다. 오직 군사정치적 패권을 통해서만 자신의 경제적 약체성을 보완하고 있는 미국에게 이것은 존망의 문제인 셈이다. 게다가 미국은 자국으로 몰려들고 있는 세계 부자들의 금융재산을 보호함으로써만 자신의 패권적 지위를 유지할 수 있다. 이러한 것들이 미국으로 하여금 군사적 패권주의의 유혹에 점점 더 강하게 이끌리도록 만드는 조건이다.

미국 일방주의는 공화당 집권에 의해 그리고 특히 매파 신보수주의자들(이른바 '네오콘')의 핵심 권력 장악을 통해 강화되었다. 이것이 9·11 테러에 대한 반작용이라고 보는 것은 잘못이다. 9·11 테러 이전에 일방주의화, 신보수주의화 경향은 이미 강하게 대두되고 있었기 때문이다. 9·11은 단지 이 경향을 가속시키는 계기로 되었을 뿐이다. 최근의 일방주의가 드러내는 새로운 특징은 예방주의이다. 안병진은 미국 현대사에서 예방주의의 형성에 대한 연구를 통해 예방주의의 본질이 '미래 범죄에 대한 처벌'이라고 설명한다.16 오직 과거 범죄만을 사후적으로 다스리는 것에 국한되어 온 전통적 국제 법률 체제에서 볼 때 이것은 매우 예외적인 개념의 등장을 의미한다.

이것은 1968년의 혁명적 상황 속에서 확대된 '범죄율'과 신좌파 운동에 대한 대응으로 닉슨 정부하에서 발의되었다. '예방적 구금법'으로 그 최초의 모습을 드러낸 예방주의는 1980년대 이후 다양한 경로로 미국의 법질서 속으로 도입되었다. 특히 클린턴은 성범죄 예방프로그램인 메간법을 제정하여 예방주의에 문호를 열었으며 '삶의 질 범죄 체포안'을 통해 흑인 전체를 범죄시하고 이민자를 차별했다. 그는 1995년 오클라호마 연방청사 테러를 계기로 반테러법안을 발의했다. 이 법안이 의결되지는 못했지만 그를 이어 민주당의 앨 고어 후보는 '소련의 군사적 위협이 사라진 후 국제적 질서와 평화에 가장 큰 위협은 다양한 형태의 폭력'이라고 주장하며 사전개입 노선을 선거전략으로 채택했다.

---

16. 안병진, 「9·11 테러와 미국 국내외 정치 패러다임의 변화: 예방개념을 중심으로」, 맑스코뮤날레 편, 『지구화시대 맑스주의의 현재성·2』, 문화과학사, 2003, 70~91쪽.

　　민주당 앨 고어의 사전개입 노선을 더욱 극단화된 형태로 도입하기 시작한 것은 공화당의 부시였다. 그는 다자적, 총체적, 근본적 접근법에 기초한 (앨 고어의) 사전개입주의를 일방주의와 결합시켰다. 이러한 생각을 가속시킨 것은 9·11 테러였다. 그것은 미국 본토가 국제위협으로부터 안전하다는 전략적 기본전제를 무너뜨림으로써 예방주의를 확산시키는 도화선으로 작용했다. 이 과정에서 미국방부 내에서 파월과 같은 온건파를 누르고 도널드 럼즈펠드, 폴 울포위츠와 같은 신보수주의 경향이 헤게모니를 쥔다. 2002년 1월 '악의 축' 발언 이후 2002년 6월 부시는 선제공격 독트린을 정립하고 나토에 이것을 권장한다. 이 독트린에서 사전개입은 일방적일 뿐만 아니라 일시적이며 예방의 대상은 국경 내외의 모든 범죄 위험으로 확대되어 있다. 이에 따라 '우주적 감시망과 우주적 공격망을 통해 지구를 지킨다'는 목표를 설정하고 있는 MD가 제1의 군사적 예방체제로 추진되고 있을 뿐만 아니라 인간의 의식내면에 대한 감시망을 설치하여 미리 범죄 위험을 제거한다는 목표 하에 존 놀신 주도로 범죄예견 장치 개발이 적극 추진 중이다. 예방적 사상경찰을 그린 영화 <마이너리티 리포트>는 결코 공상과학이 아니며 현재 진행형인 프로그램이다.[17]

　　그렇다면 미래 범죄에 대한 처벌을 정당시하는 이러한 예방주의는 어떤 맥락에서 발생하고 있는 것일까? 앞서 서술했다시피 미국이 하루 10억 달러 이상의 이자를 지불해야 하는 거대한 부채국가

---

17. 이에 대해서는 안병진, 같은 글 참조.

임에도 불구하고 파산하지 않고 굴러가고 있는 것은 안전을 위해
해외로부터 미국으로 유입되는 전 세계부자들의 금융 이전 때문이
다. 이것은 달러 본위제에 의해 뒷받침되고 있다. 미국은 금융자본
들의 안전과 수익을 보장하는 것을 통해서만 지구제국에서의 군주
적 지위를 유지할 수 있다. 그런데 금융자본은 신용과 금리를 자기
증식의 수단으로 삼으며 신용은 '미래 노동에 대한 착취'이다. 왜
나하면 노동시간이 미래에도 지속되어 잉여가치를 생산할 수 있다
는 전제 위에서만 신용 행위가 발생하기 때문이다. 이 불안정함 때
문에 금리는 부단히 변동한다. 그럼에도 불구하고 그것이 '사전'에
결정된 일정한 비율의 형태를 취할 수 있는 것, 즉 금리가 노동과
정의 개시 전에 물화되고 수량화된 형태를 취할 수 있는 것은 일국
적으로는 국가권력에 의해, 국제적으로는 지구제국에 의해 '미래
노동에 대한 착취'가 보장될 수 있으리라는 사회심리적 전제에 입
각한다.

그런데 이 전제는 노동자, 실업자, 여성, 학생, 이민, 원주민 등
이윤창출 메커니즘에 직간접적으로 연결되어 있으면서 그것에 저
항하고 있는 다중들(multitudes)에 의해 끊임없이 도전 받으며 위협
당한다. 국가권력이 자본가들과 함께 다중의 저항을 적으로 인식
하는 것은 이 때문이다. 오늘날 '범죄'는 금리의 안전성을 해치는
전 지구적 저항, 탈주, 구성의 행위 그 자체이다. 그리고 오늘날
'안보'는 금리의 안전성을 보장할 수 있도록 전 지구적 노동협력체
를 통합된 세계자본주의의 착취 체제(이것이 MD가 지키려는 '지
구'이다)에 종속시키는 문제로 나타난다.

바로 여기에서 예방의 문제가 대두한다. 신용이 미래 노동에 대한 착취인 한에서 미래 노동에 대한 지속적 강제가 필요하다. 그것은 다중이 노동체제에서 이탈하는 것을 '미리' 억제하는 것을 통해 보장될 수 있다. 이것은 테러 개념이 점점 더 외연을 넓혀가는 과정과 병행한다. 다중의 직접적 저항 행동뿐만 아니라 생각과 감정에서의 저항까지도 테러로 간주되기 시작하는 것이다. 이것은 오늘날 생산의 정보화, 감성화, 지성화에 대한 대응 논리이기도 하다. 오늘날 생산이 점차 비물질적 성격을 띠는 상황에서 감성과 지성이 착취 그물에서 벗어나지 않도록 사전 예방하는 것이 중요해졌기 때문이다. 가령 성범죄 예방프로그램은 인간의 감성능력에 대한 통제를 직접적으로 겨냥한다.

요컨대 예방 전쟁 개념은 금융자본을 중심으로 하는 현대 자본주의의 축적 양식에 의해 파생되는 개념이다. 그것은 다중의 잠재적 저항력(활력, 투쟁력, 구성력)을 주권의 그물망 속으로 포섭하여 그것을 '범죄 잠재력'으로 정의함으로써 처벌하는 방법이다. 이것은 '미래 노동에 대한 착취'라는 신용질서를 보장하기 위한 전략에 속한다. 예방전쟁 개념은 위로부터의 내전론이다. 예방은 실재하지 않는 효과, 즉 실효성에 대한 처벌이다. 이것을 현재에서 요청하는 것은 미래에 대한 공포이다. 미래는 이미 현재 속에 통합되어 있다. 결국 예방전쟁은 노동시간의 파열, 단절에 대한 공포의 표현이며 미래에 대한 공포에 입각한 행동이다. 우리가 예방주의를 자본의 극단화된 위기의식의 표현으로 볼 수 있는 것은 이 때문이다.

복수(復讐)라는 주제에 따라 치러진 아프가니스탄 전쟁과는 달리 이라크 전쟁은 어떤 다자적 틀도 무시하면서 일방주의적으로 치러진 전쟁일 뿐만 아니라 '대량살상무기의 제거를 통해 테러 위협을 불식시킨다'는 예방의 주제에 의해 이끌린 최초의 전쟁이다.

미국은 더 이상 생산의 중심, 진보의 중심이 아니다. 지구제국에서 진보의 중심장소를 가정하는 것은 적합지 않지만 만약 가정한다면 그것은 유라시아로 이동했다고 보아야 한다.[18] 지경학(地經學)적으로 미국은 소비의 중심으로 되었다. 미국은 소비를 통해 세계에서 생산된 잉여가치의 실현에 기여한다. 이것이 경제에서 미국이 수행하는 구원자적 역할이다. 우리는 구원주의로의 경사를 미국의 군사정치 속에서도 뚜렷이 찾아볼 수 있다. '악의 축' 개념[19]에 입각한 군사력 재배치 경향이 그것이다. 이라크 전쟁은 이런 의미에서 최초의 구원주의적 전쟁이라고 부를 수도 있다.

무엇을 구원한다는 것인가? 브레진스키는 구원의 개념을 좀더 현실적인 용어로 표현한다.

가까운 미래에 미국 중심적 체제에 대한 유일한 대안은 국제적 무정부상태일 뿐이다. … 미국의 필요불가결성과 더불어 전 세계적 무정부상태가 도래할 수 있는 가능성을 강조하는 것이 중요하다. 인구폭발, 빈곤에 따른 이민, 극도의 도시화, 인종·종교적 적대감 그리고 대량살상무기의 확산 등이 초래할 파국적 영향은 최소한의 지정

---

18. Z. 브레진스키, 『거대한 체스판: 21세기 미국의 세계전략과 유라시아』, 김명섭 옮김, 삼인, 2000 참조.
19. 미국의 새로운 외적 개념은 구체적으로는 1) 악의 축 2) 불량국가 3) 실패한 국가 등 세 가지로 분류되며 악의 축에는 이라크, 이란, 북한이 포함된다.

학적 안정성을 지닌 현존 민족국가 단위의 체제가 쪼개질 경우 도저히 관리할 수 없게 될 것이다. 지속적이고 직접적인 미국의 개입 없이는 머지않아 세계적 무질서의 힘이 전 세계를 지배하게 될 것이다.[20]

놀랍게도 미국은 지구화가 수반하는 지역화의 경향을 자신이 사전개입하고 관리해야 할 무질서 경향의 출현으로 인식한다. 유라시아의 세 지역중심, 즉 유럽, 러시아, 그리고 중국의 상승이 그것이다. '세계적 무질서'로부터 지구를 구원하기 위해 이 세 '지역' 중심들을 하나의 강력한 패권 '국가'(즉 미국) 아래에 종속시키는 방법이 강구되는 것은 역설적이라 하지 않을 수 없다. 여기서 미국의 구원주의가 예방주의 및 일방주의와 결합된다. 미국은 지구제국의 협의 네트워크를 넘어 쿠데타적 방식으로 행동을 개시한다. 그러나 그것은 이들 세 개의 지역중심들을 직접적으로 타격하는 것이 아니다. 타격되는 것은 이들 지역중심들 주변의 '약한 고리'들이다. 이라크, 이란, 북한. 미국에게 이 세 나라는 새로운 세계질서의 주요 경쟁 상태인 유럽, 소련, 중국을 견제하기 위한 교두보로 설정되고 있다. 유럽은 이라크의 석유에 의존하고 있으며 러시아는 호메이니 혁명 이후 이란과 깊은 관계를 맺고 있고 북한은 중국과의 오랜 동맹이다. 그러므로 악의 축이라 명명된 이 세 나라는 유럽, 러시아, 중국을 미국의 통제력하에 두기 위한 '연극용 적'인 셈이다.[21] 이라크 전쟁을 미국의 석유에 대한 탐욕의 표현으로 보

---

20. Z. 브레진스키, 앞의 책, 251쪽.

는 것은 그러므로 일면적이다. 이라크 석유에 대한 미국의 자원론적 관심은 유럽에 대한 정치군사적 통제라는 지정학적 관심에 의해 이끌리고 있다.

미국이 이라크 석유의 채굴권으로는 아마 상환하기 힘들 액수의 돈(약 750억 달러)을 이라크 전쟁에 쏟아 부었음에도 불구하고 전후 이라크 재건에서 유엔의 역할을 강조하고 있는 것은 자신의 힘이 이들 지역 강국들에 의존하고 있다는 사실에 대한 묵시적 인정이다. 북한 핵 문제도 이 의존과 통제의 역학에 의해 규정될 것이다. 현재 약 20기의 대륙간 탄도미사일을 갖고 있는 것으로 알려진 중국은 미국의 MD 정책에 강력 반발하고 있다. 그것이, '다자체제 속에서의 경제발전'을 통한 지역 강국화를 추구하는 중국의 국익과 배치된다는 이유에서이다. 따라서 미국의 대북한 정책의 목표는 중국을 MD라는 패권주의적 군사체제 아래로 포섭하는 것에 두어진다.[22]

북한은 신자유주의적 지구화로 인해 급속한 국제적 고립과 생산력 지체를 겪고 있다. 그것은 전 지구화하는 생산력과 세계시장의 흐름에서 고립되고 분리된 결과이다. 핵개발은 이러한 상황에 대

---

21. '연극적인 마이크로 군사주의'로서의 미국의 군사행동에 대해서는 엠마뉘엘 토드, 앞의 책, 179쪽 참조.
22. 앤써니 코드스먼(Anthony H. Cordesman), 「중국과 미국 : 국가미사일방어체계(NMD) 와 중국의 핵무기 현대화」, http://www.peacekorea.org/bmd/bmd11.html. 북한의 핵개발과 이라크전을 계기로 일본이 미국형 MD의 선구입을 검토하기 시작하면서 중국도 지금의 미사일/핵 능력을 10배 증강하려는 움직임을 보이고 있다(정욱식 · 이용식, 「우리 시대의 새로운 패러다임」(『황해문화』, 2003년 여름, 329쪽 참조).

처하기 위한 북한 정권의 반동적 대응이다. 일국 사회주의는, 소련에서 이미 확인된 것처럼, 민중들의 증대된 욕망과 부합하는 것이 아니다. 신자유주의가 이 증대된 욕망을 축적의 계기로 흡수-재활용하는 방안을 택한 것과는 달리 북한의 사회주의는 이 욕망의 억제를 통한 억압질서의 구축으로 이에 대응하고 있다. 점차 많은 탈주자들이 발생하고 있는 것은 이 질서의 생명력이 고갈되었음을 시사한다. 북한 지배계급은 점증하는 아래로부터의 불만을 미국이라는 해외의 표적으로 돌림으로써 사회 내 적대를 미봉하는 한편 미국으로부터 붕괴하고 있는 체제의 안전 보장을 요구하는 이중전략을 구사하고 있다.

이런 상황에서 남한 정부는 뚜렷한 대안을 갖지 못하고 실용주의적 국익론에 따라 움직이고 있는 실정이다. 한국은 이미 합동·전역미사일작전기구(CJTMOC)의 설치를 통해 MD 체제에 포섭되기 시작한 상태이다. 노무현 정부는 MD 체제 속에서 주한미군을 수도권에 붙들어 놓음으로써 그것을 전쟁 억지력으로 활용한다는 전통적 관념에서 자유롭지 못한 것으로 보인다.

북한을 중국 포위를 위한 연극용 적으로 설정하는 미국 신보수주의와, 자신들의 지배를 지속하기 위해 핵무기를 체제 안전의 담보물로 내놓고 있는 북한 사회주의 지배계급 사이의 갈등에서 최대의 희생자로 되는 것은 일차적으로 북한과 남한의 민중이며 나아가서는 전 세계의 다중이다. 지금 미국, 북한, 남한의 지배계급 그 누구도 한반도에 항구적 평화를 가져올 방책은 갖고 있지 않다. '무기에 의한 평화'란 언제나 허구였기 때문이다. 다중에 의한 능동성 평화행동이 절실한 시점이 아닐 수 없다.

'미제국'의 욕망과 '지구제국'의 현실 사이

미국 정부의 핵심세력에게 미제국의 욕망이, 아니 정확하게 말하면 미제국의 환상이 있는 것만은 분명하다. 그것은 미제국이 됨으로써만, 즉 조공체제를 통해서만 유지될 수 있는 미국의 현실에 의해 부채질된다. 이라크 전쟁은 미국의 이러한 미제국적 욕망을 행동으로 드러낸 사례이다.

하지만 미국에는 지구제국을 미제국으로 대체할 만한 경제적, 군사적, 이데올로기적 능력이 없다. 이미 미국의 순외채는 2조 5천억 달러, 미국 국내총생산의 25%를 넘어섰다. 이데올로기적으로 미국의 신보수주의는 타국의 동의를 이끌어 내기는커녕 지구제국의 보편주의에서 더 많은 이득을 얻고 있는 유럽, 러시아, 중국으로부터의 고립을 자초하고 있다. 믿을 수 있는 것은 군사력뿐이다. 그러나 미국의 군사력은 핵강국인 러시아와 산업지역인 유럽 및 중국의 합력을 통제할 만큼 충분하지 않다. 미국이 초강대국인 것은 오직 약소국들에 대해서뿐이다.

이미 전 세계의 금융자본에 의해 융자되고 있는 채무국 미국의 불안정성은 여러 차례 나타났다. 미국이 사우디아라비아를 테러 위험 국가로 지정한 후 사우디아라비아의 개인투자자들은 2천억 달러를 회수함으로써 미국에 경고했다. 유럽과 일본도 미국에 대한 주요 투자국이다. 유럽과 일본이 미국에 갖다 대고 있는 금융 플러그를 뽑아 버린다면 미제국의 환상은 끝나게 될 것이다. 이것은 1956년 영국이 수에즈 운하를 침공했을 때 미국이 런던에 대한 IMF 차관공여를 저지함으로써 제국주의 영국을 무너뜨린 것과 같은 경우가 될 것이다.

미제국의 환상성을 입증하는 것이 우리 이야기의 끝일 수는 없다. 지구제국은 그것이 보편주의, 다자주의, 진보주의의 정신에 의해 이끌릴 때에도 다중을 착취하고 억압하는 흡혈의 체제이기 때문이다. 다중이 능동적 주체성을 발휘하지 않는 한, 이 흡혈의 체제는 끝나지 않는다. 주목해야 할 것은 미국으로부터 발원하는 일방주의, 예방주의, 구원주의가 다중의 자발성과 그 활력들의 접속을 재촉하고 있다는 사실이다. 2003년 1월 18일, 2월 15일, 3월 22일에 전 지구적 차원에서 집결된 국제적 반전 투쟁의 네트워크는 이 전 지구적 저항과 구성의 활력들의 실재성을 확인시켜 주었다. 지구제국에 대항하여 전 지구적 다중의 결집과 행동이 가능하다는 사실이 입증되었기 때문이다. 이제 생산과 재생산의 회로 속에서 그것에 맞서, 그리고 주권 아래에서 그것에 맞서 발생하는 다양한 투쟁들을 미국 일방주의에 의해 시달리는 지구제국에 대항하면서 다른 세계를 창조하는 맥락을 따라 어떻게 유통시키고 연결시킬 것인가 하는 문제가 우리에게 절박한 과제로 주어지고 있다. 그렇지만 이에 앞서 살펴보아야 할 것이 있다. 지구제국에 대항하는 투쟁의 유통과 연결의 문제는 지역적 차원을 수반한다. 그러므로 탈근대 지구촌의 전망에 대한 고찰로 넘어가기 전에 지구제국이 동

아시아와 한반도에서, 무엇보다도 남한에서 어떤 모습으로 구체화
되고 있는지를 먼저 살펴보도록 하자.

5장 제국 속의 한국과 동북아시아

2004년 1월 국가균형발전위원회가 내놓은 「상생과 도약을 위한 신국토구상」과 국가균형발전위원회와 산업자원부가 공동으로 2004년 6월 17일 제47회 국정과제 보고회의에 제출한 「균형과 통합, 혁신과 도약을 위한 제1차 국가균형발전 5개년 계획(안)-총괄 및 부문별계획」은 노무현 정부의 동북아 및 한반도 지역화 전략과 남한의 국가혁신전략의 대강을 엿볼 수 있게 한다. 이것들은 동북아 중심국가론, 남북평화번영정책과 같은 동아시아 지역전략의 모반일 뿐만 아니라 분산분권화, 행정수도 이전 정책과 같은 국토전략, 즉 지역혁신체제론에 기초한 네트워크형 국토재배치 전략을 낳는 모반이기도 하다. 나는 이 '구상'과 '계획' 속에 제시된 공간재배치 및 국가발전 전략을 비판적으로 검토함으로써 노무현 정부의 국가발전 전략이 신자유주의적 지구화를 완성하기 위한 국토와 권력의 재배치 과정임을 밝히고 나아가 이 과정 속에서 전개되고 있는 사회적 갈등의 양상을 살펴보려 한다.

신자유주의적 지구화는 수출자유지역의 구축으로 전두환 정부에서부터 부분적으로 도입되기 시작하여 독점자본의 대외진출이라는 방식으로 김영삼 정부 이후 자본 수준에서 적극적으로 개시되었다. 물론 신자유주의적 지구화를 소유관계(민영화), 시장관계(자유화), 노동관계(유연화)에서 전면적으로 수용하기 시작한 것은 IMF 신탁통치하의 김대중 정부에 의해서이다. 노무현 정부의 국가균형발전 프로젝트는 이렇게 가일층 심화되어 온 한국경제의 신자유주의적 세계화 추세를 동아시아 지역화에의 참여를 통한 지구화로 구체화하는 한편 지역혁신클러스터의 형성을 통한 국토의 네트워크형 재배치를 통해 한국을 신자유주의적 지구화와 전 지구적 네트워크 권력인 지구제국[1]의 기능적 마디로 재합성함으로써 실질적으로 신자유주의적 지구화를 국토와 주민들의 삶 자체에 내부화함으로써 그것을 미시적인 수준에서까지 완성하려는 전략임을 밝히고자 하는 것이다. 여기에서는 민족국가의 지역전략을 분석하는 것이 문제이므로 이 장에서는 이 장에서는 이 책의 1부에서 전개된 지구제국에 대한 서술들을 특별한 설명 없이 전제할 것이다. 그것들을 여기에서의 주된 관심사인 지정학적 공간 배치와 관련하여 요약하면 다음과 같이 요약될 수 있다.

---

1. '지구제국' 개념에 대해서는 조정환, 『지구 제국』, 갈무리, 2002; 안토니오 네그리 · 마이클 하트, 『제국』, 윤수종 옮김, 이학사, 2001 참조.

(1) 지구제국은 자본의 금융화, 정치의 사회화, 생산의 정보화에 그 기반을 두고 있다. (2) 지구제국은 신자유주의적 지구화의 결과이면서 동시에 원인으로 작용하는 네트워크 권력이다. (3) 지구제국은 낡은 경계선들을 허물어 유연화하면서 동시에 새로운 위계를 도입한다. (4) 지구제국은 경제, 사회, 정치, 문화의 경계를 허물면서 다양하고 이질적이면서도 협력적으로 생산하는 사람들의 삶 자체를 명령하는 삶권력(biopower)이다. (5) 지구제국에서 전쟁은 이제 예외가 아니라 규칙으로 된다. (6) 지구제국 속에서 그것에 대항하며 그것을 넘어서는 새로운 힘으로서, 탈근대의 노동계급이라고 할 수 있는 다중이 구성된다. (7) 지구제국은 다중과의 적대를 피할 수 없으며 다중의 저항, 탈주, 구성의 운동에 의해 부단히 위기에 처한다.

노무현 정부의 국토균형발전전략은 이러한 지구제국의 운동 속에 한국을 공고히 편입시키는 문제이면서 그 속에서 유리한 입지를 확보하려는 전략이다.

노무현 정부의 신국토구상의 기본논리

자본의 지구적 자유화는 자본의 지역적 자유화를 자신의 대립물로서가 아니라 자신의 활성화를 위한 계기로 설정한다. 이것은 FTA(자유무역협정)가 GATT, WTO 체제의 보완물로 정의된 WTO 마라케슈 협정에 의해 명시된 바 있는데, 그것은 'WTO에 참가하는 국가 간에 FTA를 체결하는 것에 의해 FTA와 그 이외의 WTO

체결 국가간에 그 때까지 이상의 관세장벽과 비관세장벽의 강화가 있어서는 안 된다'는 것으로 압축할 수 있다. 각 곳 자본의 지역화 움직임에 의해 아직도 자본주의적 관계 밖에 놓여 있던 많은 인구들, 자원들, 문화들이 자본관계 속으로 포섭된다. 핵, 화폐, 정보를 통해 심화되는 제국의 가상실효적 포섭(virtual subsumption)[2]의 영향하에서 삶의 자본 아래로의 형식적 포섭(formal subsumption)이 심화되며 이것이 실제적 포섭(real subsumption)을 위한 풍부한 조건을 조성한다.

이러한 상황에 대한 국가균형발전위원회의 해석은 네 가지의 '세계적 변화의 추이'에 대한 정리로 나타난다.

첫째 개별국가중심에서 경제공동체 중심으로 변화
둘째 국가주도에서 지역주도로 변모
셋째 집권·단절형 사회에서 분권·네트워크형 사회로 변혁
넷째 요소투입형 성장에서 기술혁신형 성장으로 전환[3]

현대의 지구적 지역화, 이른바 '세방화'(Glocalization) 과정에 대한 집약이라고 볼 수 있는 이 정리에 새로운 전 지구적 주권형태인 지구제국의 등장에 대한 인식은 없지만 개별 민족국가에서 경제공동체 혹은 지역으로의 권력 분산, 분권화와 네트워크화의 경향은 명확하게 인식되고 있다. 그리고 오늘날 발전과 축적의 주요한 힘

---

2. 이에 대해서는 이 책의 제1부 1장을 참조하라.
3. 국가균형발전위원회, 「신국토구상」, 2002, 3쪽.

이 자본투입과 노동집약에서보다는 과학기술혁신을 통한 '생산성' 성장에서 나온다는 인식도 나타나고 있다.

각각의 인식은 새로운 대안 설정을 위한 근거가 된다. 우선 첫번째의 인식은 동북아 중심국가 구상과 남북평화번영정책의 모태가 되고 있으며 둘째에서부터 넷째까지의 인식은 네트워크형 국가균형발전의 구상으로 나타난다. 지역주도의 분산분권화 정책과 그것을 기반으로 한 전국적 협치(governance) 구조의 형성은 노무현 정부의 새로운 주권구상이다. 행정수도 이전은 바로 주권의 이 새로운 재합성 전략의 첫걸음이며 이것을 둘러싼 논쟁의 비화는 집중집권적인 낡은 주권합성과 분산분권에 기초한 협치적 주권합성의 갈등으로 나타나고 있다. 협치적 주권구상의 저변에는 자본의 재합성 전략으로서의 정보화에 대한 인식과 의지가 깔려 있다. 과학기술 투자의 확충, 지역의 혁신요소들 및 혁신주체들(지자체, 대학, 기업, NGO, 언론 등)의 발견과 육성, 이것들의 클러스터화와 네트워크적 연결에 대한 강한 자신과 의지가 그것이다.

「신국토구상」은 이 대안적 구상들을 다음과 같은 다섯 가지 전략과제로 요약하고 있다.

1) 혁신형 국토 구축

지자체, 대학, 기업, NGO, 언론 등 혁신주체 사이의 긴밀한 협력을 통해 지역혁신체계를 구축하고 지역전략 산업을 육성. 국가 및 지방 산업단지의 혁신클러스터화, 농산어촌형 지역혁신체계 구축.

2) 다핵형 국토건설

신행정수도 건설, 공공기관의 지방이전 등 지방분산 프로젝트의 적극 추진. 연안국토축 및 접경지역의 광역적 개발 및 관광거점 개발. 수도권의 계획적 관리 추진.

3) 네트워크형 국토 형성

지역 내 산·학·연 네트워크 형성과 지역간·국제간 협력 네트워크 구축. 초고속 교통, 정보통신망 등 SOC 확충.

4) 지속가능형 국토관리

환경용량을 고려한 국토이용으로 친환경적 국토관리. "선계획-후개발" 기조를 통한 국토의 계획적 개발 및 관리.

5) 글로벌형 국토경영

동북아의 지정학적 여건을 고려한 초국경적 국토경영과 동북아 분업체계 구축 등 상생발전구도 정착. 남북철도 및 대륙철도 연결, 국제공항·항만 확충, 개방거점 육성, 외자유치 확대.[4]

이 '5대 전략'에서 나타나는 것은 지방에 구축될 혁신클러스터들을 동북아시아 지역화를 매개로 전 지구적 가버넌스('지구제국')의 마디로 편성하려는 것, 즉 본질적으로 신자유주의적 지구제국의 권력특성에 부합하는 혁신구상이다.

이제부터 생산에서 주권으로 나아가는 노무현 정부의 권력합성 구상을 순차적으로 살펴보기로 하자. 이 혁신구상이 하향식에서 상향식으로의 전환을 주장하고 있기 때문에, 이것을 고찰하는 순서도

---

4. 같은 글, 10쪽.

지방에서 국가로, 국가에서 지역으로, 지역에서 제국으로 상향식으로 나아가야 할 것처럼 보인다. 하지만 실제로는 이 상향의 구상마저도 하향적 방식으로 이루어지고 있는 만큼 나는 지구제국에서 지역으로, 지역에서 국가로, 국가에서 지방으로 나아가는 순서를 따라 살펴보겠다.

'동북아시아 중심국가' 구상

동북아시아 지역화 담론은 신자유주의적 지구화 담론의 하위담론으로 발전하고 있다. 동북아시아 3국 중 한국과 중국은 1990년대 이전까지 강한 권위주의적 국가주의에 의해 지배되어 왔다. 그러나 1980년과 1987년 한국에서의 민중투쟁, 1989년 천안문의 시위 등은 이곳의 대중들이 이러한 권위주의적 국가주의를 더 이상 받아들이려 하지 않는다는 점을 보여주었다. 권위주의적 국가주의의 위기가 일본에서는 도요다주의의 위기라는 형태로 나타났다. 그러나 이 위기에 대한 각국 자본의 대응은 달랐다. 다른 유형의 산업 재구조화가 전개된 것이다. 중국은 중화학 공업 중심으로의 재구조화로, 한국은 서비스 산업 및 첨단산업으로의 재구조화로, 일본은 재구조화의 장기적 유예와 자본의 대규모 해외 이동으로 나타났다.

이렇게 서로 다른 유형의 재구조화를 낳으면서 1980년대 동북아시아(및 동남아시아)에서 광범위하게 전개된 산업 노동자들의 도전은 바다 건너 미국에서 신경제를 촉발했다. 유럽 노동자들과의 대면을 피해 아시아로 건너와 이른바 신흥공업국들을 만들어낸 자금원으로 기능한 초국적 금융자본이 다시 아시아에서 산업 노동자들의 도전에 직면하자 상대적으로 안전한 피난처인 미국으로 집결했기 때문이다. 이 시기에 초국적 금융자본은 미국을 중심으로 디지털 벤처자본주의를 육성하여 그것을 세계패권 구축과 자본관계의 지리적 재배치를 수행하는 지렛대로 삼았다.

노동자들의 저항을 회피하기 위한 자본의 탈주는 1997년에 절정에 이르렀고 그것은 동아시아 경제위기라는 파괴적 형태로 나타났다. 이것은 동아시아에 신자유주의를 깊이 각인하는 계기가 되었을 뿐만 아니라 동북아시아에서 경제적 지역화의 움직임을 가속하는 계기로 되었다.[5] 김대중 정부는 경제위기를 신자유주의의 가속화를 통해 돌파하고자 했다. 이로써 대내적으로는 정리해고와 비정규직화가, 대외적으로는 동아시아를 중심으로 한 자본의 지역화가 추진되었다. 이 과정에서 소유관계의 대대적 재편이 뒤따랐는데, 한국 대기업 주식 및 국가기업 주식의 상당부분을 외국인들이 차지하게 된 것이 그것이다. 시민운동 차원에서 전개된 소액주주운동은 한편에서는 자본의 축적위기를 막는 방파제로서 기능하는 한편 다른 한편에서는 '풀뿌리 축적'이라고 부를 수 있는 자본의 지역화 운동의 계기로 기능했다.

김대중 정부를 계승한 노무현 정부는 경부고속철도의 개통을 기

---

5. 중국과 대만, 즉 아시아 내 중화경제권에 대한 수출은 1990년에 8.6%에서 2002년에는 24.9%로 증가해 동년의 대미 수출 20.2%를 4.7% 앞지른 것으로 나타나고 있다.

반으로[6] 이제 북한철도의 현대화 사업을 포함하는 남북 교통망(경의선, 동해선) 연결과 동북아 대륙철도 연결, 개방경제의 거점으로서 경제자유구역[7] ― 국제자유도시(제주) ― 자유무역지역(마산, 익산, 대불, 군산)의 확산, 외국 기업에 대한 인센티브제 도입, 지역 국제물류시스템의 구축(부산신항, 광양항), 한중일간 비교우위에 입각한 수평적 수직적 분업체계 형성 등을 기획함으로써 국내의 지역혁신클러스터들을 동북아시아 지역에 연결하려는 구상을 구체화하고 있다. 이 구상에서 핵심적인 것은 한반도가 지정학적으로 중국과 일본을 잇는 중심지역이라는 인식이다. 이에 기초한 동북아 중심국가론은 물류 허브론에서 비즈니스, 서비스, 금융 허브론으로 차츰 확장되어 왔다.

평화번영

　김대중 정부의 햇볕정책은 신자유주의적 동북아 정책을 관철시키기 위한 한반도 통일정책으로 설정되어 왔다. 북한을 자본의 신자유주의적 흐름망 속으로 편입시켜 그곳의 저임 노동력과 풍부한 자원을 축적에 활용할 목적으로 지금까지의 경쟁적이고 적대적이

---

6. 2004년 3월 30일 경부고속철도가 세계에서 5번째로 개통됨으로써 남한 내 공간압축은 훨씬 고밀도로 되었다.
7. 인천의 송도-영종도-청라 등 3지구가 경제자유구역으로 지정된 한편 부산 진해와 전남 광양만권이 경제자유구역으로 예정되어 있다.

었던 남북관계 대신 상호교류와 협력의 관계를 창출하려 한 것이다. 이것은 김대중 정부의 신자유주의적 정책의 예외가 아니라 그것의 일환으로 파악되어야 한다.

노무현 정부는 김대중 정부로부터 위기의 경제와 위기의 정치를 물려받았는데 그것은 확대된 신자유주의로 인해 심화된 경제위기였다. 신자유주의가 정리해고 등의 다양한 기제를 통해 시민사회를 극단적으로 양극화함으로써 대중의 소비역량은 극도로 위축되었고 이것이 내수침체-투자부진-자본해외이탈의 흐름을 만들어 내었기 때문이다. 노무현 정부는 이 흐름을 타개하기보다 이 흐름에 편승하는 방향에서 새로운 정책을 입안하고 있다. 우선 햇볕정책을 계승한 평화번영정책으로 북한과의 교류확대를 넘어 북한 지역을 자본진출과 생산지역으로 확보하기 위해 노력하는 한편 동북아 경제중심론을 신산업정책의 핵심으로 부각시키고 있는 것이다. 이에 따라 노무현 정부는 한반도를 주변국이 필요로 하는 고부가가치의 재화나 서비스의 공급거점으로 확립하기 위하여 첨단산업 및 비즈니스, 그리고 나아가 금융의 허브화를 추진하는 한편 경쟁력 있는 지역을 중심으로 산업혁신 클러스터를 구축하는 데 신산업정책의 초점을 맞추었다.

그러나 이 두 연속 정부의 정책들은 북한의 핵개발 문제에 직면해 곤란을 겪어 왔다. 김정일 정권이 핵개발을 통해 북한의 국민통합을 이루는 한편 핵협상을 통해 동북아 지역화 과정에서 유리한 지위를 확보하려 시도했기 때문이다. 이것은 동북아 지역화가 한미-북미 관계와 얽혀 있는 문제임을 보여주었다. 북한의 흡수보다는 북한으로 하여금 동북아경제네트워크에 수평적으로 참여하여 그 나름의 역할을 수행하도록 만들려는 한국의 전략은 북한의 핵개발을 저지하고서만 세계군사패권을 유지할 수 있다고 생각하는 미국의 입장과 일정한 긴장 관계에 놓였다. 남한도 북한의 핵개발에 반대의 입장을 표명하고 있지만 미국의 반대와는 강도나 종류가 다르다. 이처럼 미국의 세계 및 동아시아 안보정책과 한국의 동북아시아 지역화 경제정책과 연결된 평화번영정책이 이해갈등을 겪고 있는 것이 현재의 국면이다. 이러한 상황에서 노무현 정부의 태도는 이라크에 대한 파병 결정에서 보이듯이 여전히 한미동맹이라는 전통적 외교관계의 틀을 벗어나지 못하고 있다.

그러나 한미동맹에 입각한 안보정책이 동북아 지역화를 중심으로 하는 경제정책을 압도하고 있는 것은 아니다. 한-칠레 자유무역협정에 이어 한-일, 한-싱가폴, 한-아세안자유무역협정이 이미 일정에 올라 있는 상태이고 6자회담의 결과에 따라서는 남북간 경제협력이 가속화될 것도 예상된다. 그리하여 한반도가 중국대륙과 일본열도를 잇는 새로운 경제지도가 설계되고 있다.

지금부터 살펴보아야 할 것은 이 경제지도의 국내부분이다. 동북아 수준에서 아직까지는 원칙으로서 드러나고 있을 뿐인 네트워크적 지역관은 국내 수준에서는 원칙이자 동시에 방침으로서 일관되게 구체화된다. 동북아 지역경제는 지구제국의 네트워크 경제의 지역클러스터로 상정되었지만 아직도 동북아 차원의 네트워크화는 북한 문제를 포함하여 국가별 이해관계의 격차, 전통의 차이, 역사적 차별의 기억 등으로 인하여 아직은 이상형에 머물러 있는 상태이다. 게다가 동북아시아 지역화의 움직임이 가시화되면서 한중일 사이에 역내 헤게모니를 확보하기 위한 경쟁까지 표면화하고 있다. 고구려, 발해 문제를 둘러싼 한중 역사논쟁, 식민지 문제와 위안부 문제를 둘러싼 한일 역사논쟁, 독도를 둘러싼 한일 지리논쟁, 센카쿠 열도(=댜우위다오) 제도를 둘러싼 중일 지리분쟁, 고이즈미의 야스쿠니 신사참배를 둘러싼 일본과 한국-북한-중국 사이의 역사 분쟁 등은 지역혁신을 둘러싼 경쟁의 역사-지리 버전이라고 볼 수 있다. 그러나 이 역사지리적 경쟁이 동북아 지역화의 커다란 흐름을 단절시키는 것으로 작용하는 것을 각국이 원치 않고 있다는 것은 쟁점의 비화와 더불어 다양한 협상노력들이 전개되는 것을 보아서도 미루어 짐작할 수 있는 일이다.

이러한 상황 속에서 전개되는 노무현 정부의 국내 지역균형발전 전략은 국내 지역클러스터의 구축과 이들 사이의 네트워크를 통한 발전을 원리로서뿐만 아니라 정책으로까지 구체화한다. 여기에서 지식, 신뢰, 협력, 결속 등과 같은 것이 이른바 '사회적 자본'으로, 혹은 '관계성 자산'으로 중시되고 분권화를 통해 중앙과 지역이 공동 가버넌스(governance)를 구축하려는 노력이 경주된다.[8]

---

8. 김형기, 「지방분권과 국가경쟁력」, 『동향과 전망』, 2003년 겨울 통권 59호; 김영정, 「자립적 지방화와 지역혁신체계의 구축」, 같은 책; 이용숙, 「지역혁신체제론의 비판적 재검토」, 같은 책.

지역혁신

「신국토구상」에서는 지역경제 및 국민경제 성장을 견인할 선도적 경제체계로 지역혁신체계가 제시된다. 그 체계는 지자체, 대학, 기업, 주민, NGO, 언론 등 이른바 지역 '혁신주체'들의 긴밀한 네트워크적 협력체계이다. 이 체계 속에서 혁신주체간의 수평적 공동학습, 정보교환 등을 통한 혁신능력을 배양하여 혁신클러스터를 육성함으로써 지역경쟁력을 강화하고 중앙정부와는 수직적 관계가 아니라 지원적 간접적 관계로 전환한다는 것이다.[9] 이것이 지금까지의 집중집권 사회에서 분산분권 사회로의 이행을 규정할 토대로 사고된다.

이것은 공장-공단 단위의 구축을 중심으로 했던 전통적 경제개발 모델과는 확연히 구별되는 것이다. '노동'이라는 용어는 노무현 정부의 신구상들 속에서 체계적으로 배제되지만 실제로 이것은 공장노동을 지자체, 대학, 주민사회, 기업을 포함하는 사회 전체에 확산시키는 것에 다름 아니다. 여기에 농산어촌(農山魚村) 지역의 혁신을 위한 구상(5도 2촌 생활패턴을 근거로 한 농촌형, 산촌형, 어촌형 지역혁신체계)은 도시-농촌 간 경계를 허무는 도농간 상호의존 관계를 전망하고 있다. 이것을 전통적 영역을 넘는 '노동'의 전면적 사회화로 파악할 때에만 신비한 용어로 제시되는 '혁신'이라는 술어의 의미를 유물론적으로 이해할 수 있다.

---

9. 국가균형발전위원회, 「신국토구상」, 13쪽.

　「신국토구상」은 ‘혁신’ 클러스터의 핵을 ‘생산기능과 연구기능의 접목’[10]에서 찾고 그 효과를 ‘생산성 및 지역경쟁력의 획기적 향상’[11]에서 찾는다. 또 「신국토구상」은 산-학-연의 협력, 기술개발 및 확산, 기업이 필요로 하는 인력의 양성 등이 필요하다고 쓰고 있다. 이것이 ‘투입요소’에서 ‘혁신’으로의 전환이기보다 투입적 성격이 강한 ‘대중 노동’에서 혁신적 성격이 강한 ‘사회적 노동’으로의 노동형태의 변형 시도임은 명약관화하다. 「신국토구상」의 ‘혁신’ 개념은 노동 개념을 체계적으로 삭제하면서 혁신과 협력의 주체를 지자체, NGO, 언론, 대학, 기업, 연구소 등등의 자본 및 권력의 기관들로 제시하지만 실제로 그 속에서 움직이는 것은 정보기술적으로 재구성되고 사회 속에 산포된 노동력과 노동자들이다. 이들이 혁신의 진정한 주체들이다. 따라서 혁신클러스터로부터 생성되는 ‘생산성의 향상’은 바로 이들 새로운 형태로 재구성된 노동자들이 갖게 된 협력적 혁신적 힘에 붙여진 자본주의적 명명법에 지나지 않는다.

　때문에, 지역혁신과 그것들의 클러스터화는 비록 전 지구적 주권의 명령체제에 의해 쐐기 박힌 모습으로 전개된다고 할지라도 생산자들의 지역적 삶의 잠재적 혁신능력을 고양하게 된다. 그 현실적 결과는 착취의 전 사회화, 전 지역화로 나타나지만 잠재적으로 그것은 지역 주민들의 지적·정서적 잠재력을 계발하고 이들 사이의 협력의 가능성을 드높이게 될 것이다. 이 잠재적 힘을 착취

---

10. 같은 글, 14쪽.
11. 같은 쪽.

의 회로에서 분리시켜 자치의 방향으로 물꼬 돌리는 일이 사회운동의 형태로 표현된다면 지난날 평의회 운동들에서 간헐적으로 나타났던 지역적 자치의 활력은 그 어느 때보다 강력하고 혁신적인 모습으로 현실화될 수 있을 것이다.

신행정수도

지역혁신클러스터에 기초한 분산분권형 국가로의 전환이라는 전망 속에서 전개되는 신행정수도 건설 계획은 '전국 주요도시로부터 2~3 시간 이내 접근이 가능한 네트워크의 중심' 구축을 목표로 삼고 있다. 노무현 정부의 균형발전위원회는 우리나라의 수도권 집중은 세계적으로 유례를 찾기 어려울 정도로 심각한 수준(수도권 인구집중도 47.2%)이며 이것이 집적의 이익을 넘어 주택·교통난, 환경오염 등 막대한 사회적 비용을 유발할 뿐만 아니라 지방의 자립기반 약화로 지역간 격차가 심화되고 있다는 문제의식을 갖고 있다. 이 문제의식이 국가경쟁력 강화라는 국가주의적 관심사에 의해 이끌리고 있지만 타당한 문제의식이라 아니 할 수 없다.

신행정수도 건설 계획은 국토를 동서남 3개 연안축과 북부축, 내륙 국가간선도로망 등으로 구성된 ㅁ자, 격자, 방사형 국토순환도로망으로 연결하여 분권형 네트워크 국토로 다시 짜고 부산, 진해, 인천, 광양만 권 경제자유구역 개방거점을 통해 유라시아로 연결한다는 거시적 공간재배치 구상의 일부이다. 그리고 이것은 '권력집중→경제력 집중→인구집중'의 악순환 고리를 근본적으로 차단하고 모든 지역이 자생적으로 발전하는 토대를 제공한다는 정치적 구상의 일부이다.

오랜 논란 끝에 충남 공주 연기 지역이 행정수도의 유력부지로 선정되었지만 행정수도 이전을 둘러싼 정치당파간(특히 열린우리당과 한나라당 사이) 찬반논쟁이 끊이지 않았고 마침내 행정수도 이전 계획이 헌법재판소에 의해 '관습법' 위헌 판결을 받은 것은 신행정수도 건설이 집중집권형 공간배치에 기초한 전통적 권력구조에 대한 전면적 타격을 개시하는 시발점으로 될 것이라는 전통적 기득권층의 우려와 깊게 결부되어 있는 것으로 보인다. 그러나 한나라당을 중심으로 하는 보수적 권력관과 공간관이 자리잡고 성장할 할 수 있는 토양은 그렇게 단단하지 않다. 왜냐하면 국민국가의 주권은, 균형발전위원회의 국가성장전략에도 포착되지 않고 있는 새로운 주권형태(지구제국) 내부에서 작동하고 있으며 지구제국은 복잡한 경향들의 각축을 보여주고 있음에도 불구하고 전통적 집중집권 구조보다는 분산분권 구조를 선호하고 그것을 통해 자신의 명령권력을 더 잘 관철시킬 수 있기 때문이다. 이것은 오늘날 지구제국하에서 살아가고 있는 다중의 성격이 집중집권적 권력에 강한 거부감을 보이고 있다는 것과 결코 무관하지 않다.

그러나 행정수도 이전이 사회화된 노동자의 관점에서도 문제의 해결책일 수 있을까? 앞서 언급한 바, 신행정수도 건설이 "'권력집중→경제력 집중→인구집중'의 악순환 고리를 근본적으로 차단하고 모든 지역이 자생적으로 발전하는 토대를 제공"할 것이라는 국가균형발전위원회의 발상은 순진한 것이거나 아니면 위선적인 것이다. 왜 그런가? 수도(首都)를 뜻하는 영어 'captial'이 자본을 뜻하기도 하며 때로는 권력을 뜻하기도 한다는 점은 결코 우연이 아니다. 수도는 자본과 권력의 형태이다. 노무현 정부(어쩌면 모든 당파)의 '수도' 관이 잊고 있는 것은 '수도'의 위치나 형태 이전에 '수도'의 존재 자체가 자본과 권력의 합성형태라는 바로 이 사실인 것으로 보인다. 농촌에서 도시를 분리시켜 내는 방식으로 자본의 공간이 합성되듯이 도시들로부터 수도를 분리시켜 내어 도시들 위에 옹립하는 방식으로 권력의 공간이 합성된다. 수도는 지역의 이름이기 이전에 권력의 이름이다. 그러므로 행정수도의 공간적 재배치가 권력집중, 경제력 집중을 막을 수 있고 또 그 집중된 권력으로 말미암아 파생되어 온 인구의 집중을 '근본적으로 차단'할 수 있으리라고 기대하는 것은 소박한 것이다.

이렇듯 신행정수도 건설은 권력의 재합성의 방법이다. 그렇기 때문에 신행정수도의 건설과 지역혁신클러스터들의 수평적 네트워크라는 정신은 상충하는 것이다. 수도가 아무리 간접적 지원적인 방식으로 지역에 관계한다 할지라도 수직적 위계는 다른 형태로 재생산될 것임이 분명하기 때문이다. 우리는 이것을 네트워크 권력인 지구제국 속에서 나타나는 위계와 분할의 국내적 재생산의 형태로 이해할 수 있다. 지구제국이 수평적 네트워크화, 탈영토화의 경향에 의해 이끌리면서도 궁극적으로는 그것을 중심적 위계 아래에 영토화하듯이 노무현 정부의 네트워크화 구상도 지역혁신클러스터들을 경쟁시키고 선별함으로써 위계적으로 분할하는 것으로 귀착될 것이다. 이것은 네트워크의 구상이 '성장'과 '발전'이라는 경쟁적 목표에 종속되어 있는 한 필연적인 것이다. 지역의 '균형'은 수도와 지역 사이의 '불균형' 위에서 전개될 것이며 이 불균형이야말로 지역들 사이에 존재하고 또 생산될 불균형을 조절하고 균형 잡는 권력으로 작용할 것이다. 이것이 노무현 정부의 분산분권론의 한계이기도 하다.

하지만 행정수도의 새로운 배치는 권력을 시민사회 초월적인 위치로부터 사회 가까이로, 나아가서는 사회 속으로 끌어내리는 과정의 한 고리로 될 수도 있을 것이다.[12] 삶권력은 삶을 생산하면서 동시에 지배하는 권력이다. 그것은 다중의 지적·정서적 혁신을 가속하면서 그것을 먹고사는 권력이다. 다핵형 국토는 삶권력이 띠게 될 물적 형태이다. 이것은 오늘날 전 지구적 수준에서 구축된 삶권력인 지구제국의 국가적—지역적 모습이라고 할 수 있다. 이렇게 볼 때 수도권 이전론은 탈근대적 권력재합성의 공간 전략의 일환이며 신자유주의적 권력재합성 이론으로서의 국가균형발전전략의 중심축이라 볼 수 있다.

지역혁신의 모순과 그 결과

요컨대 동북아 경제중심론과 연결된 국가균형발전전략이란 이

---

12. 민주노동당에 의해 제안된 수도권 분산론은 권력을 삶속으로 가져와 권력을 정치권력에서 삶권력(biopower)으로 전환시키는 방향에서 한 걸음 나아간 생각이다.

렇게 공간을 압축하고 자본이동의 자유를 보장함으로써 특정 지역(이른바 '혁신 지역')에 투자를 유치하여 지역혁신클러스터들을 형성하는 것에, 그리고 그것들 사이의 네트워크를 구축함으로써 위기에 처한 자본축적에 동력을 제공하는 것에 그 요체가 있다. 그러므로 이제 동북아 경제중심론과 국가균형발전론의 이면, 즉 자본의 신자유주의적 지구화의 지역적 과정을 통해 무엇이 희생되어 왔고 또 앞으로 그렇게 될 것인가를 살펴볼 필요가 있다.

1997년 IMF 경제위기와 김대중 정부의 신자유주의 개혁은 수많은 사람들을 실업자로 내몰았고 또 많은 부분을 비정규직, 임시직 노동자로 바꿔놓았다. 자신이 정규직으로 일하던 곳에서 같은 종류의 일을 비정규직이 되어 하고 있는 사람들이 적지 않다. 생산의 기계화와 정보화는 노동력을 기계로 대체함으로써 노동을 생산현장에서 축출하고 있고 지속되는 경제위기는 신규고용창출 능력을 감소시킴으로써 실업문제(특히 청년 실업문제)는 날로 악화일로에 있다. 노무현 정부가 경제의 발전을 '혁신'에 기초지운다는 것은 지금까지 추진되어 온 이 기계화와 정보화를 한층 가속시키고 또 국토 전체에 전면화시킨다는 의미 이외에 다른 것이 아니다. 관광, 문화산업 등의 지역적 활성화가 축출되는 노동력의 일부를 서비스 노동의 형태로 흡수할 수 있을 것이지만 인구의 많은 부분이 생산과 간접적이고 일시적이며 은폐된 관계를 맺는 상태로 남게 되리라는 것은 분명하다.

요컨대 지역혁신체제는 자본 자유화를 위해 김대중 정부에 의해 취해지기 시작한 노동유연화 경향을 한층 가속시킬 것이다. 지금까지의 노동유연화 정책은 1987년 대투쟁으로 강화되었던 노동교섭력을 크게 떨어뜨리는 것으로 작용했다. 그 기제로는 노태우 정부 이후로 추진되어 온 무노동무임금 제도 외에 1) 정리해고 2) 파견근로제 3) 특수고용 등 고용형태의 변화[13] 4) 손배가압류 제도의 도입 5) 하청 생산의 확대 등을 들 수 있다. 노동교섭력의 약화가 최근에 들어 노동자들의 자살(두산중공업 배달호, 근로복지공단비정규직노조 이용석, 한진중공업 김주익 지회장, 세원테크 지회장 이해남, 현대중공업 하청노동자 박일수 등)의 직접적 원인이 되어 왔음은 주지의 사실이다.

경제자유구역과 자유무역구역은 지역혁신클러스터 구축의 모델로 작용할 가능성이 높다. 한국을 동북아 물류중심, 금융·비즈니스 중심, 첨단산업중심으로 만들자는 정부의 '동북아 경제중심' 계획의 상징이라고 할 수 있는 이 경제자유구역과 자유무역구역에서 보장을 받는 것은 자본이지 노동이 아니다. 경제자유구역과 자유무역구역은 많은 사람들에 의해 '노예특구'라고 불릴 만큼 자본의 압도적 우위가 보장되는 곳이다. 세계 대자본이나 그 기업의 동북아 지사를 유치하기 위해 경제자유구역법이 외국 자본에 각종 세제혜택과 경영편의를 보장하고 있기 때문이다.

경제자유구역은 결코 특정한 지역에 한정되지 않고 전국에 확산될 수밖에 없다. 왜냐하면 지자체장의 신청으로 경제자유구역위원회의 심의에 의해 간단하게 지정할 수 있게 되어 있기 때문이다.

---

13. 최정준, 「'노동유연화'의 전개와 '불안정 노동'의 확대에 대하여」, http://www.pwc.or.kr/jsboard/read.php?table=js_organ&no=661.

그러므로 현재의 경제자유구역은 일종의 모델케이스에 불과한 셈이다. 이 경제자유구역의 사회관계가 일반적 사회관계로 확대될 것이라는 점을 고려할 때, 이 관계의 특징을, 요컨대 이것을 보장하는 경제자유구역법의 성격을 확인해 두는 것이 필요하다. 첫째 경제자유구역법은 고도로 노동적대적이다(월차휴가 폐지, 주휴·생리휴가 무급화, 전문업종에 관한 파견업무 확대, 단체행동권 제한, 장애인과 고령자 의무고용 회피; 의료기관 영리법인화, 요양기관 당연지정제도 폐지, 민간의료보험의 도입 등으로 노동력 재생산과정의 상품화 가속). 둘째, 경제자유구역법은 환경규제에 관한 법 적용을 면제하여 생태파괴를 부추긴다(환경 관련 법률 34개에 근거한 인허가 절차 생략, 환경 관련 부담금 감면, 대규모 개발공사 조장.) 셋째 개발사업자에게 법인세, 소득세, 관세, 취득세, 등록세, 재산세, 종합토지세 등을 감면하며, 외국인투자기업의 국세·지방세 및 국·공유재산의 임대료를 감면해 주도록 되어 있는 규정은 이러한 혜택을 받지 못하는 지역이나 기업에 대한 역차별로서 사회적 갈등을 불러일으킨다. 넷째 초국적 금융자본에 의존적인 경제상황이 조성될 것이고 그들의 이탈을 막기 위해 정리해고 등 노동억압을 계속하지 않을 수 없을 것이다.[14]

국가주도의 선별적 경제발전 논리가 지역격차, 지역대립, 지역감정을 가져온 것은 사실이다. 그러나 혁신클러스터의 구축과 지역 네트워크화가 이러한 지역간 불균등의 모습을 변형하기는 하겠지

---

14. 정영섭, 「경제자유구역법 문제점 7가지」, 『민족21』 27호, 2003년 6월 1일, http://www.minjog21.com/news/read.php?idxno=160.

만 그것을 해소하지는 못할 것이다. 신자유주의 경쟁의 조건하에
서 전개되는 지역의 내생적 발전의 논리는 승리한 지역과 패배한
지역의 격차, 대립을 낳을 것이고 이것은 새로운 적대적 지리를 가
져올 것이다.

포섭의 중층화

IMF 위기는 국가에서 지역으로의 관점이동을 가져왔다. 여기에
서 보이듯이 지역화 논리는 국가주도의 중앙집중적 경제발전이 직
면한 한계를 돌파하기 위한 방책으로 도입되었다. 집중집권적 발
전논리가 배제해 온 지역들을 형식적 포섭 속으로 끌어들이고 다
른 한편에서는 지역 수준에서 형성된 공동체적 협력을 축적 메커
니즘 속으로 끌고 들어오고자 하는 것이다.

여기에는 지식기반경제로의 이행이 전제된다. 지식기반경제를
발전시킬 지역조건들을 구축함으로써 혁신, 학습, 협력을 통한 부
가가치를 창출하는 것이 지역혁신체제론의 가정이다. 그러나 지식
기반경제가 축적의 논리하에서 전개되는 한 계급적대를 해소하는
것은 아니며 그것을 사회 전체에 확산하는 결과를 가져온다.

지역혁신체제는 이제 남북관계문제를 지역화의 관점에서 바라
본다. 한반도 통일이 동북아 지역화에 필수적인 과정으로, 그리고
한반도 차원의 경제발전의 필수적 구성부분으로 설정되는 것이다.
이때 북한 지역에 어떤 기능이 부과될지는 아직 미지수이지만 현

재의 역관계라면 상품시장, 노동력 시장, 원료시장으로서의 기능이 부과될 것으로 보인다. 형식적 포섭과 실제적 포섭의 확대로 나타나는 전형적으로 제국주의적인 논리가 지식기반경제의 형태로 전개되는 가상실효적 포섭의 시대를 보완하게 될 것이다.

형식적 포섭의 논리는 이주노동자에 대해서도 적용된다. 이주노동자를 추방-불법화의 악순환이 계속되는 곳, 즉 등가교환이 적용되지 않는 변형 자본주의적 공간에 묶어 둠으로써 이들의 노동력을 장시간저임금 형태로 착취하려는 정책이 지식기반경제와 가상실효적 포섭의 사회에서도 실시된다. 이주노동자 차별이라는 새로운 유형의 인종차별정책은 민족통합이라는 이데올로기적 효과를 통해 아래로부터의 저항을 억제하는 효과를 갖는다.

형식적 포섭의 대상이 되는 또 하나의 영역이 여성이다. 현대자본주의는 가사노동의 상품화와 사회화를 통해 축적한다. 새로운 기술-기계의 발전과 정보테크놀로지의 발전을 통해 가사노동의 상품화가 부단하게 전개되면서 여성은 가사용 기계의 생산을 위한 생산 노동자로, 상품화된 가사서비스 노동자로 배치되는 한편 가정의 소비과정에서는 무상서비스를 통해 자본에게 비가시적인 착취를 당하는 노동자로 배치된다. 집안청소, 세탁, 요리, 육아, 가정재정관리 등은 여전히 주로 여성에게 부과되고 있는데 이 중 많은 부분이, 예컨대 쇼핑, 은행에서 줄서기, 가사기계의 조작 등에 소요되는 노동시간은 완전히 무상으로 자본주의 메커니즘에 편입된다.

지식기반경제와 지역혁신체제가 생태에 긍정적 영향을 미치지 못할 것이라는 점은 경제자유구역의 사례를 통해 드러난다. 월차휴가의 폐지와 파업권의 몰수는 노동자의 육체적 정신적 건강을 해칠 것이며 지역발전 논리가 지역주의로 비화하면서 무차별 개발 붐이 일어날 것은 당연하다. 이것은 생태계에 치명적인 영향을 미칠 것이다. 따라서 지역화의 논리는 자본주의가 생태계의 구석구석에 파고드는 방법의 하나라고 볼 수 있다.[15]

사회갈등의 발전

지식기반경제와 지역혁신체제는 빈부격차를 해소하기는커녕 그 격차를 크게 벌릴 것이다. 성공한 지역과 실패한 지역, 사회적 인적 물적 자원이 풍부한 지역과 그렇지 못한 지역 사이의 간극은 커질 수밖에 없다. 이것은 빈부의 양극화를 초래함으로써 지역갈등을 부추기고, 또 동일 지역 내에서의 빈부격차를 심화시킴으로서 사회적 갈등을 자극하는 요인으로 작용할 것이다.

지식기반경제와 지역혁신체제는 네트워크와 협력을 자신의 원리로 삼는 만큼, 전통적 형태의 국민국가간 전쟁을 선호한다고 볼 수는 없다. 그러나 노무현 정부의 이라크 파병이 보여주듯 이것이 전쟁을 억제하는 것으로 작용하지도 않는다. 균형발전 논리가 불

---

15. 「신국토구상」의 5대 전략 중에는 '지속가능형 국토관리'라는 주제하에 '환경용량을 고려한 국토이용으로 친환경적 국토관리'라는 관점이 나타나는 것은 사실이다. 하지만 이것은 생태를 생산자의 몸이 빠진 환경이라는 관점에서 고찰하고 있을 뿐이며 이마저도 「제1차 국가균형발전 5개년 계획의 로드맵」에서는 누락되어 있다.

균형의 현실과 양립불가능한 것이 아니듯이 혁신주도의 네트워크 발전논리가 전쟁의 현실과 양립불가능한 것도 아니다. 오히려 이 것이 전쟁의 현실 속에서 전쟁을 통하여 전개되고 있음을 이라크 전쟁과 한국군의 파병은 뚜렷이 보여준다. 차이가 있다면 국가간 전쟁이라는 근대적 전쟁에서 지구적 내전이라는 탈근대적 전쟁으로의 전쟁의 성격변화이다. 지역혁신체제와 균형발전정책은 민족국가간 전쟁 메커니즘을 자본의 지구화 속에서의 계급간 내전 논리로 그것을 지역수준에 관철시키는 과정이다. 다시 말해, 그것은 내전으로 점철된 제국의 운동의 지역판이다. 유럽과 러시아가 미국의 이라크 전쟁에 대해 보인 우유부단하고 이중적인 태도도 지역 세력의 적이 다른 지역 세력 혹은 민족국가에 있기보다 전 세계의 프롤레타리아트에게 있음을 보여주는 하나의 사례이다.

중국은 지금까지 복지체제의 기초였던 '단위'체제를 해체하고 노동력을 상품화함으로써 신자유주의적 제국체제에 적응하고 있다. 중국은, 가상실효적 포섭의 헤게모니하에서 선진제국이 추진하는 실제적 및 형식적 포섭의 외부화 전략의 핵심거점으로 부상하고 있고 이로 인해 급속한 근대화가 진행되고 있다. 한국에서 동북아시아 중심론 혹은 동북아시아 지역화론이 박차를 얻고 있는 것은 중국의 이 급속한 발전과 무관하지 않다. 주목할 만한 변화는 한국과 중국의 역내무역이 한국의 경제발전의 대외적 기초였던 한국과 미국 사이의 역내무역량을 앞질렀다는 것이다. 이렇게 한중일 혹은 전 동북아 지역의 자본가 연합이 추진되고 있는 이때 이 지역 다중의 아래로부터의 연합을 얼마나 발전시킬 수 있는가가 향후 세계의 운명에도 결정적 영향을 미치게 되리라는 점이 이제 분명해지고 있다.

북한은 핵개발을 무기로 국민통합을 이루는 한편 대미교섭과 동북아지역연합에서 유리한 입장을 확보하려 노력하고 있다. 그러나 북한의 중앙집권적 통치체제는 근대적 포섭의 논리인 희소성의 논리를 벗어나지 못하고 있으며 지역혁신체제론이 사고하고 있는 지식, 학습, 혁신, 네트워크의 풍부성의 논리와는 먼 거리에 있다. 그 결과 동북아지역연합의 구축과정에서 북한은 그것의 하위체제로 편입될 수밖에 없는 사회관계에 의해 지배되고 있다.

일본은 도요다주의의 위기와 더불어 장기침체를 벗어나지 못해 왔다. 도요다주의의 위기는 다시 일차, 이차 산업에 대한 향수를 불러일으켰고 이것이 일본 내에서보다는 그 외부에서 더 좋은 근거를 발견할 수 있다는 생각이 일본이 지배계급 내부에서 공론화 되고 있다. 일본이 보여주는 최근의 호전적 정치경향들, 즉 개헌론과 파병론은 자국의 경제회생 논리와 결합되어 동북아 지역화의 수평적 발전에 어두운 그림자를 드리우고 있다.

그러나 동북아 지역에서 한중일의 경쟁이 격화되는 것은 지역혁신체제론의 자연스런 연장이다. 앞서 언급했듯이 역사와 지리 문제를 둘러싸고 한국, 중국, 일본 사이에 퍼져가고 있는 갈등은 다중을 민족주의적 민중으로 합성함으로써 지역화 속에서 더 유리한 입지를 확보하려는 노력이라고 볼 수 있다. 지구화시대에 민족주의는 이렇게 지역혁신론을 매개로 신자유주의의 구성부분으로 편입된다. 세계화가 지역화를 자신의 축적 발판으로 삼는 한에서 지역주의가, 그리고 그것의 확대판으로서의 민족주의가 발호하는 것은 필연적이다. 신자유주의적 민족주의는 그러나 일방주의적 신보수주의의 근본주의적 민족주의와는 다른 성격을 갖고 있다. 이 민족주의는 네트워크의 필요성 속에서 발전하는 국지적 민족주의로서의 성격을 갖는다.

지역화는 세계화의 계기이며 제국의 정치가 확산되는 과정이다. 그러나 다른 한편에서 이것은 노동계급, 농민, 시민 등 국가중심적 위계제와 영토주의에 반대하는 아래로부터의 도전에 직면한 자본이 삶정치로의 전환(여기에서 생물공학, 유전공학 등이 집중적으로 사용된다)을 통해 다중을 가상실효적으로 포섭하거나, 미포섭 혹은 저포섭의 영역에 있는 지역들을 가상실효적 포섭의 헤게모니 아래로 끌고 들어옴으로써 그 도전을 회피하는 방식이다. 이런 의미에서 세계화와 지역화는 이중성을 갖는다.

지금까지의 지구화하는 세계에서 지역화는 두 가지 유형을 따라 발전해 왔다. 유럽연합(EU)은 지역네트워크를 통해 수평적 통합을 이루면서 다자주의적 공동체로 발전한 반면 NAFTA는 미국이 일방주의적 방식에 입각하여 멕시코 등 인접지역을 불균등하게 포섭하는 형태였다. 전자에서는 가상실효적 포섭이 후자에서는 형식적 포섭과 실제적 포섭이 주되게 전개된다. 전자의 포섭형태는 지식기반경제를 선택하며 후자의 경우는 전통산업경제(석유, 농업, 자동차)로 회귀하는 경향이 있다. 미국의 아프가니스탄 및 이라크 침공은 지식기반경제의 모델케이스였던 미국 신경제의 붕괴 이후 다시 일차, 이차 산업에 주목하고 그것을 통해 잉여가치를 축적하려는 신보수주의적 움직임의 일환이라고 볼 수 있다. 이것은 일방주의의 부상을 가져왔으나 결과적으로 그것은 전 세계 반전운동과 다자주의 세력의 비판을 받아 더욱 고립되는 모습을 보였다.

제국 내부의 다자주의와 일방주의의 갈등은 한국의 정치에서도 나타나고 있다. 전통적 지역주의를 유지하려는 세력[16]은 일방주의를 선호하며 이것은 국가에 대한 태도, 행정수도 이전에 대한 태도, 남북관계를 바라보는 태도에서 나타난다. 지역혁신주의를 선호하는 세력은 일반적으로 다자주의를 선호한다. 이것은 지역혁신주의가 크게 보아 초국적 금융자본과 국내의 지역토착자본들 및 벤처자본, 그리고 중산층에 기반하고 있다는 사실과 무관하지 않다. 북핵문제에 대한 태도, 동북아지역연합 구상, 신행정수도 건설 정책, 서해안 중심 개발론이 이러한 사고의 산물이다. 그러나 한국의 지역혁신주의는 취약하며 일방주의의 구조물 위에서 그것과 타협하며 움직인다는 한계를 갖고 있다.[17]

노동과 삶정치

그럼에도 불구하고 지역혁신과 네트워크화의 움직임이 권력을 우리의 삶 속으로 한층 깊숙이 이식할 것이라는 점은 명확하다. 이

---

16. 한나라당이 개발독재정치를 상징하는 박정희의 딸 박근혜를 대표로 선출한 것은 주목을 요한다.
17. 열린우리당과 노무현의 이라크 파병은 이 다자주의가 얼마나 제한적인 것인가를 보여주었다.

것은 지구제국이 경제, 정치, 문화를 통합하는 삶권력으로서, 자율적 삶을 파괴하면서 동시에 삶을 주권적으로 재구축하는 네트워크 권력으로 기능한다는 사실의 국내판이라고 할 수 있다. 권력이 삶 속에서 삶을 주권적으로 재합성하는 방법을 사용하는 한에서, 자본이 주민의 지성적 정서적 삶을 혁신하면서 그것을 축적회로에 가두는 권력으로 작용하는 한에서 우리의 삶은 권력 외부에 있지 않다.

따라서 권력 외부에서 싸우는 두더지의 방식으로 싸움을 수행하는 것이 점점 어려워지고 있다. 내부화된 지배, 내재화된 권력의 싸움을 수행하는 것이 당연히 필요해진다. 그 싸움의 힘은 어디에 있을까? 앞서 서술했다시피 지역혁신과 클러스터화, 그리고 네트워크화의 정책들은 혁신주체들[18]의 창조력과 지성적 정서적 협력을 자극하고 촉발하는 것에 그 초점이 있다. 노무현 정부가 이것을 '국가경쟁력 향상', '경제발전', '국가성장'의 계열을 따라 이해하고 또 그 계열에 이것들을 배치시킨다 할지라도 혁신주체들의 창조력 향상과 지적·정서적 협력은 결코 그 잉여가치화의 계열로 완전히 환원될 수는 없다. 지역혁신의 과정은 가치화의 과정임과 동시에 삶의 창조, 삶의 혁신, 삶의 생산적 역능의 증대과정으로 될 수밖에 없다. 이것을 잉여가치화의 회로로부터 분리시켜 자기가치화의 흐름들로 분산시키는 것이 지역혁신의 권력과 투쟁하는 유효한 방

---

18. 이 혁신주체가 일반적으로 이해되듯 기업, 지자체, NGO, 언론, 대학 등등의 권력–자본 기관이기보다 실제로는 그것들 속에서 일하는 노동과 삶의 생산적 능력임은 앞서 살펴보았다.

법이 될 것이다. 이것은 지역혁신체제가 한편에서는 분산분권화하면서도 다른 한편에서는 그와 반대로 권력화하고 수도화(首都化)하고 있다는 것을 직시하면서 이 이중적인 유연 권력화의 가능성의 조건을 제기함으로써 권력 해체의 경향을 가속시키는 일이 될 것이다.

그러므로 싸움은 점차 내재화된 권력과의 싸움, 자신의 변화를 수반하는 윤리적 성격을 더 강하게 띠어간다. 지배가 더 지역적이고 미시적인 것으로 되면 그럴수록 삶을 변화시키려는 노력도 더욱더 미시적이고 지역적인 수준에서 전개되지 않으면 안 된다. 이것은 지금까지 경제 영역에서 분리된 정치 영역의 과제로 사고되어 온 민주주의를, 각 영역의 경계를 넘는 삶정치의 형식으로 확장하는 한편, 그것이 어떤 대의주의적 표상도 벗어버린 '모든 사람에 의한 모든 사람의 자기지배'[19]라는 내용을 갖도록 혁신하는 문제일 것이다. 이러한 절대적 의미의 민주주의는 지역혁신과 수도권력의 분산을 통해, 다중의 전 지역적 구성을 통해 물질적이고 지적이며 정치적이고 조직적인 차원들 모두에서 단단하게 준비될 것이다. 그리고 이것은 전 지구적 약탈의 제국 속에서 그것에 대항하고 또 그것을 넘어설 힘을, 요컨대 탈근대 지구촌의 전망을 구축하는 구체적 계기를 제공할 것이다.

---

19. 민주주의 개념의 혁신에 대해서는 Michael Hardt & Antonio Negri, *Multitude*, The Penguin Press, 2004, Part 3 참조.

6장 지구적 약탈의 제국과 탈근대 지구촌의 전망

『세계는 넓고 할 일은 많다』의 저자이자 한국적 세계화의 기업 전도사였으며 대우의 붕괴 이후 수배되었던 김우중은 김용옥과 가진 한 인터뷰에서 대우를 장외로 퇴출시켜 버린 한국 신흥관료층의 단견을 비난하면서 한국을 동북아경제공동체의 중핵 국가로 끌어올리려고 한 자신의 노력을 배척한 것에 대한 분노를 표현한 바 있다. 김우중은 '해외차입을 통한 지구적 착취'가 그가 주장한 이른바 '세계경영전략'의 방법론이었음을 굳이 감추지 않았다. 1990년대 초에 그의 전략은 일시적 성공을 거두었지만 더 많은 해외차입은 더 많은 이자부담을 수반했고 1997년 환율폭등은 이자부담을 폭등시켜 결국 독점기업 대우가 붕괴하도록 이끌었다.[1]

---

1. 그는 이 과정을 다음과 같이 묘사한다. "1달러당 800원이었던 환율이 최고 1,960원까지 뛰었어요 그럼 생각해 보세요 해외 빚이 달러로 표시하면 변동이 없지만 원화로 표시되면 2배 이상으로 뛰는 거예요 그러니까 해외에 투자된 11조 원을 갚기 위해 갑자기 국내로부터 26조 원을 조달해야 하는 압박에 시달리게 된 것입니다. 그리고

1997년 경제위기로 붕괴한 것은 대우만이 아니다. 수많은 기업들이 도산했으며 은행들이 퇴출되었고 수백만의 노동자들이 거리로 쫓겨났다. IMF가 한국의 진정한 주권자로 등장하고 민주화 투사 김대중은 정리해고의 정치적 전위로 둔갑했으며 민주노총은 신자유주의 개혁의 노동계급 파트너가 되기를 강요받았다.

이것은 결코 한국적 현상만은 아니다. 최근 아르헨티나, 베네수엘라, 브라질 등에서 보이듯 아프리카, 아시아, 라틴 아메리카를 포함하는 이른바 제3세계권의 대부분이 한국과 비슷한 운명을 겪었으며 1989년을 전후하여 사회주의 나라들 대부분은 붕괴하거나 신자유주의의 하위 동맹자들로 전환했다. 심지어 일본, 독일, 미국과 같은 세계 초강대국들에서도 초국적 금융자본의 지배로 인한 붕괴들, 전환들, 포섭들이 일반적으로 목격된다. 지구화는 국지적인 것이 아니라 전 세계가 동시적으로 겪고 있는 새로운 현상이다. 이 현상은 대체 어디에서 출현한 것일까? 어떻게 작동하고 있는 것일까? 우리는 무엇을 해야 하는 것일까?

자본의 민족국가적 구성의 위기

자본은 실체가 아니라 관계이다. 그것은 끊임없이 자신을 구성

회사의 부채비율이 3대 1이었던 것이 갑자기 5대 1로 뛰어버려, 엄청난 부실기업으로 둔갑해 버리는 것이지요.”(http://news.naver.com/news_read.php?office=§ion=&article_id=13796&articleoffice=munwha)

하고 또 재구성함으로써만 생존할 수 있는 역사적 관계이다. 20세기 후반까지의 역사에서 자본은 시장에서 프롤레타리아를 생산하고 공장에서 노동을 조직하며 사회적 수준에서 국가를 정점으로 하는 민족국가를 창출함으로써 발전해 왔다.

그러나 이것이 자본의 운동을 민족국가의 영토 내에 제한해 왔다는 의미는 아니다. 자본주의의 탄생 이래로 자본은 끊임없이 국경을 넘는 운동을 계속해 왔다. 식민주의와 제국주의의 오랜 역사는 우리에게 이것을 말해 준다. 하지만 식민주의와 제국주의하에서의 자본이동은 늘 민족국가를 전제하고 있었고 또 민족국가의 영토적 확장을 의미했다. 우리가 자본주의 세계체제를 말할 수 있다고 해도 그것은 민족국가들을 단위로 하는 경쟁적 체제로 구축되어 왔다.

지금도 민족국가가 중요한 것은 사실이다. 하지만 새로운 현상들이 발견된다. 지난날 생산과 교환의 요소들이 국경을 넘어 자유롭게 이동하기 위해서는 해당 지역 국가주권의 실질적 장악, 즉 식민화가 필수적이었지만 지금은 화폐, 기술, 노동력, 상품 등 생산과 교환의 주요 요소들이 그러한 전제조건 없이도 훨씬 쉽게 이동한다. 경제적 제 요소들의 초국적화, 특히 화폐의 초국적 이동이 뚜렷해지면서 민족국가의 정치적 규제 기능은 점차 쇠퇴하고 있다. 국경 단위로 나누어진 시민사회의 종합자이자 통제자로서 민족국가가 가졌던 지위와 역할에 매우 분명한 균열과 위기가 나타나고 있는 것이다.

이런 현상들은 왜 나타나는 것일까?

근본적인 동인은 착취의 가능성 그 자체에서, 즉 자본이 착취하는 노동이 생물적이고 역사적이며 의식적인 존재라는 점에서 찾아진다. 노동자는 자본을 위해 노동력을 제공하지만 그것은 자본의 무한한 이윤욕구를 채우기에는 너무나 유한한 존재이다. 노동자는 하루 24시간 이상 노동할 수 없고 그 마저도 다음날을 위한 노동력의 재생산을 위해 일정한 시간을 할애해야 한다. 게다가 노동자는 기계와는 달리 직접적으로 능동적인 주체이며 항상 더 나은 삶을 추구하는 존재이다. 이 추구는 자본주의의 발전과정에서 더 커질 수밖에 없다. 왜냐하면 이윤의 축적은 사회의 일부에 큰 가난을, 그리고 다른 일부에 큰 부를 배치하는 양극화를 불러오는 것이고 이것이 노동자에게 더 큰 부에 대한 더욱 강한 욕구를 불러일으키기 때문이다. 이 욕구를 달성하기 위해 노동자들은 조합을 만들어 단결하여 자신의 노동에 대한 더 높은 보상을 요구하게 된다. 또 노동자들은 의식적 존재이다. 이들은 착취를 고분고분 받아들이는 존재가 아니라 착취당한다는 사실에 의식적으로 저항하며 그 저항을 조직하는 능력을 갖고 있다. 이것은 개인적 수준과 집단적 수준 모두에서 '강제된 노동' 그 자체를 거부하는 행위로 나타난다. 이것은 자본으로 하여금, 더 쉽게 착취할 수 있는 새로운 노동력에 대한 끊임없는 갈증을 갖게 만든다. 자본이 현존하는 생산지점 바깥에서 '값싼 노동력'을 탐욕스럽게 찾게 되는 것은 이처럼 자본이 근거하고 있는 노동 그 자체의 생물적, 역사적, 의식적 특성들에서 기원한다.

자본이, 노동이 자신에게 부과하는 이러한 한계를 뛰어넘어 착취에, 즉 잉여가치 생산에 성공했다고 가정하자. 거기에는 또 다른 어려움이 기다리고 있다. 잉여가치가 창출되었다 하더라도 자본가는 자신이 고용한 노동자에게 지불한 임금으로는 모두 소비될 수 없는 양의 가치를 갖게 된다. 따라서 한 지점에서 창출된 잉여가치는 이제 교환과 실현을 위해 다른 지점에서 창출된 잉여가치를 필요로 한다. 게다가 노동자들의 구매력은 자본주의가 발전할수록 상대적으로 줄어드는 경향이 있다. 이것은 한 지점에서 더 많은 잉여가치가 창출될수록 다른 지점에서도 더 많은 잉여가치가 창출되어야 한다는 것을 의미한다. 이것은 유통의 끊임없는 확장과 확대를 요구한다. 끊임없이 확대되는 유통영역의 생산은 끊임없이 확대되는 잉여가치의 생산만큼 자본에게 필수적인 존재조건이다. 자본의 재생산이 이렇게 끊임없이 더 많은 노동에 대한 착취, 끊임없이 더 넓은 유통공간의 창출을 통해서 이루어질 수 있음으로 해서 자본은 현존하는 것의 외부에 대한 탐욕에 시달리고 이것이 이윤을 위해 지구 끝까지라도 달려가는 자본의 탐식행동을 낳는다. 외부의 흡수와 종합, 이것은 근대 자본의 발전 조건이었고 민족국가는 지금까지 이 종합을 위한 효율적인 기계였다. 이 과정에서 자본은 비자본주의적 환경 속에서 끊임없이 새로운 프롤레타리아를 만들어 내면서 그곳을 점차 자본주의화 한다.

그런데, 로자 룩셈부르크가 예상한 것처럼, 만약 자본이 흡수할 수 있는 지리적 외부를 더 이상 발견할 수 없다면 어떻게 될 것인가? 자본주의의 발전을 자본주의와 비자본주의의 신진대사로 파악하고 비자본주의 없이 자본주의가 존재할 수 없다고 파악한 로자 룩셈부르크는 이 지리적 외부의 소멸이 자본주의의 붕괴를 가져올 것이라고 예견했다. 그래서 그녀에 따르면 제국주의는 자본주의의 종말을 준비하게 된다.

제국주의가 더욱 폭력적이고 무자비하고 철저하게 비자본주의적인 문명을 쇠퇴시키면 시킬수록, 더욱 빠르게 자본주의 축적의 토대를 발밑으로부터 침식하게 된다. 비록 제국주의가 자본주의의 진행 경로를 연장하기 위한 역사적 방식일지라도, 제국주의는 또한 자본주의를 빨리 끝내 버리는 확실한 수단이다.[2]

그러나 세계사는 로자 룩셈부르크의 예견과는 다르게 진행되었다. 전통적 제국주의의 명백한 위축이 나타난 것은 1940~50년대였다. 비자본주의 영역의 축소가 이 위축의 한 계기가 되었음은 분명하다. 하지만 더욱더 강력한 계기는 식민지들에서 나타난 민족해방 투쟁들이었다. 제2차 세계대전 이후 확산된 식민지 나라들의 독립은 민족국가 경계의 확장으로서의 제국주의의 지리적 확장을 불가능하게 만들었다. 그러나 그것이 자본주의의 종말을 가져오지는 않았다. 오히려 전후 자본주의 세계사는 20여 년에 걸친 장기호황을 기록한다.

로자가 고려하지 못한 것은 주체로서의 노동계급 및 그 계급의

---

2. 안토니오 네그리 · 마이클 하트, 『제국』, 이학사, 2001, 306쪽에서 재인용. 로자의 자본주의 붕괴론에 대한 평가로는 파울 프뢸리히, 『로자 룩셈부르크의 사상과 실천』, 석탑, 1984, 182~193쪽을 참조하라.

투쟁의 효과이다. 1917년 러시아에서의 프롤레타리아 혁명, 1930~40년대에 유럽에서 있었던 노동계급 투쟁들, 그리고 1950~60년대에 제3세계에서 있었던 민족해방 투쟁들은 프롤레타리아의 요구에 대한 자본의 양보를, 다시 말해 임금의 상승을 가져왔고 이것은 유효수요를 끌어 올렸다. 과소소비는 발생하지 않았고 자본은 해외 진출 대신 민족국가 내에서 축적을 지속할 수 있었다. 여기서 우리는 임금의 하락과 과소소비 공황은 객관적으로 결정된 과정이 아니라 계급투쟁에 의해 유동적일 수 있는 과정임을 알 수 있다.

그렇다면 자본주의는 외부로의 확장의 이러한 곤란에 직면해서 어떻게 높은 축적을 지속할 수 있었던 것인가?

여기서 주목해야 할 것은 포섭이다. 우리가 지금까지 고찰한 자본주의의 확장은 비자본주의적 과정을 통해 발생한 여러 요소들의 자본화였다. 이것을 우리는 '포섭'의 개념에 의해 재정의할 수 있다. 맑스는 자본주의적 관계가 출현하기 이전에 발전된 노동방식을 자본이 인수하는 것을 노동의 자본에의 형식적 포섭이라고 지칭하는데[3] 비자본주의의 자본화 과정은 바로 이 형식적 포섭과정과 동일한 구조, 동일한 성격을 갖고 있다. 국경을 넘는 자본주의의 확장은 국경 내에서 농촌의 도시화 과정을 연장한 것에 지나지 않는다. 절대적 시간과 절대적 공간에 기초한 이 형식적 포섭은 여러 가지 측면에서 명확한 한계를 갖는다. 노동계급의 투쟁들과 식민지 민족들의 투쟁은 그 한계의 주체적 형상들이었다.

---

3. 칼 맑스, 「형식적 포섭과 실제적 포섭」(『자율평론』 3호, http://jayul.net/view_article.php?a_no=143&p_no=1). 그리고 이 책의 1부 1장 참조.

그러나 이것이 자본주의의 종말은 아니었다. 자본은 아래와 외부로부터의 투쟁을 전용(轉用)하여 자신의 발전 동력으로 배치하는 혁신을 추구했고 그것은 생산에서의 테일러주의, 분배에서의 포드주의, 조절에서의 케인즈주의의 절합으로 나타났다. 그것은 노동의 조직화, 기계화, 사회화를 통해 생산성을 높이면서 그 성과 중의 일부를 노동자들에게 분배함으로써 유효수요의 부족을 저지하는 것이었다. 그런데 이것은 맑스가 실제적 포섭이라고 부른 바로 그것의 심화가 아닌가.

노동의 자본에의 실제적 포섭과 함께 완전한 (그리고 항상 반복되는) 혁명이 생산방식에서, 노동자들의 생산성에서 그리고 노동자와 자본가의 관계에서 일어난다. 노동의 자본에의 실제적 포섭과 함께 이미 논의한 노동과정에서의 모든 변화들은 이제 현실이 된다. 노동의 사회적 생산력이 이제 발전되며 대규모 생산과 함께 과학과 기술의 직접적 응용이 등장한다. 한편으로, 자본주의적 생산은 특유한 생산방식으로서 수립되며 새로운 방식의 물질적 생산을 가져온다. 다른 한편, 후자 자체가 자본주의적 관계의 발전을 위한 토대를 형성하는데, 자본주의적 관계의 적합한 형태는 따라서 노동의 생산력의 발전의 특정 단계를 전제한다.[4]

자본은 형식적 포섭의 한계에 직면해서 그것을 전제로 자본주의적 관계에 진정으로 적합한 실제적 포섭의 관계를 창출한다. 물론

---

4. 칼 맑스, 「형식적 포섭과 실제적 포섭」(『자율평론』 3호, http://jayul.net/view_article.
php?a_no=143&p_no=4)

이 실제적 포섭의 관계에도 축적을 위해 흡수할 외부가 필요하다. 하지만 그것은 더 이상 비자본주의적 관계에 의해 제공되지 않는다. 그 외부는 자본관계 내부에서 자본주의적 방식에 따라, 다시 말해 인위적으로 창출되어야 한다. 이 지점에서 민족국가의 역할은 변화한다. 그것은 이전에는 비자본주의적 관계를 자본주의적 관계로 흡입하는 강제기구였지만 이제 그 자체가 자본으로서 생산, 분배, 유통, 소비의 제 과정에 개입하는 생산자이자 자본과 노동의 관계를 매개하는 조절자의 역할을 담당한다.

그러나 실제적 포섭의 심화가 자본의 모순을 제거한 것은 아니다. 생산력을 더욱 지성화, 조직화, 사회화하는 실제적 포섭의 심화 과정은 부의 창출이 개별 노동자의 육체적 노동이 아니라 사회화된 노동자들의 집단적 능력, 즉 다중의 사회적 지성과 감성에 기초하도록 만들었다. 노동의 자본에의 포섭이 실질화하면 그럴수록 직접적 노동으로부터 노동자의 해방이 진행되는 한편 자본가들의 생산적 역할이 점차 약화되는 역설적 결과가 나타났다. 이것은 노동 강제에 기초한 자본관계 그 자체를 매우 인위적인 것으로 만들었다. '노동거부'를 중심으로 분출한 1968년의 혁명은 이러한 사실에 대한 고발이며 사회적 노동력의 자본관계로부터의 분리의 필요성에 대한 집단적 주장이었다. 오랜 호황을 이끌어 온 자본과의 타협 대신 사보타지, 결근, 공장점거, 자주관리 등이 선택되었고 지금까지 임금을 받지 못했던 주부, 학생, 실업자 등이 임금의 가치적 결정(노동시간에 따른 임금 결정) 대신 사회적 결정(생산에의 사회적 참여와 필요에 따른 임금 결정)을 요구했다. 조직된 노동자들에 대한 복지만으로도 높은 재정적자에 시달렸던 민족국가는 비보장 노동자들의 이 드높아진 요구에 직면하여 사회적 계획과 조절 능력의 파탄을 드러냈다. 자본의 민족국가적 구성에 결정적 위기가 도래한 것이다.

지구화, 즉 전 지구적 자본구성

1968년에 자본은 두 가지 어려움에 직면했다. 하나는 그간의 타협체제에서 성장해 온 것으로 조직된 노동계급의 경직성이었고 또 하나는 조직된 노동계급과의 타협을 통해 주변화시켜 온 사회집단들의 도전이었다. 특히 후자에서 등장한 분리와 자치의 경향은 노동조합의 매개 능력을 약화시킴으로써 그것에 기초해 온 노사정의 타협체제를 뒤흔들었다. 민족국가적 자본구성이 이렇게 위기에 처했을 때 자본이 취한 대응 전략들은 처음에는 다양하게 나타났지만 오늘날 그것들은, 우리가 신자유주의라고 부르는, 단일한 전략으로 수렴되어 가고 있다. 이 전략이 지금까지 드러낸 세 가지의 주요한 특징은 다음과 같다.

첫째, 생산자본의 화폐자본으로의 전화와 화폐자본의 금융자본화. 자본은 자신에게 높은 임금 및 복지 부담을 부과해 온 노동계급의 경직성과의 대면을 회피하고 또 그것을 해체하기 위해 생산영역에서 이탈하여 화폐자본으로 전환했다. 여기에 유럽으로 대규모로 유입된 오일달러가 합류하여 거대한 화폐자본의 풀을 구축했다.

이들은 생산영역으로 진입하기보다 노동계급의 조직화 정도가 낮은 제3세계권으로 이동하여 이윤 대신 이자를 노리는 초국적의 금융자본으로 기능했다. IMF와 세계은행 등은 바로 이러한 상황을 배경으로 급성장할 수 있었다.

둘째, 화폐자본의 정치적 명령 기능의 증대.

금융자본의 국제적 이동성의 증대는 자본의 권력을 민족국가로부터 대부자본으로 급속히 이전시켰다. 대부와 회수는 그 자체가 경제적 행위이면서 동시에 정치적 행위였다. 금융자본은 민족국가를 지역화하면서 특정 지역의 민족국가에 특정한 정책 꾸러미를 요구하고 명령할 수 있는 권력을 갖게 되었다. 예컨대 초국적 금융자본은 특정의 민족국가가 지출의 축소를 통해 긴축과 디플레이션의 정책을 사용하도록 명령할 수도 있었고 지출의 확대를 통해 노동계급의 임금을 실질적으로 인하하는 인플레이션 정책을 사용하도록 명령할 수도 있었다. 금리, 환율 등의 통화적 관계들도 자본의 계급투쟁의 무기로 사용되었다. 자본과 노동 사이의 합의 공간이 완전히 사라진 것은 아니지만 그것은 제한되었고 그마저도 협상은 '국가의 수중에 장악된 분할과 해체의 도구'로 사용되었다.[5] 합의는 이제 노동계급의 공식조직들에 의한 이 화폐적 테러리즘의 판매 과정으로 전락한다. 그리고 전통적 좌파는 합의를 통해 위기를 관리하고 노동계급을 분할하는 테러리즘적 정치의 직접적 대행자로 변질한다.

---

5. 워너 본펠드 · 존 홀러웨이 편저, 『신자유주의와 화폐의 정치』, 이원영 옮김, 갈무리, 1999, 132쪽.

셋째, 산업의 재구조화.

산업재구조화는 여러 가지 이유로 자본의 주요한 생존 전략이 된다. 먼저 그것은 공장을 중심으로 구축된 노동계급 권력을 회피하는 또 하나의 방법이었다. 산업재구조화를 통해 자본은 노동조합과 노동자 정당을 중심으로 구축된 노동계급의 사회민주주의적 계급구성을 해체시키려 했다. 이를 위해 자본은 1) 생산의 영역을 공장 바깥의 사회 전 영역으로까지 확장하고 2) 유통과 소비의 활동을 착취와 축적의 공간으로 흡입하며 3) 인간의 육체력뿐만 아니라 인간의 지적·정서적 활력까지 노동활동으로 포섭한다.

이것은 당시에 새롭게 등장하고 있었던 비보장의 주변적 집단들의 도전을 체제 내로 흡수하기 위한 방법이기도 했다. 자본은 새로운 사회적 주체들의 요구들을 정반대의 방향에서 실현해 나갔다. 아래로부터의 국제주의적 요구는 자본, 상품 및 노동력의 자유로운 국제적 이동으로 변용되었고 아래로부터 노동거부의 주장은 정리해고와 실업을 통한 노동에서의 해방으로 변용되었으며 자치의 요구는 팀제, 분임제 등 생산과정 속에서의 자기책임성의 강화[6]로 변용되었다.

전체적으로 산업재구조화는 생산력의 현대적 발전에 조응하는 산업 관계를 창출하는 것이었다. 과학기술의 생산에의 응용으로 노동력의 사회화, 지성화, 조직화는 가속되었고 개별 노동자의 육체적 노동보다는 사회화된 노동력이 직접적인 착취의 대상으로 되

---

6. 이것은 다중의 지성을 축적의 엔진으로 장착하는 방법으로 사용된다.

었다. 그런데 사회화된 노동력이 작동하는 방식은 개별화된 노동력이 작동하는 방식과는 달랐다. 개별화된 노동력은 노동의 지출 시간에 의해 부를 창출했고 그래서 (절대적이든 상대적이든) 노동시간에 따라 그것의 가치가 측정될 수 있었다. 하지만 고도화된 사회화된 노동력은 상호 소통(communication)의 원활도와 밀도에 의해 부를 창출했고 따라서 직접적 노동시간으로 그 가치가 측정될 수 없다. 자본은 노동력의 소통을 정보(information)로 상품화했지만 정보가 산업의 중심으로 부상하는 정보사회에 이르러 자본주의의 전제조건인 가치화(valorization)는 점차 곤란에 직면하게 된다.

이러한 조건에서 민족국가는 점차 곤란에 직면한 가치화를 현실적으로 관철시키는 조직된 폭력이자 그것을 연출하는 시뮬레이션 장치로 변질되어 간다. 노동력의 사회화는 국경에 제한되는 것이 아니었기 때문에 사회화된 노동력은 민족국가를 통해 통제될 수 있는 것이 아니었다. 노동력의 사회적 발전을 자본주의적 틀 속에 제한하기 위해 국가들이 동원하는 무기가 (민족국가적 자본구성에서 국가에 종속되어 왔던) 시장인 것은 아이러니이다. 실제로 시장은, 국가와는 달리, 장벽과 배제보다는 자신의 영역 안에 더 많은 것을 포함함으로써 번성하는 공간이다.

국가는 자신의 주권의 많은 부분을 시장에 양도하는데 그 시장은 일국 경계 내에 한정된 국민시장이 아니라 명실상부한 세계시장이다. 여기에서는 자유무역을 위한 지역블럭의 구축을 통해 국경 관세가 철폐된다. 투자의 자유가 보장될 뿐만 아니라 상품의 이동과 노동력의 이동이 자유롭게 된다. 해외차입, 해외 생산기지 건설, 국제적 생산분업, 해외수출입, 이민이 일상화된다. UN, G8과 같은 국제적 정치기구, IMF나 세계은행과 같은 초국적 금융기구, GATT나 WTO와 같은 초국적 무역기구, NATO와 같은 국제적 군사기구, NAFTA나 APEC 혹은 EU와 같은 초국적 경제공동체들이 민족국가의 상위에서 세계시장의 움직임을 자극하고 통제한다. 국가에서 시장으로의 중심이동은 실제로는 세계시장을 지배하는 이들 초국적 기구들의 수중으로의 주권이전을 의미한다. 개별 민족국가들은 세계시장에 대한 지배의 이 초국적 네트워크들의 개별 마디로 편제된다. 이렇게 사회화된 노동력을 민족국가를 통해서 통제할 수 없게 된 자본은 그 노동력을 더 이상 외부를 갖지 않는 세계시장 속으로 흘려보내고 이것을 다시 전 지구적 주권 네트워크 아래에 종속시킴으로써 지배-명령의 관계를 재구축하려 한다.

이상에서 분명해지는 것은 자본에 의한 사회의 포섭과 세계시장을 향한 확장의 경향이라는 두 가지 움직임은 동시에 일어나며 서로를 조건지우면서 더욱 발전하고 마침내 자본에 의한 사회의 실제적 포섭은 세계시장의 구축 속에서 완성된다는 것이다. 세계시장 없이도 실제적 포섭과정은 존재하지만 실제적 포섭과정 없이 충분히 실현된 세계시장은 존재할 수 없다.[7] 역으로 세계시장은 실제적 포섭 없이도 존재하지만 세계시장 없이 충분히 실제적인 포섭은 존재할 수 없다. 세계시장 수준에서의 실제적 포섭 관계에서 비로소 외부에 의존하지 않는 자본, 제 발로 선 자본, 본래적인 자

---

7. 안또니오 네그리·마이클 하트, 위 책, 341쪽.

본주의가 성립한다. 세계적 수준에서 이윤율의 균등화가 이루어지며 지구상의 대다수 주민이 프롤레타리아트로 변형된다. 우리는 이것이 자본의 자기운동이나 국가에 의한 화폐-재정 정책의 산물이 아니라 형식적 포섭과정에 대항하는 투쟁 속에서 형성된 사회화된 노동자들의 요청이자 그에 대한 자본의 대응의 산물임을 강조해 왔다. 세계시장은 아래로부터의 투쟁들에 의해 구축된 해방과 투쟁의 조건들을 통제하기 위한 장치이며 사회화된 노동자들이 열망한 지구적 인류공동체, 즉 지구촌의 이상을 부르주아적 방식으로 실현한 모습이다.

지구적 부를 생산하는 것은 전과 마찬가지로 프롤레타리아트이다. 프롤레타리아 개개인들은 사회적 노동 네트워크에 직접적으로 혹은 간접적으로 관여한다. 그 관여의 방식은 현재적일 수도 있지만 과거적이거나 미래적일 수도 있다. 노동자 개개인의 육체력이 관여할 수도 있지만 지력이나 정력(情力)이 관여하기도 한다. 어떤 노동자는 임금을 받지만 어떤 노동자는 임금을 받지 않는다. 이처럼 프롤레타리아 개개인이 사회적 노동활동에 관여하는 방식은 다양하고 이질적이며 혼성적이다. 자연이 그 존재의 다양성(햇볕, 물, 공기, 토양 등)을 가지고 부의 생산에 참여하듯이 사회적 노동력도 다양한 측면, 다양한 방식으로 지구적 부의 생산에 참여한다.

그러나 세계시장의 조건하에서 생산된 부는 생산자에게로 귀속되지 않고 자본에게로 귀속된다. 이 국면에서 부가 자본에게로 귀속되는 방식은 착취보다는 약탈에 더 가깝다. 착취는 필요노동과 잉여노동 사이의 노동시간 분할을 통한 잉여가치의 착출(搾出) 과정이다. 그러나 현대의 부는 직접적 노동시간에 기초하지 않기 때문에 필요노동과 잉여노동의 분할이 곤란하며 노동시간에 의한 가치 측정, 즉 가치화가 곤란하게 된다. 가치법칙이 이렇게 위기에 처하면서 착취의 가능성은 등가적 교환관계에서 주어지기보다 정치적 명령/복종 관계에서 주어지게 된다. 오늘날 착취가 이루어진다면 그것의 본질은 약탈이라고 해야 할 것이다.

그렇다면 어떻게 약탈이 가치법칙에 입각한 착취의 형상을 가질 수 있는 것일까? 이 문제에 답하기 위해 우리는 여기에서 민족국가를 넘어선 탈국가적 주권형태이자 전 지구적 자본구성의 정점인 지구제국의 구조와 특징을 다루어야 한다.

무엇보다도 지구제국은 지구적인 생산 협력체인 다중과 대면하고 있다. 다중은 이질적이며 다양하기 때문에 근대적 행정에서처럼 어떤 일반적이고 보편적인 원리를 부과함으로써 지배할 수 없다. 지구제국은 전 지구적 시민사회를 행정 공간으로 편성하면서 그 속에 내면화되는 길을 택한다. 지구제국의 행정은 경영 집단, 노동 집단, 인종 집단, 종교 집단, 범죄 집단 등과 밀접한 관계를 맺으면서 이 집단들의 특이성에 조응하는 정치적 수단들을 제시한다. 즉 각각의 집단을 제 각각 다르게 다룸으로써 이들을 분산시키고 분화시키는 것이다. 모든 행정은 국지적 자율성을 가지면서 주민들의 이동성을 따라 함께 움직인다. 이렇게 함으로써 가치법칙 역시 일반법칙으로서보다는 국지적인 타당성만을 갖는 것으로 된다.

그러나 분산과 자율을 특징으로 하는 이 지구제국의 행정은 다중이 분산되고 파편적인 것으로 존재하는 한에서만 위력을 발휘한다. 다중이 연합하여 봉기, 집단적 재전유, 전복에 나설 때 국지적 행정은 무력해질 수밖에 없다. 여기에서 지구제국은 행정과 분리된 것으로서의 명령, 즉 최고 권력의 기능을 설정한다. 이것은 비집중적 행정이 지닌 위험과 일탈, 그리고 모순들을 다스릴 최고명령의 기능을 수행하기 위한 것이다. 지구제국의 최고 권력은 다중이 자본주의를 전복하지 못하도록 저지하는 최후 보루의 역할을 수행한다. 분산되고 미시적인 행정의 문제는 민족국가에 위임되며 지구제국의 명령 장치는 이 특이성들의 움직임을 직접적으로 건드리지는 않는다. 그것이 지키고자 하는 것은 전 지구적 자본주의 체계의 일반적 균형상태이다.

네그리와 하트는 이 제국적 명령을 위해 세 가지의 절대적 수단들이 사용된다고 설명한다. 폭탄, 화폐, 그리고 에테르가 그것들이다.[8]

핵폭탄은 절대적 폭력, 삶의 절멸 위협을 의미한다. 그것은 물리력의 소재지를 국가 외부로 가져옴으로써 민족국가의 주권을 제한한다. 핵폭탄은 지구를 제국 명령이 작용할 단일한 공간으로 편성함으로서 모든 전쟁을 내전으로 전화시킨다. 전쟁은 군대의 행위에서 경찰의 행위로 변화한다. 전쟁의 직접적 목표는 제국의 질서에 도전하는 세력들, 즉 다중 자체이다. 제국은 핵폭탄을 통해 다중에게 절멸의 공포를 주입하고 이로써 다중들을 노동 경쟁 속으

---

8. 이하 안또니오 네그리 · 마이클 하트, 같은 책, 443~448쪽 참조.

로 흡수하여 이들 사이에 새로운 분할의 선이 생기게 만든다.

화폐는 일종의 금융폭탄이다. 그것 역시 핵폭탄과 마찬가지로 국경을 가로질러 이동하면서 저항이 없는 곳에 건설을, 저항이 있는 곳에 파괴를 행한다. 그것은 세계시장의 회로들을 따라 흐르면서 국내시장을 파괴하고 일국적이고 지역적인 화폐체계를 해체시키면서 생산된 잉여를 금융권력의 수중으로 집중시킨다.

에테르는 소통, 교육, 문화를 구성하는 정보의 흐름이다. 디지털 테크놀로지는 모든 정보 흐름을 에테르화했다. 이제 소통은 물리적 공간으로부터 분리되어 가상화되면서 완전히 기호학적인 과정으로 변화한다. 현대 사회의 생산은 탈영토화된 이 소통의 공간 속에 재배치된다. 그것에서 독특한 생산의 관계들이 탄생하며 생산적 힘들의 변형이 이루어지며 풍부함이 생성된다. 이것은 제국 속에 존재하는 일종의 민주적 권력으로서 핵폭탄의 군주권력이나 금융폭탄의 귀족권력을 전복할 수 있는 활력이 발전하는 공간이기도 하다.

여기에서 가치화는 사실상 가능하지 않다. 어떤 척도로도 측정 불가능하며 소비가 곧 창조인 소통적·협동적 부가 생산되는 이 공간에서 노동은 더 이상 시간으로 환원될 수 없기 때문이다. 가치화는 인위적이다. 그것은 핵폭탄과 금융폭탄에 의해 강제되는 명령의 효과일 뿐이다. 폭탄, 화폐, 에테르가 명령을 부과하는 이 전 지구적 공간은 지구적 공통 공간(즉 지구촌)이 아니라 지구적 약탈의 공간이다.9

착취는 등가교환의 형식을 빌려 합리적인 방식으로 이루어지는 약탈이지만 현재의 지구적 약탈은 미디어와 경찰행동에 의해 공포를 조성함으로써 다중들에게 이미 인위적으로 된 가치척도를 부과하는 공공연한 약탈로 되고 있다. 지구화의 이 비합리적이고 야만적인 결과 때문에 많은 사람들, 특히 전통적 좌파는 지구화에 대한 '반대'의 깃발 아래로 모인다. 세계시장 대신 지역경제가, 그리고 지역경제 속에서 국민경제가 대안으로 제시된다. 지구화는 단순히 민족국가에 기초한 전통적 제국주의의 현대적 양상인 것으로 파악되면서 제국주의의 핵심 국가인 미국에 대한 반대가 정치적 해결책인 것처럼 제시된다. 제국주의의 침략에 맞서 민족국가의 자주성을 강화하는 것이 지구화에 반대하는 좌파 논리의 정치적 결론인 셈이다. 국가를 축적의 지렛대로 삼아온 우파가 지구화의 길로 접어들자 지금까지 (적어도 명분에서는) 국제주의를 주장해 온 좌파가 이렇게 좀더 강화된 국가주의를 선택하고 있는 것은 아이러니가 아닐 수 없다.

그렇다면 전통적 좌파는 지구화에 대항할 힘을 어떻게 결집시키려 하는가? 정당과 노동조합으로 조직된 노동계급의 헤게모니를 통해 민중을 결집시키고 이 민중의 힘으로 노동계급 당이 국가권력을 장악하는 것이 그것이다. 이렇게 옹립된 국가는 지구화 아래

---

9. Jeremy Brecher and Tim Costello, *Global Village or Global Pillage*, South End Press, 1998 참조.

에서 비참을 경험하고 있는 민중에게 복지를 제공하는 국가, 즉 사회민주주의적 국가일 것이다. 여기서 민족주의는 사회민주주의와 행복하게 결합된다. 제1세계에서 민족주의는 지구화가 해체시키고 있는 복지권의 방어와 만회를 과제로 하며 제3세계에서 민족주의는 복지권을 실질적인 것으로 만들어 줄 자주적 민족국가를 확립하는 것을 과제로 설정한다.

민족국가의 강화를 통해 지구화에 대항하는 이러한 운동이 지금의 지구화가 띠는 약탈적 경향에 중요한 비판과 수정을 가하고 있는 것은 사실이다. 그러나 오늘날의 지구화가 제기하는 문제는 민족국가 수준에서 해결될 수 없는 중요한 내용들을 포함하고 있다. 무엇보다도 지구화가 분할된 민족국가들의 조건 속에서는 더 이상 해결될 수 없게 된 인류의 생산과 재생산의 여러 문제들에 대한 부르주아적 응답방식이라는 사실을 고려할 필요가 있다. 이와는 다른 응답방식이 가능하다고 할지라도 그것은 부르주아적 응답방식이 다루고 있는 탈민족국가적 현상들과 문제들에 대한 응답들을 포함하는 것이어야 한다.

이 지점에서 우리는 전통적 좌파로부터 다시 프롤레타리아 국제주의라는 대안이 제시될 것을 예상할 수 있다. 하지만 생각해 보면 국제주의는 특정 민족국가의 침략적 확장과 민족국가간 체계의 위계화(즉 제국주의)에 대항하여 민족국가간 체계를 수평적이고 연대적인 것으로 만들려는 이념에 지나지 않았다. 국제주의는 민족국가를 최고의 주권형태로 받아들인다는 점에서 제국주의와 동일한 기반 위에 서 있다. 전쟁인가 평화인가, 위계인가 연대인가는 그것이 동일한 기반 위에 서 있는 한에서는 양상의 차이이지 실체의 차이는 아니다. 더구나 오늘날 지구제국의 시대에 발전된 민족국가들은 적대보다는 타협과 연대를 더 선호함으로써 이미 프롤레타리아 국제주의의 많은 부분을 전유하고 있다. 지구제국의 시대에 더 주요한 갈등의 선은 제국주의 국가들 사이에서 그어지기보다 제국적 질서에 완전히 포섭되지 않은 외부를 겨냥해서, 그리고 제국에 저항하는 그 내부의 다중을 겨냥해서 그어진다.

그렇다면 지구화에 대한 민족국가적 대응이 한계를 갖게 되는 이유는 무엇일까? 우리는 여기에서 다시 생산과 재생산의 문제로 내려가야 한다. 오늘날 생산과 재생산은 결코 일국적 수준에서 전개되지 않는다. 오늘날 분업은 지구적이다. 인류의 삶은 명실상부하게 세계시장의 회로들을 따라 흐른다. 이것은 노동의 사회화가 일국적 범위에서가 아니라 지구적 범위에서 이루어지고 있음을 의미한다. 이민, 탈출, 파견과 같은 노동력의 직접적 이동 외에 인터넷을 비롯한 광범위하고 다양한 정보소통 체계가 현대의 노동활동을 지구적 수준에서 유통시키는 것이다. 이제 사회는 물론이고 생태 그 자체가 하나의 공장으로 되었다고 해도 과언이 아니다. 제국은 생산의 이 전 지구적 사회화에 상응하도록 재구축된 주권형태이다. 그것이 지금 착취 대신 약탈로 나아가고 있고 내전을 일상화하고 있다고 해도, 지구제국의 기반인 생산의 전 지구화는 인류의 국지적·민족국가적 분할에 기초한 전통적 착취에 대항해 온 노동계급의 열망과 분리된 것이 아니다. 그러므로 지구제국에 대항하는 투쟁은 지구화 그 자체에 반대하는 것일 수 없다. 표적을 정확하게 설정하는 것이 중요하다. 현재의 과제는 다중의 지구적 연결과 유통이 민족국가 주권을 쇠퇴시키면서도 그것이 주권 자체의 해체가 아니라 새로운 주권형태로, 즉 지구세국으로 응축되는 것에 대항하는 것이어야 할 것이다.

우리는 지구화에 대항하려 한 전통적 투쟁형태들이 실제로는 지구화를 촉진하고 제국을 실질화하는 것으로 귀결되어지는 것에 주목해야 한다. 1990년대에 세계적으로 많은 좌파 정당들이 노동자 파업의 힘에 의거하여 민족국가의 집권당으로 되었지만 그것이 지구화의 대안을 구축하지는 못했다. 그 정당들과 국가들이 민족국가를 통해 지구화의 폐해를 완화한 것은 사실이다. 그러나 좌파 정당들과 노동조합들은 정리해고의 비준, 능력주의의 확산, 복지에 대한 노동 척도의 부과, 노동의 일반화 등을 통해 노동 내부의 분할을 조성했으며 자본의 지구화를 실제적인 것으로 만드는 데 기여했다. 다시 말해 그들은 제국의 지배를 개별 국민국가 내에 효율적으로 관철시키는 대리인의 역할을 수행했다. 그것은 다중을 정치적으로 대의하고 또 훈육함으로써 위로부터 지구제국의 명령을 국지적으로 관철시키는 도구가 되었다.

그런데 눈을 돌려보면 지구화에 대항하여 움직이는 새로운 형상들이 눈에 들어온다. 그것은 재구성된 주체들 속에서 아래로부터 솟아나오는 풀뿌리 투쟁들이다. 멕시코의 사빠띠스따들은 자본에 떠밀려 밀림으로 들어간 원주민들의 저항조직이다. 이들은 눈에 보이지 않는 세계로 떠밀린 자신들을 다른 사람들이 볼 수 있도록 만들기 위해 싸운다. 이들은 권력의 장악을 거부할 뿐만 아니라 자신들이 권력으로 되는 것도 거부하면서 오직 원주민들이 스스로 자신의 삶을 경영할 수 있는 조건을 창출하기 위해 싸운다. 벌써 아홉 해 째로 접어드는 이들의 투쟁은 원주민들의 자치가 그들 원주민만의 문제가 아니라 지구화하는 자본 전체를 극복하는 문제와 연결되어 있음을 보여주었다. 이것을 잘 알고 있는 사빠띠스따들은 인류의 대륙간 연대를 위한 회의를 조직하는 한편 인터넷을 이용하여 자신들의 투쟁을 지구 전체에 유통시키는 데 각별한 노력을 바치고 있다.

1999년 씨애틀에서 시작하여 퀘벡, 제노바 등으로 확산된 이른바 '반지구화' 시위들도 새롭게 출현한 투쟁형태들이다. 인터넷을 통해 지구 각지에서 결집하여 G8, IMF, 세계은행, WTO 등의 정상급 각료회의를 무산시키거나 위축시켰던 이 투쟁들은 '새로운 민족국가를 위한 민족국가와의 투쟁'이라는 전통적 투쟁의 관점을 넘어서 실재하는 지구제국의 초국적 기관들에 대항하는 투쟁을 벌였다.

1995년 프랑스 총파업에서 나타난 '총회', 그리고 2001년 아르헨티나에서 나타난 '피께떼로', '구역의회', '점거공장 전국위원회' 등은 오래된 코뮌적 운동 형태의 부활을 보여주며 1992년 로스앤젤레스에서 나타났었고 2001~2년에 아르헨티나와 베네수엘라에서 다시 나타난 무상점취는 현대의 부가 갖고 있는 약탈적 성격을 행동으로 주장한다.

지구제국으로부터 다중의 자치와 분리를 지향하는 운동들은 이외에도 많다. 노동자들은 시골에서 도시로, 소도시에서 대도시로,

한 국가에서 다른 국가로, 한 대륙에서 다른 대륙으로 끊임없이 이동하고 있으며 대도시에서 소도시로, 도시에서 시골로의 역류의 흐름도 강력하다. 노동자들의 이 이동성은 민족국가를 위태롭게 할 뿐만 아니라 지구제국을 영원히 불안정한 주권형태로 만든다. 우리는 1989년 베를린 장벽의 붕괴를 전후하여 사회주의적 훈육을 회피하는 거대한 탈출의 대오를 목격할 수 있었고 그것이 사회주의의 붕괴를 가져왔음을 알고 있다. 이것은 북한을 비롯한 잔존하는 사회주의 나라들에서 지금도 멈추지 않고 진행되고 있는 과정이다.

탈주는 지리적인 것에 국한되지 않는다. 혼혈을 통한 인종적 탈주, 신체 변경을 통한 생물적 탈주, 새로운 언어와 소통관계의 창조를 통한 문화적 탈주, 결근·근무이탈·딴짓하기·이직 등을 통한 훈육에서의 탈주 등의 행위가 부단히 생성되고 있으며 이것이 사보타지, 파업 등의 전통적 탈주 방식과 결합되고 있다.

그러나 잡종성, 탈주, 명령 거부로는 아직 부족하다. 그것은 우리를 공허함과 냉소주의라는 위험 속으로 인도한다. 여기서 우리는 다시 한번 생산의 지형으로 내려가야 한다. 다중의 탈주는 양면적이다. 그것은 제국적 질서가 가져다주는 비참에 대한 부정에 의해 촉발되지만 밑바닥에서 그것을 조건짓는 것은 지구화의 과정 속에서 생성된 풍부한 욕망이다. 지구적 규모에서 사회화된 노동자들의 축적된 생산적 활력이 우리를 현존하는 비참의 질서에 대한 거부로, 더 나은 것을 향한 탈주로 이끄는 것이다.

여기에서 탈주는 구성에 길을 열어준다. 지구를 약탈의 장소가 아니라 소통의 공동체 공간으로 만들기 위한 창조적 연합 운동에 합류함으로써 비로소 탈주는 약탈적 시민사회를 넘어서는 공통적 인류사회 구축의 용광로가 될 수 있을 것이다. 우리가 2부에서 살펴볼 다중은 바로 이 구성적 탈주, 탈주적 구성의 소용돌이 속에서 출현하는 새로운 주체성의 형상이다.

2

다중

7장 다중의 계보학

8장 싸이버스페이스와 다중

9장 주변부와 다중

10장 한국에서 다중 개념의 형성

11장 탈근대의 한국사회와 다중

7장 다중의 계보학

대중의 형성과 '민족-민중'

    자본주의적 근대화는 '대중'(mass)의 형성사였다. 근대 이전 시기에 인간들은 자연적 조건에 따라 서로 다른 삶을 영위하는 '켄타우르(centaur)형 다중(multitudes)'으로 존재했다. 반인반마(半人半馬)의 '자연-인간'이었던 이들은 농민, 유목민, 점성가, 사냥꾼, 낚시꾼, 화전민, 산적, 거지 등등으로 서로 분산되어 존재했다. 시민, 수공업자, 상인 등은 오히려 주변적인 존재였다.

    분산되어 있던 이들을 결집시킨 것은 공장이었다. 공장은 원주민들, 수공업자들, 빈민들 그리고 토지로부터 유리된 농민들을 흡수해서 집단적으로 연결된 생산체제 속에 결합시켰으며, 자연에 예속되어 있던 자연-인간을 자연에서 독립된 인간, 자신의 발로 선 인간인 '사회-인간'으로 만드는 공간으로 기능했다. 공장에서 자연은 예속될 주체가 아니라 가공할 대상으로 위치지어졌다. 오래 전에 두 개의 앞발이 손으로 해방됨으로써 천부의 종으로부터 잠재적으로 독립적이며 개체적인 수준에서 자연을 가공할 능력을 가진 호모 이렉투스(Homo Erectus, 직립인간)가 발생한 후, 공장은 인간을 집단적 수준에서 자연으로부터 독립시키는 계기가 되었다. 공장이 상품들의 생산공간이면서 동시에 자연에서 독립된 인간형상을 생산하는 공간이기도 했던 것이다. 전근대사회에서 자연의 리듬에 따르면서 자연을 돌보던 인간들은 점점 더 서로 연결된 협업적 생산과정 속으로 통합되었고, 그들의 생활양식은 점점 닮아갔다. 이것이 '전근대적 다중'이 급속하게 대중으로 변형되어 간 과정이다.

자연-인간에서 사회-인간으로의 이행은 두 단계를 밟아 진행되었다.

첫째 단계는 자연-인간의 단순한 양적 결집으로서 대중(mass)이 형성되는 단계이다. 이 단계의 대중은 자연의 리듬과 요구를 읽고 그것을 따르며 조절할 수 있는 능력으로서의 숙련에 의해 규정되었다. 매뉴팩처에서 수공업자가 공장의 노동과정을 통제할 수 있었던 것은 이들이 자본주의 외부에서, 즉 전자본주의적 생산과정에서 습득한 숙련에 입각한 것이었다. 이전의 생산과정에서 분리된 다수의 노동자들은 이전의 생산경험(주로 농경)에서 쌓은 숙련을 강제적으로 박탈당함으로써 미숙련 노동자가 되었고 공업에서 숙련된 노동자의 지도를 받아야 했다. 노동자들은 한 공간에 모여 대중을 이루었지만 생산과정에서 서로 긴밀히 연결된 협력-대중은 아니었다. 이들은 두뇌보다 육체에 더 많이 의존하는 호모 파베르(Homo Faber, 공작인 工作人)로 남아 있었다. 자연으로부터의 독립은 불완전했다. 이들의 생산능력은 그들의 지적 협력에 의해서보다는 개개인의 노동시간의 양적 길이에 의해 규정되었다. 자본이 이 단계에서 절대적 잉여가치의 생산을 착취의 주요 방법으로 선택했던 것은 이러한 조건 때문이었다. 이 단계의 대중을 우리는 형식적으로 자본에 포섭되는 단계의 대중으로 부를 수 있다.

둘째 단계는 자본주의적 생산이 자연-인간의 단순한 양적 결집을 넘어 질적으로 결합된 탈자연적 인간 주체성에 의해 이루어지는 단계이다. 첫째 단계와 달리 둘째 단계는 대공업에 의해 특징지어진다. 산업이 발전하면서, 자연과의 관계 속에서 익힌 몸의 기능인 숙련보다는 자연에서 독립된 두뇌의 작용에 의해 얻어진 과학기술이 점차 생산력의 더 큰 부분을 차지하기 시작했다. 호모 파베르에서 호모 사피엔스(Homo Sapiens, 사유인)로의 이행은 가속되었다. 이것은 생산과정에서 인간들 사이의 공동작용과 협력을 생산의 결정적 요소로 부각시켰다. 이 과정에서 인간노동의 점차 많은 부분이 기계적 과정으로 이전되었으며 인간은 대규모화된 기계체제의 관리자, 감독자로 자리잡아 갔다. 자본은 기계를 매개로 한 노동자들의 협력적 생산이 산출하는 높은 생산력에 주목했다. 개별 노동자들의 노동시간을 늘리는 것보다 노동자들간의 협력관계를 좀더 효율적으로 배치하여 생산력을 향상시키는 것이 더 큰 잉여가치를 갖고 올 수 있음을 깨닫게 된 것이다. 생산력의 향상은 생필품 가격을 낮춤으로써 필요노동시간을 단축시켰고 자본이 수취하는 상대적 잉여가치는 늘어났다. 기계를 매개로 한 인간 협력의 합리화와 생산력의 향상이 생산 속에서 협력하는 인간들을 부유하게 만들어 준 것이 아니라 기계의 노예로 만든 것이다. 기계가 숙련을 흡수하면서 숙련 노동자의 존재이유는 빠르게 사라져 갔고 노동하는 대중은 점점 더 단일하고 통일된 생활양식을 갖게 되었다. 이 단계에서 대중의 삶은 자연적으로(즉 자본관계 외부에서) 획득된 생활양식의 흔적을 점점 덜 갖게 되었다. 이로써 '켄타우르적 다중'은 사라지고 서로 동질적이고 협동적인 공작적 대중이 생산을 담당하게 되었다. 이것은 대중의 자본관계 속으로의 포섭을 형식적 수준을 넘어 더욱 실제적인 것으로 만들었다.

첫째 단계에서 둘째 단계로의 이행이 순탄하고 자연스런 과정은 아니었다. 이 과정은 공장에서의 착취를 둘러싼 치열한 갈등과 적대로 점철되었다. 첫 단계에서 자본은 노동자를 '일하는 동물'로 간주했고, 임금은 그 동물이 다음날 공장에 와서 일할 수 있는 능력을 재생산하기 위한 수준으로 제한되었다. 이에 대한 저항으로, 노동자들은 노동조합을 결성하여 노동시간을 단축하기 위한 입법투쟁을 전개했고 파업과 사보타지를 수행했다. 1848년의 독일, 1871년의 프랑스, 1905년과 1917년의 러시아는 이러한 투쟁들의 전국적이고 혁명적인 결집을 보여준다.

그런데 공장생산이 중요한 생산방식으로 기능하는 육체노동의 시대에, 노동자들은 늘 기계와 경쟁하는 위치에 놓여 있었다. 기계가 갖는 물리적 힘이 노동자의 물리력, 즉 근력을 대체할 수 있었기 때문이다. 기계를 부수었던 러다이트운동이 보여주듯이 기계는 노동자들에게 투쟁의 중요한 장애물로 다가왔다. 공장수준과 사회수준에서 전개되는 노동자투쟁의 수위가 높아지면 그럴수록 자본이 근력을 대체할 기계를 도입함으로써 그 투쟁을 무력화시켰기 때문이다. 이 과정이 반복되면서 자본은 기계에 대해 더 큰 믿음을 갖게 되었고 노동력을 기계로 대체할 수 있는 과학기술의 더 빠른 발전에 기대를 걸었다. 이 과정에서 노동과정은 고도로 집적된 지성을 기초로 기계화되고 자동화되었으며, 그 결과 기계가 인간들을 통일시키는 벨트가 되어갔다. 테일러주의는 이 과정을 촉진하기 위한 의식적인 전략으로 도입되었다.

1929년 세계대공황은 급속히 기계화된 대공장체제의 모순이 폭발한 시기였다. 높은 생산성에 의한 거대한 상품생산은 상대적으로 낮은 소비능력과 심각한 불균형을 보였다. 한편에서는 과잉생산, 다른 한편에서는 빈곤과 과소소비로 나타난 이 불균형은 자본의 이윤율 하락을 수반하면서 한편에서는 도산이, 다른 한편에서는 굶주림이 줄을 이었다. 사회의 한 편에 거대한 부가 축적된 조건에서 출현한 이 세계적 굶주림인 세계대공황을 겪으면서 자본의 이론가들, 특히 케인즈는 이 상황을, 생산과정에서는 대중이 형성되어 있지만 소비과정에서는 대중이 형성되어 있지 않은 것의 결과로 읽었다. 이러한 판단에 기초하여 '상품을 생산하는 대중'을 '상품을 소비하는 대중'으로 전환시킴으로써 유효수요를 창출하려는 기획이 제안되었다. 우선 미국에서 그 기획이 공황을 탈출할 수 있는 유효한 방책으로 인정받았다. 이후 생산의 대중화에 상응하는 소비의 대중화 기획인 포드주의는 전후 서구자본주의의 일반적 전략으로 자리잡았다. 생산성과 임금을 연동시킴으로써 생산과 소비의 단절은 극복되었다. 이제 대량생산에 대량소비가 상응했고, 그 결과 생산자 대중에 상응하는 소비자 대중이 형성되었다. 그러나 소비자 대중의 형성이 자본 운동의 모순을 자동적으로 해소해 주었던 것은 아니다. 노동자들은 더 많은 임금 요구와 복지 요구를 제기하는 것으로 자본의 전략에 대응했다.

대중의 형성과정이 이렇듯 적대적인 과정들로 점철된다는 사실은 정치적 계기를 도입하는 조건이 된다. 자본의 발전과정이 동시에 노동으로부터 더 많은 도전의 생성과정이 되면서, 개별자본은 노동자대중들의 저항을 통제할 좀더 대규모적이고 집단적인 조직의 필요성을 절감하게 된다. 민족국가는 바로 이러한 필요에 상응하여 구축되었다. 민족국가는 자신을 경제사회에서 발생하는 사회적 갈등을 중재하는 공적 기구로 제시함으로써, 자본주의적 생산의 총과정의 중요한 행위자로 자리잡아 갔다. 그리고 이것은, 전지구적 차원에서 대중들이 영토·문화·언어 등에 의해 서로 분할되어 있는 현실에 의해 정당성을 얻어갔다. 이러한 상황이 특정의 민족국가로 하여금 자신을 다른 지역적·언어적·문화적 국가적 공동체와 경쟁하는 주권적 공동체로 제시하는 것을 가능하게 해주었기 때문이다. 민족국가는 대중들을 끊임없이 '민족-민중'으로 호명했고 이들을 주권적 주체로 양식화했다. 다시 말해 대중의 형성이라는 계급합성 과정은 대중을 민족-민중으로 양식화하는 주권합성의 과정과 처음부터 병행했다.

'계급-민중' 기획과 그 한계

우리는 자본주의적 근대화과정에서 대중의 '민족-민중화'라는 주권합성계열과는 구별될 뿐만 아니라 그것과 대립하는 또 하나의 경향을 발견할 수 있다. 그것은 대중의 '계급-민중화'라고 불릴 수 있는 아래로부터의 계급구성의 계열이다. 생산과 소비 모두에서 대중이 형성되었지만 그것은 대중들을 수동적 존재로 안착시키는 과정에 다름 아니었다. 노동자대중들은 민족국가에 의한 이러한 민족-민중화과정을 때로는 지지했지만 점차 그것에 저항했다. 민족-민중화과정이 실제로는 자신들을 주권생산의 주체로 편성함으로써 점점 더 깊이 자본관계의 수렁 속으로 끌어들이고 소외된 삶을 영구화시키는 과정에 다름 아니었기 때문이었다. 복지국가가 노동자들을 절대적 궁핍에서 벗어나게 한다 할지라도 자유시간은 오직 노동이 끝난 후에만 찾아왔으며 그 시간마저도 다음날의 노동을 위한 준비에 할애하도록 강요당했다. 노동자대중은 자신을 민족화된 민중과는 구별되는 계급으로, 자본에 대항하는 계급으로 구성함으로써 자본관계에서 벗어나고자 했다. 이러한 노력도 몇 개의 단계를 거쳐 진행된다.

근대적 대중 형성의 첫째 단계에서 이러한 노력은 생산자로서의 노동자대중을 기반으로 노동조합을 결성하고 노동자당을 건설하여 이들을 지도하려는 전투적 계몽주의의 노력으로 나타났다. 이것은 노동자가 숙련에 따라 층위화되어 숙련노동과 미숙련노동의 지적·사회적 격차가 뚜렷한 계급상황에 상응하는 것이었다. 요컨대 대중들을 계급-민중으로 조직하기 위해 노력한 것은 대중의 전위들이었다. 우리는 이 노력 속에 민족국가 및 그 권력에 대한 태도의 차이를 둘러싸고 세 가지의 서로 다른 흐름이 있었음을 확인할 수 있다.

첫째 흐름은, 노동계급을 중심으로 한 계급-민중이 기존의 민족국가와 그 권력을 장악(권력탈취, 즉 탈권)하여 그것을 지렛대로 자본관계를 철폐하려는 흐름이었다. 국제 노동자운동 속에서 제2인터내셔널과 제3인터내셔널은 바로 이러한 흐름의 조직적 표현이었다. 제2인터내셔널에서 그것은 의회주의적 사회민주주의의 모습으로 나타났다가 제1차 세계대전을 계기로 사회애국주의로 경화되었으며, 제3인터내셔널에서는 일국사회주의와 민족해방운동의 모습으로 나타났다. 이것과 대립하는 또 하나의 흐름은 모든 국가권력을 반대하면서 개인들의 자치를 강조하는 흐름(권력반대, 즉 반권)이었다. 제1인터내셔널에서 이러한 흐름은 탈권의 흐름과 대립하는 무정부주의적 노력으로 나타났다. 이 노력의 한 축은 연합에 대한 극단적인 거부와 개인적 자유에 대한 강조로 흐른 반면, 또 한 축은 권력과는 구별되는 수준에서 전개되는 개인들의 상호부조를 강조했다. 셋째 흐름은, 기존의 국가권력이 취했던 '위로부터'라는 방향과는 달리, 노동계급을 지도세력으로 하여 계급-민중을 형성하고 이를 기반으로 '아래로부터' 권력을 구축(즉 입권)하려는 움직임으로 나타났다. 맑스는 1848년 혁명과정에서 첫째 흐름, 즉 탈권론의 입장을 표현했지만 일정한 자기비판 과정을 거쳐 1871년 이후에는 명시적으로 셋째 흐름의 시대적 유효성을 천명하는 방향으로 나아갔다. 파리코뮨의 경험에서 영감을 얻은 이 흐름은 이후, 탈권론과의 합류를 통해 새로운 국가를 건설하려는 노력으로 혹은 반권론과의 합류를 통해 국가를 폐지하고 반국가적 연합노선을 찾으려는 노력으로 분기된다.

대중형성의 둘째 단계에서 이러한 노력은 극히 모순적인 과정을 밟는다. 1917년 혁명 이후 동유럽에서 대중은 사회주의국가의 형태로 나타난 중앙집권적 국가의 통치대상으로, 즉 인민으로 배치되었다. 이것은 현실의 혁명과정이 반권도 입권도 아닌 탈권의 과정으로 전개되면서 계급-민중이 민족-민중으로, 요컨대 해방주체가 아닌 주권주체로 굳어진 것의 결과였다. 이 과정은 물론 자동적인 과정은 아니었으며 크론슈타트 수병반란이나 곳곳에서의 농민반란에 대한 무력진압, 좌파공산주의자들에 대한 숙청, 소비예뜨에서 당으로 권력의 체계적 이전, 대규모 민족이동을 통한 민족적 자결능력의 해체 등 대중의 저항적 힘을 분쇄한 이후에 나타난 결과였다.

서구사회에서도 이와 유사한 과정이 전개되었다. 1917년 혁명에서 나타난 계급-민중의 불복종성에 놀란 자본은, 1929년의 위기를 겪으면서 계급-민중과의 적대관계를 유지하기보다 이들을 가치생산과 주권합성의 주체로 흡수하는 타협전략을 선택한다. 전후의 장기적인 포드주의 과정에서 계급-민중은 시민사회 속에서 더 큰 지분을 할당받는 대신, 민족–민중이라는 주권적 주체성으로 포섭되는 것을 받아들였다. 이것은 대중이 자본관계 속으로 한층 더 깊이, 다시 말해 '실질적으로' 포섭됨을 의미한다. 또 제3세계에서도 이와 유사한 과정이 진행되었다. 1945년을 전후한 급격한 탈식민화의 과정은 민족해방운동의 주체들의 민족–민중화를 촉진했다. 대부분의 나라들에서 민족해방운동 세력은 독립민족국가의 구성주체로 전화되고 민중은 민족주체성으로 정립되었다.

이렇게 우파적 민족–민중뿐만 아니라 좌파적 계급–민중까지 국가를 구성하는 주권적 주체성으로 포섭됨으로써, 민중은 점차 국가에 의해 관리되는 자본관계의 발전에서 자신의 이익을 도모하는 세력으로 변형되었다. 민중의 이러한 체제내화는 조직된 노동계급의 헤게모니와 당의 지도력과 같은 위계적 조직화 구조에 의해 안정화되었다. 민족–민중으로 된 노동자대중은 노동조합과 당을 매개로 자본과 교섭함에 있어서 일사불란한 질서의 힘으로 자신을 드러냈다. 1968년의 혁명은 민중의 이러한 체제내화에 대항하는 아래로부터의 반란이라고 볼 수 있다. 1929년을 전후해서 케인즈는 불복종적인 계급–민중을 군중–폭도로 이해했는데, 1968년의 시기에는 국가뿐만 아니라 민족–민중화된 계급–민중까지도 반란에 나선 대중을 군중–폭도로 이해했다. 이들의 중심에는 케인즈주의적 합의체제에서 어떤 보장도 받지 못하던 비보장노동자들이 놓여 있었다.

탈근대적 다중의 출현

　　비보장노동자들이 계급-민중으로부터 자신을 구별·정립하면서 이른바 '복지체제'에 도전을 하고 나선 이유가 무엇이었을까? 이 물음에 답하기 위해서는, 대중이 자본관계 속으로 실질적으로 포섭되어 가는 과정에 수반되는 생산의 변화를 탐구해야 한다.

　　부의 생산을 자연법칙에서 해방시킨 기계화와 대공업의 발전은 노동을 더욱더 집단적이고 협력적인 것으로 만들었다. 노동과정이 자동화되면서 이전에 노동의 주된 담당자였던 노동자들은 생산과정을 통제하는 집합적 주체로 전환되었다. 그 자신 자연존재이면서도 주어진 자연에서 독립된 이 새로운 집합적 노동주체는, 맑스에 의해 '사회적 노동' 주체로 명명되었다. 생산자는 이제 공장에서 노동수단을 매개로 노동대상과 대면하고 있는 노동자만이 아니었다. 직접적으로 노동대상과 대면하고 있는 노동자도 공장 밖에서 가사, 연구, 교육, 의료, 유통, 기타 각종 서비스 등에 참여하는 노동자들과 더불어 전 사회적 수준에서 작동하는 집합적 생산주체의 일부로 기능했다. 노동은 사회의 특정 영역에 한정되지 않는 보편적 활동으로 일반화되었다. 얼핏 보면 이 집합적 노동주체에서 제외되어 있는 것으로 보이는 실업자들도 자신의 과거노동을 통해, 구직을 위한 활동을 통해, 재교육을 받는 노동을 통해, 실업기간 중에 수행하는 육아, 심부름, 각종 보조역할, 삶시간 속에서의 사유와 자기개발 등을 통해 그리고 살아남기 위한 소비활동을 통해 이 집합적 생산주체의 일부로서 기능한다. 이것은 생산적 노동에 대한 전통적 개념을 뒤바꾸거나 무의미하게 만들 만큼 혁신적인 변화였다. 왜냐하면 삶을 생산하는 노동과, 가치를 생산하는 노동 사이의 경계가 희미해졌기 때문이다.

이러한 변화로 인해 보장노동자와 비보장노동자의 차별은 인위적인 것으로 되었다. 노동의 사회화와 일반화가 이렇게 현실로 전개되고 있었음에도 불구하고 국가와 자본이 취한 보상과 보장의 체계는 의연히 낡은 생산체제에 준거하고 있었기 때문이다. 물론 자본주의는 임금과 구별되는 복지의 범주를 설정함으로써 이러한 괴리를 보충했다. 복지는 가치생산이 노동자의 노동시간에 의해 개별적으로 이루어지기보다 집합적인 사회성원에 의해 사회적으로 이루어진다는 사실에 대한 암묵적 승인이었다. 그렇지만 복지가 다루어지는 방식은 의연히 낡은 공장생산체제의 준거틀을 벗어나지 못했다. 즉 '직접적으로' 가치생산에 참여하느냐 않느냐가 복지제공의 기준으로 작용했다. 직접적으로 가치생산에 참여하는 것으로 보이는 노동자들의 일부(이들은 대개 공장수준에서 노동조합으로 조직되고 국가수준에서 당으로 조직되어 있었다)는 생산성과 연동된 임금 외에 연금·보험을 비롯한 각종 복지혜택을 통해 전 사회적으로 생산된 잉여가치의 일부를 재분배받을 수 있었다. 하지만 외관상 가치생산에 직접적으로 참여하지 않고 있는 것으로 보이는 여성·학생·비정규직 노동자·실업자·아동·농민 등(이들은 상대적으로 조직되어 있지 못했다)은, 자신들이 전 사회적이고 집단적인 생산과정의 유기적 구성주체임에도 불구하고 임금을 받지 못하거나 복지혜택에서도 제외되었다. 1968년의 반란은, 보장

노동자와 비보장노동자에 대한 이러한 차별이 자본의 착취를 떠받치는 시대착오적이고 정치적인 조작임에 대한 고발이었다. 그리고 그 차별의 폐지를 통해 이러한 인위적인 구별을 생산하는 자본관계 자체를 폐지하려는 아래로부터의 투쟁의 폭발이었다. 이 과정에서 민족화된 주권적이고 수동적인 민중과는 구별되는 대중의 새로운 형상, 즉 다중이 발생한다.

이 새로운 다중은 대중의 전 사회적 확장이었지만 생산과 소비 모두에서 동질적인 생활양식을 가졌던 대중의 단순한 양적 확장은 아니었다. 오히려 다중은 공장과 공단을 중심으로 분포되어 있던 대중을 자신의 일부로 편입시키면서 가정, 학교, 쇼핑센터, 사무실, 연구소, 병원, 도로, 거리, 공원, 농촌 등 사회의 모든 지역에서 발생하는 새로운 주체성으로 나타났다. 다중은 근대사회의 중심 원리였고 사회규범의 원천이었던 가치원리, 즉 가치법칙이 현실에 적합하지 않다고 주장했으며, 그것의 행동적 표현은 '노동거부'였다. 그러나 그것은, 흔히 오해되듯 게으름에 대한 권리요구 혹은 비노동의 요구와 단순히 동일시될 수는 없는 것이었다. 이미 다중은 거대한 전 사회적 노동주체로서의 '사회적 노동자'의 일부였고 집합적 인간노동의 유기적 구성부분이었다. 그것은 인류가 도달했고 또 속해 있는 역사적 조건이었다. 그러므로 노동거부는 노동행위 자체에 대한 일괄적 거부를 의미할 수 없었다. 거부되어야 할 것은 이 사회적 노동활동이 종속되어 있는 강제적 노동체제였다. 자본은, 개별노동자의 육체적 노동시간이 아니라 전 사회적 인간 지성과 과학기술의 응용, 노동하는 사람들 사이의 소통과 협력 등이 생산의 주된 담당자로 되어 있는 탈근대적 상황에서 '개별화된 노동자의 노동시간에 의한 가치측정'이라는 낡은 근대적 가치법칙을 사회규범의 원천으로 강제하고 있었다. 그 이유는 간단했다. 자본주의적 사적 소유가 재생산될 수 있는 근본적인 기초가 바로 가치법칙에 입각한 가치교환에서 주어지고 있었기 때문이다. 가치법칙의 붕괴는 부르주아적 사적 소유 그 자체의 붕괴를 의미하는 것이었다. 가정, 학교, 군대 등 사회적 생산의 비공식부문들에서 사회적 부의 생산과정에 참여하는 사람들에게 임금이 주어지지 않거나 혹은 약한 혜택만이 주어지는 상황은 이러한 가치규범에 의해 정당화되었다. 노동거부는 전 사회적 수준에서 결합된 현실의 노동과정과 개별적 노동에 근거한 낡은 가치척도의 괴리에 대한 고발이었고, 낡은 노동체제에 대한 거부였다.

탈근대적 다중들은 대중과 달리 생산과 소비에서 동질적인 생활양식을 갖고 있지는 않다. 전근대적 다중이 그러했던 것처럼, 이들은 서로 다른 특이한 관심사·생활양식·지향성 등을 갖고 있다. 그러나 이들은 서로가 사회적 수준에서 서로 연결되어 있고 언어로 '공통적인 것'(the common)의 생산에 참여하는 생산자들, 즉 호모 로쿠엔스(Homo loquens, 언어인)이다. 이들은 언어를 사용하여 지식을 창조하고 지성을 공유하며 관계를 조절한다. 또한 이들은 자신들의 언어적이고 소통적인 생산활동을 놀이로 만드는 호모 루덴스(Homo ludens, 유희인)이다.

이들은 이전에 사회복지를 자유롭고 풍요로운 삶이 아니라 기껏해야 생존과 연명의 현실로서 경험한 바 있다. 이들 다중에게 국가

적 공공성 주장은 자신들이 생산한 '공통적인 것'을 '사적인 것'에
복속시키는 은폐된 방법으로 느껴진다. 다중은, 자신들의 생산적
연합이 국가관계와 자본관계의 속박에서 해방되어야 한다고 생각
한다. 왜냐하면 그것만이, 다양하고 이질적인 사람들이 생산한 '공
통적인 것'을 온전한 모습 그대로 실현할 수 있는 길이기 때문이다.
1968년 혁명에서 '자치'가 가장 광범위한 전략적 지향성으로 나타
난 것은 이 때문이다. 이것은 국가적 '공공성'에 대한 비판이다. 왜
냐하면 국가적 공공성은, 사회적으로 생산된 것이자 탈근대적 생
산과정을 그 주체와 산물 모두에서 규정하고 있는 '공통적인 것'을
살려나가는 방법으로는 부적합하기 때문이다. 그리고 '자치'의 이
념은, 집합화된 사회적 노동자들은 더 이상 가치교환에 입각한 자
본관계를 필요로 하지 않으며 화폐와 권력을 매개로 하는 자본관
계와는 다른 유형의 결합관계를 구축함으로써만 '공통적인 것'을
더 잘 발전시켜 나갈 수 있다는 제안이기도 하다. 여기에서 국가적
주권(sovereignty)과 다중의 자치(autonomy)의 관계는 역전된다. 지
금까지 자치는 늘 주권을 통해서만 보장될 수 있는 것으로 설명되
어 왔지만 이제 자치는 주권으로부터 독립적으로, 주권관계의 폐
지를 통해서만 도달될 수 있는 것으로 사고되기 시작한다.

　자치의 노력이 출현한 양상은 지역마다 달랐다. 서구사회들에서
자치를 위한 노력은 기존의 국가권력은 물론이고 국가에 포섭된
여러 제도형태들로부터 분리된 자율적 공통체(community)를 구축
하는 노력으로 나타났다. 반면 동유럽 사회주의 나라들에서 이것
은 국경을 넘는 탈주의 방식으로 나타나거나 아니면 중앙집권적

권력에 예속되어 있던 제도들을 시민사회 속으로 재전유하여 국가
에 대해 대항력을 갖는 시민사회를 발전시키려는 노력으로 나타났
다. 그리고 제3세계들에서 자치를 위한 노력은, 많은 경우 권위주
의적 국가를 해체하고 국가의 계급적 성격을 전화하려는 저항적이
고 혁명적인 노력으로 나타났다.

시민과 그 한계

새로운 사회운동들은 지금까지 '공공적인 것'을 통해 사적인 한
계 내에서 관리되어 온 '공통적인 것'을 직접적으로 전유하고 또
표현하려는 역사적 노력이었다. 1970년대 이후의 자본주의 역사는
이렇게 드러난 '공통적인 것'을 어떻게 직접적으로 '사적인 것'으
로 전화시킬 것인가를 놓고 벌인 자본의 투쟁에 의해 인도되었다.
자본이 선택한 길은 진보적인 길이 아니라 퇴행적인 길이었다. 자
본은 20세기의 역사 속에서 노동투쟁의 압박에 떠밀려 구축한 '공
공적인 것'을 '공통적인 것'으로 전화시키기는커녕 다시 그것을
'사적인 것'으로 되돌리는 것(사유화)으로 다중의 투쟁에 응답했다.
지금까지 '공공적인 것'을 표상해 온 국가는 지금까지 자신이 가장
해 온 계급적 중재기관의 탈을 벗어버리고 공공연히 억압적이고
기업적인 기관으로 탈바꿈했다. 한국처럼 제3세계적 경험을 가진
사회에서는 서구에서와 달리, 국가가 '폭력의 기관'에서 '중재의
기관'으로 전환되는 듯한 현상들이 나타난다. 하지만 이것은 자본

의 지구화를 경과하면서 초국적 금융자본의 필요에 따라 이루어지는 전 세계적 자유화의 한 측면일 뿐이다. 정치경제적 자유화 현상은 권위주의하에서 억눌렸던 자유와 복지를 불충분하게나마 회복하고 발전시키는 효과를 가져온다. 하지만 이 정치경제적 자유화 현상의 다른 한편에서, 한국의 국가는 신자유주의적 초국적 금융자본이 주도하는 사유화전략의 일국적 정치기관이자 축적마디로 더욱더 깊이 인입되었다.

이렇게 자본의 사유화 노력이 좀더 직접적인 것으로 나타나면서 '공통적인 것'을 생산하고 '공통적인 것'의 자치를 주장하는 다중과 그것을 '사적인 것'으로 탈취하려는 자본의 적대와 내전은 한층 첨예한 것이 되고 있다. 인간들의 소통과 협력에 근거하는 '공통적인 것'의 생산이 오늘날 호모 루덴스이자 호모 로쿠엔스인 다중의 생산활동의 실제적 내용인 한에서, 사유화는 인위적일 수밖에 없다. 예컨대 지적 소유권은 다중의 광범위한 언어적 소통과 지성의 집단적 유통에 축적의 흡혈관을 꽂기 위한 법적 시도이다. 이것은 정보유통에 대한 온갖 규제를 수반하면서 '공통적인 것'이 '공통적인 것' 자체로서 생산되고 재생산되는 것을 저지하면서 그 성과를 독점한다. 이 과정에서 국가는 다시 한번 '공통적인 것'의 유일한 '정치적' 관리자로서 자신을 제시하는 협조조합주의적 얼굴을 드러낸다. 이 기획은 직접적으로 다중의 파괴를 겨냥하는 것이다.

바로 이런 상황에서 국가와 다중의 적대를 중재하려는 새로운 노력이 나타난다. 그것은 약한 주권성의 개념에 입각하여 양자의 적대를 완화시키려는 조절의 노력이다. 민족-민중은 물론이고 계급-민중까지도 주권적 주체성으로 전화된 현실에서 이 새로운 노력은, 점차 사유화의 기관으로 전화하고 있는 국가에 대항하여 국가 바깥에 공공성을 담지할 기구들(이른바 비정부기구)을 구축함으로써 '공공적인 것'을 수호하려는 노력을 표현한다. 예컨대 초계급적 운동의 형태로 나타나서 '공공적인 것'을 수호하려는 시민운동이 그것이다. 여기서 시민은 민중을 대체하는 것으로 사고되기도 하고, 민중과는 구별되는 범주로 설정되어 그것과 연대해야 할 범주로 사고되기도 한다.

다중의 출현을 가져온 노동과정의 사회화는 확실히 다중들 개개인을 사적 주체에 머물지 못하도록 만든다. 개개인들은 거대한 집합적 주체성, 집합적 별자리에 위치한 하나의 특이한 별이 된다. 이제 생산의 주체가 '공통적인 것'일 뿐만 아니라 그 산물도 '공통적인 것'이다. 특이성들이 공통체를 생산하고 공통체가 다시 특이성을 생산할 뿐만 아니라 새로운 공통체를 확장적으로 재생산하는 것이 오늘날 생산의 양상이다. 케인즈주의 국가는 이러한 사실을 복지의 형태를 통해 간접적으로 승인했고 그것을 국가적 공공성의 한계 속에서 재현해 왔다. 시민운동이 비국가적 방식으로 공공성을 실현하고자 하는 노력하는 한에서 그것은 신자유주의하에서 국가의 사적 기능전환에 대한 대응이자 국가적으로 재현되는 공공성의 한계를 넘어서서 공공성을 실현하려는 다중의 의지의 표출로 읽을 수 있다.

하지만 시민운동은 점차 국가로부터의 자율성이라는 관점에서 사고되어 온 시민존재를 국가 재구성의 주체로, 요컨대 주권적 주체로 사고하는 쪽으로 기울어져 왔다. 그것은 시민이 공공성을 국가와의 관계 속에서만 사고해 온 것의 결과이다. 이러한 맥락 속에서 제기되는 시민적 공공성은 그것이 외형상 비국가적인 것이라 할지라도 '공통적인 것'을 드러내는 재현적 방식을 넘어서지 못한다. 시민이 재현의 구조 속에 포착된 다중으로 머무는 한에서 시민운동의 국가에의 포섭은 피할 수 없다. 그런 한에서 그것은 광범위한 다중을 자신의 외부에 설정하게 되는 새로운 대의적 주체성으로 협애화될 것이다. 만약 시민이 주권의 담지자로 굳어진다면, 20세기에 반체제적 계급-민중이 주권적 민족-민중으로 전화된 것과 동일한 운명을 피하기 어려울 것이다. 그럴 때 오늘날 국가 외부영역에서 공공성을 실현하는 주체임을 자임하고 있는 시민이 민족-시민으로 전화되는 것은 필연적일 것이며, 이것은 다중의 능동성을 약화시키는 것으로 귀결될 것이다.

공통체

여기서 지금까지 개별적으로 고찰한 대중, 민중, 시민 그리고 다중 등을 그것들의 상호관계를 중심으로 간단히 검토해 보자.

대중은 공장을 헤게모니적 영역으로 하는 근대적 생산의 단계에서 노동계급을 중심으로 구축되었다. 주권합성을 거쳐 나타나는 정치적 대중이 민중이다. 민중은 정치적 경향성에 따라 민족-민중(nation)으로 나타나기도 하고 계급-민중(people)으로 나타나기도 한다. 그 어느 쪽이든 민중은 정치와 경제의 상호분리를 조건으로 형성된다. 이것은 민중의 개별구성원들이 형식적으로는 서로 연결되어 있지만 실질적으로는 분할된 개인에 머무는 생산의 조건에 상응한다. 이러한 조건을 바탕으로 사적 이익의 매개자로서의 국가가 환상적 공동체로 정립되기 때문이다. 계급-민중은 부르주아국가에 의한 민족-민중화에 저항하면서 계급-민중의 정치세력화라는 방식으로 투쟁하지만 그것이 또 다른 주권적 주체성인 사회주의적 국가-민중으로 귀결되었음은 역사가 보여주는 그대로이다.

다중은 특이성들의 소통과 협력을 통한 삶의 생산이 사회적 생산의 주된 방식으로 등장한 시대의 주체성이다. 다중은 사회 전체에 산포되어 있으며 그들의 생산력은 그 개별적 구성원들의 노동력의 합산으로 환원될 수 없는 특이한 협력적 생산력으로 나타난다. 공통체 자체가 생산의 주체성으로 나타나는 것이다. 이 공통체에 의해 생산되는 상품들은 이제 더 이상 개인들에 의해 소비될 상품들로 정의될 수 없다. 오늘날 정보·서비스 상품의 대부분은 공통체 자체에 의한 소비를, 달리 말하면 공통체 자체의 재생산을 겨냥하여 생산된다. 다중들의 경제적 생산행위가 이렇듯 공통체의 생산활동으로 되었다는 사실은, 지금까지 경제와 분리되어 환상적 방식으로 '공공적인 것'의 생산을 담당해 온 정치적 국가가 '다중에 의한 공통체의 직접적 생산'의 상황에 적합하지 않을 뿐 아니라 심지어는 불필요하기까지 하다는 것을 의미한다. 이것이 억압과 합의라는 근대정치의 두 양태와는 완전히 구별되는 정치의 새로운 양태로서 '연합과 자치'를 현실적인 것으로 만들 수 있는 조건이다.

정치와 분리된 경제영역에서 구축되어 (자본주의적 및 사회주의적) 국가의 배후주체로 전화된 민중과 달리 그 스스로 정치적이고 공공적인 주체임을 자임한다는 점에서, 시민은 오늘날 '공통적인 것'의 생산자로 나타난 다중의 한 측면을 정확하게 지시한다. 그것은 국가가 역사적으로 직면한 한계를 넘어서 '공공적인 것'을 대변하려는 욕구에 의해 이끌린다. 그러나 공공성을 의미하는 publicity는 어원(publicus, populus)에서도 그러하듯이 people, 즉 민중적 공공성을 지시할 뿐이다. 그렇기 때문에 시민적 공공성은 이질성과 다양성 속에서 창출되는 다중의 접속적 공통성을 국가주권 아래에 종속시켜 동질화시키는 역할을 수행한다. 이것은 '공통적인 것'을 스스로 생산하고 재생산하는 다중의 생산적 자치를 제한하는 효과를 발휘한다.

그러므로 다중의 자치적 활력을 온전히 살려내는 작업은 주체 재구성과 관련하여 두 가지 과제를 갖게 된다. 하나는 근대적 역사 과정 속에서 주권적 주체성으로 정립되어 있는 민족-민중을 '탈주권적' 계급-다중으로 역전시키는 일이다. 그리고 또 하나는, 국가의 공공성 약화에 대한 대항운동으로 성립되었음에도 불구하고 점차 주권적 주체성으로 국가와 합체하는 경향을 보이는 시민을 마찬가지로 '자치적' 계급-다중으로 역전시키는 일이다. 이것은 실제로는 이미 생산 속에서 서로 집합적 주체로 연결되어 있는 생산적 공통체의 정치적 잠재력을 있는 그대로 활성화함으로써 국가와 같은 초월적 공동체에 의한 주권적 굴절을 저지하면서 이미 전 지구적 수준에서 구축되고 있는 다중의 생산공통체 자체를 코뮌으로 자기정치화하는 것에 다름 아니다.

다중 개념의 발전

대중의 탈근대적 다중으로의 전화현상은 여러 조류의 이론들 속에 투영되어 왔다.

그중 하나의 조류는 이 변화를 지배양식의 변화 속에서 간접적으로 포착한다. 예컨대 알튀세는 이 현상을 국가기구의 확장의 측면에서 고찰했다. 그의 이데올로기적 국가기구 개념은, 국가가 전통적 국가기관을 넘어 점차 학교·미디어·교회 등의 영역으로 자신의 영향력을 확장하는 현상을 포착한다. 이것은 물론 주체성의 관점에서 사회변화를 고찰하는 것과는 관계가 멀지만, 우리는 다중과의 적대관계를 관리하려는 국가노력의 확장에 대한 서술 속에서 주체성의 새로운 재구성을 간접적으로 암시받을 수 있다. 프랑크푸르트학파의 비판이론은 좀더 직접적으로 생산의 변화라는 문제를 탐구했다. 아도르노나 마르쿠제에 의해 탐구된 문화산업론은 자본주의적 생산영역이 전통적 공장영역을 넘어 문화영역으로 확산되어 가는 현상을 이론적으로 포착한다. 공장울타리를 넘는 노동의 확장에 대한 이 중요한 포착이 주체성의 재구성이라는 관점으로 발전하지 못함으로써 결국 정치적 비관주의의 분위기가 프랑크푸르트학파의 사유를 지배하게 된 것은 안타까운 일이다.

비판이론의 계승자인 하버마스는, 점차 합리화하는 탈근대세계에서 생활세계라는 (체제로부터 구별되는) 공간을 확정짓고 그 속에서 기술이성을 넘어서는 소통이성의 잠재력을 발굴하는 것으로 이 비관주의에서 벗어나고자 했다. 그러나 그는 끝내 소통의 문제를 다중의 실질적 활동형태인 탈근대적 생산(공통적 삶의 생산과 재생산)의 문제와 연결시키지 않았고, 그 결과 소통은 생산으로부터 분리된 재현과 관리 혹은 통합의 영역에 머물며 결과적으로는 권력공간에 흡수된다. 생산과 소비라는 근대자본주의적 생산의 두 계기의 분리에 상응하는 이성과 욕망의 분리 그리고 욕망에 대한 이성의 통제라는 근대적 정치사유의 그림자는 하버마스에게 완강하게 남아 있다.

탈근대적 생산의 변화를 좀더 구체적으로 포착한 것은 포스트모더니즘이었다고 볼 수 있다. 특히 포스트모더니즘은 미디어와 통신수단의 발달이 가져온 거대한 사회적 변화를 설명해 냈다. 그것은 자신의 생각을, 정보사회적 현실 속에서는 이성과 재현이 불가능하다고 주장하는 데까지 밀고 나갔다. 이 때문에 포스트모더니즘은 소통이성의 잠재력을 주장하는 하버마스와 격렬하게 대립하지만, 이들 역시 탈근대적 현실을 '주체성의 재구성'이라는 관점에서 바라보지 않음으로써 비판이론을 지배했던 비관주의적 분위기는 더욱 극단화된 형태로 포스트모더니즘을 지배한다.

한나 아렌트는 비판이론의 전통에 속해 있었음에도 불구하고 자신의 관심을 인간주체성과 정치적 실천의 문제로 이동시킨 특이한 인물이라고 볼 수 있다. 그녀는 노동으로부터 작업과 행위를 분리시킴으로써, 그리하여 노동을 인간의 다양한 활동양식의 하나로 상대화함으로써 노동에 기초한 근대적 정치사유를 혁신하고자 했다. 그녀에게서 노동은 자연과의 교통을 의미하는 인간의 기초적 활동이며, 작업은 인공세계를 구성하는 도구적 활동이고, 행위는 모든 사람에게 의미 있는 공동의 세계에 대해 논의하는 기초적 활동이다. 그런데 아렌트는 이 세 가지 활동양식을 역사 속에서 고찰하기보다 인간의 조건으로 일반화하는 경향이 있다. 그녀의 지향성은 분명하다. 작업과 행위가 노동에 예속되는 근대의 사회적 활동구조를 노동과 작업이 행위에 통합되는 구조로 역전시키는 것이 그것이다. 그런데 이 구조전환의 잠재력이 노동과 생산의 역사적 과정 속에서, 탈근대적 생산조건 속에서 구축되어 가고 있다는 사실은 그녀에게 주목되지 않는다. 노동이 이미 자연과의 교통이라는 전근대적 혹은 근대적 내용을 넘어 삶 자체의 생산으로, 즉 '공통적인 것'의 생산이라는 (그녀가 이르는 바) '행위' 활동으로 전화되었음이 주목되지 않는 것이다.[1] 그래서 그녀가 생각하는 공공성의 생산활동인 행위와 그것의 활동공간인 공론영역은 노동과는 별개의 영역에 구축되는 경향이 있다. 이것은 '공통적인 것'에 대한 그녀의 간절한 추구가 현실에 실재하는 '공통적인 것'의 생산활동을 발견하지 못함으로써 유토피아화되고 있음을 의미한다.

맑스는 지금으로부터 150여 년 전에 쓴 『정치경제학 비판 개요』에서 '일반지성'으로서의 과학기술을 생산에 응용함으로써 발생하는 사회적 노동에서 코뮤니즘이 발생할 것이라고 전망했다. 오늘

---

1. 포스트포드주의 노동의 이러한 성격변화에 대해서는 빠올로 비르노, 『다중』, 김상운 옮김, 갈무리, 2004 참조.

날 과학기술의 생태파괴적 기능에도 불구하고 사회적이고 집합적인 노동의 형성에 대한 이 통찰은 여전히 그 가치를 잃지 않고 있다. 왜냐하면 이러한 노동의 발전과정이 오늘날 노동과 삶의 극단적 괴리를 메울 잠재력을 제공하고 있으며 노동을 삶 속으로 재통합할 잠재력을 제공하고 있기 때문이다. 이것은 인간이 생태의 일부로서 생태 그 자체의 생산과 재생산에 참여할 수 있는 능력을 높여 준다. 그럼에도 불구하고 이 잠재력은 유토피아적 상황보다는 디스토피아적 상황에 놓여 있다. 왜냐하면 그것은 '공통적인 것'을 생산하는 다중의 활력을 부단히 '사적인 것'으로, 기껏해야 '공공적인 것'으로 전유하거나 흡수함으로써 그 활력을 부정적 힘으로, 생태파괴적인 것으로 역전시키는 세력과의 적대적 관계에 놓여 있기 때문이다. 주권적 주체성인 대중들, 즉 민중과 시민을 생산적 자치의 주체성인 다중으로 재통합하는 것은 이 적대를 철폐하고 노동의 새로운 능력을 생태적대적인 것에서 생태참여적인 것으로 뒤바꿀 수 있는 중요한 기반이 될 수 있다. 이 역사적 전환과정에 대한 고찰을 먼저 싸이버스페이스에서, 즉 인공지능적 생태에서 시작하도록 하자.

8장 싸이버스페이스와 다중

민주주의라는 용어는 민중의 자기지배를, 민중의 자치를 의미하는 용어였다. 이것은 오랜 역사 속에서 침식되고 또 굴절되었다. 오늘날 그것에 남은 것은 껍질뿐이라고 해도 과언이 아닐 정도이다. 오늘날의 자칭 '민주주의들'은 입법, 사법, 행정의 삼권을 분립하고 성인이 된 국민 대부분에게 선거권을 제공하며 언론, 집회, 결사를 포함하는 일련의 자유권을 보장한다. 그런데 이러한 민주주의들은 예외 없이 대의제 틀 속에서만 기능한다. 다수의 사람들의 활력이 소수의 사람들의 수중으로 집중되어 권력으로 경화된 후 그것이 거꾸로 그 다수의 활력을 억제하고 침식하는 것으로 반작용하는 것이다. 오늘날의 민주주의들에서 국가는 대의제를 보호하는 기능을 가질 뿐만 아니라 그 자신이 대의적 방식으로 합성된다. 법률은 대의 체제를 일상의 질서로 공고화한다. 군대는 대의 체제를 지키는 갑옷과 같은 것으로 기능한다. 상투화된 대의제에 대한 거부감이 증대된 탈근대 사회에서는 미디어가 인위적으로 대의될 의견, 즉 여론을 생산한다.

이 일련의 현실적인 혹은 가상적인 대의 메커니즘 속에서 다중은 모든 권력의 원천인 것처럼 호명되고 다중 자신이 정치의 주체인 것처럼 선언된다. 적어도 형식적으로는 그렇다. 많은 경우에 헌법도 현재의 정부형태가 '민주공화국'임을 선언한다. 그러나 이 선언은 권위주의하에서는 공공연히 부정되며 신자유주의하에서는 교묘하게 부정된다. 보통선거를 통해 권력자를 다중이 선출한다는 사실이 그러한 환상을 지속시킨다. 다중은 권력자를 선출하지만 그 행위의 결과는 부정적인 모습으로 나타난다. 선출하는 사람이 선출된 사람의 주인이 아니라 그의 노예가 되는 것, 즉 선출의 주체가 정치의 대상으로 배치되는 것이나. 권력자들은 자신의 통치 행위를 보호 행위로 내세운다. 하지만 그것은 항상 억압을 위한 변명으로 기능한다. 이렇게 자치가 대의의 구조 속에 포섭됨으로써 민주주의는 껍데기만 남는다.

대의민주주의는 '다중의 자치'와는 정반대의 것에 자치의 환상을 부여하고 민주주의라는 탈을 씌우는 제도형태이다. 국회의원이나 대통령을 뽑는 주기적 선거절차들은 현존하는 권력이 다중 자신의 권력이라는 환상을 일상적으로 재생산한다. 지방자치제도의 확산은 시, 군, 구 등의 지역의원들까지 다중 자신의 손으로 선출하게 함으로써 대의제를 사회 깊숙이까지 뿌리내렸다. 이러한 대의제는 텔레비전, 라디오, 신문 등 대의의 원리를 따르지 않는 일방적 성격의 대중매체들에 의해 보호받고 조장된다. 대중매체들은 오직 대의제만이 정치의 가능한 형태라는 생각을 일상적으로 재생산함으로써 대의된 권력들과 은밀한 동맹관계를 구축한다.

그렇다면 다중은 대의된 권력자들 및 대의되지 않은 언론사들의 일방적 희생물인가? 그렇지는 않다. 다중은 한편에서는 대의제에 참여하고 그것을 완성하지만 다른 한편에서는 대의제와 일방주의를 넘어서 자신의 의사를 직접적으로 표현하고 상호소통하려 노력한다. 대의된 권력에 대한 저항, 대중매체에 대한 비판 등의 부정적 노력은 말할 것도 없고 대면 대화들, 공동체들의 구성, 자율 매체들의 창출 등과 같은 긍정적 노력이 그것의 표현들이다. 산업화가 진행되면서는 이윤을 위해 도입된 많은 테크놀로지들이 다중의 자율적 소통과 자치능력의 향상을 위해 사용되어 왔다. 등사기와 같은 소규모 출판기술에서 전화, 라디오 등이 운동적 목적에 사용되기 시작했다. 오늘날 디지털 테크놀로지의 확산은 우리의 삶에 새로운 상황을 조성하고 있다. 팩시밀리가 보급된 지 오래지 않아서 퍼스널 컴퓨터가 널리 보급되고 전화접속 혹은 광케이블을 이용한 초고속 인터넷 기술이 대중적으로 보급되면서 컴퓨터 네트워크는 우리의 삶의 필요불가결한 일부로 자리잡았다. 게다가 디지털 기술과 싸이버네틱 기술의 확산은 무선 네트워크를 생활 깊숙이까지 가져오고 있다. 핸드폰은 방대한 규모의 무선 네트워크를 제공하고 이것이 PDA나 노트북과 연결되면서 전 지구적 차원의 유무선 네트워크가 구축되어 가고 있다. 자연과 근대 사회가 우리

에게 제공한 현실공간 외에 그것과 연결되어 있으면서도 그것으로
부터 독립적인 방대한 인공지능 공간이 창출되어 가고 있는 것이
다.

이렇게 싸이버스페이스는 인터넷으로 대표되는 컴퓨터 네트워
크만을 지칭하는 것이 아니며 디지털 정보소통 기술로 연결된 모
든 사회영역을 지칭한다. 이 새로운 공간의 등장과 확장이 다중의
삶에 미치는 영향은 무엇인가? 그것은 다중의 민주적 능력을 침식
하는가, 확장하는가? 그 공간에서 전개되는 갈등의 성격은 무엇인
가? 그곳에서 어떤 주체성들이 형성되고 있는가? 이 주체성들이 취
할 윤리는 무엇인가?

싸이버스페이스 현상: 역사와 특징

비록 싸이버스페이스가 인터넷만을 지칭하는 것이 아니지만 아
직까지 그것의 핵심은 유무선 인터넷에 의해 구성되고 있다. 그러
므로 오늘날의 싸이버스페이스 현상을 이해하려면 인터넷이 형성
되어 온 역사에 대해 먼저 고찰할 필요가 있다.[1]

인터넷은 TCP/IP를 기반으로 한 네트워크들의 네트워크이다. 그

---

1. 인터넷과 월드와이드웹의 역사에 대한 상세한 서술로는 Gregory R. Gromov, 'The
Roads and Crossroadsof Internet History', http://www.netvalley.com/intval1.html 참조. 이
파일은 intval1.html~intval9.html까지 아홉 개의 페이지로 구성되어 있다. 또 Barry M.
Leiner et. al., 'A Brief History of the Internet', http://www.isoc.org/internet/history/
brief.shtml도 참조할 수 있다.

것은 FTP, TELNET, HTTP 등을 사용하여 시간과 공간의 제약을 받지 않고 모든 공통체들[2]의 집합 통신망을 통해 정보나 자원들을 서로 공유하는 정보 네트워크이다. 그러나 이러한 네트워크들이 처음부터 물리적으로 떨어져 있는 수많은 컴퓨터들을 지금처럼 연결했던 것은 아니다. 1960년대에 미국 국방부의 ARPA(Advanced Research Projects Agency)는 일정 지역에 대한 폭탄 폭격과 같은 긴급사태 시에도 장애를 받지 않고 제 기능을 발휘할 수 있는 통신망 구축을 구상했다. 국방성과 민간기관의 망들을 서로 분리한 상태에서 각 대학, 국가, 지역, 또는 기관의 컴퓨터 망들을 서로 연결하는 것이 그 방안이었다. 1969년에 탄생한 알파넷은 그것의 구체적 성과였다. 이것은 인터넷이 처음에는 군사적 목적으로 도입되었음을 보여준다.

1970년대는 인터넷의 여명기였다. 벨연구소의 프로그래머 데니스 릿치(Dennis Ritchie)와 케네스 톰슨(Kenneth Thompson)은 1970년에 UNIX를 개발했고 이 무렵 알파넷(ARPAnet)은 한 달에 한 개 꼴로 새로운 노드를 추가했다. 1971년에 텔넷(Telnet)의 프로토콜이 완성됐고 파일전송표준(FTP: File Transfer Protocol)도 그 윤곽을 드러냈다. 이 때에 인텔은 4004칩을 발표해 마이크로프로세서의 신기원을 열었다.

알파넷을 통해 전자우편을 교환하기 위한 프로그램이 나온 것은 1972년이었다. 그 해에 알파넷에 대한 첫 번째 공개 시연회가 이루

---

2. '공통체'라는 용어는 대타적 폐쇄성을 갖는 전통적 공동체들과 달리 갖는 개방성을 갖는 공동체, 즉 네트워크형 공동체들을 지칭한다.

어졌다. 40대의 컴퓨터가 연결된 이 시연회는 학계에 폭발적인 반향을 일으켰다. 워싱턴의 힐튼 호텔 지하실에 패킷 스위치와 터미널 인터페이스 프로세서(TIP)를 인스톨시킨 후 외부 사람들이 들어와 알파넷의 애플리케이션을 이용하게 했는데 이것은 인터넷의 미래를 회의하던 사람들의 태도를 바꾸어 놓을 만큼 성공적이었다.

1973년에는 벨연구소가 C언어를 개발했고 팔로 알토의 제록스 연구소가 스몰톡(Smalltalk)이라 불리는 프로그램을 내놓았다. 인터넷은 점차 미국의 네트워크에서 유럽의 네트워크로, 그리고 나아가 세계의 네트워크로 진화했다. 인터넷이라는 용어가 사용되기 시작한 것도, 런던대학과 노르웨이의 왕립 레이더연구소(Royal Radar Establishment)가 서로 연결되면서부터였다. 1973년 말까지 BBN과 NASA, 국립 표준 사무국, 공군연구소 등 30개의 연구기관이 인터넷으로 묶였다. 1970년대 말에는 유즈넷(USENET)이 개발되면서 인터넷의 발전은 가속화되었다.

1980년대에는 퍼스널 컴퓨터가 개발되기 시작했다. 이로써 인터넷은 다중의 수준으로 자신의 영역을 확장시킬 하드웨어적 기반을 갖게 되었다. 1981년 8월에는 IBM이 PC를 선보였고 1982년에는 『타임』지가 컴퓨터를 올해의 인물로 선정하기도 했다. 이어 1984년에는 애플이 매킨토시를 발표했다. 개인용 컴퓨터 개발이 한창 진행중이던 이 무렵에 소설가 윌리엄 깁슨(William Gibson)은 「뉴로맨서」(Neuromancer)라는 공상과학 소설에서 싸이버스페이스(Cyber-space)라는 말을 처음으로 사용했다. 인터넷에 연결된 호스트는 꾸준히 불어났다. 이처럼 1980년대는 인터넷이 하드웨어적 기반을 갖추고 자기증식하면서 새로운 세계에 대한 비전과 결합되는 성장기였다. 네트워크가 TCP/IP라는 언어를 갖게 된 것은 1982년이었다. 이어 1983년에는 인터넷 호스트 수를 측정하기 위해 도메인 네임 시스템(DNS: Domain Name System)이 만들어졌고 1984년부터는 .gov, .mil, .edu, .org, .net, and .com 등의 도메인들이 생겨났다.

1986년 초부터 1987년 말까지 네트워크의 수는 2,000여 개에서 3만여 개로 불어났고 세계 각국이 인터넷에 주목하기 시작했다. 알파넷 이후 연구 목적의 미 과학재단 네트워크인 NSFNET이 인터넷에 연결되었고 1989년에는 오스트레일리아, 독일, 이스라엘, 이탈리아, 일본, 멕시코, 네덜란드, 뉴질랜드, 영국이, 1990년에는 한국을 포함해 아르헨티나, 오스트리아, 벨기에, 브라질, 칠레, 그리스, 인도, 아일랜드, 스페인, 스위스가 인터넷에 합류했다.

1989년 베를린 장벽의 붕괴로 데탕트가 본격화된 1990년대는 인터넷의 대중화가 이루어진 시기이다. 이 시기의 중요한 특징은 상업적 목적의 네트워크들이 인터넷에 연결되기 시작한 것이다. 연구용에서 상업용으로 인터넷의 주된 이용목적이 바뀌고 대중들이 인터넷을 이용하기 시작했다. 이 과정에서 결정적인 역할을 했던 것은 월드와이드웹(WWW)의 발전이었다. 1991년 팀 버너스 리(Tim Berners Lee)는 하이퍼텍스트를 이용해 WWW을 제안했고 이어 이것을 이용할 수 있는 툴이 다양하게 등장했다. 아키(Archie), 고퍼(Gopher), WAIS 등이 그것이다. 1992년에는 인터넷 소사이어티(ISOC: The Internet Society)가 설립됐고 NCSA(The National Center for Supercomputing Applications) 학생들은 웹브라우저인 모자이크

(MOSAIC)를 만들었다. 모자이크를 사용하던 이용자 중의 한 사람인 마크 앤드리슨이 1993년 넷스케이프(Netscape)를 개발하면서 인터넷 이용자 수는 폭발적으로 증가했다. 이렇게 되자 1993년부터 세계 각국은 정보화 전략을 세우기 시작했다. 미국의 HPPC, NII, 정보고속도로 계획, 일본의 신사회간접자본 계획, 유럽의 EBONE, EuroPaNet, 싱가포르의 IT2000, 한국의 초고속정보화 계획 등이 그것이다. 이후에 각국에서 인터넷은 국가의 보호하에 상업망을 주축으로 발전하며 짧은 시간 사이에 수억의 인구가 인터넷을 사용하기에 이르게 된다.

그렇다면 한국에서 인터넷은 어떻게 발전되어 왔는가?

한국의 인터넷은 독자적 발전과정을 밟다가 전 세계적 인터넷에 연결되는 경로를 밟는다. 한국에서 컴퓨터 네트워크는 1980년대 초에 탄생했다. 1982년 7월 서울대학교 컴퓨터공학과의 중형 컴퓨터 PDP 11과 구미에 있었던 KIET(전자통신연구소 ETRI의 전신)의 중형컴퓨터 VAX 11/780을 1,200bps 전용선으로 연결한 것이 한국 전산망의 시작이자 국내 인터넷의 시작인 셈이다. 아직 세계 인터넷에 연결되지 않았던 SDN(System Development Network)이라 불렸던 이 네트워크를 인터넷으로 부를 수 있는 것은, 이것이 지금 인터넷의 근간을 이루는 TCP/IP 프로트콜 및 FTP, Telnet 등의 응용 프로토콜을 사용해 운영되었기 때문이다. 그러므로 미국과 서유럽의 국가들만이 일부 네트워크를 구성하고 있었던 때에 나타난 컴퓨터 네트워크인 SDN을 인터넷의 초기 멤버로 간주할 수 있다.[3]

1983년 3월에 한국과학기술원(KAIST) 전산학과의 VAX 11/780

컴퓨터가 연결되면서 SDN은 KAIST를 중심으로 비약적 발전을 이룬다. 그해 11월에는 네트워크 전산망 센터가 운영되기 시작하여 초보적인 네트워크 운영 서비스도 시작된다.

SDN은 1983년 8월 네덜란드의 MCVAX라는 컴퓨터를 통해 EUNET에 연결된 것을 시작으로 그해 10월 미국의 HPLABS라는 컴퓨터를 통해 UUCP Net에 연결되었다. 이 때는 1,200bps의 전화선을 통해 전자우편을 교환할 수 있었다. 1984년 12월에는 CSNET에 연결되어 이 때부터 인터넷에 정식 연결될 때까지 CSNET를 중심으로 구미 각국과 정보 교환이 활발하게 진행되었다.4 1985년 3월에 SDN은 미국의 지질학연구소에서 지원하는 SEISMO(현재 미국의 한 상업망의 전신)로 UUCP NET 연결점을 이동하여 CSNET와 함께 국내외를 엮는 주요 지점으로 사용되었다. 처음부터 인터넷 프로토콜을 사용한 한국은 아시아 지역, 특히 동남아시아 지역을 연결하는 데 노력을 기울였다. 1985년 PACNET(PACific NETwork) 구성을 시발로 1년에 한번씩 교류를 가지며 동남아시아 지역의 전산망 구성을 위한 정보를 교류했다. 이것의 정신은 APNG(Asia Pacific Next Generation)협의회로 현재까지 지속되고 있다.

1987년 1월에는 정부가 '전산망 보급 확장과 이용 촉진에 관한

---

3. 한국에서 인터넷의 역사에 대한 서술은 박현제, 「세계 속의 한국 인터넷 : 한국 인터넷의 역사」, 1995년 11월, http://www.iak.ne.kr/history/data/hjpark-history.doc 참조.
4. CSNET란, 미국방성 프로젝트 중심의 ARPAnet에 연결되지 못한 대학들이 연결된 대학에 비해서 연구환경이 열악함에 따라, ARPAnet에 연결되지 못한 대학 및 연구소들 간의 전산망을 구성 ARPAnet와 정보를 교환하기 위해서 만들어진 미국 중심의 전산망이었다.

법률'을 제정하면서 국가기간망을 구축하기 시작했다. 1988년 6월 연구망과 교육망을 분리 추진하기로 결정하면서 연구망 KREONet (Korea Research Environment Open Network)은 과학기술처 산하 시스템공학센터를 중심으로, 교육망 KREN(Korea Research and Education Network)은 교육부 산하 서울대학교를 중심으로 각각 구축에 들어갔다. 민간의 SDN이 5~6년 동안 20여 개의 주요 기관을 연결했음에 반해에 교육망과 연구망은 단 2~3년 만에 이 정도의 연결망을 갖게 되었다.

1990년 3월에는 KAIST의 한 컴퓨터가 하와이 대학의 컴퓨터와 인터넷 프로토콜을 통해 연결되었고 이어서 인터넷의 모든 연결망에 접속할 수 있게 됨으로써 한국의 컴퓨터 네트워크는 본격적으로 인터넷의 연결마디로 편입되었다. 이러한 변화로 인해 SDN은 국내망을 통해 인터넷에 연결된 망인 하나(HANA)망으로 대체되었다. 그러나 오래지 않아 KREONET이 독자적인 전용선을 미국 및 유럽에 설치함으로써 인터넷 연결이 일반화되었고 하나망도 상업망에 그 자리를 넘겨주고 사라졌다.

1994년부터 한국의 인터넷은 상업망이 지배하기 시작했다. KORNET, DACOM Internet, INET이 직접 전용선을 미국에 설치하고 상업 서비스를 시작했고, 1995년에는 나우콤, 천리안이 인터넷 연결 서비스를 제공하기 시작했다. 이후 월드 와이드 웹(WWW)이 급속히 발전하여 텍스트, 이미지, 오디오, 비디오를 불문한 세계 어느 곳의 정보도 검색 가능하게 되었다. 이후 코넷, 하나로, 두루넷 등 상업망을 매개로 급속히 일반화된 ADSL, VDSL 등 초고속 정보

통신망의 등장은 한국의 컴퓨터 네트워크들을 전 세계적 거미줄
망이라는 새롭고 단일한 싸이버스페이스 속으로 통합하기에 충분
했다. 그 결과 한국은 전 세계에서 인터넷 사용이 가장 활발한 곳
중의 하나로 알려지게 되었다.

이제 인터넷이 나타내는 새로운 특징에 대해 살펴보자.

인터넷은 현실적(actual)이지 않으면서도 실재하고 또 현실화될
힘을 갖고 있는 공간, 즉 가상실효적(virtual) 공간이다.[5] 이것은 우
리를 일상적 사건들의 세계 바깥으로 인도한다. 그곳에는 물리적
사물들이나 자연적 실재들은 존재하지 않는다. 그럼에도 불구하고
그것들은 우리로 하여금 그러한 것들과 직접적으로 관계 맺는 것
같은 느낌을 제공한다. 가상실효적 실재는 인터넷 외에 정보에 의
해 창출된 감각적 세계를 포함한다. 이 감각적 세계는 가상실효적
실재라는 용어에 상응하는 것이다. 그 세계는 컴퓨터에 의해 만들
어진 세계이지만 사람들은 그 안으로 들어가서 항해를 할 수 있다.
이 속에서 사람들은 이메일을 교환하거나 채팅을 하거나 온라인
게임을 하거나 유즈넷에 참여하거나 블로거(Blogger)[6]로 활동할 수
있다. 사람들은 아바타나 인터넷 탈을 쓰고 마치 현실 세계의 공간

---

5. Fred Evans, 'Cyberspace and the Concept of Democracy', http://www.firstmonday.dk/
   issues/issue5_10/evans/index.html#note1. 어의적으로 virtual은 행동할 혹은 현실화될
   힘을 갖고 있는 상태를 말한다.
6. 웹로그는 웹(web)과 기록(log)이라는 두 단어가 합쳐 만들어진, 웹 항해기록이라는 뜻
   의 단어다. 인터넷을 항해하다가 발견한 흥미로운 링크에 짧은 코멘트를 덧붙이는
   것이 웹로그의 초기형태였다. 웹로그가 점차 대중화되면서 이를 블로그(blog)라고 줄
   여 부르게 되었고, 그 내용이나 성격이 다양해졌다. 블로그의 내용은 뉴스, 사회문제,
   새로운 기술, 상품 소식, 일상, 취미, 커뮤니케이션 등으로 점점 확산되고 있다.

적 등가물 속에 있는 것처럼 공통된 영역을 구축할 수 있다. 이렇게 해서 만들어진 다용자 영역(Multi-User Domains)은 정서적이고 인지적인 상호작용을 위한 가상실효적 공간으로 사용된다.

현실을 괄호 치고서 그것으로부터 독립적으로 만들어진 이 공간은 인간의 지적·정서적 힘들이 서로 연결되어 공통적인 것을 구성할 수 있는 윤리적 공간이기도 하다. 베네딕트는 이것을 에덴동산과 천상세계의 비유를 통해 종교적 언어로 표현하기도 했다.[7]

가상실효적 실재로서의 싸이버스페이스에서 현실공간은 괄호 쳐진다. 네트워크에 연결된 것들은 부재하는 현전을 갖는다. 공간은 융합되어 거리를 갖지 않는다. 지리학은 가상화된다. 울산이나 경주에 있는 사람들은 말할 것도 없고 미국이나 프랑스에 있는 사람들도 동일한 시간에 서울에 있는 사람들과 가상공간에서 대화를 나눌 수 있다. 실제로는 전 세계에 흩어져 있는 사람들이 가상의 채팅 룸에 모여 이야기를 나눌 수 있는 것이다. 이들은 채팅 룸에 접속하는 사람들에게 서로 '안녕하세요, 어서오세요!'라고 말하지만 현실공간에서 각자는 자신의 컴퓨터 앞에 앉아 있을 뿐이다.

정보사회에서 공간의 이러한 가상적 압축은 전통적 국가정치의 영토 관념에 커다란 혼란을 불러온다.[8] 싸이버스페이스에서 공간 경계가 사라지는 한에서 거기에 영토가 자리잡을 곳은 없다. 싸이버스페이스에 참여하는 모든 주체들은 자신의 특이한 활력들을 갖

---

7. Danny Yee, 'Review of *Cyberspace: First Steps*' by Michael Benedikt, http://dannyreviews. com/h/Cyberspace_First_Steps.html 참조.

8. http://huminf.uib.no/~daniel/Huin302/archives/cat_geopolitics_of_internet.html.

고서 이 공간에 들어선다. 이제 힘들의 교류가 활발하게 이루어지며 힘의 증식이 나타난다. 권위 있었던 많은 것들이 힘을 잃는다.[9] 그러나 권력들은 싸이버스페이스를 독립적 공간으로 방치하려 하지 않는다. 이 무정부적 공간에 정부 주체들이 나타나 싸이버스페이스를 식민화하려 한다. 그리하여 싸이버스페이스를 삶과 봉기의 공간이 아니라 물질적 영토의 비물질적 연장과 재현의 공간으로 만들려고 시도한다.

이 점에 대해서는 다음 절에서 좀더 자세히 살펴보도록 하고 이제 인터넷의 두 번째 특징에 대해 생각해 보자.

전통적으로 공적 공간은 국가에 의해 장악되어 왔다. 국가 바깥에서 공공성을 표현하던 매스미디어들도 점차 이데올로기적 국가기구로 전화되어 갔다. 그래서 공공성은 다중의 참여가 제한된 소외된 영역으로 남아 있었다.

인터넷의 출현은 이러한 상황을 바꾼다. 개인용 컴퓨터를 통해 서로 연결된 개인들은 국가의 힘이 미치지 않는 곳에서, 국가의 힘이 미치기 어려운 방식으로 서로의 의견을 교류하기 시작했고 그것으로부터 그들 나름의 공적 의견을 형성하기 시작했다.

서태지 팬클럽, 붉은 악마, 노사모, 그리고 인터넷에서 활동하는 무수한 공통체들은 이러한 기능을 수행했다. 헤아릴 수 없을 만큼

---

9. 사회주의 붕괴는 싸이버스페이스의 생성과도 깊은 연관이 있다. 제3인터내셔널과 그 이후의 사회주의들은 자본주의 세계시장으로부터의 이탈을 지향했고 싸이버스페이스가 국경을 넘어 세계를 하나로 묶기 시작했을 때 이 이탈과 독립은 더욱 불가능한 것으로 나타났다.

많은 동호회들, 메일링리스트들, 뉴스그룹들, 블로거들은 국경을 넘어 의견을 교류하고 필요한 행동을 조직했다. 이들은 서로의 의견이나 행동을 공유하는 것을 넘어서 서로의 시간, 서로의 삶을 공유하는 것으로 발전하기도 했다. 이것은 다중의 자치적 잠재력을 한층 증대시켰다.

인터넷에 접속하는 개인들은 더 이상 국가를 매개로 하지 않고 대화한다. 메일링리스트, 채팅, 커뮤니티 구성, 웹진 발간, 홈페이지 구축 등이 이러한 의사창출과 소통의 기관으로 활용된다. 펌질은 이렇게 창출된 의견들을 광범한 영역에 유통시킨다. 인터넷으로 인해 변형된 가상지리 세계 속에서 견해들은 빠른 속도로 전 지구를 회전한다. 인터넷이 거대 언론이나 방송에 못잖은 힘을 발휘하는 것은 이 때문이다. 인터넷은 국가나 기업의 수중에 장악되었던 지성 기관들(도서관, 대학, 연구소, 언론, 방송 등)을 넘어서는 거대한 다중지성, 전 인류적 집단지성으로서 기능하기 시작한다. 새로운 유형의 공적 공간, 다시 말해 전 인류적 공통 공간(common space)이 형성되고 있는 것이다.

싸이버스페이스에서의 주권합성

그러나 싸이버스페이스는 결코 다중의 자율적 공간으로 남아 있지 않다. 앞서 서술했듯이 인터넷의 역사가 보여주듯이 인터넷의 초기형태는 국가(미국)가 군사정보를 보호하려는 목적에서 군사 정보의 네트워크를 구축한 것(알파넷)에서 비롯되었다. 그것이 이후에 민간의 연구 네트워크로 발전했고 그와 더불어 저항적 다중들의 자율적 네트워크로 발전한 것이다. 이것은 권력이 지배를 위해 도입한 기술이 다중에 의해 역이용된 중요한 사례 중의 하나이다.

네트워크 속에서는 이렇게 다양한 힘들이 움직인다. 그 중에서 지배적인 것은 국가와 자본이다.

자본은 네트워크가 다중들의 자율적 소통의 공간으로 사용되는 것을 목격하면서 이것을 이윤의 공간으로 만들기 위한 노력을 경주했다. 1990년대에 들어 전 세계의 주요한 네트워크가 상업 네트워크로 된 것은 이러한 역공의 결과이다. 한국에서도 코넷, 하나로, 신비로 등 초고속인터넷 서비스 업체들은 모두 이윤을 목적으로 움직인다. 또 인터넷 콘텐츠의 많은 부분도 이제 상업적 목적에 의해 제공되거나 그러한 목적에 포섭되었다. 각종 상품을 판매하는 인터넷 쇼핑몰, 다양한 정보판매 사이트, 포르노 사이트 등이 급격하게 증가한 것이다. 자본은 오프라인 공간에서 축적을 위해 움직이는 각종 기업 형태들을 온라인에 그대로 옮겨 놓음으로써 싸이버스페이스를 자본주의적 이윤공간으로 전용했다. 상점뿐만 아니라 도서관, 대학, 기업, 영화관 등이 싸이버스페이스에 생겨났다. 싸이버스페이스는 곳곳에 울타리가 쳐진 모습으로 얼룩져 갔다.

국가는 일찍부터 네트워크에 관심을 가졌지만 그것이 지금처럼 활성화되리라고 보지는 않았고 또 그것을 바라지도 않았다. 네트워크의 활성화가 자본주의적 생산력을 높이기도 했지만 국가의 권위주의를 침식하기도 했기 때문이다. 예컨대 소련의 붕괴는 다양한 요인들에 의해 규정되었지만 네트워크의 발전도 한 몫을 했다. 인민들의 자율적 네트워크가 발전하고 국가의 통제를 받지 않는 국제적 소통이 증대하면서 권위주의적 통치가 지속되기 어려웠던 것이다. 중국 천안문 시위는 팩시밀리와 인터넷을 통해 세계에 알려짐으로써 중국 공산당 정부를 국제적 곤경에 빠뜨렸다. 1996/97 년에 걸친 한국 노동자들의 총파업 당시 인터넷은 노동자들을 결집할 뿐만 아니라 투쟁 소식을 해외에 알려 국제적 투쟁 협력을 창출하는 수단으로 사용되었다. 이처럼 네트워크의 활성화는 영토를 넘는 소통을 가능케 함으로써 국가 권위를 침식했다.

이러한 상황에서 국가가 취한 정책은 억압적인 것이다. 한국의 경우 그것은 억압적인 법률의 제정과 분할적인 제도의 도입을 통해 실시되었다. 정부는 기존의 형법과 전기통신사업법(제53조와 제54조) 외에 정보통신 기반 보호법과 청소년 보호법을 도입했고 '인터넷 국가보안법'으로 비판받는 인터넷 내용등급제를 강제로 실시하기 시작했다. 또 정부는 지적재산권 보호법을 싸이버스페이스에 확대하고 정보통신부와 정보통신윤리위원회를 설치하는 등 법률적, 제도적, 조직적 조치를 확대했다.

1997년에 발효되기 시작한 청소년보호법은 음란물로부터 청소년을 보호한다는 명분하에 제정되었다. 당시 많은 사회단체들은 음란물을 제한한다는 정부의 조치에 도전함으로써 자신의 이미지를 더럽히고 싶어 하지 않았다. 왜냐하면 음란물은 이미 사회적 악으로 낙인찍혀 있었기 때문이고 청소년보호법과 싸우는 것은 하나의 법률에 대한 도전을 넘어서 이 견고한 대중적 관념체계에 대한 도전을 함축하는 것이었기 때문이다. 그러나 고길섶이 지적하듯이 '미성년자보호법', '풍속영업의 규제에 관한 법률', '공연법', '음반 및 비디오에 관한 법률' 등이나 그에 근거한 각종 심의기구들이 존재하는 상황에서 청소년보호법이라는 좀더 포괄적인 법령을 굳이 제정해야 했던 필요의 본질은 '매체 탄압'에 있었다.[10] 이런 의미에서 청소년보호법은 단지 청소년뿐만 아니라 모든 인구를 국가가 설정한 윤리 아래에 종속시키려는 통제 법안이었다고 할 수 있다.

한국 정부는 2000년에 들어 정보통신 기반 보호법 제정을 시도한다. 우리 사회가 산업사회를 지나 지식기반 정보사회에 들어섰고 새로운 정보사회가 정보통신 시스템을 필수적인 기반으로 하며 행정을 비롯하여 금융, 의료, 교통, 운송 등 사회 및 경제 활동의 근간이 되는 인프라가 이러한 정보통신시스템을 주요한 구성요소로 한다는 판단하에서 그것을 "해킹 및 컴퓨터바이러스 등 각종 싸이버 위협"[11]으로부터 지키고자 하는 취지에서였다. 이것은 "사회 및 경제 활동의 근간이 되는 인프라에 이용되는 정보통신시스템에 대한 싸이버 공격이 이루어져 이들 인프라가 정상적으로 작동되지 않게 되면 일순간 국가활동이나 경제활동이 중단될 수 있다"[12]는 공포에서 유래한 법제이다.

2001년 11월 1일부터 국가는 인터넷 내용등급제를 실시했다. 그

---

10. 고길섶, 「문화시대와 국가권력의 이동 : '국가보안법'에서 '청소년보호법'으로」, 『진보평론』 제2호. 1999년 겨울.
11. 정보통신부장관 안병엽이 "정보통신 기반 보호법" 제정을 위한 토론회를 소집하는 글에서 쓴 말. http://www.kisa.or.kr/news/2000/0702/forum.html.
12. 같은 글.

것은 웹페이지에 청소년에게 유해한 정보와 유해하지 않은 정보를 구분하여 등급을 표시하게 하고, 공공기관과 PC방에 차단소프트웨어를 설치해 사실상 모든 국민의 인터넷 접속을 통제하려 한 것이다. 그 결과 인터넷내용등급제 실시를 전후로 해서 동성애자 커뮤니티 등 다양한 사회적 소수자의 목소리를 담은 사이트들이 폐쇄당하거나 자진폐쇄해야 했다. 이것은 인터넷이 갖는 다중의 자치능력에 대한 부정이자 침해였다.

무엇보다도 강력한 통제는 지적재산권법의 확대적용에 의해 실시되고 있다. 텍스트, 이미지, 사운드, 비디오 등 모든 정보들의 강력한 소통을 핵심적 특징으로 갖는 인터넷은 모든 정보들에 대해 가격을 매기고 소통의 제한을 가하며 법률 위반 사례에 대해서는 공권력을 행사하도록 규정한 지적재산권법에 의해 재갈 물리게 되었다. 지적재산권법에 의해 다중의 수평적 소통은 가로막히고 다시 국가와 화폐가 싸이버스페이스의 매개자로 군림하는 상황이 재생되기 시작했다. 이것은 정부 기관이 싸이버스페이스 속에 복제되고 생성되는 상황과 병행한다. 싸이버 순찰대를 비롯한 정보감시 기관이 싸이버스페이스에서 개인들의 활동을 낱낱이 기록하고 감시함으로써 싸이버스페이스 자체를 거대한 파놉티콘으로 만든다. 다중들이 민주적 자치능력을 박탈당한 채 거대 권력의 통치 대상으로 떠밀리는 상황이 가상공간에서도 재연되고 있는 것이다.

게다가 지적재산권은 디지털 서비스와 디지털 상품들에 대해 가격을 지불할 능력을 가진 사람들과 그렇지 못한 사람들 사이의 격차를 더욱 벌림으로써 다중을 정치적으로 분할하는 기능을 수행한다. 이러한 분할은 다중들의 무한 참여를 봉쇄하여 싸이버스페이스를 일종의 특권구역으로 만드는 경향이 있다. 디지털 분할을 생산하는 것은 경제적 격차만이 아니다. 성차별은 싸이버스페이스에서도 현실공간에 못지않게 노골적이며 자심하다. 여성을 비하하는 언어들, 여성에 대한 폭언, 여성에 대한 따돌리기 등이 온라인에서 일상적으로 되풀이된다. 싸이버스페이스에서 유통되는 언어가 영어를 비롯한 강대국 언어에 편중되어 있는 것도 이 공간에 불평등과 위계를 도입하는 조건으로 되고 있다. 또 현실 사회의 법률이 싸이버스페이스로 쳐들어와 싸이버스페이스에서의 행동을 처벌하는 경우도 있는데 이른바 "불온문서"를 게시판에 올렸다는 이유로 국가보안법을 적용하여 처벌하는 경우가 그러하다.[13]

이처럼 날이 갈수록 싸이버스페이스에 대한 국가의 억압과 감시, 그리고 자본의 엔클로저는 심각해져서 싸이버스페이스에 대해 걸었던 다중의 희망은 점점 어두워져 가고 있다. 싸이버스페이스를 해방의 공간으로 받아들였던 초기의 열정은 점점 식어가고 있다. 이렇게 하여 싸이버스페이스는 자본의 제2식민지로, 제국의 하부구조로 경화되고 있는 느낌이다.

---

13. 2003년 7월 14일, 두 명의 건국대 학생에 대한 구속은 참여정부에서도 인신의 구속을 통해 싸이버스페이스의 자유로운 이용을 저지하려는 노력이 계속되고 있음을 보여준다.

싸이버스페이스에서의 계급구성과 다중

그러나 자연공간이나 사회공간에서 그러하듯 가상적 가상실효 공간인 싸이버스페이스에서도 자본이나 국가의 전일적 지배는 관철되지 못한다. 그 이유는 이곳에서, 무엇보다도 다중의 저항과 탈주가, 그리고 자기구성의 노력이 그치지 않기 때문이다. 요컨대 싸이버스페이스를 통해 자유의 항해를 하려는 다중의 노력이 중지되지 않기 때문이다. 우리는 그러한 노력의 몇몇 사례들을 들어볼 수 있다.

1994년 멕시코의 사빠띠스따들은 인터넷을 투쟁의 전자직조로 만든 하나의 중요한 선례를 남겼다. 치아빠스의 원주민인 이들은 정부에 대한 자신들의 선전포고를 인터넷에 올림으로써 전 세계 시민들의 시선을 치아빠스 정글로 이끌었다. 이들은 미국과 NAFTA를 체결한 멕시코 정부의 학정과 원주민에 대한 배제 정치를 폭로하고 500년에 걸친 외세와 독재자의 억압에 대한 자신들의 투쟁을 시적 언어로 표현하여 이것을 인터넷을 통해 전 세계에 유통시켰다. 이로써 사빠띠스따 원주민들은 디지털 기술의 시대에 신자유주의에 대항하는 힘들을 결집하는 연결마디가 되었다. 이들은 한 차례의 대륙별 회의와 두 차례에 걸친 대륙간회의를 소집하는 데 성공함으로써 전 세계 다중들의 힘을 공동의 적을 향하여 배치하는 데 기여했는데 이 때에도 인터넷이 중요한 역할을 했다.

1999년에 시작된 씨애틀 투쟁은 자본의 신자유주의적 지구화에 대항하는 투쟁이었다. 이후 퀘벡, 제노바 등으로 이어진 이 반지구화

-대항지구화 투쟁을 연결시킨 것도 인터넷이었다. Indymedia(http://www.indymedia.org)나 Autonomedia(http://slash.autonomedia.org/)와 같은 독립 인터넷 매체는 물론이고 다양한 메일링리스트들, 홈페이지들, 게시판들 등이 투쟁을 유통하고 결집하는 일에 사용되었다. 제노바에서 청년 활동가 까를로 지울리아니가 경찰에 의해 살해되었을 때 인터넷은 즉각적 항의행동을 조직하는 조직가로 기능했다.

2003년 초 미국이 이라크에 대한 전쟁을 준비하고 있을 때 전 세계의 반전운동을 결집하고 조직한 것도 인터넷이었다. 2003년 1월 18일, 2월 15일, 3월 22일, 그리고 4월 22일 등 네 차례에 걸쳐 대규모로 열렸던 국제반전평화시위에 수천만에 달하는 사람들을 결집시킴으로써 미국의 전쟁목적을 폭로하고 제국적 질서에, 그리고 미국의 제국주의적 움직임에 항의하며 평화를 원하는 이라크 민중들과 함께하는 공동행동을 조직하는 데 인터넷은 필수불가결한 역할을 했다. 전쟁을 준비하는 미국에 대한, 그리고 야만적 전쟁을 강행하는 미국에 대한 전 세계 시민들의 분노가 웹페이지나 메일링리스트를 통해 유통되었다. 그리고 블로그라는 새로운 네트 방식도 이에 참여하는 사람들인 블로거들을 반전 대오로 합류시키는 일에서 중요한 역할을 했다.

이상의 사례들은 인터넷이 자본에 의해 점점 더 깊이까지 엔클로저되고 있음에도 불구하고 다중들이 자본과 권력에 대항하는 투쟁들을 전개하고 그 투쟁들을 유통시키며 또 그들 자신을 서로 연결시키는 수단으로 인터넷을 이용하고 있음을 보여준다. 다시 말해 싸이버스페이스가 자본과 노동, 제국 주권과 다중 사이의 적대가 전개되는 계급투쟁의 공간으로 되고 있음을 보여준다. 그러므로 이제 디지털 기계와 전자 미디어를 이용한 다중의 움직임을 계급구성의 관점에서 좀더 체계적으로 살펴보기로 하자.

첫째로 싸이버스페이스의 등장은 생산의 정보화를 수반한다.

지배적인 자본주의 국가들을 선두로 거의 모든 나라들에서 제1차 산업인 농업과 제2차 산업인 공업에서 서비스업, 즉 3차 산업으로의 노동이동이 나타난다. 건강, 보험, 금융, 오락, 광고, 교육 등에 이르는 광범한 활동들이 급속히 발전한다. 이 활동들에서 중심이 되는 것은 지식, 정보, 정서, 그리고 소통이다. 산업의 정보적 재편은 전통적 산업영역의 성격도 변화시킨다. 즉 제조업, 농업 등이 서비스업적 성격을 갖기 시작하는 것이다. 그리하여 제조업과 서비스업 사이의 구분이 희미해진다. 그리하여 싸이버스페이스의 발전은 모든 경제활동을 정보경제의 지배 아래에 종속시키고 그것에 의해 그 경제활동을 질적으로 변형시키는 경향이 있다. "전 지구적 경제에서 지리적 차이들은 서로 다른 발전단계들이 공존한다는 신호들이 아니라 새로운 전 지구적 생산 위계의 선들이다."[14] 이 위계의 사다리를 기어오르려는 경쟁은 근대적 산업화보다는 생산의 정보화를 통해서 수행된다. 인도나 한국에서 20세기 말에 산업 발전이 보여주는 정보경제적 특징은 이러한 양상을 잘 보여준다.

둘째 싸이버스페이스의 발전은 노동의 질과 성격의 변화를 가져온다.

---

14. 안토니오 네그리·마이클 하트, 『제국』, 윤수종 옮김, 이학사, 2001, 379쪽.

정보와 소통의 생산이 생산의 근본적 내용으로 되면서 생산과 소비 사이의 포드주의적 소통구조는 역전된다. 생산이 소비를 규정하는 관계로부터, 현존 시장에서의 수요가 생산을 규정하는 관계로의 변화가 그것이다. 적시(適時) 생산과 같은 도요다주의 모델은 이러한 관계 변화를 반영한다. 이러한 모델이 일반화되면서 소통과 정보의 중요성은 한층 강화되었다. 시장 수요량, 소비 패턴, 소비자의 배치 상태, 개별 소비자의 신상 등에 대한 정보가 생산을 규정하는 필수불가결한 요소로 등장하기 시작한 것이다.

이 과정에서 노동은, 일군의 자율주의적 맑스주의자들이 '비물질적 노동'이라고 부르는 것으로 변화한다.[15] 그것은 "서비스, 문화상품, 지식, 혹은 소통과 같은 비물질적 재화를 생산하는 노동"[16]이다. 비물질적 노동의 상당히 많은 부분은 컴퓨터에 의해 매개된다. 컴퓨터 기술, 컴퓨터 네트워크 등이 점점 더 노동활동의 중심에 자리잡기 시작하면서 노동은 점차 소통 모델, 미적 모델로 변형된다.

의사소통의 생산과정은 직접적으로 가치화의 생산과정으로 되는 경향이 있다. 만약 과거에 의사소통이 근본적으로 언어에 의해, 그리고 이데올로기적 및 문학·예술적 생산의 제도들에 의해 조직되었다면, 오늘날은 그것이 산업적 생산의 특질을 부여받기 때문에 의사소통

---

15. 마우리찌오 랏짜라또, 「비물질적 노동」, 쎄르지오 볼로냐·안또니오 네그리 외, 『이딸리아 자율주의 정치철학·1』, 이원영 편역, 갈무리, 1997 참조.
16. 안토니오 네그리·마이클 하트, 『제국』, 윤수종 옮김, 이학사, 2001, 382쪽.

은 특수한 기술적 체계들(지식, 사유, 이미지, 소리, 그리고 언어 재
생산 기술들)에 의해, 그리고 새로운 생산 양식의 담지자들인 조직
화의 형식들 및 "관리"의 형식들에 의해 재생산된다. 사회적 의사소
통의 형성 과정과 그것의 "경제" 내부로의 포섭과정을 파악하기 위
한 시도 속에서, 생산의 "물질적" 모델보다는 작가, 재생산, 수용을
포함하는 "미적" 모델을 사용하는 것이 더 유용하다. 이 모델은, 전
통적 경제의 범주들이 애매하게 하는 경향이 있었던 측면들을, 그리
고 (…) 생산의 탈테일러주의적 수단들의 "특유한 차이"를 구성하
는 측면들을 드러낸다. 생산의 "미적/이데올로기적" 모델은 그러한
사회학적 변형이 가져오는 일체의 한계들과 어려움들을 가진 소규
모의 사회학적 모델로 변형될 것이다. 작가, 재생산, 수용의 모델은
이중의 변형을 필요로 한다. 우선, 이 창조 과정의 세 단계들은 그들
의 사회적 형식에 의해 즉각적으로 특징 지워져야만 한다. 둘째로,
세 단계들은 실질적인 생산적 순환의 분절결합들로 이해되어야만
한다.[17]

이 변형을 통해 작가는 개인적 차원을 상실하고 산업적 생산과
정으로 바뀌며 재생산은 수익성의 명령을 따르는 조직된 대량생산
으로 되고 청중은 소비자/의사소통자로 된다. 이렇게 비물질적 노
동의 생산물이 상품의 형태를 띠지만, 비물질적 노동에 의해 생산
과 재생산과정에서 이루어지는 변형이 작가와 청중 사이에 창조적
소통의 관계가 발생한다는 미적 모델의 기본적 특징을 없애지는

17. 쎄르지오 볼로냐·안또니오 네그리 외, 『이딸리아 자율주의 정치철학·1』, 이원영
편역, 갈무리, 1997, 327쪽.

않는다는 점이 주목되어야 한다.[18]

셋째 노동의 비물질적 변형은 노동에 두 가지 상이한 특징을 부여한다.

하나는 추상노동화이다. 근대적 노동활동에서 노동활동의 구체적인 실행은 다양하고 이질적이었다. 노동의 실제적 추상화가 진행되고 있었던 것은 사실이지만 컴퓨터의 도입 이전에 추상 노동은 노동의 구체적 실행에서 분리된 지적 추상을 통해서만 도달할 수 있는 것이었다. 그런데 컴퓨터가 보편적 도구로 도입되면서 모든 활동들은 단일한 코드를 따라 이루어진다. 연구, 생산, 유통, 재생산에 걸친 모든 노동활동이 컴퓨터 네트워크에 연결된 디지털 조작활동으로 전환되는 것이다. 이렇게 생산의 컴퓨터화는 노동을 직접적인 추상노동의 지위로 끌어올린다.

비물질적 노동의 또 하나의 특징은 인간의 접촉과 상호작용, 즉 노동의 정서화이다. 네그리와 하트는 이것을 정서적 노동(affective labor)이라고 명명한다.

공공의료는 보호노동과 정서적 노동에 주로 의존하며 엔터테인먼트 산업 역시 정서의 창조와 처리에 초점을 맞춘다. 이러한 노동은 신체적이고 정서적일지라도 노동의 결과물들, 즉 안심, 행복, 만족, 흥분, 혹은 정열을 만질 수 없다는 의미에서 비물질적이다. "대인 서비스들" 혹은 근접 서비스들과 같은 범주들은 이런 종류의 노동을 확인하기 위해 종종 사용된다. 그러나 실제로 비물질적 노동에 본질적

---

18. 같은 책, 328쪽 참조.

인 것은 정서의 창조와 처리이다.[19]

정서적 노동을 통해 생산되는 것은 삶의 활력들, 사회적 네트워크들, 개인들 사이의 소통과 협력, 공통체들이다. 그것이 산업생산이든 분석적이고 상징적인 생산이든 정서의 생산과 처리이든 비물질적 노동의 각각의 형태들 속에서 협력은 노동에 내재적이다. 협력은 외부로부터, 감독자나 경영자로부터 부과되는 그 무엇이 아니라 비물질적 노동형태 속에 내재적인 관계로 된다.

여기에서 노동력의 지위에 변화가 발생한다. 과거에 노동력은 생산수단으로부터 분리되어 있는 상품이면서 동시에 자본에게 판매되어 자본의 수중에 있는 생산수단과 결합함으로써만 활성화되는 가변자본으로서만 존재했다. 그러나 이제 비물질적 노동에서의 내재적 노동협력은 '노동력으로부터 분리되어 자본가의 수중에 있는 생산수단과의 결합'이라는 절차를 반드시 요구하지는 않는다. 비물질적 노동에서 두뇌와 신체는 이미 그 자체가 노동력이자 생산수단으로 결합되어 기능하기 때문이다. 추상적이고 정서적인 비물질적 노동이 갖는 내재적인 협력적 능력으로 말미암아 노동의 잉여 창출 잠재력은 증대된다. 그것은 기계의 형태로 독립된 불변자본의 작용의 산물이 아니라 노동에 내재적인 것으로 된다. 네그리와 하트는, "생산성, 부, 그리고 사회적 잉여의 창조는 언어적, 소통적 그리고 정서적 네트워크들을 통한 협동적 상호작용의 형태

---

19. 안토니오 네그리 · 마이클 하트, 앞의 책, 385쪽.

를 띤다. 자기 자신의 창조적 에너지를 표현하는 데서, 비물질적 노동은 일종의 자생적이고 초보적인 코뮤니즘의 잠재력을 제공하는 것 같다."[20]고 표현하는데, 이것은 노동의 그러한 성격변화, 역할변화, 그리고 위상 변화를 염두에 둔 것이다.

넷째 노동의 이러한 변화로 인해 노동은 사회적 노동으로 변용되고 사회적 노동자가 새로운 주체성으로 대두된다.

노동이 점차 사회적인 것으로 되어 가는 경향은 오래 전 맑스에 의해 충분히 예견되었던 것이다.[21] 맑스는 자본이 이윤을 추구하는 방식이 점차 기계화를 통한 상대적 잉여가치의 착취로 이행하는 경향을 발견했고 이로부터 노동의 사회화 경향의 필연성을 도출했다. 상대적 잉여가치에 대한 착취란 개별 노동자의 육체력에 대한 착취로부터 개별 노동자들의 연합과 사회적 협력에 대한 착취로 착취의 초점이 이행하는 것을 의미한다.

노동자들의 연합―노동생산성의 기본 조건들로서의 협업과 분업 ―은 노동의 강도를 규정하고 따라서 노동의 외연적 실현 정도를 규정하는 노동의 모든 생산력과 마찬가지로 자본의 생산력으로 현상한다. 따라서 노동의 집단력, 사회적 노동으로서의 노동의 성격은 자본의 집단력이다. 과학도 마찬가지. 고용의 분할이자 그것에 조응하는 교환으로 나타나는 바와 같은 분업도 마찬가지. 생산의 모든

---

20. 같은 책, 387쪽.
21. 칼 맑스, 『정치경제학 비판 요강』 제2권, 김호균 옮김, 백의, 2000. 특히 이 책 367~392쪽 참조.

사회적 잠재력은 자본의 생산력이고 따라서 자본 스스로가 잠재력
의 주체로 현상한다.[22]

그런데 맑스는 노동자의 사회적 연합, 즉 그것의 주체적 형태로
의 결집을 "노동력의 축적과 이것의 한 지점으로의 집중, 즉 자본
가의 지휘 아래로의 집중"[23]으로 예상했다. 디지털 기술과 싸이버
스페이스의 발전은 노동자의 사회적 연합을 이와는 다른 양상으로
실현한다. 맑스가 고정된 기계와 같은 물질적 형태 속에 응축될 것
이라고 보았던 '일반적 지성'[24]은 오늘날 다양하고 이질적인 인간
들의 지적, 정서적 협력의 네트워크의 형태로 실현되고 기계류는
그것에 연결된 물질적 마디의 형태로 배치되고 있는 것이다.

그 결과 생산은 공장 울타리를 넘어 사회로 확장되었을 뿐만 아
니라 생산 공간으로서의 공장 대 소비 공간으로서의 사회라는 전
통적 관계도 역전된다. 공장은 사회라는 생산 공간의 부분적 마디
로 편성된다. 노동자는 공장뿐만 아니라 사회 속에 산포되어 이질
적이지만 서로 협력하는 사회적 주체성으로 나타난다. 이제 생산
하는 주체는 개인이 아니라 사회적 공통체 자체이다. 사회적 공통
체는 생산을 수행하는 주체이자 동시에 그 생산과정에서 생산되는
산물이다. 그럴수록 착취는 사회적 공통체의 활동 자체에 대한 착
취로 되며 그 결과 생산에 외재적이고 더욱더 명령적인 것으로 변

---

22. 같은 책, 232~233쪽.
23. 같은 책, 233쪽.
24. 같은 책, 367~392쪽 참조.

질된다. 역설적인 것은 자본이 사회 전체를 뒤덮고 자본 외부에 아무 것도 남겨 놓지 않은 것처럼 보이는 때에 자본을 생산하는 주축인 이 사회적 공통체가 자본주의적 명령으로부터 분리되고 독립되는 경향을 드러낸다는 것이다.

우리는, 사회적 지형으로 다시 내려감으로써, 그리고 거기에서 현대의 탈근대적 세계 속에서 작용하고 있는 구성적 주체의 계보학을 서술하기 시작함으로써 우리가 제기해 온 문제들에 대한 반응을 정식화하기 시작할 수 있을 뿐이다. 이 주체는 노동하는 주체, 창조적이고 생산적이며 긍정적인 주체이다. 그것의 사회적 현존은, 우리가 비물질적 노동의 주체적 종합과 생산의 협력적 본질에 대해 앞에서 전개한 고찰들에 의해 개괄된다. 현대 사회 속에서 우리가 식별한 발전들 속에서, 생산적 노동은 노동 그 자체 외부에서 제기될 수 있었던 어떠한 협력의 강요로부터 독립적으로 의미의 완전히 내재적인 사회적 차원들을 제시하는 경향이 있다. 노동의 더욱더 비물질적인 차원들은, 사회적 생산의 핵심에서, 노동하는 협력의 항들과 네트워크들을 제시한다. 이리하여 생산적 협력의 조정자로서의 자신의 전통적 역할로부터 해임된 자본은 포획의 기구라는 형태를 취하는 경향이 있다. 생산적인 사회적 노동은 역사적으로, 직접적인 자본주의적 명령의 일체의 형식으로부터 독립적으로 되는 방향으로, 따라서, 국가 규범성에 의해 재현되던 노동에 대한 자본주의적 명령의 간접적 형식으로부터는 더욱 분명히 독립적으로 되는 방향으로 움직인다. 이리하여 자본 및 자본주의적 국가의 역할은 사회적 생산의 본질적으로 자율적인 흐름을 약탈하거나 통제하는 것으로 축소된다.

그 결과, 일단 국가가 자율성과 분리의 가장 극단적인 형식 속에서 통치권을 제기하면, 통치권에 대한 개념규정의 모든 사회적 혹은 변증법적 기능은 진부하고 공허한 것으로 보인다. 두 개의 자율체들 사이의 분리 속에는 공통된 것이라곤 아무 것도 남아 있지 않다. 사회의 생산성을 지속적으로 정의하는 생산적 노동과, 비생산성의 형상으로 고립되어지는 명령(혹은 통치권)은 결정적으로 분리되고 탈구된다.[25]

이 분리와 탈구의 운동은 극히 다양하고 이질적이다. 사회적 삶의 곳곳에서 분리와 탈구가 진행된다. 그 운동은 새로운 주권형태를 구축함으로써 낡은 주권형태를 대체하려 한 전통적 운동들과는 다른 형태로 나아간다. 이제 이 운동들에 대해 좀더 자세히 살펴보자.

싸이버스페이스에서 다중의 삶과 투쟁

싸이버스페이스에서 사회적 노동자들은 네트워크에 연결된 다중의 형태로 존재한다. 이들은 네트워크에 접속하여 사회적 집단지성을 전유하고 또 그것을 새롭게 재생산하면서 살아간다. 이들은 노동의 네트워크 속에서 소통하고 정서적으로 교류하면서 전사회적 생산 협력체를 발전시켜 나간다. 다중은 다양한 존재들로

---

25. 안토니오 네그리·마이클 하트, 『디오니소스의 노동·2』, 이원영 옮김, 갈무리, 1997, 210~211쪽.

구성된다. 이들은, 공장 노동자, 농민, 학생, 교사, 예술가, 사무원, 공무원, 점원, 주부, 지식인, 등반가, 게이머, 자유기고가, 임시직 노동자, 그리고 실업자 등 다양하고 이질적인 형태로 존재한다. 이들은 사회적 네트워크 속에서 정보를 교환하고 대화를 나누고 논쟁을 하며 만나서 정을 나누고 일을 하고 놀이를 하고 물건을 교류하고 구직활동을 하고 글을 쓰고 공통체를 꾸리면서 살아간다. 이들은 네트워크에서 바이러스를 뿌리거나 해킹을 하거나 자신의 적들과 투쟁을 하며 어떨 때는 죽음을 함께 준비하기도 한다.

싸이버스페이스에서의 삶은 현실공간에서의 삶과 전혀 다르지 않다. 싸이버스페이스 역시 현실공간과 마찬가지로 사람들로 하여금 기쁨과 노여움, 슬픔과 즐거움을 느끼게 한다. 이곳에서도 사랑과 미움이 교차한다. 현실공간에서 시민사회가 구성되듯이 싸이버스페이스에서 다중은 싸이버 공통체들을 구성한다. 싸이버스페이스는 현실공간에 비해 다중들 사이의 연결을 용이하게 한다. 다중들은 현실공간이 갖는 시간의 한계를 넘어 만남을 갖는다. 저장과 재생의 자유로움으로 인하여 시간이 가하는 제약은 크게 완화된다. 또 다중들은 싸이버스페이스에서 현실공간의 제약을 넘어선다. 서울에 사는 사람과 제주도에 사는 사람이, 심지어는 파리에 사는 사람이 자유롭게 자신의 위치에서 서로 만날 수 있다.

싸이버스페이스의 목소리들은 이렇게 시공간의 한계를 넘어 연결될 수 있는 잠재력을 갖고 있다. 싸이버스페이스에 이러한 잠재력에 역행하는 역경향들이 항존하고 있다는 사실에 대해서 이미 우리는 앞에서 살펴보았고 그러한 역경향이 다중 내부에 인입되고 재생산되고 있다고도 말할 수 있다. 하지만 네트워크 공간이 잠재적으로 우리에게 인류를 연합으로 나아가게 할 커다란 잠재력을 제공한다는 사실을 부인할 수는 없다.

이 공간은 어떤 특정한 목소리의 독점을 허용하기보다 다양한 목소리들의 수평적 공존을 허용하고 그 웅성거림 속에서 새로운 도약을 준비하는 공간이다. 싸이버스페이스에서의 목소리는 개방적이기 때문에 누구에게나 들릴 수 있고 쉽게 복사되어 유통될 수 있다. 또 이곳에서 다중들은 복수의 정체성을 갖고 살아간다. 새로운 정체성을 가지려면 새로운 아이디, 새로운 아바타를 만드는 것으로 충분하다. 이곳에서는 자신이 장애인이 아니면서도 장애인의 정체성을 가질 수 있고 여성이 아니면서도 여성의 정체성을 가질 수 있다. 가변적 정체성, 이것이 싸이버스페이스가 우리에게 제공하는 유동성이다. 이것을 통해 네트워크에서 새로운 목소리들은 증폭되어 상품 경제와는 다른 경제, 예컨대 선물 경제와 같은 것을 가능케 한다. 저작권(copyright)과 같은 상품 경제 논리와는 다른 교류의 논리(예컨대 니체의 '짜라투스트라'가 말하는 '선물을 주는 덕')가 실질적으로 가능해지는 곳이 싸이버스페이스이다.[26] 다른 사람들의 정보선물을 받고 변형하고 다시 주는 과정에서, 다시 말해 '이기심'의 니체식의 긍정적 형태를 실천하는 가운데 인터넷 사용자들은 그들 자신이 바로 인터넷 공통체에 주어지는 선물이 된다.[27] 요컨대 다중의 목소리들의 내재적 상호관계는 그 자체가 새

26. Fred Evans, 'Cyberspace and the Concept of Democracy', http://www.firstmonday.dk/issues/issue5_10/evans/index.html.

로운 목소리들이 부단히 창출하는 과정이 되는 것이다. 이것은 다중의 잠재력을 지속적으로 일깨우는 영원한 혁신의 과정을 가동한다.

문제는 이러한 구성적 잠재력이 끊임없이 주권합성의 경향에 의해 도전받고 침식되며 억압된다는 점이다. 자본, 국가, 그리고 초국적 제국은 다중의 네트워크적 삶에 쐐기를 박으며 이들을 파편화된 개인들로 만드는 것에 사활적 이해를 갖는다. 국제적으로 일반화된 지적재산권들(상표권, 특허권, 저작권 등)이 싸이버스페이스에 적용되기 시작하면서 다중의 소통 언어들에 소유권과 가격이 매겨지고 있다. 언어적 표현형식들에 울타리가 쳐지면서 상품경제와 다른 교류형식을 창출해 나가려 한 다중들의 노력은 커다란 어려움에 봉착해 있다. 바로 그렇기 때문에 싸이버스페이스에서 공통체를 구성하려는 노력은 저항과 투쟁과 탈주를 수반하게 된다.

싸이버스페이스에서의 투쟁에 대해 맑스주의적 관점에서 집중적으로 연구하면서 자율주의자들의 연구 성과를 집약한 닉 다이어위데포드는 '투쟁주기'와 '투쟁순환'이라는 두 가지 개념을 사용하여 이 주제에 관한 흥미로운 지도를 펼쳐 놓는다. 여기서 투쟁주기는 축적주기에 대응하는 것이며 투쟁순환은 자본순환에 대응하는 것이다.

그가 그린 지도 속에서 1980년대는 새로운 투쟁주기의 기미가 나타난 연대로 서술된다. 간호사들, 미디어 노동자들, 학생들이 신

---

27. 같은 글.

자유주의에 대항하여 일으킨 투쟁의 주기가 그것이다. 프랑스에서 청년 취업자들의 임금을 삭감하려는 정부 정책에 맞서 학생, 노동자, 이민자 집단 등이 일으킨 1986년의 투쟁에서부터 시작하여 쥐페 정부의 신자유주의적 개혁안에 맞서 3주 동안 지속되었던 1996년의 대중파업에 이르는 투쟁의 물결은 1960년대에 등장한 최초의 신사회운동과는 완전히 다른 새로운 투쟁의 국면을 보여준다는 것이다. 네그리의 견해를 빌어 위데포드가 말하는 이 투쟁 국면의 특징은 다음과 같다.

> 근본적으로 민주적인 조직형태, 노조와의 변화된 관계(이제 노조는 아래로부터 솟구치는 추진력을 전달해 주는 벨트가 된다), 사회적 차원의 투쟁 목표, 계급투쟁이 오랫동안 지녀왔던 사회적 전망의 재발견, 페미니즘과 제3차 산업 노동자들, 특히 '지식' 노동(무엇보다도 교육받은 노동력)에서 보충된 새로운 운동인자" 등을 특징으로 갖는다. 오히려 이 운동은 사회를 관리·통제하려는 위기국가에 도전하며 "사회적 노동과의 결합에 주목하고 사회적 협동의 중요성을 강조하는" 윤리학에서 배운다. 그리고 "기초에서부터 협동생산을 끌어오고, 사회적 주체를 통해서 세계적 규모의 탈산업주의적 경제를 주도해 나아가려는" 열망을 다소 산만하지만 확실하게 드러낸다.[28]

이것은 전 지구적 컴퓨터 네트워크를 상업적 목적에 종속시키고 이 속에 위계를 도입하려는 자본의 시도에 대항해 이 네트워크를

---

28. 닉 다이어 위데포드, 『사이버–맑스』, 신승철·이현 옮김, 이후, 2003, 184쪽.

'항구적으로 자기증식하는 집단지성의 체제'로 발전시키려는 다중의 투쟁을 가져온다. 빈민가의 주민들이 경찰의 폭력을 역감시하는 비디오를 사용하고, 랩 음악으로 자본의 억압적 체제에 대한 저항을 표현한다. 페미니스트들은 컴퓨터 네트워크를 이용하여 소수자들의 투쟁을 보도하고 그것에 개입한다. 앞서 언급한 사빠띠스따들의 인터넷 이용, 씨애틀 이후 신자유주의적 지구화에 대항하는 국제적 반/대항 지구화 운동의 인터넷 이용, 그리고 2003년 초 반전운동에서의 인터넷 이용 등도 주목할 만한 사례이다. 이 모든 것은 1968년 운동과 연결되면서도 그것과는 다른 양상을 보여주는 새로운 투쟁주기에서 나타나는 중요한 특징들이다.

위데포드는 투쟁의 주기에 대한 탐구에서 더 나아가 투쟁의 순환에 대한 탐구로 나아간다. 여기에서 주목되는 것은 사회적 공장과 사회적 노동자에 대한 이론이다. 맑스의 자본순환론은 생산과정과 유통과정만을 다루지만 사회적 공장은 이 모델이 기초해 있는 토대를 확장했고 노동력의 재생산과 자연의 생산 그 자체를 자본순환의 중요한 계기로 끌어들였다는 것이 위데포드의 독특한 주장이다. 그는 1) 생산, 2) 노동력의 재생산, 3) 자연의 재생산, 그리고 4) 이 세 계기의 총순환 등을 포함하는 네 개의 계기 속에서 노동의 투쟁순환을 고찰한다.

생산의 계기 속에서 전통적 산업 노동자들의 파업투쟁은 계속된다. 심지어 디지털의 중심지인 실리콘 밸리에도 지식노동자들 외에 관리자, 정원사, 카페테리아 직원, 마이크로칩 조립공 등이 마치 제1세계 속의 제3세계처럼 존재하는데 이들은 <관리인들을 위한

정의>라는 조직을 만들어 캠페인 투쟁을 벌였다. 그리고 이곳에서 <환경과 경제정의를 위한 사우스웨스트 네트워크>는 유독성 화학물질과 열악한 노동조건에 대항해 투쟁을 벌이고 있다. 이런 유형의 전통적인 작업장 투쟁이 앞서 말한 새로운 투쟁형태와 연결되는 사례도 종종 발견되고 있다. 노동자조직들이 기업의 지배질서와 대치하는 과정에서 복지, 빈곤퇴치, 학생, 소비자, 환경단체 등의 운동과 연합한 것이 그 사례이다.[29]

노동력 재생산의 계기에서도 투쟁이 일고 있다. 이것은 생산에 필요한 노동력을 공급받기 위해 리바이어던 같은 국가권력을 사용한 자본의 행적과 결부되어 있다. 감옥, 정보통제, 행정력 등이 신자유주의적 시장의 활성화를 위한 사회 통제의 무기로 적극적으로 사용되면서, 폭동이 일어나거나 새로운 형태의 빈민운동이 등장했고 빈집 점거, 노숙자 야영단체, 첨단기술을 사회에 유익한 방향으로 전환시키기 위한 시민불복종 운동 등이 전개되었다.

혼인거부, 출산 거부 등 노동자들의 저항으로 인하여 가족을 통한 노동력 재생산 체계가 불안정해지면서 자본은 생명공학에 기초를 둔 대안적 출산통제체계를 시험해 왔다. 시험관 출생, 양막천자, 인공수정, 그리고 인간복제가 암암리에 탐구되기 시작했다. 재생산의 공학화가 진행되기 시작한 것이다. <재생산·유전공학에 저항하는 국제 페미니스트 네트워크>는 이러한 재생산의 공학화에 대항해 저항하고 있다. 이 네트워크는 시험관 수정의 성공확률이 낮

---

29. 같은 책, 216쪽.

고, 양막천자를 이용한 성감별로 여아에 대한 차별이 심화되고 있으며, 유전공학이 사회적으로 위험한 우생학적 발상에 의해 침윤되어 있다는 것 등을 고발한다. 반에이즈 운동은 ACT-UP, <정보 프로젝트> 등에 의해 이끌리고 있는데 이들은 에이즈 연구의 의제를 재조정하도록 압박하고 인체의 면역체계와 바이러스 관련 정보를 컴퓨터 네트워크를 통해 유통시키고 대안적 처방을 연구하는 한편 에이즈 치료를 위한 진료소를 열거나 피임용 링을 밀수입했다. 이들은 또 상업적으로 특허권이 있는 약을 몰래 제조하기도 했다. 또 하나의 노동력 재생산 기관인 대학, 연구소에서의 투쟁에서도 새로운 투쟁순환이 나타나고 있다. 학생들은 수업료 인상, 높은 실업률, 보조금 삭감, 늘어나는 채무 등에 대항해 수업거부, 동맹휴업 등의 투쟁을 벌였다. 학생들의 이러한 투쟁은 교수노조, 강사노조 등 학내 직원 조직들의 노동쟁의와 결합되기도 했다.[30]

그런데 자본은 노동뿐만 아니라 사회 전체, 자연 자체를 통제하는 데 기술을 동원한다. 자본은 자연의 재생산을 자연 자체에 맡겨야 한다면서 자연을 착취하기만 할 뿐 그것의 재생산을 방치했다. 이것은 노동력의 재생산 책임을 가계와 공동체에 전가해 온 태도의 연장이다. 이로 말미암아 노동과 더불어 또 하나의 부의 원천인 자연 생태계가 토양 부패, 산림 황폐화, 사막화, 대양의 오염, 오존층 파괴, 면역체계의 붕괴 등의 위기에 직면하게 되었다. 그럼에도 불구하고 자본은 핵폐기물, 산업폐기물, 살충제, 화학비료 등의 남

---

30. 같은 책, 243쪽.

발을 중지하지 않았다. 그리고 이에 대한 저항을 피해나가는 데까지 첨단기술을 이용했다. 녹색운동은 이러한 생태위기 상황에서 대안을 찾기 위한 노력으로 탄생했다. 유색인 공동체, 전통적 노동계급 거주지, 토착 인디언 지역, 가난한 농촌 지역 어디에서나 지금은 환경정의를 외치는 주장과 생태파괴에 대항하는 운동들을 찾아볼 수 있다. 이에 따라, 생태계를 위협하는 기업들의 폐쇄로 실업자가 된 노동자들을 지원해 주는 기금마련, 유독성 화학물질 생산 중단, 오염물질을 덜 배출하는 운송체계 개발, 환경정화 비용의 공정 분배, 환경과 노동자들을 보호하는 국제법 제정 등이 이들 운동에 의해 제기되는 요구들의 일부를 구성하게 되었다.

이제 생산과 재생산 영역 전체를 포괄하는 자본순환 과정을 살펴볼 차례이다. 이 과정 속에 자본이 끌어들인 싸이버네틱 기술들은, 다양하지만 분산적인 다중들의 투쟁을 연결시키는 일에 이용된다. 순환의 측면에서 보았을 때 자본이 싸이버네틱 기술을 동원하게 되는 이유는, 이윤율을 높이기 위해 자본의 회전시간을 줄이려는 동기 때문이다. 이 기술은 시장 속에서 소비주체를 만들어 내기 위해, 그리고 소비와 생산의 분리를, 그리고 이 양자 사이의 거리를 제거하기 위해 도입된다. 대량생산에 상응하는 대량소비를 창출해야 했던 포드주의 시대에 미디어가 광범하게 도입되는 것은 이 때문이기도 하다. 생산이 소비를 규정하기보다 생산과 소비의 관계가 역전되어 소비가 생산을 규정하는 것처럼 보이는 포스트포드주의 시대에 싸이버네틱 기술은 자본에게 더욱더 절실해진다. 라디오나 텔레비전과 같은 정보기술은 말할 것도 없고 케이블 텔레비전, 위성 텔레비전, 컴퓨터 네트워크 등이 VOD나 원격쇼핑을 가능케 해주고 소비자 정보를 자본에게 전달해 주는 기능을 수행한다.

그러나 소비자들은 단순히 수동적인 주체로 남아 있지 않는다. 이들은 리모컨으로 채널을 움직여 광고를 피해가며 프로그램을 시청하고 프로그램에 대한 비판 모임을 통해 프로그램의 독성에 대응하고 불매운동 등을 통해 나쁜 상품들을 생산한 자본을 공격한다. 소프트웨어 복제와 같은 해적행위로 자본의 지식 독점에 저항하기도 하고 대안적이고 자율적인 미디어를 창출하기도 한다. 라디오 알리체를 비롯한 라디오 행동주의, 퍼블릭 액세스 케이블 등을 비롯한 전술 미디어 운동, 그리고 게릴라 비디오 등이 그것이다. 최근에는 정부나 기업의 악행을 비판하기 위해 목표물이 된 서버를 마비시키는 해킹 방법을 사용하거나 메일폭탄을 통해 정부나 기업의 정보흐름을 방해하는 전술이 사용되기도 한다.[31] 무엇보다도 주목할 만한 것은 싸이버스페이스에서 광범하고 다양한 대항 네트워크의 구축이다. ACTIV-L, LEFT-L, PEN-L 같은 메일링 리스트, P-NEWS 같은 뉴스 그룹, Peace-Net, Eco-Net, Conflict-Net의 연합체인 <진보커뮤니케이션연합>, <유럽대항네트워크> 그리고 새로운 현상으로서의 블로그 등은 국경을 넘어서는 전 지구적 컴퓨터 네트워크들이다.

싸이버스페이스에 대한 다중의 이러한 대안적 이용 사례들은 통

---

31. 전략적 전술적 전술 미디어 운동에 대해서는 더글러스 러시코프, 『미디어 바이러스』, 방재희 옮김, 황금가지, 2002 제3부 참조.

신정보기술의 도입으로 노동자를 자신의 통제 아래에 종속시키려
했던 자본의 계획이 어긋나고 있는 지점이 어디인가를 보여준다.
네트워크 속에서 다중들은 하워드 라인골드가 '영리한 군중'이라
고 부른 주체적이고 능동적이며 참여적인 집단들로 형성된다.[32] 착
취를 위한 기술이 협력을 위한 기술로 전용되는 것이다. 이 기술을
이용하는 일은 선진 유럽 국가들에만 제한되어 있지는 않다.
NAFTA에 대항한 치아빠스의 원주 농민들, 세계은행의 개발계획에
반대하는 아마존의 카야포족의 투쟁, 브라질의 길거리 텔레비전,
한국의 진보네트워크, 남아프리카의 공동체 라디오 등 세계의 거
의 모든 지역에서 싸이버네틱 기술을 투쟁협력의 기술로 전환시키
려는 움직임들이 나타나고 있다. 이것들은, 국경을 넘는 자본의 이
동인 지구화에 대항해 국경을 넘는 투쟁의 유통을 통해 소통의 공
통체를 창출해 내는 대안적인 지구화 과정을 개시하고 있다.

싸이버스페이스의 윤리정치와 민주주의

　싸이버스페이스가 현실공간과 마찬가지로 자본의 포획 운동과
다중의 저항/탈주 운동이 적대적으로 대립하는 공간이라는 사실로
인하여 적지 않은 사람들이 싸이버스페이스에 대한 불만을 느끼게
된다. 그런데 이 불만도 적대 구조 속에서 전개되는 것임으로 인해

---

32. 하워드 라인골드, 『참여군중』, 이운경 옮김, 황금가지, 2003, 특히 제7장 참조.

서 상이한 입장에 따라 다른 내용을 갖게 된다.

권력과 자본의 입장에서 제기되는 불만은 네트워크가 띠고 있는 근본적 불안정성이다. 복수 정체성, 익명성, 군중성, 유동성 등과 같은 다중의 존재양식들이, 그리고 서핑, 바이러스 유포, 해킹, 해적행위 등 다중의 행동형태들 등이 모두 자본에게는 불안함으로 다가온다. 이중 많은 것들은 다중들이 자본의 공격에 맞서 취하는 존재양식들이며 행동형태들이다. 자본은 이 투쟁들을 반윤리적이라고 비판함으로써 그것의 정당성을 박탈하려고 한다. 네트에서 질서와 안정을 확보하려는 자본의 노력은 다양한 법제화의 노력을 통해 표현되어 왔다. 그것은 청소년 보호법이나 저작권법에서처럼 보호의 논리를 수반하거나 통신질서 기본법에서처럼 질서의 논리를 수반하기도 한다. 그 어느 것이든 권력의 윤리학은 싸이버스페이스에서 기존의 소유 질서, 착취질서, 축적질서를 지키고 그에 필요한 재생산의 힘들을 양성한다는 목표하에 구축되고 있다. 그래서 그 윤리학의 본질은 근본적으로 정치적이고 사법적이다.

다중은 이와는 전혀 다른 윤리학을 필요로 한다. 싸이버스페이스에서 다중이 지니고 있는 가장 강력한 (그리고 유일한) 잠재력은 협력이다. 자본도 축적을 위해 다중의 이 협력을 필요로 하지만 그것은 그렇게 대상적인 위치에 남아 있지만은 않는다. 다중의 협력은 다중이 자본으로부터 분리될 수 있는 잠재력이기도 하다. 다중은 네트워크와 협력을 통해 지성을 교류하고 정서를 나누며 삶을 새롭게 재생산한다. 그러므로 싸이버스페이스에서 다중의 윤리는 사법적이고 정치적인 것과는 다른 성격을 지닐 수 있고 또 그래야

한다.

소통 가능성은 다중의 싸이버스페이스 윤리의 제일 원리라고 할 수 있다. 자본은 부단히 다중의 소통을 가로막고 다중들 사이에 매개자로 개입하려 한다. 지성과 정서의 유통에 가격을 매겨 정보상품으로 만들거나 법제를 통해 그 유통의 양과 질을 통제하려는 시도가 그것이다. 이 개입의 공작이 성공하는 만큼 다중들 사이의 수평적 교류도 파괴된다. 이것은 다중의 자율성을 침식하여 다중을 자본에 의존적인 존재로 만든다. 싸이버스페이스에서 다중의 직접적인 상호 소통 능력을 유지하고 발전시키는 것이 중요한 것은 이 때문이다. 이를 위해서는 싸이버스페이스가 제공하는 여러 가지 기회와 가능성들을 내재적이고 유효한 것의 생산을 위해 사용하려는 의식적 노력이 필요하다. 예컨대 부르주아 사회가 부과하는 고정된 정체성을 넘어서기 위해 익명성과 복수 정체성을 사용하고 표준어들의 경직된 의미망을 깨뜨리면서 소통의 지평을 깊고 넓은 것으로 만들기 위해 언어적 유연성을 사용하는 것 등이 그것이다. '네티켓'이라는 용어가 의미를 가지려면 낡은 현실공간의 도덕을 그대로 싸이버스페이스에 적용하는 차원을 넘어서야 한다. 그것은 싸이버스페이스를 다중의 소통능력의 증대를 위한 윤리적 공간으로 만들려는 의식적이고 사회적인 노력을 의미하는 것이어야 한다.

또 하나의 원리는 책임이다. 책임은 소통의 중요한 측면이다. 흔히 책임은 제도적·사법적 관점에서 이해되지만 실제로 책임은 내재적 윤리의 문제이다. 영어에서 그것은 응답-가능성(responsibility)이라는 의미를 갖는다. 즉 책임은 기본적으로는 소통 당사자들이 서로의 관계를 성공적이고 원만하게, 그리고 창조적인 것으로 완수하는 것을 의미하는 것이다. 싸이버스페이스의 익명성과 복수 정체성은 때로 응답 불가능한 상황을 만들어 내는 일에 이용되기도 했다. 일방적이고 근거 없는 욕설과 비방을 통해 대화 상대자들을 깎아내리거나 성적 폭언을 행하거나 허위사실을 유포하는 것 등이 그것이었다. 이것들은 심지어 이러한 공격을 받은 사람들을 자폐증에 휩싸이게 하거나 심지어는 죽음으로 몰아넣기도 했다. 이와는 달리, 응답의 가능성을 제공하는 것, 할 수 있다면 최대의 응답 가능성을 제공하는 것이 싸이버스페이스에서 이루어지는 지적·정서적 소통에 책임을 지는 방법이다. 그리고 이것은 권력으로부터 다중의 자기가치화 네트워크를 지키는 길이기도 하다. 왜냐하면 네트워크에서 책임 없음이 늘어날 때 권력은 보호를 명분으로 다중의 네트워크에 개입하여 그것을 권력에 종속시키고 권력을 재생산하기 위한 동력으로 재배치하곤 하기 때문이다.

싸이버스페이스는 많은 경우에 새로운 공공영역으로 간주된다. 어떤 점에서 그것이 새로운 것일까? 지금까지 공공영역은 사적인 과정에 수반되는 갈등을 관리하는 영역으로서 주로 국가의 활동영역과 중첩되어 왔다. 시민사회 속에서 공공영역이 형성된다 하더라도 그것은 국가와의 관계 속에서 발생했다. 그래서 공공영역은 초월적 성격을 띠어 왔다.

전통적 좌파 운동도 공적인 것을 초월적인 것으로 사고하곤 했다. 국가를 장악하는 것을 변혁의 첫 번째 업무로 보거나 이를 위해 맹아적 국가로서의 당조직을 구축하는 일에 전념하는 것 등이 이러한 사고의 표현이었다. 그러나 싸이버스페이스는 초월적인 것과는 대립적인 성격을 갖는다. 쌍방간, 다방간의 횡적 소통의 잠재력을 제공함으로 해서 싸이버스페이스는 소통하는 특이자들의 내재적 상호관계를 복원할 수 있는 가능성을 준다. 즉 특이자들 사이에 공통적인 것을 생산하고 쌓아나갈 수 있는 관계망을 제공한다. 실제로 책임을 수반하는 소통은 심원한 공통망을 구축한다. 여기에서 구축되는 공공영역은 더 이상 초월적이지 않고 내재적이다. 그래서 책임 있는 소통을 통해 구축된 싸이버스페이스의 공통망들은 공공적인 것과 공통적인 것의 내재적 관계를 다시 한번 만회한다. 이것에서 우리는 어떤 보상에 대한 기대에 의해서도 좌우되지 않는 지복으로서의 덕의 움직임을 본다.[33] 이 내재적 덕의 자기 운동이 다중의 민주주의를 추동한다. 그리고 다중은 책임 있는 소통을 생산하는 이 내재적 민주주의를 통해 영원하게 된다.[34]

---

33. 스피노자는 '지복이 덕의 보수가 아니라 덕 자체'라고 말한다. 여기에 이어지는 다음 구절은 책임에 대한 내재적 이해를 가능케 한다. "우리들은 쾌락을 억제하기 때문에 지복을 누리는 것이 아니라 반대로 지복을 누리기 때문에 쾌락을 억제할 수 있다." 그에 따르면 이 정리는, "어떤 사람이 정서를 억제하는 힘은 오직 지성에만 있기 때문에, 어떤 사람이든 정서를 억제했기 때문에 지복을 누리는 것이 아니라, 오히려 그와는 반대로 쾌락을 억제하는 힘이 지복 자체에서 생긴다"는 것으로 설명한다. 우리는 이것으로부터, 공통적인 것을 창출해 나가는 다중의 노력 자체가, '부과되는 것으로서의 책임'이 아니라 '스스로 선택하는 것으로서의 책임'을 생산하는 힘이라는 생각을 이끌어 낼 수 있다. (B. 스피노자, 『에티카』, 강영계 옮김, 서광사, 1990, 320쪽)
34. 영원성, '영원하게 되기'에 대해서는 Antonio Negri, *Time for Revolution*, trans. by Matteo Mandarini, Continuum, 2003의 제2부를 참조. 그리고 다중의 민주주의에 대해서는 3부 13장 「대의기계 비판」을, 다중의 윤리정치에 대해서는 3부 16장 「다중자율의 윤리정치」를 참조.

　이상에서 우리는 싸이버스페이스에서 다중이 발생하고 발전하여 내재적이고 절대적인 민주주의를 위한 잠재력으로 구축되어가는 과정을 살펴보았다. 이제 이러한 싸이버스페이스와의 관련 속에서 전통적인 주권주체인 민중이 어떻게 다중으로 변모하고 있는지를 살펴보도록 하자.

9장 주변부와 다중

신자유주의와 주변부

신자유주의적 주권합성은 초국적 자본의 화폐 명령에 지구의 주민 전체를 복속시키는 문제였다. 이것은 고전적 제국주의와는 다른 양상으로 나타났다. 고전적 제국주의에서 자본의 이동은 은행자본과 융합한 일국의 독점자본, 즉 일국적 금융자본의 해외진출의 문제였다. 그것이 민족국가 주권의 영토적 확장의 형태로 나타난 것은 이 때문이다. 이에 반해 신자유주의에서 자본의 이동은 IMF, WB 등 초국적 금융기관들에 기금화된 초국적 금융자본들이 금리를 획득하기 위해 지구 전체를 회전하는 현상이었다. 그것이 특정 민족국가의 단순한 영토확장이 아니라 UN과 같은 초국가적 주권기관의 구축으로 나타난 것은 이 때문이다. 이것은 초국적 금융기관들 외에 NATO, NPT, MD와 같은 국제적 군사기구 혹은 군사협약, WTO, MAI 등과 같은 국제적 무역 및 투자협정 등에 의해 지탱되면서 개별 민족국가들을 초국적 주권의 하위 마디로 편제했다.

민족국가 주권을 하위마디로 하는 초국적 주권으로의 이러한 전지구적 주권 재합성은 지구 전체를 실질적이고 단일한 세계시장 속으로 포섭하는 과정의 원인이자 동시에 그 결과였다. 지구화라는 신자유주의의 제1명령은 그것의 동력학(dynamic)을 지칭한다. 지구화는 지구 주민들의 삶 전체를 자본관계 속으로 실질적으로 포섭하면서 누구든지 자본관계 외부에서 독립적으로 사는 것을 더욱 불가능하게 만들었다. 그것은 볼리비아 정글에서 외부와 단절되어 살던 이른바 '식인종'까지도 산림개발 혹은 석유채굴 노동에 종사하지 않고는 살 수 없는 환경을 조성했다.

이 과정이 지구의 각 지역에 미친 영향이 동일했던 것은 아니다. 통합된 세계자본주의와 초국적으로 구축된 제국적 주권은 각 지역, 각 국가를 해당 지역이나 자신의 이익에 맞도록 재편하고 위계적으로 배치하되 해당 지역이나 국가의 특수한 잠재력에 따라 그렇게 했다. 이 과정에서 제국주의 시대에서와 마찬가지로 유럽중심주의가 관철되었다. 그러나 유럽중심주의는 흔히 생각되듯이 유럽의 '능력'의 산물로만 이해될 수는 없다. 그것은 언제나 유럽의 위기의 산물, 혹은 위기에 대한 반혁명적 대응의 산물이었다.[1] 제국

---

1. 안토니오 네그리·마이클 하트, 『제국』, 윤수종 옮김, 이학사, 2001, 117~122쪽.

주의가 유럽 내의 혁명적이고 전복적인 힘을 통제하기 위해 지구의 다른 지역을 유럽의 권력에 종속시킬 필요성에서 나온 것처럼, 신자유주의도 유럽에서 고조된 노동계급의 저항을 회피하여 초국적화한 금융자본이 '유럽' 외부에 대한 통제를 구축함으로써 유럽까지 통제하기 위해 개척한 새로운 엔클로저 운동이다. 지구화가 '위기의 지구화'인 이유는 여기에 있다.

유럽'중심'주의의 관철은 '주변부'의 형성을 필연적인 것으로 만든다. 그러나 신자유주의에서 '주변부'는, 세계를 지역적 선에 따라 '남/북'으로 갈랐던 제국주의 시대와는 다른 방식으로 형성된다. 여기에는 몇 가지 이유가 있다. 20세기 전반의 식민지 시대와 전후 탈식민화 및 독립국가 형성의 시대에 이루어진 각국의 급속한 산업화와 불균등한 발전은 단순한 남/북 선을 통한 지역적 위계화를 불가능하게 만들었다. 또 이와 연동되어 각 국가, 각 지역마다 프롤레타리아의 조직력과 투쟁력이 상이했고 이것이 신자유주의의 분할선을 한층 복잡한 것으로 만들었다. 신자유주의의 유럽중심주의는 새로운 차이들을 분할의 수단으로 끌어들이지 않으면 안 되었다. 인종, 문화, 세대, 종교, 성별 … 등 지역적 차이를 넘어서는 새로운 차이를 분할선으로 만들 필요가 커짐에 따라, 유럽중심주의는 유럽 내부에서도 관철되는 원리로 되어 갔다. 그리고 그것은 고정적이기보다 유동적이었다. 중심과 주변의 관계는 부단히 재생산되지만 그 경계는 움직이는 경계로 나타나고 그 정체성들은 서로 뒤섞였다. 때로는 중심과 주변이 위치를 바꾸면서 특정의 장소를 벗어나고 있는 것처럼 보이기도 한다. 요컨대 신자유주의에서 중심/주변 관계는 실재적(real)이기보다 가상실효적(virtual)인 것으로 생산되고 재생산된다고 말할 수 있다.[2] 제1세계와 제2세계, 제3세계의 지역적 분할이 오늘날 신자유주의적 분할의 유일한 선이 결코 아니며 그 지역들이, 제국주의 시대와는 달리, 남과 북으로 획일적으로 갈라져 있지도 않기 때문이다. 유럽 속에도 주변부가 있으며 과거의 주변부 속에도 중심부가 형성되어 있기 때문이다.

그러므로 엄밀한 의미에서 '주변부의 반란'이란 신자유주의에 대항하여 지구 전체에서 일어나고 있는 반란들을 지칭해야 한다. 그래야만 제3세계주의가 만들었던 지역주의적 함정, 다시 말해 제3세계를 동질적 실체로 봄으로써 결국 제1, 2세계에서 전개되던 내부적 적대를 보지 못했고 그로 인하여 제3세계 내에서 발전하고 있던 적대까지 은폐했던 그 함정을 피하면서 신자유주의를 극복할 가상실효적 주체성을 찾아내는 것이 가능할 것이기 때문이다. 하지만 이 글에서는 신자유주의화가 전통적 의미의 '주변부'에 미친 영향과 그 '주변부'에서 제국에 대항하여 일어나고 있는 저항의 양상을 아프리카, 중동, 그리고 남아메리카 지역을 중심으로 고찰하고자 한다. 그러므로 이 이야기는 전통적 '주변부'가 신자유주의적 주변으로 편입되면서 그 주변부가 중심/주변의 역동적 위상학 속에서 변형되고 재편되며 균열되는 과정에 관한 이야기일 것이며 주로 주변에 '대한' 권력으로 정립되는 제국 주권이 지구상의 이 지역들에 어떤 주체성을 생산하는지에 대한 이야기일 것이다. 글

---

2. 같은 책, 74~77쪽.

의 전개과정에서 우리는 동질적인 것으로 이해되어 온 이 지역들 내부에서 신자유주의에 대한 대응의 차이와 주체성들의 적대가 어떻게 발전하고 있는지를 확인할 수 있을 것이다. 나는 이것을 그리는 과정에서, 신자유주의에 대항하는 주변부의 동질적 특수성을 부각시키기보다 주변부의 주류적 대응들에 맞서는 대안적 대응들이 어떻게 생성되고 있고 또 그것들이 중심부 내에서 생성되고 있는 대안적 대응들과 합류할 수 있는 가능성을 점검하는 데 오히려 역점을 둘 것이다.

이슬람권의 대응

신자유주의에 대한 가장 반동적인(reactionary) 대응은 중동 지역에서 나타났다. 1979년의 이란 혁명을 봉쇄한 호메이니의 이슬람 근본주의가 그것이다. 이란의 민중들이, 1941년에 집권한 이후 일관되게 친서방 정책을 펼쳐온 레자 샤 팔레비에 대한 불만을 본격적으로 표현하기 시작한 것은 1970년대 중반부터였다.

민중이 처음부터 팔레비의 정책에 적대적이었던 것은 아니다. 오히려 팔레비의 근대화 정책은 처음에는 이란 민중의 광범한 지지를 받았다. 그는 영국 석유회사의 이권을 국유화하려 한 민족주의자 모사데크의 영향력을 제거하기 위해 미국의 힘을 빌기 시작했다. 또 이것은 '백색혁명'이라 불리는 미국 원조하의 국가발전 계획이 추진되기 시작한 계기가 되었다. 이것은 이란 사회 구조의 전반적 근대화를 가져왔다. 도로, 철도, 항공망 등 교통시설의 정비, 댐건설과 관개사업 등 에너지 기반시설의 확충을 비롯하여 재정지원을 통한 공업 장려 등 산업구조의 혁신, 근대화하는 산업에 노동력을 제공하기 위한 토지개혁의 실시, 그리고 농촌 주민들을 위한 문맹퇴치단과 보건단의 창설 등이 그것이다.

팔레비의 이러한 근대화 정책에 대한 종교적 비판('서구화는 이슬람교에 대한 배교이다')이 없었던 것은 아니지만 그렇게 위협적인 것은 아니었다. 그에 대한 비판은 오히려 현실적인 것에, 즉 점점 심화되어 가는 독재적 정치형태, 비밀경찰(SAVAK), 그리고 정부의 부패 등에 대한 정치적 비판과 석유수입의 불공평한 분배와 같은 경제적 비판에 더 많이 집중되었다. 이러한 비판들은 1970년대 초 이후 극심해진 팔레비의 근대화 정책의 부패와 위기에 의해 가속되었다. 역설적이게도 팔레비 정권의 부패와 위기를 심화시킨 계기는 1973년을 전후한 석유위기를 계기로 이란이 거둔 막대한 석유수입에서 주어졌다. 석유수입의 급속한 증대로 부의 집중이 심화되고 있는데도 석유공급과 유가의 안정을 위해 팔레비 왕정을 후원하는 미국에 대한 불만이 고조되면서 하층민들, 소상인, 학생들 사이에서 투쟁이 점화되었고 그것은 시아파 성직자들을 매개로 이란 사회 전체에 확산되어 갔다. 1978년부터는 폭동, 반란, 파업, 시위 등으로 내각이 네 차례나 붕괴하게 된다. 결국 팔레비의 종속적 근대화 정책은 1979년 1월 팔레비의 이집트 망명으로 막을 내리게 되었다.

여기서 주목되어야 할 것은 팔레비 정권의 종말을 재촉한 1973

년 전후의 석유위기가 실제로는 이 무렵 본격화한 통화주의적 인플레이션 정책과 더불어, 1960년대 말에 고조된 노동계급의 저항을 억압하기 위한 자본의 범세계적 역공의 일부였다는 점이다. 1968년 혁명의 전 지구적 폭발과 더불어 커다란 임금인상 압박에 직면한 자본은 통화남발과 인플레이션을 통해 통화가치를 떨어뜨림으로써, 그리고 이를 통해 물가상승을 초래함으로써 노동계급에게 귀속된 임금소득을 약탈적으로 회수했다. 석유류 가격의 인상은, 남발이라는 형태로 이루어진 통화주의 공격과는 달리, 유통되는 석유의 양을 인위적으로 제한함으로써 가능했다. 이를 위해서는 다국적 기업과 몇몇 나라의 연합된 행동이 필수적이었다. 이 연합된 행동은 OPEC, 세븐 시스터즈(7대 석유회사), 그리고 동서방의 정부들에 의해 주도되었다.[3] 이것은 OPEC의 일원인 이란의 지배계급에게는 막대한 부를 가져다주었지만, 이란의 민중들은 유가인상으로 인한 높은 물가상승으로 오히려 큰 고통을 겪어야 했다.

이란의 시아파 종교지도자 아야톨라 루홀라 호메이니는 이러한 상황을 신정(神政) 이슬람 공화국 수립의 기회로 활용했다. 그는 1962~63년에 이슬람 영지를 축소시키고 이슬람의 신권을 약화시킨다는 이유로 팔레비의 토지개혁 정책과 여성해방 정책에 항의했다. 그의 장기간의 투옥과 강제추방은 이러한 이슬람 근본주의적 항의의 대가였다. 그는 팔레비에 대한 불만이 증폭되는 상황을 이슬람 근본주의를 확장시킬 좋은 기회로 파악했다. 그는 이슬람 근

---

3. 해리 클리버, 『자본론의 정치적 해석』, 한웅혁 옮김, 풀빛, 1986, 244쪽 참조.

본주의를 사용하여 노동자들, 농민들, 주민들을 결집시킴으로써 이들이 자발적으로 구축했던 쇼라(평의회)를 봉쇄하고 마침내 1979년 2월에 집권하게 된다. 이후 그는 헌법을 꾸란으로 대체하고 토지와 주요 산업들(제조업, 무역업, 금융업)을 국유화하며 외국인 투자를 금지하는 폐쇄주의 정책을 취했다. 이것은 시아파 성직자들을 중심으로 한 정권 재구성, 일부다처제와 차도르 착용의 의무화 등 여성억압 정책, 그리고 서양음악과 음주를 금지하는 반동적 문화정책들을 가져왔다. 또 정부에 반대하는 사람들을 조직적으로 억압하기 위한 태형, 공개처형 등 이슬람 형벌의 부활도 가져왔다. 세계시장으로부터의 분리를 초래하는 이러한 정책들이 현대의 통합된 세계자본주의 체제에서 경제성장의 둔화와 고용사정의 악화를 가져오는 것은 필연적인 것이다. 이런 상황 속에서도 호메이니의 권력을 10년 가까이 지탱하게 해 준 요인을 찾는다면 그것은 이라크와의 8년간에 걸친 전쟁과 그것이 강제하는 국민통합의 효과였다고 할 수 있을 것이다.

1989년 호메이니 사후, 이란이 물려받은 것은 생산 및 유통 기반의 파괴로 황폐해진 사회관계와 높은 인플레이션이었다. 베를린 장벽의 붕괴에 때맞춰진 호메이니의 죽음은 이슬람 근본주의 체제의 균열을 가져왔다. 이후 이란의 정치질서는 국민이 직접 뽑는 정치지도자와 성직자 집단에서 선출하는 종교지도자 사이에서 일고 있는 정치적 갈등에 의해 진동하고 있다. 이 진동은, 호메이니의 반동혁명이 신자유주의에 대한 이슬람적 대응의 산물이었던 것과 똑같이 신자유주의에 대한 태도를 둘러싸고 이루어지고 있다. 1997

년 이후 "알리 파키"(Waily Faith), 즉 "神의 대리인"이라는 직함을 가진 종신직 종교지도자이자 보수파인 하메네이(Ali Khamenei)와, 라프산자니에 이어 1997년에 대통령에 당선되어 개혁정책을 주도하고 있는 자유주의적 대통령 하테미 사이에서 전개되고 있는 갈등이 그것이다. 여기에서 군, 사법부, 경찰, 보수언론은 하메네이를, 행정부, 의회, 개혁신문, 학생 등은 하테미를 지지하는 경향을 보인다. 결국 혁명 이전의 팔레비와 호메이니의 갈등이 하테미와 하메네이의 갈등으로 재연되고 있는 셈이다. 그러나 이란 정치사회의 표면에서 전개되는 보수파와 개혁파 사이의 이 재연된 갈등은, 실제로는, 이란 사회의 저 심층에서 일고 있는 불만족과 변화의 욕구들, 실제로는 근본주의와도 대립하고 신자유주의와도 대립하는 다중의 민주주의적 자치의 욕구들을 어떻게 자본주의적 틀 속에 흡수하고 동화시킬 것인가를 둘러싼 갈등에 지나지 않는다.

이슬람 세계는 신자유주의에 대한, 근본주의와는 구별되는, 또 하나의 대응방식을 보여준다. 그것은 시리아와 이라크에 의해 주도된, 그리고 종교적으로는 소수 수니파를 기반으로 전개된 아랍 사회주의의 대응이다. 아랍에서의 사회주의 운동은 지역이나 종족에 대한 충성을 거부하면서 전 아랍 민중의 형제애에 기초하여 근대화를 달성하자는 아랍 민족주의의 한 형태로 나타났다. 이 운동은 시리아에서 결성된 '아랍 사회주의 바트(=부흥)당'을 중심으로 결집했는데 계급적으로는 공무원, 교사, 군대장교 등 신(新)중간계급에 속하는 인텔리층이 주축을 이루고 있었다.

이라크에서 바트당의 30년 장기집권 체제는 1968년 7월 쿠데타에 의해 구축되었다. 그것은 1958년에 수립된 공화정 체제의 타도를 겨냥한 것이었다. 1958년에 민중 반란이 이라크 전역을 휩쓸었고 디와니아에서는 경찰관 43명이 죽고 수많은 시위대들이 살해당하는 폭력충돌로 발전했다. 그해 7월 14일 압둘 카림 까심(Abd al-Karim Quasim)이 주도한 쿠데타로 '자유 장교들'이 집권했고 이들은 영국 제국주의에 종속되어 있던 왕정을 폐기하고 공화정을 선포했다. 이 과정에서 민중들은 정부의 통제를 벗어나 상점을 탈취하고 꾸란을 불태웠다. 남부에서는 농민들이 토지를 점거하고 지주들의 재산을 빼앗고 토지등기부를 불태웠다. 까심(Abd al-Karim Quasim) 정부는 소련 및 이란공산당(ICP) 그리고 좌파들의 지지를 받아 이러한 상황을 통제할 수 있었다.[4]

이후 바트당원들은 민족주의자들과 협력하여 반공산당 돌격대를 구축하고 공산당원과 급진적 노동자들을 공격했다. 쿠데타로 권력을 장악했다가 축출된 1963년에 이어 1968년에도 역시 쿠데타로 집권한 바트당은, 국가보안대를 구축하여, '유물론적 공산주의에 반대하는 아랍주의' 기치하에 공산당을 탄압하고 노동자와 민중의 시위와 파업을 진압했다. 이 해에 파업 참가자 두 명이 바그다드 근처의 식물기름 공장에서 총살되었고 러시아혁명 기념 시위에서 세 명의 시위 참가자가 살해되었다. 공산주의자로 의심받는 사람들은 검거되었고 게릴라 운동에 가담하는 사람들은 사형에 처해졌다. 그럼에도 불구하고 이라크공산당은, 소련의 압력에 밀려,

---

4. *Practical History*, London, May 2000, http://www.geocities.com/CapitolHill/Senate/7672/iraq.html.

1974년에 바트당과의 협력을 선택하고 민족진보전선(NPF)에 참가했다. 하지만 그것에 주어진 대가는 냉담했다. 1978년에 다시 바트 체제를 비판한다는 이유로 공산당원들은 대규모로 검거되고 그중 12명이 처형되었다. 이후부터 이라크는 바트 일당 통치로 기울었고 1979년 후세인 집권 이후는 점차 일인 독재체제로 기울었다.

바트당의 주요한 경제조치는 1973년 석유위기에 즈음한 석유산업의 국유화였다. 이라크석유회사(IPC)의 완전 국유화로 이라크는 제1차 석유위기 시기에 막대한 재정수입을 얻을 수 있었다. 덕분에 1978년에는 23%의 명목성장율을 기록하는 등 가파른 성장을 이룩하였다. 그러나 후세인은 집권 1년 뒤인 1980년에 미국의 도움을 받아 이란과의 전쟁을 시작했다. 그것의 표면적 명분은 국경 분쟁이었지만 실제로는 근본주의적 지향의 이란 혁명이 이라크와 기타 지역으로 확산되는 것을 방지하기 위한 예방적 성격의 것이었다. 이라크의 이란 침공이, 이란 혁명에 이라크와 마찬가지로 위협을 느끼고 있던, 미국과 서방의 원조를 받으면서 전개되었던 것은 이 때문이다.

이 때부터 이라크는 대외적으로 8년간에 걸친 소모적 전쟁을 치러야 했다. 또 후세인은, 같은 시아파가 집권하고 있는 이란과의 전쟁에 부정적이었으며 급격한 도시화로 몰락을 경험하고 있던, 시아파 농민들과 주민들의 들끓는 불만을 징벌로 다스리기 위해 북부 쿠르드족에 대한 선별적 상징적 탄압 정책을 펼쳤다. 이 때문에 1982년(도우루, 카셈)과 1987년(할라브자) 두 번에 걸쳐 쿠르드 지역에서 탈영병들을 주축으로 하는 주민들이 사보타지, 무기탈취

등을 통해 정부군을 궁지로 몰아넣었던 반정부 봉기가 일어났고 정부는 미사일과 전투기로 이를 진압해야 했다. 정부는 반란군을 지원한 마을을 파괴했고 그 주민들은 학살했다.[5]

대외적 전쟁과 대내적 억압 정책은 이라크의 후세인 정권을 점점 강대국과 해외자본에 의존적인 구조 속으로 끌어들였다. 1984년 후세인은 미국과의 공식 외교관계를 복구했고 프랑스로부터 군용비행기를 들여오고 소련으로부터 미사일을 들여왔다. 사우디와 쿠웨이트도 이라크를 편들었는데 이 모든 것은 이란의 근본주의 혁명이 동과 서로 확산되는 것에 대한 공포의 산물이었다.

그러나 전쟁이 이라크에 남겨준 것은 막대한 사상자와 거대한 외채더미였다. 1980년대 이후의 유가하락으로 재정수입은 줄어들었고 전쟁채무는 급증했기 때문이다. 이러한 상황에 대한 후세인의 대응책은, 역설적이게도, 군비증강과 쿠웨이트 침공으로 나타났다. 후세인은 명목상, 자신을 반제국주의적 아랍민족주의자로, 쿠웨이트 알 사바 왕가를 미 제국주의의 하수인이며 아랍민족주의의 배신자로 정의하면서 1990년 8월 쿠웨이트를 침공하여 개전 5시간만에 그곳을 장악했다. 그가 쿠웨이트를 침공한 실제적 목표는 두 가지였다. 하나는 정치적인 것으로 전쟁으로 악화될 때로 악화된 민중들의 불만을 국외로 돌려 대내적 국민통합을 꾀하는 것이었고 또 다른 하나는 경제적인 것으로 쿠웨이트에서 확보할 석유수입으로 누적된 외채를 갚으려는 것이었다.

---

5. *Ibid.*

이 전쟁은 미국에 의해 조장된 측면이 강하다. 전쟁 당시 쿠웨이트는 이라크 접경지역에서 암암리에 석유를 채굴했고 이로 인한 국경분쟁에 대해 미국이 상관하지 않겠다는 의사를 여러 차례 후세인에게 밝힘으로써 이라크의 침공을 간접적으로 조장했기 때문이다. 미국의 즉각적인 반격이 후세인의 계산의 일부였는지 아니면 그의 예상 밖에 있었는지를 판단하기는 어렵다. 왜냐하면 이어진 걸프전이 이라크 민중들의 삶을 피폐하게 만들었지만 후세인의 권력은 더욱 강화시켰기 때문이다. 어쨌든 미국은 후세인의 침공을 빌미로 국제연합을 동원한 다국적군을 편성하여 걸프만에 수십만의 군대를 파견했다. 그리고 미군과 다국적군은 1991년 1월 17일부터 6주간에 걸쳐 이라크를 공격하여 이라크 민간인 20여만 명을 포함하는 약 30여만 명의 대량학살을 가져오면서 이라크를 쿠웨이트로부터 추방하고 그곳에 미국의 전초기지를 구축했다.

걸프전의 종결은 실제로는 '경제제재'라는 새로운 형태의 전쟁의 개시를 의미했다. 이라크 석유에 대한 국제적 금수조치로 이라크 경제는 피폐해졌고 의약품을 포함한 생필품에 대한 수출통제로 걸프전 희생자의 열배에 달하는 300만 이상이 기아와 질병 등으로 사망한 것으로 추산되고 있다. 이 두 유형의 전쟁으로 인해 후세인의 철권통치는 더욱 강화될 수 있었고 석유채굴 노동자와 농민을 중심으로 하는 저항세력은 더욱 약화되었다. 이것은 후세인과 부시 양측의 협공의 결과이다. 후세인은 정규군을 후방 배치하면서 오히려 강제징용한 불복종적인 석유노동자들, 반체제 인사들, 저항적 소수민족들을 걸프전의 최전선에 총알받이로 배치해 대량학살되도록 했다. 또 부시는 걸프전 직후 후세인에 대항하는 이라크의 민중봉기를 선동하고서도 1991년 3월 1일에 바스라와 북부 쿠르드 지역을 중심으로 이라크 전역에 봉기가 발생했을 때에는 오히려 후세인과 연합하여 이들에 대한 정부의 대량학살을 방조했다.

그러므로 2003년 3월 20일 미국의 이라크 침공은 20세기 중반 이후, 전 세계적 독립운동에 밀려, 중동 지역의 자원과 주권에 대한 간접 통제를 선택했던 미국이, 신자유주의의 전 세계적 위기에 떠밀려, 좀더 직접적인 형태의 통제로 선회하는 것을 의미한다. 이 맥락에서 보면 1991년 걸프전과 10년에 걸친 장기 경제제재는 그것을 위한 전초전에 속하는 것으로 보인다. 후세인 정권은 미국에 4주 만에 패전함으로써 아랍 사회주의 바트당의 영향력은 시리아에 고립될 위기에 처하게 되었다.

전후 이라크 사회의 반미 지향이 다시 이슬람 근본주의로 모아져 가고 있는 현실에서 미국이 어쩌면 점점 격렬해져 가고 있는 민중저항을 통제하기 위해 바트당을 다시 집권 세력으로 부활시킬 가능성도 배제할 수 없다. 하지만 이런 경우에도 바트당과 미국의 관계는 지금까지의 경쟁적 공조관계보다는 종속적 공조관계로 발전될 것이고 미국은 이것을 통해 이슬람 근본주의의 도전을 좀더 직접적으로 저지할 수 있을 것이다. 이것의 영향은 단지 중동의 정치역학에만 국한되지 않을 것이다. 미국은 중동에서 아랍 사회주의 바트당을 자신의 통제권에 넣음으로써, 중동에서의 석유수입 대금의 유치를 통해 미국의 달러 패권을 위협하고 있는 유럽 유로의 영향력을 차단하고[6] 중동의 석유에 의지하여 급속한 산업발전을 이루고 있는 중국의 대 아시아 영향력을 자신의 통제 아래로 복속시키려 하고 있기 때문이다. 이것으로 인해 신자유주의적 제국은 자신이 만들어 내고도 더 이상 다스릴 수 없는 복잡한 갈등관계로 들어가고 있을 뿐만 아니라 자신이 불러내고도 더 이상 통제할 수 없는 거대한 전 지구적 다중의 협력체에 더욱 직접적으로 직면하고 있다.

이란과 이라크가 이미 형성된 주권국가(와 그것의 영토적 확장)를 통해 이슬람을 민족적으로 결집시키려는 노력을 보여준다면 팔레스타인과 쿠르드는 바로 주권국가를 형성하려는 투쟁의 '과정'을 보여준다.

19세기 말에 태동한 유태 주권국가 건설운동으로서의 시오니즘 운동이 영국에의 전쟁협력을 대가로 팔레스타인 정착을 승인받은 것은 1917년 발포어 선언을 통해서였다. 이후 팔레스타인 분할을 승인한 1947년 1월 유엔결의의 지지를 얻어, 유태인들이 팔레스타인에 예루살렘을 수도로 하는 이스라엘을 주권국가로서 수립한 것이 지금 팔레스타인에서의 분쟁의 배경이다. 일반적으로 식민지 민중 속에서 다양한 주권국가 건설운동이 나타난 것은, 자본주의가 민족국가 주권에 의지하여 발전되고 그것의 발전인 제국주의가 식민지 민중 내부의 지리적, 인종적, 종족적, 언어적, 문화적 등 각종 차이를 극대화시켜 자신의 분할통치의 기반으로 삼는 것에 대

---

6. 후세인은 2000년, 석유수출 등의 일체의 대외거래를 유로화로 결제하도록 조치함으로써 미국 달러화의 위기를 조장한 바 있다. 박노자, 「평화를 사랑한다면 달러를 팔자」, 『한겨레21』, 제454호, 2003년04월10일 참조.

한 반사작용으로서였다. 팔레스타인-이스라엘 분쟁도 예외가 아니다. 팔레스타인 주민은 팔레스타인 분할을 승인한 유엔결의에 반발하여 일으킨 1947년 전쟁에서 이스라엘에 패배하여 영토의 77%를 빼앗기고, 1967년 전쟁에서 다시 나머지 서안과 가자마저 빼앗김으로써 완전히 고향을 잃고 난민으로 떠돌게 되었다.

1967년 전쟁 후 이스라엘이 '전쟁 이전으로의 원상회복, 팔레스타인 국가수립, 동예루살렘 지위 변경 거부'를 국시로 정하자 팔레스타인은 '팔레스타인 전 영역 해방, 이스라엘 파괴'를 목표로 게릴라 운동을 전개하기 시작했다. 그러나 1970년대부터는 이 운동 속에 현실주의적 움직임이 나타난다. '서안/가자에 국한된 팔레스타인 국가 건설'을 주장한 아라파트의 2국 공존론이 그것이다. 아라파트는 다양한 경향의 게릴라 운동들을 결집하여 PLO를 조직하고 마침내 1974년에는 아랍국 수뇌회의로부터 팔레스타인 유일의 정통대표로 인정받게 된다.

그러나 2국 공존론에 입각한 실제적 자치정부의 수립은 그로부터 20년을 기다려야 했다. 이것을 위한 직접적 계기는 1987년 12월에 시작된 제1차 인티파다에서 주어졌다. 이스라엘 군용트럭이 가자지구 난민 캠프의 청년 활동가 네 명을 깔아 죽인 사건으로 발발한 팔레스타인 민중봉기인 제1차 인티파다는 국제사회의 주목을 끌기에 충분했고 이것을 계기로 미국이 '서안·가자 지구를 영토로 하는 팔레스타인 국가건설'에 합의한 팔레스타인 민족평의회(PNC)와 PLO의 제안을 받아들이게 된 것이다. 이것의 현실적 구현은 1993년 9월 오슬로에서 이루어진 '팔레스타인 잠정 자치정부

설치에 관한 원칙 선언'과 이에 입각하여 1994년 5월부터 5년간에 걸쳐 이루어진 서안·가자 지구에서의 잠정자치였다.

그런데 1999년 5월로 자치시한은 만료되었다. 그해에 평화공존을 공약으로 내 건 바라크가 이스라엘 총리로 선출되었음에도 불구하고 잠정자치 시한의 만료로 재개된 자치협상은 순탄치 않았다. 이후 이스라엘과 팔레스타인의 정상회담이 재개되고 양측은 9월 와이 협정의 후속조치로 이스라엘 점령지역의 일부 영토에 대한 추가 이양에 합의했다. 그리고 2000년 3월에는 이스라엘 정부가 요르단 강 서안의 땅 6.1%에서 철군하는 계획을 승인한 바도 있다. 그러나 샤론 당시 국방장관을 주축으로 하는 보수파가 팔레스타인에 대한 이스라엘 정부의 양보 조짐에 반대하여 동예루살렘의 이슬람교 성지에 무장 호위병을 거느리고 진입한 것에 대한 항의투쟁을 계기로 2000년 9월에 팔레스타인 민중, 팔레스타인 난민, 이스라엘 거주 아랍인 등 아랍 세계 전체에 확산된 제2차 인티파다가 발발했다. 이에 대한 샤론 이스라엘 정부의 응답은 2002년 3월 팔레스타인 자치지구에 대한 침공과 재점령이었다. 오늘날 연이어지고 있는 이스라엘에 대한 자살폭탄 테러는 이 재점령에 대한 팔레스타인인들이 목숨을 건 저항이다. 이로써 미국의 후원을 받는 유태 민족주의와, 이슬람 근본주의에 의해 지지되는 팔레스타인 민족주의의 '주권'을 둘러싼 갈등은 약육강식의 논리에 따른 폭력의 악순환을 낳고 있다. 이 과정에서 양측의 다중들은 헤아릴 수 없는 희생을 겪으면서 단결은커녕 서로 화해할 수 없는 적으로 만들어지고 있다.

　　팔레스타인 민족주의 운동에 비해 더 열악한 상황에 놓여 있는 것이 쿠르드 민족의 해방운동이다. 서방제국주의에 의한 인위적인 영토분할(1923년 로잔조약)로 터키, 이란, 이라크, 시리아, 소련 등 5개국에 제멋대로 분할된 2,200만 쿠르드족은 자신들이 속한 정부들에 대항한 자치운동을 끊임없이 전개해 오고 있다. 팔레스타인이 유태교와 이슬람이라는 서로 다른 종교를 배경으로 하고 있음에 반해 쿠르드족은 이슬람을 대부분 수용했음에도 불구하고 같은 이슬람 주권국가들로부터 동화인가 아니면 차별인가를 선택하도록 강요받고 있기 때문이다. 이에 대한 저항은 각국에서 다르게 나타난다. 일관된 동화정책을 지속하고 있는 터키에서 쿠르드인들은 쿠르드노동당(PKK)과 같은 독자 정당을 조직해 투쟁하거나 기존의 터키 좌파 정당 속에서 제한적인 민족투쟁을 지속하고 있다. 터키보다는 유화적이지만 분리주의 운동만은 인정하지 않는 이란에서 쿠르드족은 교사, 상인, 공무원과 같은 도시 중산층 및 지식인층에 기반을 둔 쿠르드민주당(KDP)과, 쿠르드 노동자를 비롯한 초민족적 프롤레타리아 기구로의 발전을 지향하는 코말라(Komala)를 통해 합법 혹은 비합법 방식의 자치투쟁을 전개하고 있다. 그리고 쿠르드족의 적극적 투쟁에 밀려 이들에게 준(準) 자치적 환경을 조성해 준 이라크에서 쿠르드족은 바르자니가 이끄는 산악농촌 지역 중심의 보수경향인 쿠르드민주당(KDP)과 탈리바니가 이끄는 도시 중산층 중심의 혁신경향인 쿠르드애국동맹(PUK)으로 나뉘어 민족적 자치운동을 계속하고 있다. 1991년 3월 쿠르드족은 후세인 정권에 대항하는 전국적 민중봉기의 시기에 이라크 정부에게 선전포고를 하고 쿠르드 전 지역의 95%를 장악한 바 있으나 후세인의 강공에 밀려 4월 11일에 휴전에 동의할 수밖에 없었다. 이것은 쿠르드인의 조건을 봉기 이전보다 더욱 나쁘게 만들었다. 2003년 3월 미국의 이라크 침공으로 쿠르드인들은 다시 한번 자치의 희망을 품게 되었지만 영공을 제공한 터키와 미국의 밀약, 그리고 모술과 키르쿠크 유전에 대한 미국의 탐욕 등은 그러한 희망을 어두운 것으로 만들었다.

지금까지 우리는 이슬람을 기반으로 하여 제도화되었거나 제도화를 지향하는 운동들에 대해 고찰했다. 그것들은 대개 제국주의에 맞서 자국의 주권을 지키기 위한, 혹은 팔레스타인이나 쿠르드처럼 주권국가를 수립하려는 아랍민족주의 운동의 다양한 형태들로 전개되었다. 그러나 이 제도적 운동들이 이슬람 사회에 가져온 결과는 극단적인 빈부격차, 여성과 소수민족에 대한 차별, 거대한 환경파괴로 나타났다. 이 사회의 하층민의 입장에서 볼 때에 이것은 비참 그 자체였다. 주권국가들의 지배계급은 미국을 비롯한 서방과, 협조적이거나 경쟁적이거나 종속적이거나 간에, 공조관계를 맺었으며 자국 내의 소수민족이나 하층민의 저항에 대해서는 극단적인 억압정책을 펼쳤다. 이것은 사회의 특권계급을 형성하고 빈민을 생존의 경계에서 허덕이게 만들며 국경분쟁을 항구화하는 한편 민중들을 상호반목과 상호 감시상태에 몰아넣었다.

이슬람 근본주의는 하층 피지배계급의 이러한 절망을 토양으로 성장하고 발전해 왔다고 해도 과언이 아니다. 그러나 혁명 이후(특히 호메이니 사후) 이란의 역사가 보여주듯이, 그리고 1980년대에 미국의 후원을 받아 이란과 전쟁을 수행한 이라크의 역사가 보여주듯이 주권국가화한 이슬람 근본주의나 아랍 바트사회주의는 아랍 대(大)민족주의로부터 이탈하여 점차 신자유주의가 지배하는 현실에 적응해 갔다. 아직 주권국가를 쟁취하지 못한 팔레스타인에서 이슬람 근본주의가 비제도적 수준에서의 테러리즘을 투쟁 방식으로 채택하고 있는 것은 이 때문이다.

예컨대 1987년의 제1차 인티파다의 급격한 고양을 계기로 탄생한 팔레스타인의 하마스는 1928년 이집트에서 창건되고 1935년부터 팔레스타인과 관련해 활동해 온 이슬람 형제단에 그 기원을 두고 있다. 이 단체는 서안·가자 지구에 국한된 자치지구 확보로 선회한 PLO의 타협주의를 비판하면서 '팔레스타인 땅 온전한 전체에 대한 수복'을 지향할 뿐만 아니라 그 땅은 무슬림 전체의 것이므로 그곳에 팔레스타인 국가를 건설하는 것에 대해서도 반대한다. 이 급진적 목표를 위한 이슬람 형제단의 활동은 우선 이슬람화를 위한 종교적 사회개혁 운동에 집중되었다. 그런데 1987년 어떤 단체나 세력의 계획이나 준비 없이 자발적으로 인티파다가 폭발하고 확산되자 이슬람 형제단은 영향력 상실을 우려하여 산하단체로 하마스를 창립한다. 이 조직의 전위적 테러투쟁을 통해 인티파다의 프롤레타리아적 자율성을 이슬람 근본주의와 이슬람 민족주의 운동에 종속시키는 것이 그것의 목적이었다.

하마스는 1988년 8월 18일자 헌장에서, '팔레스타인 땅은 부활의 날까지 무슬림의 모든 세대를 위한 이슬람 재단 소유로서 이 땅의 포기 또는 일부의 포기도 해서는 안 된다'(11조)고 규정하고,

‘팔레스타인 문제의 해결방법은 이스라엘국의 제거와 이슬람국의 창설로 이루어진다’(14조)고 설정했으며 ‘이를 위한 유일한 방법은 지하드이며 그것은 무슬림의 의무’라고 규정한다(15조). 이것은 이슬람 근본주의 국가들이나 혹은 정당들이 현실주의적 방식으로 추구하는 것과 동일한 목표를 급진적이고 비제도적인 방식을 통해 달성하려는 것에 다름 아니다. 오늘날 신자유주의적 제국에 대한 이들의 투쟁은 9·11에서 보이듯 자살폭탄 테러와 같은 극한적인 방식을 취하기도 한다. 이것이 제국에 대한 거부의 힘의 실재성을 상징적으로 보여주는 것만은 분명하다. 하지만 궁극적으로 이러한 방법이 미국과 같은 제국의 군주국이나 여타 귀족국들의 지배계급으로 하여금 자신의 군대를 이슬람 지역에 더 깊이 진출할 수 있도록 만드는 명분과 기회로 작용하고 있는 것은 역설적이다.

제국주의 및 그 최근의 발전으로서의 신자유주의에 대한 이슬람 근본주의의 대응방법은 이슬람 주권국가 수립을 통한 민족주의적 단결을 지향함으로써 제국과의 경쟁적 공조, 협조적 공조, 혹은 종속적 공조 등 다양한 형태의 공조를 통해 아래로부터 노동계급, 민중, 소수민족의 저항을 진압하고 궁극적으로 자본관계를 이슬람 사회 전체에 확산시키는 것으로 귀결되었다. 이렇게 하여 심화된 적대와 피지배계급의 불만은 다시 이슬람 근본주의를 좀더 원리적이고 급진적 형태로 추구하는 단체들에 힘을 실어주고 이들의 영향력을 확산시키며 이것이 다시 주권국가의 권력으로 연결됨으로써 중동 지역의 다중은 부단히 이슬람 부르주아지의 통제 아래에 묶이고 있다.

그러나 얼핏 보면 악순환으로 보이는 통제의 이 재생산이 실제로는 아래로부터 노동계급과 민중의 투쟁에 대한 억압과 봉쇄의 산물임을 놓치지 말아야 한다. 1979년의 이란혁명 과정에서 나타난 쇼라(shora; 평의회)와 1991년 3월 이라크 민중봉기에서 나타난 ‘쇼라’는 근본주의와 신자유주의 모두로부터, 즉 자본 자체로부터 독립적이고자 하는 다중의 정치적 지향성을 명백히 보여준다. 그리고 1987년에서 1994년 사이에 그리고 2000년에서 지금까지, 팔레스타인 지역에서 나타나고 있는 인티파다도 결코 근본주의 운동으로 환원될 수 없는 다중의 자율적이고 혁명적인 투쟁을 그 내용으로 삼고 있다.

이란의 ‘쇼라’는 팔레비의 백색혁명이 이란의 민중들 사이에 가져온 비참한 결과들에 대한 저항으로 노동자, 농민, 병사, 주민 들 사이에서 나타났다. 노동자 쇼라는 대규모 사기업과 국유 기업들을 장악했고 생산과 분배에 대한 노동자 통제를 행사했다. 농민들은 대부분의 대토지를 장악하고 농민협력체들을 건설했다. 이로 인해 임금은 상승했고 노동시간은 단축되었으며 사회보장, 주거 등에서의 향상이 있었다.

그러나 이란으로 귀국한 호메이니는 이러한 민중봉기에 편승하면서 자신의 반동적 정책들을 관철시켜 나갔다. 그는 팔레비에 대한 대중 시위를 호소하거나 팔레비 정권의 인사들에 대한 숙청으로 혁명적 제스처를 보이는 한편 미대사관을 점거하는 등 반제국주의 제스처를 보였다. 그는 팔레비의 구체제를 붕괴시키는 이 과정을, 동시에, 혁명적 민중투쟁에 대한 진압의 무기로 삼았다. 그 방법은 '혁명적' 중앙집권주의였다. 그는 단결을 호소하며 중앙의 지휘를 벗어나는 일체의 저항들을 금지시켰다. 호메이니의 정체에 대해 정확하게 파악하지 못했던 봉기조직의 일부가 단결의 이데올로기에 이끌려 호메이니를 지지하면서 쇼라에 대해 내부 단속을 꾀하는 동안, 호메이니는 소수민족들에 대한, 그리고 (서방미신에 대한 공격을 빙자한) 여성에 대한 차별을 포함하는 명령들을 내렸고 학생들을 학업에 복귀토록 명령하고 노동자, 농민, 병사 쇼라 대신 이슬람 쇼라를 구축하도록 명령했다. 구체제 언론에 대한 탄압은 곧장 민중 언론에 대한 탄압으로 연결되었다. 이러한 반혁명적 방책들은 쇼라에 영향을 미치는 봉기 지도부 중의 일부를 국가기관으로 끌어들이는 방식에 의해 달성되었다. 이것은 봉기의 지도자들이 봉기를 진압하는 사태를 연출하게 했다.

시간이 흐르면서 호메이니의 정체가 대중 앞에 드러났고 대중들은 호메이니로부터 대대적으로 이반(離反)했지만 이 때는 이미 호메이니가 그 간의 과정을 통해 자신을 충분히 뒷받침할 만큼 강력해지고 공고해진 억압적 국가기관을 수중에 넣은 뒤였다. 다중들은 이제 더 이상 호메이니 독재에 대항하여 자기결정권을 행사할 수 없었다. 미국은, 비록 팔레비 정권 시기에 자신이 누렸던 이란의 자원과 주권에 대한 직접적 접근권과 통제권은 상실했지만, 세계시장을 매개로 한 간접적 통제를 행사할 수 있게 되었다.[7] 1980년대에 8년간 이어진 이란과 이라크 사이의 전쟁은, 그 명분이 어

---

7. International Socialist Forum, 'Revolution and Counter Revolution in Iran', http://www.isf.org.uk/ISFJournal/ISF1/ist1a6.htm.

떠하였든, 근본주의적 및 사회주의적 이슬람 민족주의가 신자유주의와 동맹하여 프롤레타리아 다중에 대해 행사하는 명령과 폭력의 한 형태였다.

이라크의 쇼라는 이란과는 다른 형태로 발생하고 발전했다. 이란의 쇼라는 호메이니에 대해 모호한 태도를 취했지만 이라크의 쇼라는 후세인에 대해 처음부터 적대적인 태도를 취했다. 1991년 3월 걸프전 종전 직후 폭발한 이라크 민중봉기 과정에서 술라이마니야 지역을 중심으로 발생한 쇼라는 어빌, 샤클라와, 아크라, 두호크, 자크노 등 여러 지역으로 급속히 확산되어 갔다. 공장과 주거 지역에 형성된 쇼라는 후세인 정권에 대항하는 무장투쟁을 전개했다.

쇼라의 붕괴를 가져온 일차적 이유는 화학무기까지 사용한 후세인 정권의 잔인한 폭력이었지만 그 내부의 취약점도 발견된다. 그것은 이슬람 민족주의에 대한 태도의 균열이다. 쇼라의 급진파는 이슬람 민족주의를 적으로 간주하고 그들과의 일체의 협상에 반대했지만 다른 일부는 바트당에 반대하는 대(大)인민전선론을 받아들이면서 프롤레타리아의 자결권과 무장권을 반후세인 민족주의자들에게 넘겨주려 했다. 점차 후자가 승리하면서 민중들은 '주적으로 후세인을 설정하고 키르쿠크 장악을 현실적 목표로 삼으며 혼란보다는 질서를 선택'하는 쪽으로 기울었다. 이것은 점차 먹기 위해 쌀을 훔친 빈민들을 약탈죄로 다스리는 행위를 용납하는 것으로 나타났고 궁극적으로는 프롤레타리아의 무장해제를 가져왔다.[8]

1987년에서 1994년까지 그리고 2000년부터 현재까지, 팔레스타인 지역을 중심으로 전개되고 있는 인티파다에서도 이슬람 근본주의적 자본과 신자유주의적 자본 모두에 대항하는 프롤레타리아의 투쟁을 발견할 수 있다. 1987년의 인티파다는 가자에 있는 자발야 난민 캠프의 주민들에 의해 일어난 것이지 PLO에 의해 일어난 것이 아니다. 오히려 PLO는 가자에서 자생적으로 발생하여 서안으로까지 급속히 확산된 이 봉기에 놀랐다. 봉기자들은 PLO의 '국가간 전쟁' 논리와는 달리 '돌'로서 이스라엘 군대에 맞섰다. 이것은, 국제여론과 미국의 지원을 얻기 위해서 무장하지 않은 시민들을 학살하지 말아야 할 필요가 있었던 이스라엘군에 대항하는 유효한 전술이었다. 이것은 팔레스타인의 프롤레타리아들이 팔레스타인의 룸펜부르주아지와는 전혀 다른 목표와 감성을 갖고 있었음을 보여준다. 1987년의 봉기자들은 이스라엘군에 대한 적대감뿐만 아니라 팔레스타인 룸펜부르주아지들에 대한 적대감도 드러냈다. 산업구조가 이스라엘에 종속되어 있었기 때문에 팔레스타인의 룸펜부르주아지는 자신이 획득한 부를 생산적으로 투자하기보다 개인적으로 소비하는 경우가 많았기 때문이다. 차지지역의 권력체인 PLO는 이들과 여러 가닥으로 연결되어 있었다.

그러나 인티파다가 폭발하자 PLO는 자신의 조직력을 동원해 재빠르게 인티파다에 편승했다. 지배계급과 PLO로부터 독립적인 이 인티파다를 '팔레스타인국가 건설을 위한 민족해방투쟁'이라는 자

---

8. International Communist Group, 'Additional Notes on the Insurrection of March 1991 in Iraq', *Communism* #11, June 1999, http://www.geocities.com/icgcikg/communism/c11_addnotes.htm.

신의 기획의 동력으로 전환시키기 위해서였다. 실제로 투쟁의 전개과정에서 PLO는 봉기의 헤게모니를 획득했고 유일한 합법적 대표의 지위를 확보했다.[9]

2000년 9월 샤론의 도발에 대항하여 일어난 알 아크사의 인티파다도 팔레스타인 지도부의 전략적 결정에 따른 것이 아니라 팔레스타인 프롤레타리아의 거대한 좌절에 의해 추동된 자생적 봉기였다는 점에서 1987년과 동일한 성격의 것이었다. 차이가 있다면 팔레스타인 민중이 PLO에 대한 좀더 확실한 불신을 표명했다는 것이다. 팔레스타인 프롤레타리아는 그전부터 팔레스타인 경찰의 억압을 받아왔고 봉기 한 달 전에 라말라에서는 시위대와 경찰의 충돌이 있기도 했다. 새로운 인티파다는 1987년과는 달리 쉽게 민족주의 논리로, 즉 아랍 부르주아지에 대한 지지로 이끌리지는 않았다. 아랍 세계 전체의 아래로부터 이 인티파다를 지지하는 시위가 이어졌다. 예컨대 요르단에서는 2만 5천의 팔레스타인인들과 경찰의 충돌이 있었고 이집트에서는 1970년대 이래 가장 대규모의 학생시위가 벌여졌다. 주로 17세에서 25세 사이의 청년들로 구성된 제2차 인티파다는 1987년에 비해 훨씬 더 군사화되었는데 그 이유는 갈등이 주로 준군사적인 팔레스타인 경찰과 시위대 사이에 형성되었기 때문이다. 이로 인해 PLO의 영향력은 상대적으로 약화되었지만, 그 공백을 대체한 것은, 안타깝게도, PLO가 추구하는 이슬람민족주의를 좀더 급진적인 형태로 수행할 뿐인 하마스였다.

---

9. Aufheben, 'Behind the twenty-first Intifada', *Aufheben* #10, September 2001, http://www.geocities.com/aufheben2/auf_10_intifada.html.

남아프리카의 대응

신자유주의에 대한 이슬람의 대응은 서방 권력의 영향에서 '독립'된 이슬람 민족주권의 창설(이슬람국 건설)을 위한 운동으로 나타났다. 이것이 아래로부터 프롤레타리아의 자치적 운동들을 때론 흡수하고 때론 진압하는 민족주의의 경향을 띠었다면, 인종차별정책(아파르트헤이트)에 대한 반대 정책을 내걸고 1994년 선거에서 평화적으로 집권한 ANC(아프리카민족회의)가 이끄는 남아프리카 공화국의 대응은 토착적이고 자생적인 구조조정을 통해 신자유주의적 자본 흐름에 '적응'하는 형태를 띠었다.

1912년에 창설되어 1923년에 ANC로 개칭한 아프리카민족회의는 흑인과 혼혈인종의 투표권 쟁취를 자신의 목표로 삼았다. 그러나 1990년까지 이어진 백인통치에서 흑인에게 투표권이 주어지지 않음으로써, 1940년대 이후 ANC는 정부에 대항하는 비합법 저항투쟁을 전개해 왔다. 1944년 ANC 청년연맹의 창립멤버였고 1949년에 당의 온건 지도부를 축출한 후 비폭력 저항운동, 파업, 탄원 및 시위행진 등을 지도해 온 넬슨 만델라는 1961년에 <민족의 창>(Unmkhonto we Sizwe)이라는 군대를 결성하고 반아파르트헤이트 운동을 전개했다. 이로 인해 그는 검거되어 종신형을 선고받았지만 1990년에 석방되어 1991년부터 ANC의 의장으로서 보통선거를 통한 권력장악이라는 의회주의 운동을 전개했다. 1994년 4월 최초의 다인종선거에서 ANC는 아파르트헤이트에 반대하는 남아프리카 공화국 흑인들의 압도적인 지지를 받아 신설 국회의석의 60%

이상을 차지하는 압승을 거두었고 1994년 5월 10일 만델라는 남아
프리카 공화국 최초의 흑인 대통령으로 취임했다.

이것은 남아프리카공화국의 흑인 노동자들 사이에 희망의 분위
기를 꽃피웠다. 하지만 그 희망은 점차 거품인 것으로 드러났다.
ANC 정부의 개혁정책은 점차 흑인 룸펜 엘리뜨나 새로운 정치적
엘리뜨들의 치부와 부패를 조장하고 초국적 자본을 위한 좋은 투
자여건을 조성하는 것으로 나타났다.[10] 패트릭 본드(Patrick Bond)
의 말을 따라 프랑꼬 바르끼에시가 '자생적 구조조정'[11]이라 부르
는 이 과정에 대해 조금 더 자세히 살펴보도록 하자.

아파르트헤이트 정권으로부터 ANC가 물려받은 국가는 상대적
으로 적은 '해외' 부채를 갖고 있었다. 하지만 그 국가는, 국내적으
로는, 아파르트헤이트에 의해 강제된 값싼 노동력에서 이윤을 추
출해 온 거대 기업들에게 대규모의 부채를 짊어지고 있는 국가였
음이 주목되어야 한다. 예컨대 1997년에 이르러서도 조세수입은
150조 랜드에 불과했음에 반해 공공부채는 400조 랜드에 이르렀고
이자율은 22%에 달했으므로 국가의 사회경제 정책이 국내 독점자
본에 저당잡혀 있다고 해도 과언이 아닐 정도였다. 이렇게 아파르
트헤이트의 유산이 '새로운' 남아프리카의 경제정책을 결정적으로
규정하고 있었다.[12]

---

10. Selim Gool, 'On the origins of spin, fraud and pillage in the New South Africa', *Africa*,
    February 25, 2003.

11. Franco Barchiesi, 'South Africa:Betrween Repression and "Home-grown Structural
    Adjustment"', Silvia Federichi et al. ed., *A Thousand Flowers*, Africa World Press INC.,
    2000, pp. 165~170.

이러한 상황에서 정부는 집권 직후 8억 5천만 달러의 가뭄구제 차관을 들여온 이후, IMF나 세계은행과 같은 초국적 금융기관들에 완전히 문호를 개방했다. 비록 그 기관들이 직접적으로 남아프리카공화국을 자신들에게 종속시키지는 않았다 할지라도 국내 독점기업에 대한 작용을 통해 사회운영에 개입할 수 있는 느슨한 협의구조를 만들어 놓았다. 이것은 외부로부터 강요된 구조조정이 아니라 내부의 토착적 요소들에 의해 자라나온 구조조정이라는 의미에서 '자생적 구조조정'이라 불린다.

이러한 구조조정에서 민족국가는, 지구화하는 자본의 필연적인 동력학의 단순한 희생물이 아니다. 이 과정에서 민족국가 그 자체는 신자유주의의 범세계적 헤게모니를 재생산하는 결정적 주체로 작용한다. 이것은 신자유주의가 순수한 경제적 힘으로 더 이상 간주되지 말아야 한다는 것을 시사한다. 그것은 오히려 토지, 교육, 사회적 서비스, 교통, 전기, 물, 도로, 하수도, 그리고 분배와 경영의 권리 등등의 사회적 부를 공동체의 수중으로 이전하려는 민중의 투쟁과 저항에 대한 정치적 대응으로 이해되어야 한다. 그것은 어떤 지구적 표준을 갖고 있는 것이 아니라 특정한 사회세력과 그들의 특수한 이해관계를 지키려는 노력으로 나타난다.[13]

남아프리카노조협회(COSATU)와 남아프리카공산당(SACP)과의 협의를 통해 짜여진 1994년 ANC의 RDP(재건과 개발 프로그램)는

---

12. South African Comrades for the Encounter, 'Resistence to Neoliberalism: A View from South Africa', http://www.geocities.com/CapitolHill/3849/safrica_paper.html.

13. *Ibid.*

전체적으로는 사회민주주의적 복지주의에 기반하고 있었다. 그것은 경제의 대외지향성과 같은 신자유주의적 요소를 갖고 있기도 했지만 신자유주의에 반대하는 요소도 일부 포함하고 있었다. 완전고용, 포괄적 토지분배, 국유화 등과 관련한 정책들이 그것이었다. 그런데 그것들은 경제영역에서 자본의 특권을 침식할 어떤 구체적 의도도 표명하지 않음으로써 신자유주의를 실제적으로 억제하기에는 많은 모호함을 남기고 있었다. 사실상 집권 이후 수년간의 정치개혁은 단순히 선거적이고 절차적인 민주화의 달성에 국한되었고 사회경제 개혁은 신자유주의의 방향으로 기울어 있었다. RDP가, 1996년에, 좀더 신자유주의 색깔을 강화한 GEAR(성장, 고용, 재분배) 전략으로 선회한 것은 이런 맥락에서는 필연적이었다고 볼 수 있을 것이다. 이것은 외환 자유화, 수출증진, 국유기업의 사유화, 그리고 해외 투자를 위한 우호적 환경조성 등 신자유주의적 방향성을 명백히 하는 것이었다. 그리고 이것은 무엇보다도 노동 시장 유연화를 권장했다.

남아프리카 경제의 경쟁력 향상에 초점을 둔 이 전략의 채택으로 노동자들의 교섭력은 하락했고 작업장에서의 긴장은 강화되었다. 그간 ANC와 연합하고 있었던 COSATU는 이에 항의하여 파업을 전개했지만 부통령 음베키는 오히려 임금 노동자의 상대적 특권을 상기시키면서 노동운동이 경제적 요구를 포기해야 할 것이라고 경고했다. 그러나 실제 제조업 노동자의 평균임금은 아세안(ASEAN) 수준의 저임금에 머물러 있었을 뿐이다. 여성들의 경우 상황은 더욱 열악했다. 시장이 여성을 환영한 것은 그들의 저렴함 때문이었기 때문에 여성은 이등 시민의 지위를 벗어날 수가 없었다. 반면 자본의 힘은 ANC가 주도하는 노사정 3자 협정의 틀을 통해 더욱 증대되었다. 특히 해외 투자기업은 이 '자생적 구조조정'의 특권적 수혜자가 되었다. 자본주의적 명령의 지구화에 직면하여 집권 초기의 복지적 발전국가는 위기에 처하고, 과거에 아파르트헤이트에 대항하여 투쟁했던 투사들 출신의 학자, 관료, 고문, 연구가 집단은 점차 임금상승을 생산성, 유연성, 기업 수행성에 연동시키면서 노동자들로 하여금 임금요구를 낮출 것을 권유하는 대리인의 역할을 수행하고 있다. GEAR를 추동하는 ANC 권력이 지난날 투쟁 속에서 획득한 민주주의적 상징성은 이 신자유주의적-사회민주주의적 제도화의 과정을 수용하지 않는 사람들을 망나니로 취급하면서 비가시적 세계로 몰아넣는 기능을 하고 있다. 이것은 다시 한번, 민족국가가 변화를 위한 진보적 투쟁의 일차적 초점이라는 견해를 의심스럽게 만들고 있다.[14]

그러나 신자유주의가 조장하는 유연화와 노동자 참여의 증대는, 역설적이게도, 공장과 공동체의 다중들로 하여금 사회적 협력과 소통의 중요성을 일깨워 주었다. 음푸말랑가와 같은 북부 지역에서 발생한 토지 투쟁과 토지 점거는 이러한 각성의 한 단면을 보여준다. 이 점거투쟁은 시장주도적 접근법에 대한 불만과 진정한 토지재분배에 대한 대중적 열망이 실재함을 확인케 해 주었다.

토지를 둘러싼 이 투쟁은 자원에 대한 자본주의적 착취와 연관

---

14. *Ibid.*

된 일련의 쟁점들에 영향을 미쳤다. 키얄라미 주민들은 유해 쓰레기 처리장 건설에 항의하여 대규모 시위를 전개해 그 계획을 좌절시켰으며 디파텡 공동체는 선납 전기미터기 설치에 항의하는 투쟁을 벌였다. 그리고 최근 SANCO(남아프리카 전국시민조직)는 자신의 운동을 풀뿌리 대중운동에 착근시키면서 자원의 재분배와 공동체 통제를 위한 투쟁에 집중함으로써 신자유주의에 대한 대안의 가능성을 보여주고 있다. 1994년 이후 노동조합과 시민단체의 주요 지도자들이 정부 속으로 들어갔고 ANC의 정치적 압력과 기업으로부터 주어진 당근이 이들을 반자본주의적 입장에서 선회시킴으로써 대중운동과 대중조직화의 기반이 침식된 것은 사실이지만 노동조합과 시민단체들이 제도화와 비가시화를 넘어서는 신자유주의에 대한 대안 구축의 토양의 하나임은 여전히 사실이다.[15]

물론 새로운 토양들도 형성되고 있다. ANC의 공격이 더욱더 많이 빈민들에게 가해지고 그것이 더 많은 퇴출과 소득절감을 가져옴에 따라 삶의 현장으로부터 많은 수의 공동체 운동이 성장하고 있다. 물과 전기 공급을 늘리고 토지를 재분배할 것을 요구하는 것 등이 이 공동체 운동들의 목표로 되고 있다. 이 운동들은 정당운동이나 압력 집단들, NGO들, 노동조합들과는 달리 사회적 압력을 위한 제일차적 원천을 대중동원과 직접행동에서 찾고 있다. 이것은 가족을 투쟁단위로 끌어낸다. 이들 중에는 공장 노동자도 포함되어 있는데 이들은 임금인하에 대항해 공공 서비스에 대한 요금지

---

15. *Ibid.*

불 거부로 투쟁한다.

예컨대 더반에서는 기초 서비스에 대해 10랜드의 고정요금을 요구하는 캠페인이 벌어졌다. 가진 것이 없는 빈민들이 여러 지역으로 흩어져서 집회를 가졌고 수 주 후에 그 여러 집단이 다시 함께 모여 집회를 가졌다. 이때 더반 대학에서 제적당한 사회주의자 학생들은 팜플렛을 인쇄했고 ANC 청년동맹의 깡패들로부터 시위대를 지키는 방어대의 역할을 수행했다.

소웨토에서는 Eskom이 전기를 끊자 <소웨토 전기 위기 위원회>(SECC)가 주민들의 전기를 다시 연결해 주었다. 케이프타운에서는 은행의 압박으로 쫓겨난 퇴거민들을 다시 집으로 입주토록 만들기 위해 케이프타운의 은행들을 점거하는 운동이 벌어졌다. 요하네스버그 시장 자택의 전기를 끊거나 더반에 있는 테크위니 부채수집 건물을 포위하는 것 등도 이러한 직접행동 운동의 하나였다.

점차 ANC가 우경화함에 따라 COSATU와 SACP가 ANC를 비판하기도 하지만 그 비판은 삼자협정의 틀 내에서만 이루어졌다. 이들은 좀체 ANC의 주요 결정사항에 맞서거나 그 울타리를 넘어서려 하지 않았다. 오히려 이들의 비판적 태도는 사회 심층의 문제가 아래로부터 본격적으로 제기되는 것을 막는 방파제의 역할을 했다. 그러나 최근 SAMWU(남아프리카 자치의회 노동조합)의 파업은 공동체 운동과 조직된 노동계급 운동의 연결을 위한 비옥한 토대가 있음을 시사한다. SAMWU의 직장대표들은 공동체 운동에의 합류를 선택했다. 신자유주의 개혁이 추진하는 서비스의 민영화는

SAMWU의 노동자에게는 실업 아니면 노동강도 강화를 의미할 뿐이었기 때문이다. 파업이 지역자치 정부에 대항해서 발생한 것도 이러한 합류를 쉽게 만들었다. 왜냐하면 지역자치 정부는 단전, 단수, 강제퇴거 등의 직접적 수행자가 됨으로서 공동체 운동의 직접적 타깃이기도 했기 때문이다.

마지막으로 학생운동에서 출현하고 있는 새로운 경향들에 대해 간단히 언급하자. 신자유주의화가 남아프리카 공화국에 가져다주고 있는 것은 급속한 프롤레타리아화이다. 이것은 학생들의 투쟁을 다른 노동자들, 빈민들, 주민들의 투쟁과 연속적인 것으로 만들어 준다. 남아프리카공화국의 학생들은 미래의 국가 지성이 되어 조국의 발전에 기여하도록 요청되기는커녕 경제적·정치적으로 평가절하되어 오직 교육의 '비용' 관점에서만 평가되는 대상으로 전락되었다. 학생들의 주요한 투쟁 쟁점은 점점 높아지는 등록금을 끌어내리기 위한 투쟁으로 모아지며, 그것은 책값, 교통요금, 음식, 주거비 등 '빵과 버터'의 문제로 전화되어 공동체 운동의 쟁점과 합류한다.[16]

노동운동, 공동체 운동, 학생운동에서의 이 새로운 경향들의 출현은 남아프리카 공화국의 권력관계에 도전하고 있으며 점진주의적이고 협조조합주의적이며 민족주권주의적인 ANC의 지배적 교의를 점차 상대적인 것으로 만들고 있다.

---

16. Silvia Fedrici, 'The New African Student Movement', Silvia Federichi et al. ed., *A Thousand Flowers*, Africa World Press INC., 2000, pp. 87~111.

라틴 아메리카의 대응

사회주의가 붕괴하고 신자유주의가 몰아치는 1990년대 초에 라틴 아메리카의 사회운동들은 개혁주의로 전환하는 것 외에 다른 길을 찾지 못했다. 그런데 그로부터 얼마 지나지 않은 지금 라틴 아메리카는 신자유주의에 반대하면서 새로운 사회의 상을 창출하는 사회변혁의 거대한 실험실로 갑작스럽게 부상하고 있다.

그 중 하나의 실험은 사회민주주의적 개혁주의이다. 이것은 2002년 말 브라질 노동자당 룰라의 집권(그리고 에꾸아도르에서 구띠에레스의 집권)을 통해서 실험되고 있다. 룰라의 집권은 아프리카민족회의에 비해서는 한층 더 단단한 노동계급 기반 위에 서 있는 것이지만 그것의 사회민주주의적 정향은, 이미 ANC가 선례로서 보여주었듯이, 신자유주의에 대항하는 것이기보다 신자유주의의 특수한 형태라는 한계를 벗어나기 힘들 것으로 보인다. 제임스 페트라스는 룰라의 집권이 이미 신자유주의 프로그램의 수용을 통해 이루어진 것이며, 자유주의자로의 변신을 통해 권력에 접근한 브라질 노동자당과 룰라가 내놓은 이른바 '좌파적' 실험이 신자유주의를 극복할 수 있을 것이라는 환상에서 벗어나는 것이 필요하다고 역설한다.[17] 페트라스가, 집권한 노동자당보다는 그 당의 집권에 영향을 미쳤으면서도 의회 밖에서 독립적으로 움직이는 노

---

17. 제임스 페트라스, 「브라질: 신자유주의, 위기, 그리고 선거정치」, 노기연 영문번역팀 옮김, 『자율평론』 4호, 2003년 3월, http://jayul.net/view_article.php?a_no=187&p_no=1 참조.

동자, 실업자, 여성, 원주민 등 사회세력들의 힘과 그들의 직접민주
주의적 운동에 기대를 거는 이유는 여기에 있다.

또 하나의 실험은 베네수엘라에서 아직 끝나지 않은 인민주의적
실험이다. 라틴 아메리카가 신자유주의의 파도에 휩쓸리고 있던
1998년에 차베스는 신자유주의에 대항하는 인민주의 정책으로 대
통령에 당선되었다. 인민주의 정책 그 자체가 라틴 아메리카 다른
나라들에서는 이미 파탄이 난 낡은 정책이지만 베네수엘라에서 나
타나고 있는 그것의 긍정적 효과는 아래로부터 다중들의 자유로운
정치적 토론과 대안적 시도들이 출현할 수 있는 공간을 열어주고
있다는 점에 있다.[18]

무엇보다도 중요한 실험은 아르헨티나에서 이루어지고 있다. 앞
의 두 실험이 20세기에 이미 이루어져온 실험의 변형이라면, 이른
바 '신흥공업국'으로서, 발전된 자본주의 국가인 아르헨티나에서
전개되고 있는 실험은 지금까지 역사에서 유례가 없었던 것이다.
'피께떼로'(고속도로를 막고 시위를 하는 사람들)라고 불리는 전투
적이고 공화적인 실업자 집단은 권력장악을 거부하면서 새롭고 독
립적인 코뮨적 공간을 구축하는 방식으로 투쟁하고 있다. 이들의
구호는 '너희들 모두 꺼져버려!'로 표현된다. 사빠띠스따의 구호
'이제는 그만!'의 후속편으로 들리는 이 구호를 통해, 모든 권력으
로부터 '다중의 자율'이 적극적으로 주장되는 것이다. 따라서 나는
여기에서 라틴 아메리카에서 전개되고 있는 피께떼로 운동의 배경

---

18. I. 라모네, 「차베스」, 신기섭 옮김, 『자율평론』 4호, 2003년 3월, http://jayul.net/view_
    article.php?a_no=192&p_no=1.

과 신자유주의에 대한 그것의 반란적 의미를 좀더 구체적으로 살펴보고자 한다.

이슬람 근본주의가 신자유주의로부터 자신을 분리하여 그것과 경쟁하는 방법을 취했고 남아프리카 공화국이 자생적 구조조정으로 초국적 자본의 필요에 부응하도록 자국경제를 조정했다면 아르헨티나는 누적된 부채로 인해 IMF의 강요된 개혁을 받아들이고 그럼에도 불구하고(어쩌면 그 때문에!) 부채를 갚을 능력을 상실하여 IMF로부터 버림받은 경우라고 할 수 있다.

1973년의 석유위기와 유가인상은, 이라크에서와는 달리, 아르헨티나에 재정위기와 초인플레이션을 가져왔다. 물론 석유가 나는 일부 주들에서는 유가상승으로 높은 소득을 얻기도 했다. 하지만 이 주들의 소득은 새로운 산업에 투자되기보다 서방 은행에 예치되었고 초국적 금융자본의 기금이 되었다. 이 석유달러가 다시 아르헨티나로 역류해 들어온 것은 아이러니이다. 서구에서 고조된 노동계급 투쟁으로 더 높은 수익을 찾던 초국적 자본이 아르헨티나를 적절한 투자처로 생각한 것이 자금 역류의 이유였다. 초국적 자본은 아르헨티나에 기금을 투자하면서, 자신들의 금리소득을 보장받기 위해, 페론 정부하에서 상대적으로 좋은 대우를 받아온 노동계급에 대한 공세를 시작했다.

이것은 1976년 군부 집권을 필요로 할 만큼 가혹한 것이었다. 게릴라와의 전쟁을 이유로 쿠데타를 일으킨 군부는 게릴라 개념을 '산업 게릴라' 개념에까지 확대하여 초국적 자본의 활동을 자유롭게 보장함에 있어서 장애물이 되고 있었던 프롤레타리아의 불복종성을 공격했다. 전투적 노동자들과 노동조합 지도자들이 체포되고 해고되고 고문당하고 죽었다. 사망자와 실종자는 3만을 헤아렸다. CGT는 해체되었고 단체협상권은 제한되었으며 복지와 자원에 대한 노동자들의 접근권은 약화되었다.

다른 한편에서 이것은 노동자들의 투쟁을 격화시키는 작용을 했다. 억압과 협박에도 불구하고 1976년에는 매년 수만 명의 노동자가 파업에 나섰으며 1979년에는 총파업을 감행했다. 1980년에는 거리시위가 확산되었고 부에노스아이레스에서 총파업이 일어났다. 1982년에는 마침내 군과 경찰에서도 소요가 발생했다. 이러한 상황에서 통제를 회복하기 위해 취한 군정의 조치가 영국 식민지로 남아 있던 포클랜드에 대한 침공이었다. 군정은 반제국주의라는 좌파 이데올로기의 이름으로 좌파 노동자조직의 지지를 얻기를 바랐지만 전쟁에서 패한 것은 그들 자신, 즉 아르헨티나의 군정이었다.[19]

1983년 중간계급과 쁘띠부르주아지의 지지로 대통령에 당선된 알폰신이 직면한 것은 경기침체와 인플레이션이었다. 이에 대한 알폰신의 대책은 지금까지 군정이 추진해 온 신자유주의적 구조조정 프로그램을 속행하는 것이었다. 그는 인플레이션을 제어하기 위해 임금을 삭감했고 제2통화인 오스트랄(Austral)을 도입하여 페소를 대체했으며 무역자유화와 민영화를 시도했다. 그러나 인플레이션은 잡히지 않았으며 부채문제와 재정위기도 해결되지 않았다.

---

19. Aufheben, 'Picket and pot-banger together:Class re-composition in Argentina?', *Aufheben* 11, Autumn 2002, http://www.geocities.com/aufheben2/auf_arg.html.

1983년에서 1989년 사이에 공무원의 임금은 크게 줄었으며 불만과 파업이 증대했다. 알폰신은 인플레이션을 잡을 수 없음을 시인하고 1990년에 사임했다.

그해에 페론주의자 메넴이 경제위기 한 가운데에서 대통령에 당선되었다. 임금을 올리고 페소를 평가절하하고 경제를 안정시키겠다는 것이 그의 공약이었지만 그 역시 다른 대안을 갖고 있지 못했다. 그 역시 알폰신에 이어 자유화와 민영화에 주력했다. 그럼에도 불구하고 재정위기와 인플레이션이 계속되자, 1991년 2월 메넴 정부는 달러를 기준으로 하는 고정환율제와 기업간의 가격합의, 그리고 정부의 엄격한 재정정책을 골간으로 하는 '까발로 플랜'을 통해 인플레이션 잡기를 시도했다. 이 무렵 IMF가 아르헨티나의 누적된 부채문제를 해결하기 위해 개입해 대규모 차관을 제공했는데 그것의 조건은 아르헨티나 시장을 해외투자자에게 유리하도록 개방하고 금리를 올리며 국유기업의 민영화를 계속한다는 내용의 '구조조정 프로그램'을 받아들인다는 조건하에서였다.

메넴은 이에 대한 응답으로 초과노동에 대한 어떠한 지불도 없이 하루 12시간으로 노동시간을 연장하고 고용주가 쉽게 주말노동과 휴일노동을 시킬 여지를 보장하는 등 독소조항을 잔뜩 지닌 노동법 개정을 추진했다. 이것은 노동자들의 협상력을 떨어뜨리고 또 원자화시켰다. 1995년에 메넴은 국제 경쟁력을 제고하기 위해 브라질, 우루과이, 파라과이 등과 서로 자유무역을 보장하는 MERCOSUR를 창설했다. 오직 경쟁력을 기준으로 해서 구축된 이 자유시장은 취약산업의 도산을 가져오고 오직 대규모 초국적 기업과 국내의 대경제그룹만이 살찌는 경제구조를 가져왔다.

투자자들에게 유리한 이 일련의 조치들은 미국과 유럽의 경제침체를 배경으로 해외투자자들을 불러들였고 호황을 가져왔다. 호황을 배경으로 페소화도 안정되었고 가격보다 임금이 더 빠르게 상승했다. 이 때문에 노동계급과 중간계급의 메넴 정부에 대한 지지여론이 상승했다. IMF와 미국도 아르헨티나 정부를 모범적인 개혁정부로 추커세웠다.

하지만 아르헨티나에 유입된 해외자본의 대부분은 새로운 생산적 투자로 흘러들기보다 '비효율적' 기업을 헐가에 사들이는 데에로 흘러들었다. '효율화'란 많은 노동자를 해고하고 남은 노동자의 노동시간을 늘리고 노동강도를 강화하는 것을 의미했다. 그 결과 해외자본의 대규모 유입에도 불구하고 실업자는 늘어났고 늘어난 실업자들이 노동시장에서 취업 노동자들의 임금상승을 억제하기 시작했다. 초국적 자본의 국내 대행자로 기능한 부르주아지나 중간계급들(은행원들, 변호사들, 상담가들, 변리사들, 경영자들, 정치가들)에게 돌아간 1995년 경제번영의 이득이 실제로는 노동계급에 대한 공격과 이들의 빈궁화의 대가였다는 사실이 서서히 드러났다.

이 경제번영이 단명했던 것은 그 내부의 이러한 모순 때문이었다. 한편에서 초국적 자본의 대량 유입은 메넴으로 하여금 통화팽창과 재정팽창을 요구했고 이것이 일시적으로는 더 많은 해외자본을 불러들였다. 그러나 이것은, 1990년대 중반 달러화 가격이 상승하자 그와 고정비로 연동되어 있는 페소화의 가격도 동시에 끌어올렸고 이로 인해 아르헨티나의 수출경쟁력이 하락하도록 만드는 구조이기도 했다. 페소화의 상승은 아르헨티나의 무역수지를 악화시켰다. 이로부터 얼마 후 태국, 필리핀, 한국 등 동아시아에서 발생한 경제위기가 러시아로 확산되자, 신흥시장에 대한 두려움을 느낀 초국적 자본은 페소가 붕괴되기 전에 아르헨티나로부터 투자금을 빼려고 마음먹기 시작했다. 이러한 상황에서 아르헨티나를 자본축적의 공간으로 지켜내기 위해 IMF가 내놓은 권고는 공공지출을 줄이고 민영화를 가속화하며 자유화에 박차를 가하라는 것이었다. 실제로 이러한 조치들이 취해지자 아르헨티나 경제는 더 깊은 침체에 빠졌다. 지금까지 호황의 공신으로 칭찬이 자자했던 높은 해외투자, 고도 팽창정책은 아르헨티나의 경제를 물밑 깊숙이 가라앉히는 침강류(沈降流)의 기능을 했다.

1999년 메넴이 무기판매와 관련한 부패스캔들에 연루된 후 '질서와 정직'을 공약으로 대통령에 당선된 데 라 루아는 아래로부터의 예상되는 저항 때문에 국민에게 더 이상의 긴축을 강요할 수도 없고, 그렇다고 차환(借換, 새로 꾼 돈으로 먼저 꾼 돈을 갚는 것)을 거부할 수도 있는 IMF의 긴축요구를 거부할 수도 없는 진퇴양난의 상황에 빠졌다. 부자들이 자신의 재산을 페소에서 달러로 바꾸고 또 은행에서 돈을 빼기 시작했다. 이런 상황에서 데 라 루아 정부가 취한 조치가 2001년의 꼬랄리또(Corralito), 즉 월 1,000달러 이상을 인출할 수 없게 하는 제한하는 것이었다. 이로써 1970년대 이래 군정, 알폰신, 메넴에 이르기까지 계속적으로 정부를 지지했던 중간계급은 위기의 예봉을 얻어맞기 시작했고 심지어는 일자리까지 잃게 되었다. 중간계급이, 1997년 이래 계속되고 있던, 실업자

들의 시위(피께떼로)에 가담하기 시작한 것은 이러한 상황 속에서였다.[20]

1990년대에 아르헨티나에 출현한 새로운 저항형태는 도로봉쇄 (roadblock)였다. 고용 프로그램, 일자리 창출, 이러한 문제에 대한 결정과정에의 참여 등을 요구하며 실업자들, 공공부문 노동자들, 지역 공동체들에 의해 조직된 도로봉쇄는 메넴 정부하에서 가시화된 투쟁형태였다.[21] 이것은 직접민주주의를 위한 공간을 열었고 전체 공동체들의 연대를 위한 새로운 형식을 가져왔으며 실업자들의 자율적 조직화를 용이하게 만들었다. 1996~67년 사이에 꾸뜨랄꼬와 우인꿀 광장에서 일어난 자율적 민중반란을 거치면서 도로봉쇄는 피께떼로라는 새로운 운동형태로 전환되었다.

실업과 빈곤에 의해 상처를 입은 사람들(실업자, 비정규직 노동자, 어린이, 지역 노조 등)은 주요 자동차도로에 바리케이드를 치고, 타이어를 태우면서 피켓을 흔들었다. 이것의 주요한 목적은 다음 세 가지에 있었다. 첫째는 상품과 서비스의 정상적 흐름을 방해하는 것, 둘째 사람들의 요구를 가시화하는 것, 셋째 서로 만나 연대할 공간을 창출하는 것.[22] 정부는 이 운동에 수백 명의 전투경찰을 보내거나 혹은 시위자들과 협상하는 것으로 대응했지만 시위자들의 마음을 바꾸지는 못했다. 자신을 피께떼로라고 부르는 실업

---

20. *Ibid.*

21. Anc C. Dinerstein, 'Beyond Insurrection. Argentian and New Internaionalism', http://www.commoner.org.uk/dinerstein05.pdf.

22. *Ibid.*

청년들이 저항조직에서 주도적 역할을 했는데 이들은 제도화나 복
종을 거부했다. 이들은, 광범한 실업자를 창출하고 있는, 메넴의 안
정화 정책의 폭력성을 거칠게 지적했다. 초국적 자본이 물리적으
로 강요하는 이 안정화의 폭력에 포함된 불안정성을 '안정화'하려
한 것이다.[23]

데 라 루아 정부하에서 실업자 운동은 메넴 정부하에서보다 더
강해졌다. 지금까지 지역적 차원에 머물렀던 도로봉쇄는 2001년 7
월에는 전국적인 것으로 발전했다. 이 과정에서 정부에 협상적 태
도를 보이는 FTV, 그리고 좌파정당들의 영향을 받고 있는 BNP
(Bloque Nacional Piquetero), 그리고 강한 자율적 태도를 보이는
CPAV(Coordination de Piqueteros Anível Verón) 등의 세 조류가 나타
났다. 이중에서 CPAV는 새롭고 독특했다. CPAV는, FTV에서 나타
나곤 하는, 정부를 유일한 권위적 주체로 인정하는 태도를 거부한
다. 그리고 CPAV는, BNP와는 달리, 자신을 우파는 물론이고 좌파
까지 포함하는 어떤 정당들로부터도 독립적인 것으로 선언한다.
이들은 제도화는 물론이고 국가권력 장악도 거부하는 태도를 보인
다. 그들은 권력에 접근하기 위해 싸우는 것이 아니라 체제를 바꾸
기 위해, 그리고 노동자, 농민, 실업자, 여성, 주민, 학생 등등 사회
의 다양한 집단들 사이의 집합적 연대관계를 창출하기 위해 싸운
다고 말한다. 그들은 실업자 운동의 독립적 조직들로 구성되어 있
지만 자신들의 관심이 고용문제에 국한된 것이 아니라고 말한다.

---

23. *Ibid.*

자신들의 기획은, 비록 실업문제를 중심 문제로 삼지만, 인간 존엄성의 회복과 연관된 광범한 문제들과 관련된 기획이라는 것이다.[24]

2001년 12월 19일에는 마침내 그간 데 라 루아 정부의 정책에서 한계를 보아온 다양한 사회 집단들이, 수백만의 아르헨티나 다중들이 거리로 쏟아져 나왔다. 모든 정부각료의 퇴진을 요구한 시위대에 대해 경찰의 폭력이 가해졌고 이로 인해 32명이 죽고 200명이 부상당했다. 하지만 시위대는 거리를 떠나지 않았고 불과 일주일 동안에 연달아 5명의 대통령이 사임했다.[25] 신자유주의가 다중에게 가해온 모든 공격들에 대한 아래로부터의 분노와 축적된 투쟁들이 한꺼번에 집결된 것이다. 그 폭풍의 한 가운데에 피께떼로 운동이 있었다. 두할데 정부는 이러한 상황을 통제하기 위해 탄생했다. 그런데 이 정부는, 집권한 지 5개월밖에 지나지 않은 2002년 6월 26일에, 부에노스아이레스 남쪽 아벨라네다 다리에서 도로봉쇄에 참여했던 CPAV 소속의 두 명의 실업청년을 학살했다. 이 사건은 두할데 정부가 실업자 운동의 이 부분에 대해 어떤 시각을 갖고 있었는지를 보여준다. 그런데 이것은 이 운동을 위축시키기보다 오히려 총파업을 유발하고 2002년 6월 28, 7월 3일, 그리고 9일에 걸쳐 시민사회의 여러 계층들, 좌파정당들, 노조들, 인권단체들, 그리고 진보적 조직들이 참여하여 '우리는 모두 피께떼로다!'고 외

---

24. *Ibid.*
25. 이영현, 「아르헨티나, 혁명을 고뇌하게 하다」, 『자율평론』 4호, 2003년 3월, http://jayul.net/view_article.php?a_no=189&p_no=1&PHPSESSID=b56f32063569019d6c5329d100bd166d.

치며 연대한 대규모 시위를 발생시켰다.

동일하게 2001년 12월 시위에서 발생했지만 도시 근교에서 주로 전개되는 피께떼로 운동과는 달리 도심에서 전개되는 주민평의회(구역의회)가 있다.[26] 이것은 처음에는 데 라 루아의 출금제한 조치에 항의하는 중간계급의 시위에서 비롯되었다. 주민평의회는 부에노스아이레스에만 50개가 넘은 지역에서 매주 평균 약 3,000명 정도가 참여하여 이루어지며 전국적으로는 약 140개의 지역에서 평균 8,000명 정도가 참여하는 것으로 알려져 있다. 이것은 물, 전기, 의료, 주거, 교육, 지역 서비스 등과 관련한 현안들을 서로 토론하고 논쟁하고 조정하는 공간이자 생필품들을 교환하는 공간이기도 하다. 여기에서 국가, 자본, 그리고 법에 대한 비판을 포함하는 자율적인 사회적 성찰들이 이루어진다. 그래서 이것은 신자유주의에 의해 파편화된 개인들이 공동체의 감각을 회복하는 공간이 되고 있다.

혹자는 이 주민평의회가 실업자들을 주축으로 한 피께떼로와는 다른 계급구성, 즉 중간계급적 구성을 갖고 있다고 평가하기도 한다. 하지만 아르헨티나에서 '중간계급'이란 안정된 직장, 심지어는 공장에라도 안정된 일자리를 갖고 있는 사람들에게 붙여지는 이름이다. 게다가 아르헨티나의 외채위기 폭발 후 주민평의회에는 공원에서 초를 파는 학자나 전문가들, 거리에서 쓰레기를 모으는 '중간계급'을 어렵지 않게 볼 수 있다.[27] 주민평의회는 중간계급의 모

---

26. Al S, 'Organize!: Argentina—what next?', http://www.ainfos.ca/02/jul/ainfos00201.html.
27. Aufheben, *op. cit.*.

임이기보다 프롤레타리아화한 중간계급, 즉 더 이상 중간계급이라고 할 수 없는 사회집단에서 비롯된 모임이다. 이것 역시 피께떼로와 마찬가지로 직접민주주의 공간으로 역할하며 대의제에 대한 강한 거부에 의해 이끌린다. 때로 좌파정당들이 주민평의회를 통제하려는 움직임을 보이지만 대체로는 거부당한다. 때로는 그러한 시도들이 주민평의회를 깨뜨리는 경우도 발생했다.[28]

그렇다면 이런 상황에서 공장 노동자들은 무엇을 하고 있는가? 주민평의회 및 피께떼로의 부상은 확실히 노조들의 투쟁을 부차적인 것으로 만들었다. 하지만 노동자들도 파업과 공장점거를 통한 투쟁을 계속하고 있다. 2001년 12월 18일에 부에노스아이레스의 브루크맨 공장 노동자들은 가을의 임금인하에 항의하여 공장을 점거했다. 이후 이들은 이 공장으로 오는 주문을 받아 그것을 팔아서 임금을 지불받았다. 이 공장은 자주관리 운동의 함정에 빠지지 않으면서 지속적으로 투쟁과 집회, 그리고 조직화의 중심으로 기능하려는 노력을 보여준다.

또 간과하지 말아야 할 것은 공장 노동자들이 개인적으로 혹은 집단적으로 주민평의회나 피께떼로 운동에 참여하고 있다는 사실이다. 네우껜 지역에 있는 재논 세라믹 공장 노동자들은 공장을 점거한 후 브루크맨 공장 노동자들처럼 공장을 경영하는 한편 다리를 봉쇄하고 네우껜의 고속도로를 봉쇄하는 피께떼로 운동에 참가했고 부에노스아이레스와 기타 도시의 주민평의회에도 참가했다.

---

28. *Ibid.*

이것이 연대감을 불러 일으켜 피께떼로들이 재논 공장의 노동자를 돕는 상호부조 관계가 구축되었다.[29]

최근 아르헨티나의 주민평의회는 토론하고 시위하는 것을 넘어 빈집, 버려진 병원이나 은행 등을 점거하여 그것들을 집회장소, 문화센터, 노숙자들이 머물 숙소로 사용하는, 좀더 직접적인 행동들로 나아가고 있다. 이것들은 대안 학교나 값싼 보건소로 사용되기도 한다. 로사리오에 있는 버려진 큰 슈퍼마켓은 처음에는 노동자들이 자신들의 요구를 붙이는 벽으로 사용되었으나 점거된 이후에는 문화센터와 집회장소로 사용되었고 이웃의 점거공장 노동자들이 생산한 파스타를 파는 민중 슈퍼로 사용되었다. 그리고 지하에는 극장이 만들어졌다. 이곳들에서 국가나 당에서 독립적인 자율적 저항의 정치와 새로운 정치적 사고가 생겨난다.[30]

이렇게 아르헨티나의 정치적 실험실은 실업자들, 주민들, 공장 노동자들, 프롤레타리아화한 중간계급들, 여성들, 학생들 등 사회의 다양한 프롤레타리아 층들이 합류하는 새로운 주체성의 형성공간으로 발전하고 있다.[31] 이들은 아르헨티나의 파국적 상황을 낳은 정치가들, 그들의 자본가 친구들, 은행들, 그리고 초국적 투기꾼들 전부를 향해 '너희들 모두 꺼져버려!'(iQue se Vayan Todoa!)라고 말

---

29. *Ibid.*

30. John Holloway, 'Argentian Today:iQue se Vanyan Todos!', November 2002, unpublished article for a Greek student magazine.

31. 이것을 안또니오 네그리는 다중(multitude)의 구성이라고 해석한다. Antonio Negri, 'Argentina: La revuelta piquetera', *La Fogata*, March 31, 2003, http://www.lafogata.org/003arg/arg4/ar_rev.htm(Nate Holdren의 미출판 영역본을 참조함).

하고 있다.[32] '이제 너희들 없이 우리가 지금까지와는 다른 사회적 관계를 만들어 내겠다'는 결의가 표명되고 있는 것이다. 지금 이것을 다시 대의제의 공간으로 흡수하려는 시도들이 국가와 각급 정당들로부터 전개되고 있다. 이 실험의 힘은 국가에 사회관계 해결의 특권적 힘을 넘겨주려는 이 의회주의적 흡수 시도들을 어떻게 극복할 것인가에 달려 있을 것이다. 그런데 지금까지 이 투쟁들이 이미, 프롤레타리아의 힘은 선거에서 이기는 데 있는 것이 아니라 이미 발생한 자율적 투쟁을 발전시키고 강화할 길을 부단히 발견하고 또 구축하는 것에 있음을 분명히 보여주어 왔다. 여기에 아르헨티나에서의 새로운 실험에 거는 세계 시민사회의 기대와 그것으로부터 얻는 교훈이 있다.

지구적 네트워크

이상에서 우리는 신자유주의라는 유럽중심주의적 현상에 대한 주변부의 제도적·비제도적 차원에서의 대응을 살펴보았다. 중동, 아프리카, 라틴 아메리카에서 지배계급의 신자유주의에 대한 대응 방식은 서로 달랐다. 이슬람의 경우 서방제국주의로부터의 분리와 '꾸란을 헌법으로 삼는 이슬람국 건설'이라는 근본주의적/아랍사회

---

32. John Holloway의 같은 글. 그리고 이러한 구호를 정치학으로 체계화한 것으로는 존 홀러웨이, 『권력으로 세상을 바꿀 수 있는가』, 조정환·번역집단 @Theoria 협동번역, 갈무리, 2002 참조.

주의적 운동을 통해 신자유주의에 대응했고 남아프리카공화국의 경우 IMF나 세계은행과 같은 초국적 금융기관의 강제가 없는 상태에서 자발적으로 신자유주의에 적응하는 구조조정을 수행했으며 아르헨티나의 경우 누적된 부채로 인해 IMF의 신자유주의 정책 개혁에 이끌려갔다. 그러나 어느 곳에서건 지배계급의 정책들은 해당 지역 피지배계급들의 저항을 억제하고 이들을 축적의 동력으로 만들기 위해 고안된 자본의 주권적 장치들이었다. 그래서 주변부 지배계급의 신자유주의에 대한 대응은 그것에 대한 공식적 태도표명, 즉 적대인가 적응인가 예속인가에 상관없이 실제로는 프롤레타리아를 분할통치하는 그 기능에서 서로 공조적인 것이었다고 할 수 있다.

그랬기 때문에 우리는 위의 세 지역 어느 곳에서건 해당 지역 지배계급의 정책들과 행동들에 대항하는 아래로부터의 투쟁들을 확인할 수 있었다. 이란과 이라크에서는 쇼라라는 노동자 평의회들이 자국의 이슬람 근본주의 혹은 이슬람 사회주의 지배계급에 대항해 무장투쟁을 전개했고 억압받는 소수민족들은 계급적 이해관계에 따라 민족자치를 위한 투쟁을 벌이거나 프롤레타리아 자치를 위한 투쟁을 벌였다. 자치지역인 팔레스타인에서 PLO는 이스라엘의 부르주아지에 대항해 투쟁하고 있었다. 하지만 그 속에서도 팔레스타인 내부의 룸펜부르주아지에 대항하는 팔레스타인 하층계급의 자율적 투쟁들이 인티파다의 형태로 전개되어 오고 있었다. 남아프리카공화국에서는 아파르트헤이트에 저항해 수 십 년 동안 제도적·비제도적 투쟁을 전개해 온 ANC가 집권했음에도 불구하고

ANC의 정책은 해외자본과 국내대자본의 이익을 위해 주로 복무하고 있었다. 이 때문에 지역 공동체 차원에서 그리고 대학에서 이에 대항하면서 자율적 삶과 사회관계를 창출하기 위한 투쟁이 부단히 전개되고 있었다. 그리고 아르헨티나에서는 해외자본과 국내 자본은 말할 것도 없고 국내의 우파 정당들은 물론이고 좌파정당들, 노동조합 중앙들로부터도 독립적인 실업자들, 여성들, 주민들의 투쟁이 피께떼로와 주민평의회의 형태로 신자유주의적 정부에 대항하면서 자신들의 필요를 자율적으로 개척해 나가고 있었다. 본문에서 언급하지 않았지만 2003년 2월 볼리비아에서는 경찰들까지 참여하는 민중들의 무장봉기가 물의 사유화를 비롯한 정부의 신자유주의적 사유화 정책을 뒤흔들었다.

이러한 투쟁들은 유럽중심주의가 지구의 여러 지역의 피지배 다중들에 의해 다양한 형태로 거부되고 있으며 그 거부의 공간에서 신자유주의적 자본 지배를 대체할 완전히 새로운 주체성들이 형성되고 있음을 보여준다. 그것들에서 우리는 일정한 공통점을 추출해 볼 수 있다. 첫째로 새로운 투쟁들에는 노동자, 농민, 여성, 학생, 프롤레타리아화한 중간계급, 원주민 등 지구상의 다양한 인간집단들이 참여하고 있다. 둘째, 이들 사이에 비위계적이며 수평적인 관계가 생성되고 있다. 셋째, 투쟁은 국가권력 장악이나 선거에서의 승리와 같은 대의적 목표를 지향하기보다 자율적 투쟁들의 확산과 강화, 그리고 그 속에서 참여자들의 정신적·조직적 성장을 지향한다. 넷째, 국가나 정당 혹은 기타 대의집단들에 의존하지 않는 자율적이고 내재적인 관계들이 창출된다. 다섯째, 투쟁이 조건에 따라서 평화적 형태, 돌멩이를 이용하는 상징적 무장의 형태, 총기 이용과 같은 본격 무장의 형태 등 다양한 형태를 띤다.

위 세 지역에서 확인되는 이러한 투쟁들은 1994년 멕시코의 사빠띠스따의 투쟁에서 확인된 것과 상통하는 정신과 방법에 의해 이끌리고 있을 뿐만 아니라 독일, 이탈리아, 오스트레일리아, 네덜란드 등에서 1968년 이후 탄생한 자율적 운동들과 깊숙이 공명하는 경향을 갖고 있다. 유럽중심주의적 신자유주의에 대한 유럽 내부에서의 반대와 이른바 '주변부'에서의 이러한 반대는 결코 다른 것이 아니다. 새로운 삶을 개척해 내는, 아직은 분산적으로 전개되고 있는, 이러한 운동들의 성과가 널리 유통되기 위해서는 각각의 투쟁들이 전 지구적 투쟁의 네트워크로 결집하기 위해 의식적으로 노력하는 것이 필요하다. 이러한 노력이, 프롤레타리아를 분할하여 통치하려는 지배계급의 노력을 약화시킬 뿐만 아니라 이러한 투쟁들 내부에 잔존하는 국가 의존적이며 대의주의적인 경향을 무력화시키면서 서로 밀접하게 연결된 전 지구적 공동체를 구축하는 일에 기여할 수 있을 것이기 때문이다.

이것으로 우리는 최신 테크놀로지에 의해 구축된 싸이버스페이스에서뿐만 아니라 전통적 제3세계 공간에서도 새로운 유형의 주체성이 발생하고 있는 것을 확인했다.[33] 이제 이러한 관점에서 1987년 이후의 한국에서 전개되고 있는 새로운 주체성의 구성을 이론과 실제로 나누어 살펴보도록 하자.

---

33. 전통적인 제1세계와 제2세계에서 저항 양식과 저항 주체성의 변화에 대해서는 조정환, 『21세기 스파르타쿠스』, 갈무리, 2002의 1부와 2부 참조.

10장 한국에서 다중 개념의 형성

지금까지 제기된 이른바 '진보적' 이론들은 (수동적인) 계급합성과 (능동적인) 계급구성을 구별하지 못했다. 그것의 이론적 결과는 수동적 계급합성에 대한 실증주의적 긍정이며, 그것의 실천적 결과는 그 수동적 계급합성을 기반으로 하는 위로부터의 주권합성 계열에의 동화(同和)였다. 주권합성의 계열에 적대하는 능동적 계급구성의 계열을 설명하지 못할 때 (그리고 능동성이 계급의식의 습득을 통해서 외부로부터 사후적으로 주어지는 것으로 이해되는 한에서) 진보를 위한 모든 이론적 기획은 주권합성의 새로운 방법을 찾는 것으로 귀결될 뿐, 합성된 주권의 해체와 비주권적 사회구성을 전망할 수 없게 된다.

나는 이것이 1987년 이후 민중운동과 시민운동으로 분립되어 온 한국의 저항운동들이 개혁주의(re-form-ism), 즉 합성된 주권의 형식 변경에 대한 추구로 수렴되어 버린 사상적·이론적 조건이라고 파악한다. 그래서 나는 1987년 이후 한국사회에서, 주권합성을 낳는 수동적 계급합성의 계열과 구별되며 그것에 대항하는 능동적 계급구성의 계열이 삶 속에서 어떻게 발아·발전되고 있는지를 추적할 것이다.

이 작업은 불가피하게 1990년대 한국 사회형성론의 주요한 두 축이라 할 수 있는 민중사회론과 시민사회론에 대한 비판을 경유한다. 이 두 이론은 많은 점에서 차이를 보이지만 한 가지 중요한 점에서, 즉 사회변혁에서 주권합성의 필요성에 대한 승인에서 합치한다. 물론 이 두 이론은 새로운 주권합성이라는 공동 관심사를 추구하는 강도(주권합성의 적극적 승인인가 소극적 승인인가), 주체(시민인가 민중인가), 목표(민주화인가 민중권력인가), 방법(개혁인가 혁명인가) 등에서 차이를 보인다.

이 두 가지 사회형성론에서 계급구성론, 다시 말해 사회성원들의 '능동'에 대한 탐구가 없는 것은 결코 아니다. 시민사회론과 민중사회론은 그 나름대로 사회집단들의 능동에 대한 탐구를 포함한다. 하지만 나는 이 두 이론의 발견들이 어떻게 주권합성이라는 수동화의 계열 속으로 재통합되어 버리는가를 밝힐 것이다.

시민이나 민중 개념은, 우파적 '국민' 개념의 중도좌파적 혹은 좌파적 방향의 구부리기를 포함하지만, 그것이 주권 체제의 합성 계기로 배치되어 있는 한에서는 수동성의 한계를 넘어설 수 없다. 나의 목표는 시민이나 민중을 주권합성의 계열에서 분리시켜 비주권적 '구성'의 계열 속에 재배치하는 것이다. 이것을 위해 나는, 맑스의 초기저작들에서 자주 제시되는, '주권에서 독립적인 프롤레타리아'의 개념을 만회하면서[1] 그것을 현대 자본주의의 탈근대적 조건에 상응하는 비주권적 '다중'(multitudes)의 개념으로 재정식화할 것이다.[2]

주권합성과 계급구성

주권합성과 계급구성은 현대의 사회형성에 내재하는, 갈등하는 두 계열이다. 합성은 이질적 활력들을 합쳐 단일한 것, 통일된 것을 이루는 과정을 의미하며 구성은 활력들의 이질성을 통한 자기가치화적 생산과 그것들의 생산적 재배치를 의미한다.[3] 주권합성에서 활력들은 수동적 위치에 놓이며 계급구성에서 활력들은 능동적 작용을 한다. 이 두 계열의 적대가 사회형성을 규정한다. 다시

---

1. 칼 맑스의 「헤겔 국법론 비판」, 「헤겔 법철학 비판 서문」(『헤겔 법철학 비판』, 이상은 옮김, 아침, 1989에 수록), 그리고 「유태인 문제에 관하여」(『맑스의 초기저작 : 비판과 언론』, 전태국 옮김, 열음사, 1996에 실림) 등 참조.
2. '다중' 개념에 대한 철학적 설명은 M. Hardt & A.Negri, *Mutitude*, Penguin, 2004, part 2, 그것에 대한 정치적 설명은 안토니오 네그리 · 마이클 하트, 『제국』, 윤수종 옮김, 이학사, 2001을, 그것의 정보사회적 실존에 대해서는 조정환, 『지구 제국』, 갈무리, 2002의 제2부를 참조.
3. '가치화'와 '자기가치화'의 차이에 대해서는 해리 클리버, 「맑스주의 이론에서 계급 관점의 역전: 가치화에서 자기가치화로」, 『사빠띠스따』, 이원영 · 서창현 옮김, 갈무리, 1998 참조.

말해 주권합성의 성공이 계급 탈구성을 가져오고 계급 재구성이 주권의 탈합성을 가져오면서 이들은 상호 적대적으로 전개된다.

그런데 주권합성의 계열은 수동적 계급합성이라고 불릴 수 있는 과정을 기반으로 전개된다. 왜냐하면 그것은 활력들을 주권의 원천이면서 동시에 대상인 피치자 집단으로 합성함으로써 그것들의 능동성을 전유하는 과정이기 때문이다. 이 과정에서 활력들은 수동적 위치에 놓이면서 '피치자'라는 공통성을 갖도록 집단화된다. 노동자-시민-국민 등은 이 수동적 계급합성의 중층결정 형태들이다.

부르주아 사회에서 수동적 계급합성을 기반으로 하는 주권합성은 두 가지 층위로 구축된다.

그 중 한 층위는 경제적 주권합성, 즉 자본합성이다. 무엇보다 가치화가 제일의 목적인 이 층위에서 사람들은 우선 노동대상(원료)과 노동수단(기계), 요컨대 불변자본을 움직이는 노동력, 즉 가변자본으로 합성된다. 유동자본과 고정자본, 가변자본과 불변자본의 관계로 편성된 자연-인간-기계의 복합 관계가 바로 자본합성이다. 이것은 생산과 재생산의 총체로서, 즉 생산-유통-분배-소비의 총체로서 합성된다. 이것은 우리가 흔히 생산관계라고 부르는 것이기도 하다.

또 다른 층위는 정치적 주권합성, 즉 권력합성이다. 이 층위는 국가뿐만 아니라 문화, 이데올로기 등을 포함한다. 국가는 계급합성, 자본합성, 권력합성을 총괄하는 주권합성 계열의 주축으로 작용한다. 주권합성은 일국적 경계에 국한되는 것은 아니며 오늘날의 제국에서처럼 국가들의 관계망으로 발전할 수도 있다.

그러면 계급구성은 이것과 어떻게 다른가?

사람들은 주권합성 과정에서 수동적 형상의 계급으로 합성된다. 노동력-노동자-유동자본-가변자본의 형상들, 그리고 개인-시민-국민의 형상들이 주권합성의 계열에서 나타나는 수동적 계급합성의 형상들이다. 그러나 이 순환적 국면들에서 늘 균열이 발생해 왔다. 사회형성체의 이완, 무질서, 혼란으로 나타나는 이 균열은 주권합성 과정이 '이질적인 것들을 단일한 것들로 묶어세우는 과정'이었다는 점에서 주어진다. 합성에 대한 비판으로서의 분석과 분해 과정(합성된 통일체로부터 그 요소들의 탈주)이 발생할 때 사회형성체는 혼란과 무질서, 동요, 위기, 해체를 겪는다. 이 과정은 전적으로 이질적 활력들의 능동성의 자기표현의 결과이다. 이 이질적인 것들이 비합성적, 비주권적 방식으로, 즉 단일한 형태, 단일한 원리, 단일한 방향에 종속되지 않는 방식으로 연결·접속되는 과정이 계급구성의 계열이다.

그러므로 사회형성체는 본원적으로 주권합성의 계열과 구분되는 이 능동적 계급구성의 계열에 의해 교란되고 있는 불안정한 형성물이다.

1987년의 균열과 시민사회의 등장

1997년에는 위기로 2002년에는 권력으로 그 힘을 드러낸 1987

년은 한국 현대사의 중요한 분기점들 중의 하나이다. 그것은 1960년에 시작된 근대적 산업화의 균열을, 권위주의적 주권합성에 대항하는 프롤레타리아의 민주주의적4 계급구성의 노력을 보여준다. '노동으로부터의 해방'과 '노동의 해방'을 모두 의미할 수 있는 '노동해방'이라는 구호는 이 새로운 계급구성 기획의 불명료한 표현이었다.

당시 좌파들 대부분이 이것을 사회주의적 주권합성의 관점에서 해석했음은 주지의 사실이다. 그것은 전투적 노동자대중의 운동을 위로부터 사회주의적 전위의 정치활동과 결합시킴으로써 헤게모니를 구축하려는 노력으로 나타났다. 1987년을 전후하여 구성된 많은 정파들은 이것의 조직적 표현이었다. 이 사회주의적 주권합성론 속에서 1987년의 6월은 7~9월에 문을 열어준 계기로서만 이해되었고 궁극적으로는 7~9월에 종속되어 그것에 의해 이끌어져야 할 대상으로만 설정되었다.

그러나 1987년에 대한 그러한 해석과 대응은 1987년 10월의 직선제 개헌에 의해, 다시 말해 1987년의 6월과 7~9월을 대립시키고 6월을 흡수하여 7~9월을 진압하려는 자본의 분할-지배 전술에 의해 균열되었다. 이른바 '민주화 이행'이라고 불리는 위로부터의 이 형식 민주주의적 주권 재합성은 이른바 '시민사회'의 조성을 통해 전개되었다. 그것은 1987년의 반란을 만들어낸 프롤레타리아의 두 층을 공장수준과 사회수준에서 분립적으로 재조직하는 것을 의미

---

4. 민주주의는 본래 '다중의 절대적 자치를 향한 다중 자신의 영구적 능동'을 의미하는 것으로 그것의 상대적 혹은 형식적 탈구에 대항하는 것이다.

했다.

그러므로 1987년 이후 한국에서 시민사회의 창출은 결코 허구적인 것이 아니었다.[5] 그것은 1980년대 이래 추구되어 온 산업재구조화의 가속화를 통해 실질적으로 구축되었다. 빠른 속도로 진행된 1990년대의 정보화는 1970~80년대의 산업재구조화가 산업의 기축을 식료품·섬유 등 경공업에서 제철·조선·자동차 등 중화학공업으로 전환시킨 것과 유사하게 중화학공업에서 반도체·항공기 등 고도기술 산업으로 기간산업을 변화시켰다. 고도기술에 대한 산업의 요구는 대학의 증설을 가져왔고, 연구직·사무직·교육직·관리직 등의 노동자를 증대시켰다. 산업생산 활동의 공장 밖으로의 이러한 확산이 시민사회 구축의 중요한 한 축이 되었음은 물론이다.

또 하나의 축은 저임금·장시간 노동체제의 이완이 가져온 결과이다. 1987년 이후 빠른 임금상승은 일종의 포드주의 현상을 가져왔고 소비를 활성화시켰다. 이로부터 유통업과 문화산업을 주축으로 한 각종 서비스업이 중요한 산업부문으로 부상했다. 이것 역시 공장 밖의 시민사회를 활성화시키는 계기가 되었다.

또 하나 언급해야 할 것은 여성 인구의 재활성화이다. 여성들은 경공업이 산업의 기축이었던 1960~70년대에 공장 무대의 주요한

---

5. 때로는 시민사회론을 주장하는 사람들 일부도 시민사회의 실재성을 의심하곤 하는데 그것은 시민을 민중으로부터 분리정립하려는 이론적 시도의 부적실성을 반증한다. 민중과 시민은, 주권적 관점에서 해석되고 합성되어진, 다중의 이름에 다름 아님은 뒤에서 밝혀질 것이다.

활동 주체였으나 중화학공업화에 의해 가정으로 추방되었다. 그런데 고도기술 산업화는 여성들을 유통, 서비스, 사무, 연구, 교육, 행정 등의 여러 영역으로 다시 불러내었고 이 과정에서 가사가 기계화·산업화하면서 가정 자체가 시민사회의 한 생산영역으로 편제되는 결과를 가져왔다.

이상에서 간단히 언급한 여러 과정은 이른바 시민사회의 형성이란 실제로는 노동의 전 사회적 산포과정이자 공장이 시민사회의 한 구성영역으로 포섭되는 과정임을 보여준다. 산업 노동자 및 노동조합 가입률의 축소, 전투조합주의의 약화와 협조조합주의의 강화, 사회주의 전망의 영향력 축소와 정파질서의 해체 등은 이러한 재편의 효과였다. 또 1989년에서 1991년 사이에 도미노식으로 전개된 현실사회주의들의 붕괴는 이 과정을 외부로부터 더욱 가속화시켰다. 이제 계급구성 기획은 공장 무대를 넘어 사회전체 수준에서 재구축되어야 했다.

민주주의 이행인가 신자유주의 이행인가

1993년의 김영삼 정부에서 1998년의 김대중 정부로, 그리고 2003년 노무현 정부로 이어진 일련의 정권교체가 유신과 계엄 혹은 국가보안법 등으로 표현되는 국가와 민중 사이의 적나라한 적대를 약화시킨 것은 사실이다. 이 과정은 1987년과 그 이후에 폭발한 일련의 투쟁들에 국가가 적응하는 형식을 띠었으며 그 결과 공

장과 학교와 같은 전통적 저항공간은 물론이고 그 외의 사회영역
에 다양한 결사들이 형성되었다. 환경, 교육, 언론, 보건, 교통, 핵,
여성, 주민, 문화, 인권, 소비자, 통신 … 등의 여러 영역에서 형성
된 비정부적인 조직들이 지금은 수만에 이르는 것으로 추정되고
있다.

이것은, 생산영역이 공장 밖으로 확산되고 유통과 분배 그리고
소비가 독자적 산업영역으로 구축되며 사회적 재생산 자체가 사회
구성원들의 주요한 관심사로 제기된 것으로부터 비롯되는 자연스
런 결과였다고 할 수 있다. 이런 의미에서 시민사회화란 삶의 전
영역, 전 부문을 생산 혹은 재생산의 과정에 편입하고 포섭하는 과
정이었다. 그러므로 노동조직이나 학생 조직이 이 다양한 시민사
회적 조직의 한 유형으로 재편되는 것 역시 자연스러운 일이었다
고 할 것이다.

이것은 국가의 위상과 역할도 변화시켰다. 이전에 사회의 상층
에 분리되어 억압적 공권력으로 기능하던 국가는 시민사회의 이러
한 재형성에 적응해야 했는데 그것은 국가 역시 확대된 사회적 생
산과 재생산의 한 요소로 편입되고 시민사회의 요구에 귀를 기울
이는 것이었다. 정치의 여론 의존성의 증대와 국가 민주화로 표현
되는 이 과정은 많은 사람들에 의해 '민주주의 이행'으로 불린다.[6]
이 과정은 실제로 1987년에 민중권력을 통해서만 달성될 수 있다
고 여겨졌던 민주주의적 요구들 중의 상당부분을 현실화시켰다.

---

6. 이 용어는 최장집, 조희연, 이병천 등의 시민사회론 속에서 광범위하게, 그리고 반복
   적으로 사용된다.

민주주의 이행이란 용어는 1987년 이후의 한국사회 이행을 국가의 시민사회 속으로의 통합으로 보이게 만든다. 하지만 이것은 하나의 중요한 측면을 은폐하는 가상이다. 1987년 이후 자본이 아래로부터의 투쟁에 대응하여 일관되게 추진한 신자유주의화 과정이 민주주의 이행이란 용어를 통해서는 포착되지 않는다. 진실은 무엇인가? 민주화는 신자유주의화를 현실화시키는 계기였다. 국가가 시민사회로 통합되는 것으로 보이는 민주화 이행의 실제적 내용은 '자유화'였다. 자본은 자유화를 통해 아래로부터 민주주의적 요구들을 흡수하는 한편 한계 지웠다. 민주화는 철저하게 신자유주의 이행의 요청에 종속되었다.

그렇다면 신자유주의 이행이란 무엇인가? 그것은 무엇보다도, '세계는 넓고 할 일은 많다'는 김우중의 구호에 호응한 김영삼의 세계화 정책에 의해 가시화되었듯이, 지구화를 의미한다. 지구화는 세계시장의 실질화를 통해 위기를 돌파하려는 자본의 몸부림이며 신자유주의는 이것을 위한 정책이자 이데올로기이다. 다른 나라에서와 마찬가지로 한국에서도 신자유주의화는 국가와 시민사회 전체를 세계시장의 요구에 조응하도록 재편하는 것을 의미했다.

그것에는 하나의 방향, 두 가지 계기가 존재한다. 하나의 방향은 세계시장을 초국적 자본의 헤게모니 아래에 복속시키는 것이다. 그것은 첫째로는 국민국가의 초국적 권력 네트워크(제국) 속으로의 편입을, 그리고 둘째로는 이를 위해 시민사회를 국가 명령 체계 아래로 포섭하는 것을 필요로 했다. 다시 말해 한국에서의 신자유주의화는 세계시장을 기반으로 하는 전 지구적 시민사회의 구축을

주권적 방식으로 달성하려는 초국적 자본의 프로그램에 의해 규정
되었다. 이 프로그램 속에서 국가는 시민사회를 제국 주권의 구성
부분으로 합성하는 명령권력의 역할을 부여받는다. 그러므로 국가
가 시민사회 속으로 통합되는 듯한 가상은, 실제로는 시민사회가
국가 속으로 통합되고 이어 제국 주권 속으로 다시 합성되는 과정
의 일면적 투영에 지나지 않는다고 해야 할 것이다. 왜냐하면 '민
주화'란, 다중의 요구에 대한 국가의 적응이라는 측면을 포함한다
고 해도 기본적으로는, 지구화에 수반되는 이윤의 국제적 평균화
과정이 주권형태의 국제적 평준화를 가져오면서 나타나는 '자유화'
의 부수효과에 지나지 않았기 때문이다.

그것은 새로운 형태의 자유화가 대규모의 배제와 추방을 동반했
다는 점에 의해 반증된다. 세계시장-전 지구적 시민사회-제국으로
계열화되는 초국적 자본 주도의 위계적 주권합성이 실현되기 위해
반드시 필요한 매개가 국민적 시민사회의 국가 명령에의 포섭이었
음은 앞서 말했다. 이 과정이 전개된 방식은 '유연화'라고 불린다.
그것은 1985년 이후 1995년까지 투쟁을 통해 구축된 노동계급의
현장조직과 현장권력을 해체시키는 것을 의미했다. 정리해고와 파
견근로를 합법화한 1997년의 신노동법은 노동자들이 구축해 온 조
직적 힘을 파괴할 법률폭탄이었으며 1997년 11월의 경제위기를 틈
타 정립된 IMF 권력은 이를 뒷받침할 금융폭탄으로, 그리고 위기
관리 정부였던 김대중 정부와 위기관리 기구였던 노사정위원회는
이를 현실화할 정치폭탄으로 작용했다.

우리는 1998년 이후 수년 동안 전개된 신자유주의의 대공세를

선명히 기억하고 있다. 실업이 일반화되고 노숙이 생활형태로 자리잡았으며 와병과 자살이 이어졌다. 사회의 최상층에 부의 대부분이 집중되는 한편 사회의 대다수가 빈곤의 늪에 빠져들었다. 이른바 중간층도 언제 자신이 추락할지 모른다는 위기의식의 늪에 빠져들었다. 이것들은 체제가 제공하는 정상적 삶을 통해서는 벗어날 수 없는 깊이의 늪이었다. 오늘날 복권 당첨을 겨냥한 사람들의 사행(射倖) 심리의 거대함은 이 늪의 깊이를 반증하는 것이며 국가와 자본은 사람들의 이 불행감과 위기의식을 수탈과 착취의 기회로 재활용함으로써 그들을 더 깊은 나락으로 밀어 넣는다. 이것이 1990년대에 이른바 '민주화'를 통해 구축된 시민사회의 현재적 실상이다.

시민

이렇게 볼 때 시민사회는 초계급적 사회가 아니라 그 어느 시대보다도 철저한 계급사회이다. 이러한 생각은 지금까지 시민사회론에서 제시된 많은 생각들과 충돌한다. 시민사회론에서 시민사회를 정의하는 하나의 일반적 경향을, 그리고 시민을 정의하는 두 가지의 특수한 경향을 찾아 볼 수 있다.

일반적 경향은 시민사회를 경제(혹은 시장)와 국가 사이의 특정한 영역으로 정의하려는 경향이다. 예컨대 최장집은 시민사회를 '국가와 개인 및 가족 양자 사이에 존재하는 자율적인 결사체의 활

동영역'[7]으로 정의한다. 맑스보다는 그람시에 기대는 이러한 정의
방식은 실제로는 맑스 대신 토크빌을 선택하기 위한 방법론으로
사용된다. 그리고 이것은 시민사회를 부르주아 지배가 관철되는
적대적 계급사회로서가 아니라 사회의 탈계급적인 특정영역으로
정의할 수 있는 이론적 기초를 제공했다.[8]

이 공통의 이론적 기초에서 시민을 정의하는 두 가지의 경향이
나온다.

그 중 하나의 경향은 시민사회를 사회계급들 중의 특정한 층, 예
컨대 중간층, 전문가 집단 등에 초점을 맞추어 정의하는 방식이다.
예컨대 최장집은 "한국사회에서 민주주의라는 대의와 시민적 가
치·규범을 실현하는 공적 영역을 창출한 것은 서구와 같이 부르
주아지가 아니라 교육받은 도시중산층의 적극적 그룹이라 할 수
있는 학생과 지식인이 주도한 운동에 의해서였다"[9]고 함으로써 시
민사회의 구축을 사회계급의 특정한 층과 연결짓는다. 초기의 시
민사회론에서 흔히 발견되는 이러한 시민 개념은 시민운동을 민중
운동으로부터 구별정립하려는 노력의 일부였다. 시민 개념을 노동
자, 농민, 빈민 등으로부터 구분된 사회층에서 찾음으로써 시민운
동은 자신을 민중운동, 특히 노동운동의 헤게모니로부터 분리시킬
수 있었다.

---

7. 최장집, 『민주화 이후의 민주주의』, 후마니타스, 2002, 181쪽.
8. 맑스의 문제의식보다 토크빌의 문제의식에서 더 많은 자원을 구하는 자유주의적 시
   민사회 경향은 최장집, 같은 책, 194~195쪽 참조.
9. 최장집, 앞의 책, 188쪽.

또 다른 경향은 이처럼 특수한 사회층에서 시민 개념을 구하는 방법을 비판하는 것에서 출발한다. 예컨대 홍윤기는 "지금까지 한국 시민사회론은 한국 시민'사회'의 형성을 한국 시민'계급'의 형성과 은연중에 동일시함으로써 사실상 계급주의적 반론의 주술에 말려들었다"[10]고 비판하면서 "시민'계급'은 없다"[11]고 단언한다. 이것은 애초의 시민사회론에 내재했던 탈계급적 지향성을 순수한 형태로 완성하는 노력의 하나이다. 이를 위해 홍윤기는, 시민은 "경험적으로 실증된 개념이 아니라 상상의 공(共)주체"[12]이며 "탈계급적으로 행동할 의식과 용의"[13]가 있는 사람들이라고 정의한다. "천민으로 타락하기를 거부하는 모든 사람들의 정치적 각성"[14]에서 그 추진력을 구하는 그의 '시민의 정치' 개념은 지금까지 시민사회론과 시민운동론을 지탱해 온 두 축(한편에서는 민중운동과의 변별, 다른 한편에서는 국가와의 변별)을 허물면서 '시민 대 천민', '시민민주주의 대 천민민주주의'라는 도덕적 구도로 재정립된다. 이렇게 재정립된 시민 개념은 '모든' 계급에서 자신의 추진력을 구하는 철저히 탈계급적인 것으로 정위될 뿐만 아니라 무엇보다도 국가에 귀속되는 존재, 즉 "현대국가의 건설에서 공(共)주체적 국가 귀속성을 갖는" 존재로 설정된다. 이제 시민의 "일차적 역할"은 "그 자신 바로 국민(또는 민족)으로서 주권국가의 건설을 자신의

---

10. 홍윤기, 「시민민주주의론」, 『시민과 세계』 창간호, 2002년 상반기, 25쪽.
11. 같은 글, 25쪽.
12. 같은 글, 26쪽.
13. 같은 글, 33쪽.
14. 같은 글, 33쪽.

… 과업으로 부담"하는 것이다.[15]

이렇게 해서 1990년대에 부르주아 사회로서의 시민사회론에 반대하면서 경제나 국가와 구별되는 독특한 사회적 영역으로 설정되어 온 시민사회론은 마침내 '주권국가'의 건설이라는 근대 부르주아지의 이상과 과제를 자신의 것으로 내면화한 탈계급적 시민 주체성론으로, 주권합성의 논리로 귀결되고 만다.[16]

물론 이것이 시민사회론에 대한 이야기의 전부는 아니다. 2000년 이후, 특히 2002년 선거를 통해 시민운동이 권력의 심장부로 진입함과 더불어 시민운동 속에는 일련의 좌익적 반성도 나타나고 있다. 대체로 그것은 지금까지의 시민운동의 과정이 시민사회의 국가에의 흡수를 가져왔다는 평가에 기초한다.

그런데 여기에도 두 가지 경향이 있다. 하나는 시민사회의 국가에의 흡수를 하나의 객관적 사실로 긍정하면서 '국가에 반하는 시민사회 테제'로부터 '시민사회 대 시민사회 테제'로의 이행을 주장하는 경향이다.[17] 이것은, 실천적으로는, 시민사회의 국가 속으로의 통합으로 인해 국가 내에 발생한 보수와 진보 간의 갈등을, 시민사회 수준에서 보수와 진보의 갈등을 통해, 좀더 구체적으로는

---

15. 같은 글, 29쪽.
16. 이것은 시민적 권리, 시민적 의식의 한계를 지적하면서 민족주의를 시민의식 속으로 도입하고 접목하려는 김동춘의 시도와 상통한다(김동춘, 「시민운동과 민족, 민족주의」, 『시민과 세계』 창간호, 2002년 상반기, 68~90쪽 참조).
17. 최장집, 앞의 책, 186~195쪽. 시민사회 내부의 이질성과 갈등에 대한 인식은 김호기의 '시민사회의 이중성' 명제에서도 거의 유사하게 나타난다(김호기, 「시민사회의 유형과 '이중적 시민사회'」, 『시민과 세계』 창간호, 2002년 상반기, 52쪽).

보수적 시민사회에 대항하는 진보적 시민사회의 앙양을 통해 해소하려는 전략으로 이해된다. 여기에서 시민사회는 다시 한번 국가주권의 진보적 재합성이라는 과제에 동원되도록 요청된다.

그런데 시민사회 내부의 경향적 갈등을 승인한다는 것은, 지금까지의 '탈계급적 영역론'의 해석과는 달리, 시민사회가 실제로는 계급갈등에서 자유롭지 못하다는 사실에 대한 암묵적 승인인 셈이다. 이 승인의 좀더 공공연한 방식도 있다. 시민운동은 신자유주의가 관철시키는 시장 합리성을 개혁과 동일시했고 이로 인해 그 "목표가 단지 합리적 시장 원리의 회복에 있는 것이 아니라 사회관계를 자본이 더욱 압도적인 관계로 재구성하는"[18] 신자유주의를 현실화하는 것에 시민운동이 일조한 측면이 있다는 성찰이 그것이다. 이러한 인식을 통해 이광일은 시민운동이 지금 '보수화냐 아니면 더 많은 민주주의로의 진전을 위한 운동의 급진화냐'의 갈림길에서 있다고 진단한다.[19]

이 재급진화가 '자본의 퇴행적이고도 공개적인 독재'[20]로서의 신자유주의에 대항하는 투쟁이라는 각도에서 제기되는 한에서, 그것은 시민사회를 계급사회로 파악하는 맑스적 관점으로의 회귀를 필요로 할 것이며 시민운동을 계급적 관점에서 재조명하고 재조정하는 것을 요구할 것이다. 이광일이 '시민사회 대 시민사회' 테제

---

18. 이광일, 「민주주의 이행과 시민운동의 진로」, 『시민과 세계』 창간호, 2002년 상반기, 343~344쪽.
19. 같은 글, 333쪽.
20. 같은 글, 348쪽.

를 넘어 '신자유주의에 대항하는 시민운동과 민중운동의 연대'의 테제를 중심적인 것으로 제기하는 것은 이 점에서 매우 중요한 전환이라고 할 수 있다.

연대 문제와는 별개로 시민운동 그 자체의 급진화에 대한 탐색도 나타나고 있는데 '법치주의를 넘어서는 시민불복종 운동의 필요성'을 제기하는 이대훈의 주장이 그것이다. 그는, 동티모르 학살에 이용될 호크전폭기 파손, 트라이던트 핵잠수함에 대한 공격 등이 무죄로 판결난 해외 사례를 들면서 병역거부와 납세거부 등의 정당성을 옹호하고 법치주의의 왜소함을 넘어설 불복종의 상상력을 키울 것을 제안한다.[21]

물론 아직까지 시민사회와 시민운동의 급진화 주장은 주권합성의 계열로부터 자유롭거나 자율적이지 않다. 시민운동이 주권합성의 계열에 동화된다고 하는 것은 그 운동이 삶의 활력들의 전도(顚倒)이자 물화로서의 권력을 불가피한 것으로 받아들이며, 이런 한에서 치자와 피치자의 구분을 받아들이게 됨을 의미한다. 이 위계적 감수성은 한국의 시민운동에 몇 가지 특징을 각인한다.

그 특징 중의 하나는 시민민주주의가 삶에 기초한 풀뿌리 민주주의로 발전할 수 없도록 저해한다는 것이다. 전문가, 지식인이 갖는 엘리뜨적 감수성이 운동 자체에 내면화되면서 시민사회의 기층에 자리잡고 있는 사람들과 운동의 괴리가 발생한다. 같은 맥락에서 이것은 자연스럽게 운동을 매체 의존적이고 상징적인 운동으로

---

21. 이대훈, 「시민불복종과 법치주의의 상상력」, 『시민과 세계』 3호, 2003년 상반기, 115~133쪽.

만든다. 그리하여 다중들의 폭넓고 직접적인 수평적 연대의 의미를 매체에 의한 주목효과에 비해 상대적으로 평가절하하는 경향을 갖는다. 이로 인해 풀뿌리 시민들은 협의의 시민조직과 시민운동을 자신들의 조직, 자신들의 운동으로 받아들이는 데 어려움을 겪고 이로부터 자연스럽게 '시민 없는 시민운동'이라는 상층 중심적이고 매체 의존적인 특징을 갖는 운동 양상이 빚어지는 것이다. 시민운동의 권력과의 밀착, 권력과의 동화, 주권합성의 한 계기로의 실추는 이러한 과정의 원인이자 동시에 결과로서 주어진다.

그러나 지금까지 권위주의적 주권 체제에 대한 대항을 명분으로 신자유주의적 주권합성을 방조해 온 시민운동의 역사를 고려할 때 시민운동 그 자체의 급진화나 계급적 재조정 주장의 출현은 그것이 비록 주권합성론에서 완전히 탈각하지 못하고 있다 할지라도 지금까지 시민운동과 민중운동의 분립 속에서 전개되어 온 사회운동의 낡은 구도를 혁파할 전진적인 요소를 포함하고 있음이 분명하다.

민중

만약 시민사회론들의 탈계급성 논리를 비판하고 그것의 계급적 성격을 재확인하는 것이 문제라면 계급관점에서 시민사회론을 일관되게 비판해 온 민중사회론의 정당성을 확인하는 것으로 충분하지 않을까? 확실히 민중사회론은 탈계급으로 정향된 시민사회론과는 달리 자신을 생산과정과 생산관계에 확고히 정초하려 했다. 이렇게 함으로써 민중사회론은 생산과정 속에서 발생·발전하는 계급들과의 연루를 거부하지 않았다.

그렇지만 민중사회론의 이 계급 연루에는 몇 가지의 간과할 수 없는 문제점이 발견된다.

가장 먼저 지적될 수 있는 것은 시민사회론의 탈계급성에 대한 민중사회론의 비판이 계급구성의 문제를 주권합성의 문제에 종속시킴으로써 결국 시민사회론과 마찬가지로 주권합성의 계열에 동화되었다는 것이다. 계급들의 힘을 확산시키려는 민중사회론의 노력은 그 힘들을 민중권력이라는 새로운 주권을 구축하는 과업에 바쳐진다. 노동계급의 중심성과 비노동계급에 대한 노동계급의 헤게모니 주장은 다중들의 투쟁을 주권합성의 계기로 편제하기 위해 사용된다. 그 결과 민중사회론은 주권합성에서 독립적인 능동적 계급구성의 선을 밝히지 못한다. 오히려 주권합성의 계열에 대한 견제와 비판은 우파적 주권합성과 좌파적 주권합성 모두로부터 시민사회의 자율성을 주장했던 초기의 시민사회론들 속에서 더 강하게 나타났다고 해도 좋을 것이다.[22]

둘째로 민중사회론은 주권합성의 기초인 수동적 계급합성의 과정에서 출현하는 노동자·민중의 형상을 사회변혁의 실증적 행위자로 설정함으로써 계급실증주의 경향을 드러낸다. 실증적 관점에서 파악되는 계급은 생산수단과의 관계 및 생산과정에서 차지하는

---

22. 예컨대 김성국, 「한국의 시민사회와 신사회운동」, 『시민사회와 시민운동·2』, 한울, 2001, 50~102쪽. 물론 대부분의 시민사회론들은 시민을 주권적 주체로 설정하면서 주권합성에의 참여를 '참여'의 고유한 내용으로 이해한다.

지위와 역할에 의해 '객관적'으로 정의되는 계급이다.[23] 이것은 생산수단으로부터의 강제된 분리에 의해, 그리고 바로 이 조건하에서 강제된 노동에 의해 '수동적'으로 정의된 계급을 의미한다. 이런 의미에서의 계급은 '잉여가치를 생산하는 활동(즉 강제된 노동)에 참여하는 사람들의 집단'을 표상하게 된다.[24] 그리고 이 생산활동에의 참여/비참여의 구분 위에 헤게모니론이 정립된다. 잉여가치를 '생산하는' 계급으로서의 노동계급에서 변혁의 주도적 힘을 찾고 여타의 민중 제 부문이 노동의 정치에 의해 지도되어야 한다는 것이다.[25] 그러나 우리는 이미, 노동하는 민중을 주요 행위자로 설정했던 사회주의 전략이 바로 그 행위자에 의해 거부당한 역사적 선례를 갖고 있다. 이것은, 수동적으로 합성된 실증적 계급으로서의 노동자와 그것의 헤게모니에 기초한 사회론과 변혁론의 한계와 위험을 우리에게 깨우쳐주기에 충분하다.

셋째로 노동계급이 실증적으로, 다시 말해 수동적 합성물인 노

---

23. 이 때문에 민중사회론에서는 "생산활동에의 참여 유무"가 계급 규정의 중요한 요소로 부각된다(김세균, 「민중사회를 위하여」, 『동향과 전망』 49호, 2001년 여름, 49쪽 참조).

24. 자본주의 사회에서 '생산활동'은 사용가치로서의 부를 생산하는 활동과 가치로서의 부를 생산하는 활동을 모두 지칭할 수 있지만 민중사회론에서 계급 규정의 핵심 범주로 사용되는 '생산활동'(김세균, 같은 글, 49쪽)은 분명히 후자를 지시한다. 왜냐하면 사용가치로서의 부가 생산활동의 내용으로 이해된다면 '현장'은 산업 혹은 공장은 말할 것도 없고 자연과 인류의 삶활동 전체라고 불러야 할 것이기 때문이다. 왜냐하면 가치의 유일한 원천은 노동이지만 부의 원천은 인간의 육체적 지적 활동뿐만 아니라 자연까지 포함하기 때문이다.

25. 김세균, 같은 글, 45~57쪽, 그리고 63쪽. 여기에서 민중권력은 노동계급의 헤게모니를 매개로 해서 비로소 노동자권력으로 기능할 수 있다고 설명된다.

동력 범주에서 직접 출발하는 것으로 설정된 것과 유사하게 '노동의 정치'의 전술도 수동적 계급합성의 제 계열 범주들을 파괴 혹은 재구성하기보다 있는 그대로의 상태에서 (재)전유하는 길을 밟는다. 그 가운데에서 핵심적인 것은 잉여가치의 재전유와 국가권력의 재전유라는 생각이다. 이 둘 중에서 전자는 후자에 종속된다. 권력 주체가 잉여가치를 재전유하는 주체로 이해되기 때문이다.[26] 노동계급의 헤게모니하에서 단합한 민중이 일차적으로 국가권력의 담당자가 되고 나아가 그것을 대중권력으로 발전시킨다는 노동의 정치의 단계론 속에서 주권합성의 문제는 변혁의 핵심 문제로 설정되어 있다.

그러나 국가권력은 누가 담당하느냐에 따라 억압적으로도 될 수 있고 해방적으로도 될 수 있는 중립적 힘이 아니다. 국가권력은 사회성원의 대다수를 피치자로 대상화하고 위로부터 이들에게 합법적 방식으로 폭력을 행사할 수 있는 능력이다. 요컨대 그것은 주권적 위계화의 능력이며 노동 강제와 잉여가치의 창출에 기여하는 수동적 계급합성과 주권합성의 핵심적 계열 범주이다. 민중사회론은, 시장-시민사회-국가권력으로 이어지는 시민사회론의 주권합성의 계열을 새로운 계열의 주권합성으로, 요컨대 노동력-민중사회-민중권력으로 이어지는 주권합성의 계열로 변형하려 하지만 궁극적으로 자본의 생산과 재생산을 보장하는 것인 주권합성 과정 그 자체에 도전하지는 않는다. 아니 오히려 주권합성은 사회변혁

---

26. 소유사회화의 핵심 형태로서의 국유화에 대한 생각은 같은 글, 63쪽 참조.

의 필수불가결한 경로로 정당화된다. 새로운 정치에 대한 이러한 개념화는 노동하는 사람들이 자신에게 부과되는 객관적 조건에 대해 거부하고 그것을 넘어서기 위해 투쟁하는 것을 함의하는 '능동적 구성력'(활력)을 설명하기에는 부적절하다.

또 하나 지적되어야 할 것은 민중사회론의 '생산(자)' 혹은 '노동(자)' 개념의 역사적 협소함이다. 이것은 민중사회론이 1987년 이후 급성장한 시민사회론과의 논쟁 속에서 대타적 개념으로 제기되었으면서도 그것이 시민사회론이 갖는 합리적 요소를 자기화하는 데 실패한 것의 결과이다. 민중사회론은 시민사회를 "생산에 직접적으로 참여하지 않는 사회층"[27]의 행위 영역으로 간주하는 것으로 시민사회론에 대응했다. 이것은, 민중사회론이 시민사회를 소시민, 중산층의 활동영역으로 정의하면서 시민운동을 일종의 쁘띠부르주아 운동으로 격하하고자 하는 노동자주의적 심성에 의해 지배되었다는 것을 의미한다.[28] 이것은 민중사회론을 계급주의로 규정하고 그로부터 독립적인 영역으로서의 시민사회를 정의하고자 했던 시민사회론의 (앞서 말한) '일반적 경향'과 부정적으로 공명하여 마치 민중사회와 시민사회가 영역적으로 구별되는 두 개의 사회인 것 같은 이미지를 형성하게 된다. 이 영역적 개념화는 '사회변혁을 추구하는 노동자–민중운동에 의해 창출되는 새로운 사회적 관계의 총체'[29]로 이해된 민중사회 개념과 충돌하여 그것의 '관

---

27. 같은 글, 49쪽.
28. 김세균, 「'시민사회론'의 이데올로기적 함의 비판」, 『이론』 2호, 1992년 가을, 132쪽 참조.

계’적 개념화를 침식한다.

민중사회와 시민사회의 영역적 격리가 낳은 부정적 결과는 예사로운 것이 아니다.

우선 그것은 시민사회를 프롤레타리아의 활동공간으로 사고할 수 있는 여지를 이 두 패러다임 모두로부터 박탈했다. 앞서 서술했듯이 1987년 이후 한국사회의 재구조화 과정은 노동의 현장을 공장에서 사회 전체로 확산시키는 것을 의미했다. 이것을 통해 전통적 의미의 생산과정뿐만 아니라 유통, 분배, 소비를 포함하는 순환과정 전체가, 그리고 생산을 넘어 재생산의 과정 전체가 가치생산의 과정으로 편제되었다. 1990년대에 급속히 전개된 정보화에 의해 이 과정은 빠르게 가속되었는데 이 사실은, 실증적 계급 개념에 따르더라도, 프롤레타리아의 소재지 혹은 활동공간이 공장에서 사회 전체로 넓어졌음을 의미한다. 이것은 실제로는 경제와 국가 사이에 새로운 영역으로서의 시민사회가 확충되고 발전한 것이라기보다 이른바 ‘경제’라고 불려온 생산의 영역이 아직 자본주의적 생산과정으로 포섭되지 않았던 영역들에까지 확장된 것이었다.

자본의 확대재생산이 사회의 비자본적 영역(실제로는 ‘관계’이다)의 생산과정 속으로의 흡수인 한에서 1987년 이후의 한국사회는 자본이 흡수할 외부가 사라지는 실제적 포섭의 사회(고유의 자본주의 사회)로 이행한 것이며 프롤레타리아가, 사회 전 영역과 부문에 산포되어 가치생산 메커니즘 속에서 협력하는, 이른바 ‘사회

---

29. 물론 민중사회론이 말하는 민중사회의 개념은 영역적이기보다는 관계적인 것이었다.

적 노동자'로 재합성된 것을 의미한다. 1990년대에 확산된 시민사회론들은 이 과정에 대한 충분한 설명은 아닐지라도 프롤레타리아의 이러한 재합성 과정에 대한 어떤 형태의 '포착'을 포함하고 있는 것으로 평가되어야 마땅할 것이다. 그럼에도 불구하고 민중사회론은 사회 속으로 산포된 프롤레타리아들, 새로운 프롤레타리아들인 '시민들'을 소시민-중산층, 즉 비프롤레타리아로 정의함으로써, '민중' 개념을 불필요하게 위계화하고 그것의 넓어진 외연을 인위적으로 좁혔으며 그것의 다양성을 무시했다. 그것의 결과는 '노동계급'이라는 프롤레타리아의 '근대적' 형상에 대한 우상숭배적 고착이었다.

여기서 다루어져야 할 또 하나의 문제는 '민중' 개념 그 자체의 문제점이다. 민중 개념은 그것이 가장 적극적으로 활성화된 때에도 주권합성의 일부였다. 민중(people)은 단일하고 통합된 정체성이며 대의되고 종합된 주민(population)을 지칭한다. 그래서 민중은 늘 주권의 원천이면서 그것의 대상으로 놓이게 되었다. 토마스 홉스는 민중이 그 통일성으로 인해 주권의 능력을 갖고 있음에 반해 통일되지 않은 다중(multitude)은 주권적 주체가 될 수 없다고 보고 이러한 근거에서 민중을 긍정했다.[30] 이것은 우리에게 역설적으로, 민중은 주권합성의 계열에 속한 수동적 계기이고 다중은 그것에서 자유로운 능동적 계기임을 깨우쳐 준다. 시민사회론들은 결코 일관되지 않았고 또 철저하지도 않았지만 민중 개념의 이러한 문제

---

30. 마이클 하트, 「지구화와 민주주의」, 『자율평론』 2호, @Theoria 옮김, 2002년 9월, http://jayul.net/view_article.php?a_no=84&p_no=4.

점을 직관하고 있었다. 그것은 수동적으로 주어지는 종합(이것이 대의주의의 정체이다!)을 탈피하려는 시민사회론의 노력, 즉 참여론으로 나타난다.

1987년 이후 광범하게 출현한 다중들의 새로운 삶과 투쟁의 양상을 이론적으로 반영한 것인 시민사회론의 이 새로운, 그리고 긍정적인 측면은 앞에서 비판적으로 다룬 '탈계급성'의 개념 속에 '부정적' 모습으로 숨겨져 있었다. 계급화는 자본의 논리이지 삶의 논리가 아니다. 삶의 입장에서 볼 때 그것은 거부되고 파괴되어야 할 것이다. 맑스가 프롤레타리아를 '계급으로서의 자기 자신을 포함하는 모든 계급을 지양하고서야 해방될 수 있는 계급'[31]이라고 정의하게 된 것은 정확히 이 때문일 것이다. 시민사회론은 계급'주의'에 반대하면서 탈계급화의 긍정성을 올바르게 지시한다. 하지만 그것은, 자신을 대의하는 주권관계의 거부를 통해 달성할 수 있는 프롤레타리아 고유의 이 '탈계급화'의 필요와 능력을 '모든 계급들'의 것인 것처럼 설명함으로써 부르주아지에게 고유한 '계급화'의 필요와 실행을 은폐한다. 그리하여 그것은 탈계급화를 자본가계급과의 투쟁이라는 계급투쟁의 지평에서 천민화에 대한 투쟁이라는 도덕적 지평으로 전위시킨다. 탈계급화 개념을 공허하게 만들면서 말이다.

그러므로 탈계급화는 계급투쟁의 맥락에서 다시 사고되어야 하는데 이럴 때 핵심적 문제는 주권합성 계열로부터의 탈주이다. 민

---

31. 맑스의 이러한 생각에 대해서는 칼 맑스, 「헤겔 법철학 비판 서문」, 『맑스의 초기저작: 비판과 언론』, 전태국 옮김, 열음사, 1996, 347쪽 참조.

중은 주권합성의 주체로 끊임없이 호명되어 왔으며 시민은 민중만큼 직접적이지는 않다고 할지라도 (예컨대 시민은 합성된 주권에 불복종할 수 있는 주체로 설정되기도 한다) 주권합성 메커니즘에 계속적으로 복속되어 왔다. 게다가 이 복속은 거듭해서 기존 주권에의 복속으로 되어 왔는데 이것이 새로운 주권을 추구하는 민중운동으로 하여금 시민운동을 개량주의라고 비판할 수 있게 한 조건이다. 시민운동이 말하는 참여가 부단히 주권합성에의 참여를 지칭하게 되는 것은 이것을 반증한다.

그러나 새로운 주권의 추구는 미봉책일 뿐 해결책이 아니다. 주권합성의 계열에서 자신을 분리시키지 않고서 즉 지지나 참여를 넘는 자치의 길을 개척하지 않고서 자본관계의 철폐는 불가능하다. 왜냐하면 자본관계는 주권관계에 의해 지탱되고 있을 뿐만 아니라 그 자체가 주권관계이기 때문이다. 그런데 지구 사회에는, 그리고 한국사회에도 주권합성의 메커니즘을 거부하면서 자신을 그로부터 분리시키고 있는 민중과 시민들, 그리고 이들의 자치적 운동이 있다. 이 탈(脫)주권적 민중과 시민들은 그 자체가 계급화된 자기의 지양을 위해 행동하는 프롤레타리아들이며 이것이야말로 '다중'이라는 개념이 지닐 수 있는 내포이다.

국민

지금까지 나는 다중 개념을 통해 민중/시민이라는 대쌍(對雙) 개넘을 지양할 필요성을 암시했다. 그런데 이 대쌍을 지양하려는 다른 방식이 발견된다. 그것은 국민 개념을 통해 민중/시민의 대쌍을 지양하려는 시도이다.

1990년대 중반에 노동운동 속에서 발아하여 1997년 경제위기를 겪으면서 노동운동의 주류로 부상한 '국민과 함께 하는 노동운동' 노선은 그것의 한 전형을 보여준다. 이 노선은 신자유주의화의 과정에서 노동운동에 대해 가해지는 역공에 대한 대응으로서 출현했다. 이 노선은 노동운동이 당면한 현실적 문제가 '국민적 고립'이라고 파악했다. 그래서 이 노선은 노동운동의 이슈를 임금인상이나 노동조건 향상 등 산업 현장에 국한된 쟁점에서 환경, 보건의료, 재벌개혁, 교육, 언론, 여성 등 시민사회 전반에 걸친 사회개혁적 쟁점으로 확장시키려는 노력을 통해 이 문제를 돌파하려고 시도했다. 노동운동의 이러한 쟁점 확장은 분명히 당시 부상하고 있는 시민운동과 노동운동의 연대를 용이하게 만들어 주었고 바로 이 점에서 시민과 민중 사이의 인위적 경계를 허무는 것에 중요한 기여를 했다.

이후 이 노선이 민주노총과 민주노동당에서 주도적 영향력을 행사하면서 노동운동이 전투적 조합주의에서 협조적 조합주의로 이행하고, 사회주의 전략에서 사회민주주의 혹은 민주사회주의 전략으로 이행한 것은 주지의 사실이다. 확실히 이러한 이행 속에서 민중과 시민의 경직된 대립은 해소된다. 그런데 그 해소의 지평은 무엇이었는가? 여기에서도 문제는 주권주의이다. '국민과 함께 하는 노동운동'은 일찍부터 정치세력화를 자신들의 궁극적 목표로 설정했다. 정치세력화의 방법은 노동자 정당 건설과 의회 진출, 그리고 선거를 통한 국가권력 장악으로 가닥이 잡혔다.[32] 이것은 민중사회론과 사회주의 전략이 (적어도 먼 전망으로는) 유지해 온 국가 사멸의 예상까지 폐기해 버렸다. 이런 관점을 따를 때 노동자들은 주권의 원천이면서 동시에 합성된 주권의 대상으로 배치된다. 노동자들은 '국민'의 일원이 됨으로써 자신의 계급성에서 벗어난다. 이것이 국민화를 통해 민중/시민의 대쌍을 지향하려는 사회민주주의 혹은 민주사회주의의 기획이다. 그러나 이 기획을 통해 노동계급은 국민이라는 '환상' 속에서 탈계급화할 수는 있겠지만 계급화된 자기로부터 '실제'로 벗어날 수는 없다. 왜냐하면 이러한 사회민주적 혹은 민주사회적 주권합성론이 '국민의 이익'이라는 이름하에 정리해고를 용인하고 계급 내 분할을 뒷받침하는 데 이용되고 있을 뿐만 아니라 그렇게 합성된 주권이 그/녀를 노동계급으로 반복적으로 재생산할 것이기 때문이다.

주권의 이 부정적 효과는 주권의 작용 영토를 넓힌다고 해서 사라지는 것이 아니다. 백낙청은 주권의 작용 범위를 남북한을 포함한 한반도 전체로 넓힌 '온전한 국민국가'를 전망하면서 "국가나 국민의 이름으로 자행되어 온 온갖 폭력과 만행들이 상당부분 식민지 시대나 분단시대를 통틀어 한번도 온전한 국민국가를 갖지 못한 데 기인했음을 간과"[33]해서는 안 된다고 충고한다. 이것은 '가까

---

32. 장상환, 「민주적 사회주의론」, 『동향과 전망』 49호, 2001년 여름, 41쪽.
33. 백낙청, 「한반도에 '일류사회'를 만들기 위해」, 『창작과 비평』 118호, 2002년 겨울, 17쪽.

운 장래에 국민국가 체제로부터의 탈피가 가능하다는 공상에 젖'
는 사람들을 타이르고, 이들의 국민국가에 대한 증오심을 누그러
뜨리기 위한 인식론적 교정제로 처방된다. 그러나 이것이야 말로
온전한 국민국가를 가진 나라들이 오늘날 행사하는 온갖 폭력과
만행을 다중으로 하여금 완전히 잊도록 만들기 전에는 설득력을
갖기 힘들다. 미국이 이라크를 비롯한 여러 국민국가와 그 민중들
에 대해, 그리고 흑인 노동자와 저항적 시민을 비롯한 자국의 다중
들에게 행사해 온 폭력과 만행이 미국이 온전한 국민국가를 갖지
못한 때문에 비롯되고 있는 것은 아니지 않은가? 세계사는 온전한
국민국가 역시 온전치 못한 국민국가와 마찬가지로 폭력과 만행의
온상이라는 것을 헤아릴 수도 없을 만큼 확인시켜 준다. 그러므로
"가까운 장래에" 국민국가 체제로부터 탈피하는 것이 '공상'일 수
있다 할지라도 국민국가 체제에 대한 거부, 주권합성의 메커니즘
에 대한 거부는 해방과 자율을 위해서는 한시도 놓치지 말아야 할
실천적 원리일 필요가 있다는 것은 아무리 강조해도 지나치지 않
다. 주권은 항상 다중의 복수적인 자치적 활력의 통일된 국가형태
속으로의 역전과 합성의 산물일 뿐이기 때문이다.

다중

    나는 지금까지 달을 그려내기 위해 그 주변의 구름들을 그려왔
다. 요점은 1987년 이후 한국사회의 변화를 다루어 온 이론들이 그

변화의 내재적 경향을, 특히 노동계급에서 다중으로의 프롤레타리아의 새로운 재구성을 적실하게 드러내지 못했다는 것이다. 그것들은 전통적 산업 노동자에 고착된 '노동계급' 개념에 사로잡혀 새로이 등장한 비노동계급적 프롤레타리아들을 쁘띠부르주아로 손쉽게 규정하고 이들에 대해 헤게모니적 태도를 취하거나 혹은 이 새로운 프롤레타리아들을 탈계급적 개념으로 정향된 시민으로 정의하여 전통적 노동운동과 민중운동으로부터 분리시키는 것으로 나타났다. 그럼에도 불구하고 이 양자는 한 가지 점에서 공통점을 보여주었는데 그것은 프롤레타리아의 재구성이 보여주는 탈주권적·탈권력적 경향에 대한 몰각 혹은 부정이다. 이 두 경향의 이론들은 강도와 방법에서 일정한 편차는 있었지만 민중·시민을 '주권합성의 주체성'으로 정의하는 데에서 합치했다. 이것은 민중운동과 시민운동 속에 정치주의, 중앙집권주의, 서열주의, 성차별주의, 전위적 혹은 희생자적 선민의식 등 여러 가지의 부정적 요인들을 반복해서 재생산했으며 이로 인해 다양성과 이질성을 내재적 수준에서 유효하게 다룰 수 있는 운동의 능력을 삭감했다. 이것은 실천적으로 탈주권적 다중을 주권적 민중 혹은 주권적 시민으로, 심지어는 주권적 국민으로 지속적으로 환원시키는 효과를 가져왔다. 요컨대 계급구성의 계열이 독립성을 잃고 부단히 계급합성과 주권합성의 계열로 유착(癒着)되어 버린 것이다.

한국에서 노동의 자본에의, 사회의 국가에의 실제적 포섭이 이루어진 지난 15년 이상 지속된 이 유착 현상에 파열구를 낸 것은 2002년의 붉은 악마였다. 공교롭게도 1987년과 마찬가지로 시청과

광화문에서 집단적으로 출현한 이 주체성들은 한 머리는 주권성을 향하되 또 하나의 머리는 삶[34]을 향하고 있는 히드라(Hydra)[35]였다. 이것은 지금까지 주권에 양도되어 그것에 합성되어 온 자신의 힘을 독립적으로 유감없이 발휘하려는 디오니소스적 주체로, '구성적' 주체로 자신을 드러냈다.

이 괴물을 정의함에 있어서 진보적 이론들이 겪은 진통은 실제로는 그것의 정의 불가능성을 반증한다. 급진적 좌파의 일부는 붉은 악마들을 민족주의자들로, 심지어는 파시스트들로 정의해 버림으로써 새로운 것들에 낡은 옷을 입히기 좋아하는 그들의 보수적 심성을 드러냈다. 이것은, 붉은 악마를 애국주의의 화신으로 전유하여 국가 브랜드 제고에 월드컵과 붉은 악마를 한 묶음으로 이용하고자 한 국가의 노력을 뒷받침해 주었다. 붉은 악마 현상을 새로운 군중 혹은 다중의 출현으로 정의하려는 다양한 노력들이 나타난 것은 이런 상황 속에서였다.[36]

2002년 11월 30일을 전후해 발생한 촛불시위는 이것을 좀더 분

---

34. 나는 이것을 몸과 지성의 통일체인 살(flesh)들의 혼종적 운동으로 정의한다. 이에 대해서는 안또니오 네그리, 「다중의 존재론적 정의를 위하여」, 『자율평론』 4호, 영광 옮김, 2003년 3월, http://jayul.net/view_article.php?a_no=180&p_no=1 참조.
35. 헤라클레스가 상대해야 했던 머리가 아홉인 뱀으로 머리 하나를 자르면 거기에서 두 개의 머리가 다시 돋아났다고 한다.
36. 이에 대해서는 조정환, 『제국의 석양, 촛불의 시간』, 갈무리, 2003, 137~159쪽 참조. 『문화과학』 31호(2002년 가을)는 필자의 관점과 공명할 수 있는 여러 편의 글을 싣고 있다. 예컨대 이동연, 「붉은 악마와 주체형성: 내셔널리즘인가 스타일의 취향인가」; 김성일, 「대중의 새로운 구성-2002년의 한국사회와 대중분석」; 노명우, 「새로운 군중의 출현」 등을 참조하라.

명하게 확신시키는 계기였다. 촛불시위대는 아직도 주권성에 한쪽 머리를 기대고 있었지만 다른 쪽 머리는 좀더 분명하게 탈주권적 방향으로 기울어 있었다. 그것이 자신의 디오니소스적 힘을, 우리의 삶을 훼손하는 권력들에 대한 저항의 목소리로 나타내기 시작한 것이다. 축구사랑으로 무미건조한 노동을 넘는 삶의 향취를 누리려는 지향성은 그 삶을 지키려는 저항의 지향성과 결코 분리된 것이 아니었다. 이들이, 국가적·제국적 주권에 맞서기 위해 '중앙 단상'과 '깃발'로 상징되는 주류 민중운동과 시민운동과 합류하면서도, 이들의 권력 지향성까지 비판하기 시작한 것도 이 때부터이다.[37] 이 새로운 흐름은, 그것이 어떤 취약함을 갖고 있는가 하는 문제와는 별개로 노동계급 자율성의 사례들, 즉 그 어떤 '중앙들'의 지도도 없이 자발적으로 솟구친 1987년에서 1991년 5월까지의 만개했던 대중투쟁들, 노동운동 상층 지도부의 타협적 태도에도 불구하고 솟구쳤던 1996년 말의 신자유주의적 노동법 개정 반대 총파업투쟁, 현대 자동차(1998년)·한라중공업(1999년) 등을 비롯한 여러 사업장에서뿐만 아니라 노사정위원회에 참가하여 정리해고를 인준한 노동조합 중앙지도부의 결정에 반대하여 민주노총에서 일어났던 다양한 부결투쟁들, 그리고 이들을 현 시점에서 계승하고 있는 노동자 평의회 건설 움직임 등과 서로 다른 맥락에서이지만 공통된 프롤레타리아적 기반을 갖는 것이라 할 수 있다.

이 흐름은 기존의 운동들의 색조를 다채롭고 풍요로운 것으로

---

37. 이에 대해서는 울카맨, 「광화문의 두 흐름, 그 첫 만남에 대하여」, 『자율평론』 3호, 2002년 12월, http://jayul.net/view_article.php?a_no=133&p_no=1 참조.

바꾸어 내면서 2003년 1월 18일 이후 자연스럽게 전 지구적 반전
운동의 대열에 합류하여 한국사에서 유례없는 규모와 특질을 갖는
반전운동의 흐름을 만들어 내는 데 중요한 기여를 하고 있다. 1999
년 씨애틀 시위 이후 지구적 저항 무대에 모습을 드러낸 사람들을
민중이나 시민으로 명명하는 것이 부적절하듯이 적어도 2002년 이
후 한국의 역사 무대에 활력적으로 등장한 이 새로운 주체성들을
민중이나 시민으로 명명하는 것 역시 부적절하다. 혹자들은 이들
을 네티즌이라는 용어로 부르고 있는데, 이 용어는 그 주체성의 이
질성과 기술성, 이들 사이에 형성된 네트워크를 드러내는 한에서
만 적합하다. 오히려 우리가 눈여겨보아야 할 것은 민중이나 시민
들로 명명되어 온 많은 사람들이 네티즌이라고 명명되는 사람들과
이루는 거대한 합류와 경계초월, 그리고 잡종화이다. 우리가 민중
과 시민 사이에 경계를 두르는 것을 경계해야 하듯이 네티즌과 민
중/시민 사이에 경계를 두르는 것에 대해서도 경계해야 한다. 그럼
으로써 이들이 경계를 넘는 합류를 통해 국가나 화폐에 의해 매개
되지 않는 '우리'를 구성할 수 있다면 그 속에서 서로의 활력들이
직접 확인될 수 있을 것이며 지금까지 마치 곰의 몸에서 빨려 나가
는 쓸개즙처럼 주권 체제로 새어 나간 활력들의 체제적 유출을 집
단적으로 거부할 수도 있을 것이기 때문이다.[38] 그리고 그 '우리'가

---

38. 멕시코 시민사회에의 수평적 합류를 투쟁의 목표로 내걸고 있는 사빠띠스따들의 투
    쟁이 새로운 것은, 전적으로 시민사회를 주권성, 즉 권력으로부터 분리시키려는 그
    들의 일관된 지향성 때문이다. 마르꼬스는 시민사회를 주권의 보조물로 만들어 버
    린 수많은 시민사회론자들과 달리, '권력에 대항하는 시민사회'의 테제('권력은 파
    괴하지만 시민사회는 건설한다')를 발본화한다. 그가 '국민을 위한 두 개의 계획, 두

주권적으로 합성되기를 거부하는 힘이 크면 클수록 히드라의 춤이 그만큼 더 자유롭고 아름다워질 것임은 너무나 분명하기 때문이다.

이상에서 우리는 한국에서 다중 개념이 시민-민중-국민 개념의 경계를 가로질러서 형성되고 있음을 살펴보았다. 이제 이러한 개념적 지평을 염두에 두면서 최근의 한국사 속에서 다중의 잠재적·현실적 실재성에 대해 살펴보도록 하자.

개의 나라, 두 개의 멕시코가 대립하고 있다'고 말할 때 그것은 주권합성의 계열과 계급구성의 계열의 적대를 명시적으로 표현한다(마르꼬스, 『우리의 말이 우리의 무기입니다』, 윤길순 옮김, 해냄, 2002, 288~294쪽 참조).

11장 탈근대의 한국사회와 다중

한국은 유력한 신흥 공업국이자 신흥시장으로서 자본주의의 발전 잠재력을 자랑하는 살아 있는 표본으로 운위되어 왔다. 그러나 1997년 말 한국사회 전체는 태국에서 출발하여 동아시아로 밀어닥친 경제 위기의 태풍에 휩쓸렸다. IMF는 외채만기를 연장해 주고 추가 대출을 제공하는 대가로 한국의 사회운영 방향, 각 급 정책들의 선택에 결정적 영향을 미치게 되었다. 1945년에서 1948년간에 걸쳐 이루어졌던 미국의 신탁통치가 끝난 지 50여 년 만에 IMF가 한국을 다시 신탁통치하게 된 것이다. 그로부터 4년여 뒤인 2001년 8월 23일, 한국 정부는 IMF 차입금을 당초 계획보다 2년 8개월 앞당겨 전액 상환했고 IMF의 지도를 '졸업'했다고 발표했다. 아울러 정부는 2002년 현재 한국경제가 질과 양 모든 면에서 달라져 세계

4대 외환보유국으로 부상했으며 실물경제도 1999년부터 활기를 되찾아 안정적 성장을 지속하고 있고 고용과 물가안정 기조가 지속되고 있다고 자랑했다. '한국은 현재의 세계경제 침체를 가장 잘 극복해 나갈 수 있는 국가'라는 Frankfurter Allgemine Zeitung(2002년 8월 19일자)의 평가는 한국 정부의 이러한 자랑에 힘을 더해 주었다.[1]

정부의 주장대로 한국사회가 모든 면에서 1997년 이전과 달라진 것은 분명하다. 확실히 IMF의 신탁통치 기간은 한국의 사회구조, 계급관계, 사고방식을 급격히 바꾸어 놓았다. 우리가 물어야 할 것은 한국사회가 '어떻게 달라졌으며 그 변화를 가져오는 힘은 무엇인가' 하는 것이다. 정부는 한국사회를 하나의 단일한 유기체로, 즉 단일 국민경제로 보면서 그것이 나쁜 상태에서 좋은 상태로 호전되었다고 주장하고 싶어 한다. 그리고 이 호전의 힘이 '위기극복에 대한 열화와 같은 국론과 이를 바탕으로 한 강력한 정치적 지도력'(IMF 한국 담당관)이었다고 설명한다. 세계경제를 단일한 국민경제들의 경쟁관계로 보게 하는 이러한 설명은 이른바 '국민경제' 내부의 분열과 적대를 감출 뿐만 아니라 국민경제들이 지구화된 사회적 노동력을 착취하는 전 지구적 주권형태인 제국의 지역적 마디로 편입되고 있음을 감추는 효과를 낳는다.

나는 이 글에서 위로부터의 지도력을 강조하는 정부의 시각과는 달리 아래로부터 프롤레타리아의 노동과 투쟁이 사회를 움직이는

---

1. 2003년 이후 점점 깊은 수렁으로 빠져든 한국의 경제위기는 이 자랑을 회화적인 것으로 만들었다.

일차적 동력이라는 시각에서 최근 한국사회의 변화를 살펴 볼 것이다. 나는 이 주동력의 자기조직화 과정, 즉 프롤레타리아의 구성적 활력의 끊임없는 이행적 조직화 과정을 지칭하기 위해 계급구성이라는 개념을 사용할 것이다. 이 개념을 통해 나는 정부가 주장하는 국가권력의 지도력을 계급구성에 종속적이며 수동적인 변수로 격하시킬 것이다. 다른 한편, 나는 위기를 자본의 경쟁적 자기운동의 산물로 보면서 노동계급을 위기로부터 분리시키는 한국 내 좌파의 관점들의 한계를 밝힐 것이다. 이 관점은 노동계급을 위기 속에서, 위기를 통해 움직이고 있는 능동적 구성요소로서가 아니라 그것의 단순한 희생자로 격하시킴으로써 위기 속에서, 위기를 통해 작동하고 있는 프롤레타리아의 코뮤니즘적 활력을 억압하는 효과를 가져온다. 이렇게 함으로써 이 관점은 위기의 원인을 자본의 무정부적 경쟁에로 돌리고 '위기를 관리할 수 있는' 노동조합 및 노동계급 정당의 계획과 지도의 능력을 강조하게 된다. 역설적이게도 지난 5년간의 위기 과정에서 이 관점은 자본과의 타협, 즉 사회적 코포라티즘을 통한 위기 극복론으로 나타났다.

이러한 관점과 관련하여 예상되는 하나의 쟁점이 있을 수 있다. 프롤레타리아의 투쟁이 자본주의 위기의 일차적 동력이라는 생각은 경제위기가 노동계급의 삶의 위기로 나타나는 현상을 설명하기 어려운 것처럼 보인다는 것이 그것이다. 그러나 이 어려움의 회피, 다시 말해 위기를 프롤레타리아의 관여와는 무관한 자본의 자기운동의 산물로 보는 관점은 실천적으로는 자본과의 타협을 통한 위기극복으로 나아가거나 아니면 자본의 파국 후에 올 프롤레타리아의 시간을 기다리는 것으로 나아가게 된다. 우리가 회피 대신 대면을 선택할 때 직접적으로 눈에 띄는 것은 자본의 역공이다. 자본은 노동계급의 투쟁이 가져오는 위기에 직면하여 그 투쟁의 요구들을 자본 발전의 동력으로 재배치하려 한다. 이것이 자본의 재구성의 노력이다. 노동계급의 투쟁이 자본에게 위기를 강제했음에도 불구하고 그것이 곧 바로 프롤레타리아의 삶의 위기로 전화되는 것은 이 때문이다. 이것은 자본의 재구성이 성공하는 한에서는 프롤레타리아의 투쟁들도 자신의 의도와는 달리 전도된 결과를 가져온다는 사실을 의미한다. 그러나 이것은 놀라운 것이 아니라 일반적인 것이다. 자본주의하에서 노동활동을 비롯하여 프롤레타리아의 수많은 활동들이 실제로는 전도된 결과를 가져오곤 한다. 프롤레타리아의 투쟁도 그것이 자본관계의 해체와 완전히 다른 사회관계로의 대체를 가져오지 못하는 한에서는 전도된 결과를 가져올 수 있는 것이다. 이것은 프롤레타리아의 투쟁이 자본관계의 발본적 해체를 지향할 필요성을 알려주는 것이지 위기가 프롤레타리아 투쟁과 무관함을 말해 주는 것이 아니다. 그렇다면 자본주의하에서 프롤레타리아의 투쟁은 무용한 것일까? 그렇지 않다. 왜냐하면 일시적으로 그 투쟁들이 다중의 삶을 고통스럽게 하고 노동의 자본에의 포섭을 심화시키는 전도된 결과를 가져온다 할지라도 그 투쟁들의 축적과 유통은, 그리고 심지어는 포섭의 심화까지도 자본관계로부터의 실제적 분리를 가능케 할 프롤레타리아의 활력을 구성하는 역동적 과정이기 때문이다.

경제위기 이전의 계급상황

    초국적 금융자본들의 갑작스럽고 집단적인 상환연기 거부에서 비롯된 1997년의 경제위기는 한국만을 대상으로 한 일국적 분석방법으로는 설명될 수 없다. 그것이 한국에서의 독특한 자본구성과 계급구성에 의해 규정되고 있는 것은 분명하지만 다른 한편에서 그것은 전 지구적 계급투쟁에 의해 규정되는 초국적 자본의 운동과 불가분하게 연결되어 있기 때문이다. 그러므로 우리는 한국에서 위기를 가져온 계급관계를 분석하는 한편 그것이 자본의 초국적 운동과 맺는 관계를 동시에 분석해야 한다.

    1997년 이전에도 한국에서의 자본주의 발전은 IMF나 세계은행과 같은 초국적 금융기구로부터의 외자 도입에 크게 의존하고 있었다. 그 외자는 1968년 혁명과정에서 출현한 서구 프롤레타리아의 고조된 불복종성을 피해 수익성 있는 투자처를 찾던 초국적 금융자본의 일부였다. 선진제국들의 자본이 생산영역에서 불복종적인 노동과 대면하여 착취를 행하는 어려운 길보다 화폐자본으로 전환하여 노동계급의 저항이 상대적으로 취약한 곳으로 이동하여 이자를 수취하는 투기적 자본의 길을 선택했던 것이다. 주지하다시피 세계적 차원에서는 이것이 신자유주의의 기반이 된다. 이들 초국적 금융자본의 입장에서는, 분단 조건하에서 권위주의적 국가가 반공법-국가보안법 등의 특별법으로 노동계급의 저항을 억압하면서 높은 수익률을 창출할 수 있는 조건을 조성하고 있었던 한국은 주요한 투자처의 하나였다. 실제로 1990년에서 1997년 사이에 한국에 대한 초국적 금융자본의 대부총액은 현지차입금을 제외한 총 외채 약 1,600억 달러 중 600억 달러에 이르고 있었고 그중 430억 달러가 일거에 빠져나간 것이 1997년 11월 경제위기를 불러왔다.

그렇다면 1997년에 왜 초국적 금융자본이 한국으로부터 빠져 나가려는 욕구를 갖게 되었던 것일까? 당연히 그것은 초국적 금융자본이 한국으로 유입된 것과 동일한 원리로 설명된다. 즉 한국에서 1987년 이후 저항적이고 전투적인 프롤레타리아의 등장으로 자신들이 누려왔던 상대적으로 높은 이자율을 더 이상 보장받을 수 없게 된 것, 다시 말해 한국에서 자본의 이윤율의 급속한 하락에 기인한다. 한국에서 1986년에 49%에 이르렀던 전 산업 이윤율은 점차 하락하여 1997년에는 18.6%로 하락한다. (제조업의 경우 1986년 39.3%에서 1997년에 16.7%로 하락.) 이것은 박정희 정권의 붕괴를 가져온 1980년 경제위기에서의 이윤율 29.7%(이것은 전 산업의 경우이고 제조업 이윤율은 20.9%였다)에 훨씬 못 미치는 최악의 것이었다. 이런 상황에서 불안을 느낀 대부자본이 한국의 경직된 노동시장에서 도피하기 위해 상환연기를 허락하지 않음으로써 급격한 경제위기가 찾아 온 것이다.

이런 의미에서 한국에서의 1997년 경제위기는 초국적 금융자본의 지구적 이동, 즉 세계적 수준의 신자유주의가 가져온 위기이다. 그런데 세계적 수준의 자본구성이 신자유주의적이었다고 해서 한국의 자본구성 역시 신자유주의적이었다고 말할 수 있는 것은 아니다. 한국의 자본구성은 경제위기를 기회로 한 사회 재구조화로 국제적 수준에 호응하는 신자유주의화를 달성하기까지 몇 개의 국면을 거치게 된다.

먼저 한국에서 박정희 정권이 붕괴하는 1979년까지는, 초국적 금융자본과 결탁하여 노동계급의 저항을 봉쇄하고 축적을 이끌어 온 것은 권위주의적 군사 파시즘의 국가형태였다. 이 국가형태는 각종의 특별법으로, 그리고 심지어는 유신이라 불리는 계엄체제를 도입하여 노동자들에게 장시간저임금 노동을 강요했다. 그러나 양적으로 급속히 늘어난 한국의 대중 노동자들은 학생 및 종교인과 협력하여 이 국가형태에 조금씩 균열을 일으켰다. 박정희 정권이 1970년대부터 중화학공업화를 추진하게 된 것은 주로 경공업 부문에 구축된 저항적 노동력을 무력화시킬 수 있는 산업재구조화의 필요성 때문이었다. 그러나 이 중화학공업화는 두 가지의 도전에 직면한다. 하나는 산업재구조화로 사양길에 들어선 경공업과 광업 등 사양산업 노동자들의 생존권 투쟁이었고 또 하나는 중화학 공업에의 대규모 고정자본 투자로 인해 고도화된 자본의 유기적 구성도 상승의 결과였다. 그것은 이윤량의 증대로는 더 이상 상쇄할 수 없는 이윤율의 급격한 하락으로 나타났다.

1980년 5월 '서울의 봄'을 짓밟고 집권한 전두환 정부는 남북 분단 상황에서 이데올로기적으로 유지되어 온 자립경제라는 목표를 버리고 이전보다 더 유리한 조건으로 초국적 금융자본을 대규모로 불러들임으로써 이 위기를 해결하려 한다. 물론 이것은 1980년 5월 18일부터 한국 내 주변부인 광주를 중심으로 전개되었던 민중의 무장항쟁을 유혈적으로 진압하고 국가보안법, 사회안전법 등에 입각한 폭력적 질서를 민중에게 강요한 후에야 비로소 가능했다. 그러나 이러한 폭압적 권위주의 질서는 민중과 갈등할 뿐만 아니라 초국적 자본의 신자유주의적 운동과도 갈등하는 것이었기 때문에 이윤율이 1979년 수준을 회복한 1984년부터는 일정한 유화조치를 취할 수밖에 없었다. 한국의 대중 노동자들은 이 틈을 이용하여 전두환 권위주의 정부에 대항하는 투쟁을 전개했다. 1985년 4월 16일부터 25일까지 열흘간에 걸친 대우자동차 파업과 같은 해 6월 구로지역에서 터져 나온 구로동맹파업을 시작으로 전국으로 확산되기 시작한 노동자와 학생들의 투쟁은 1987년 6월부터 9월까지 4개월여에 걸친 다중의 항쟁과 노동자의 투쟁을 통해 권위주의 질서를 돌이킬 수 없을 정도로 파괴했다.

1987년의 투쟁은 외관상으로는 '직선제 개헌'의 쟁취라는 탈권위주의적 정치개혁으로 종료된 듯이 보이지만 실제로 그것이 한국사회에 가져온 변화는 훨씬 더 깊은 것이었다. 이 투쟁은 한국의 대중 노동자 주체의 전투력의 성장을 분명히 보여주는 한편, 공장 울타리 바깥에서 성장하고 있는 새로운 주체성의 형상을 보여준다. 1987년 6월의 투쟁은 먼저 거리에서 시작되었고 학생, 시민, 교사, 종교인, 지식인, 사무직 노동자, 여성 등이 그 투쟁을 선도했다. 그해 7월부터 9월까지 장기간의 투쟁을 전개한 한국의 대중 노동자들도 20세기 서구의 대중 노동자들과는 달리 국가나 자본 혹은 정당으로부터 상당히 자율적인 모습을 보여주었다. 이들이 구축한 노동조합이 '민주' 노조 혹은 '자주' 노조라는 독특한 이름을 갖게 된 것은 결코 우연이 아니다. 1987년에 등장한 사회적 주체성은 흔히 노동자, 민중 등의 전통적 이름으로 불려졌지만 새로운 개념을 요구할 정도의 이질성과 복잡성을 이미 드러내고 있었다. 그렇기 때문에 이들의 투쟁은 하나의 통일된 강령으로 수렴되기 어려운 다양한 요구들로 나타난다. 그래서 임금인상, 노동조건 개선, 노동조합 건설과 같은 전통적 노동계급의 요구들은 사회 민주화, 남북통일, 생태 보호, 참교육, 인권 등의 사회적 요구와 병행하게 된다.

1988년 집권한 노태우 정부와 1993년 민정, 민주, 공화 3당의 합당을 통해 집권한 김영삼 정부는 1986~88년의 3저 호황이 끝난 후 도래하기 시작한 경제위기를 극복해야 했고 돌이킬 수 없이 훼손된 권위주의를 대체할 새로운 주권형태를 창출해야 했다. 이를 위해 이들이 취한 조치는 이중적이다. 첫째 이 정부들은 이미 한국사회의 지배적 힘으로 자리잡은 초국적 금융자본들에게 더 넓은 활동의 자유를 보장해 주고 이에 상응하여 지난 시기의 축적과정에서 형성된 국내 독점자본이 한국의 저항적 노동계급을 회피하여 동남아시아, 러시아, 중국 등 해외로 용이하게 진출할 수 있도록 도왔다. 김영삼 정권은 이것을 '세계화'라고 불렀는데 이것은 한국의 국가권력이 국제적 수준의 신자유주의와 호응하는 일국적 주권형태로 신자유주의를 선택했음을 의미한다. 둘째 이 정권들은 다양해지고 복잡해진 아래로부터의 요구들을 통제하기 위해 1980년대의 투쟁 속에서 명확한 사회세력으로 부상한 민주노조 운동을 자본주의 발전의 동반자로 견인하려 시도한다. 그래서 이 정권들은 대중 노동자들이 노동현장에 구축한 조직적 저항력을 해체시키고 순치시켜 자본주의 발전의 동력으로 배치하는 전략을 추진한다. 김영삼 정부하에서 이루어진 노·경총 합의(1993년)나 노사관계개혁위원회(1996년 4월) 등은, 비록 극히 불충분한 것이었지만, 이 목적을 달성하기 위한 사회적 합의 기구의 구축 시도들에 속한다.

이것을 달성하기 위해 자본은 노동계급의 조직이 현장 조합원 중심으로 구축된 상향식 성격을 탈각하고 자본과 노동의 상층 교섭이 가능한 중앙집권적 구조로 재편하도록 유도하려 했다. 이를 위해 우선 법적 수준에서 자본은 아래로부터의 노동법 개정 요구를 신자유주의적 재구조화를 위한 노동법 개정으로 전용한다. 김영삼 정부가 1996년 12월에 노동의 유연화를 위한 일련의 조치들이 담긴 신자유주의적 노동법을 날치기 통과시켰고 그것이 1996년 말에서 1997년 초 노동계급의 총파업과 민중연대투쟁을 불러왔던 것은 널리 알려진 사실이다. 그러나 3개월 이상 지속된 1996/7년 총파업은 자본의 신자유주의적 개혁 기조를 분쇄하지 못했다. 여야합의를 통해 개정된 노동법은 자본의 신자유주의적 개혁에 대한 기각을 담고 있는 것이 아니라 오히려 그것을 뒷받침해 주는 내용을 담고 있었다. 변형근로시간제 도입, 무노동무임금 제도의 입법화, 대체근로 허용, 쟁의행위 장소의 제한 등 노동시장의 유연화를 위한 입법들이 그것이었다.

그렇다면 왜 이런 결과가 나온 것일까? 1990년대 수년 동안 노동조합 조직률과 전투성의 쇠퇴를 경험한 민주노총의 지도부와 소속 조합원의 상당부분이 사회적 합의의 노선(이른바 '국민과 함께 하는 노동운동')을 선택하면서 정부와 타협하는 길을 택했기 때문이다. 개정 노동법이 기업현장 수준에서 이 같은 신자유주의적 개혁 조항을 담고 있는 한편 사회정치적 수준에서 복수노조의 인정,

노동조합의 정치활동 허용 등 노동계급의 정치세력화를 보장하는 합의적 입법조항을 담고 있는 것은 자본과 노동의 이러한 타협의 결과이다. 그러므로 1997년은 한국의 민주노조운동의 주류가 사회적 합의 노선으로 기우는 전환점이라 할 수 있다. 1997년 민주노총 주도의 노동자 정당이 <국민승리 21>이라는 애국적 경향의 당명으로 창립된 것은 이런 조건에서였으며 민주노총도 약 2년여에 걸친 순치(馴致)를 거친 후 1999년 2월 결성 4년 만에 합법화된다.

자본과 노동 간에 노동법 수준에서 일정한 합의 기조가 조성되었음에도 불구하고 그것이 즉각적으로 현실화된 것은 아니다. 사회적 합의 노선에 대한 민주노총 내부의 비판, 특히 현장 조합원들의 반발은 무시할 수 없을 정도로 거세었다. 노동법의 신자유주의적 개정으로 힘을 얻은 자본의 공세로, 1987년 이후 최초로 임금 상승률이 한 자릿수(7%)로 낮아지면서 노동자들의 반발은 거세어졌고 개정 노동법이 파괴하려 한 현장권력을 수호하기 위한 현장 조직들의 결집이 출현하기 시작했다. 1997년 1월 한보철강의 최종 부도에서 조짐을 보인 경제위기가 한국을 강타한 것은 바로 이런 과도기적 상황 속에서였다.

김대중 정부하의 자본 재구성과 계급 탈구성

1997년 12월의 대선에서 사상 최초의 여야정권 교체를 통해 선출된 김대중 정부가 물려받은 것은 위기에 빠진 국민경제였다. 430

억 달러의 대부자본이 일거에 빠져나가면서 한국경제는 유동성 위기에 빠졌고 금리 폭등, 환율 급등, 부동산 값 폭락의 여파로 기업들의 도미노식 도산이 이어졌다. 김대중 정부는 이 위기를 경직된 권위주의적 유제와 노동계급의 저항으로 인해 유예되어 온 신자유주의적 개혁을 사회의 심층에까지 심화할 기회로 설정했다. ‘위기 극복’을 목표로 김대중 정부에 의해 취해진 일련의 개혁조치들은 1996/7년 총파업에 의해 규정된 개혁구도, 즉 ‘사회적 합의 기반 위에서의 신자유주의 개혁’을 계승하면서 그것을 투자, 소유, 경영, 금융, 재정, 행정, 노동 등 사회 전 영역에 구체화시키는 것이었다.

먼저 김대중 정부는 IMF와의 협상을 통해 550억 달러의 추가차입을 받는 대가로 IMF의 지도하에 추진될 신자유주의적 구조조정을 약속했다. 이 구조조정안은 두 가지의 변화를 목표로 하고 있다. 그 하나는 초국적 금융자본의 자유로운 운동과 호응할 수 있도록 국내의 기업, 금융, 행정, 재정, 과학기술, 교육의 구성을 재편하는 것(즉 자본 재구성)이었고 또 하나는 1997년 노동법 개정으로 약화되었으나 여전히 잔존하고 있는 대중 노동자의 1987년 구성, 즉 전투적 조합주의 구성을 와해시켜 민주노조운동을 신자유주의 개혁의 동력으로 재배치하는 것(즉 계급 탈구성)이었다.

이 중에서 우선 자본 재구성 수준에서 이루어진 변화들을 살펴보자.

가장 먼저 주목해야 할 것은 금융시장 개혁이다. 이것은 초국적 금융자본의 자유로운 운동을 가로막는 모든 장애를 철거하는 것으로 나타났다. 바젤원칙(자기자본 규제에 관한 국제적 통일기준)에 입각한 금융부문 개혁은 외국인 주식투자 한도 확대, 외국인에 의한 M&A 대폭 허용, 단기금융과 회사채 시장의 개방, 기업 해외차입(채권발행)의 자유화 등으로 나타났다. 이것은 1980년대 이후로 일관되게 추진되어 온 금융시장 개방 확대의 연장이면서 그것에 가해져 온 국가적 제한을 최종적으로 철거하는 것이었다.

둘째로 이루어진 것은 한국 특유의 독점체제인 재벌체제의 해체이다. 김대중 정부가 재벌기업에 강제한 5대 원칙은 1) 기업경영의 투명성 제고 2) 상호지급보증의 해소 3) 재무구조의 획기적 개선 4) 핵심부문의 설정 및 중소기업과의 협력관계 강화 5) 지배주주 및 경영진의 책임강화였고 1999년 8·15 경축사에서 제시된 3대 보완 과제는 1) 산업자본의 금융지배 차단 2) 순환출자와 부당 내부거래 억제 3) 변칙상속의 차단이었다. 이에 상응하는 일련의 조치들을 통해 수익성이 낮은 기업들은 도산 혹은 매각되고 거대재벌들은 해체되었다. 이 조치는 지난날 권위주의 정부에 의해 억압되고 재벌들에 의해 착취되어 온 민중들의 광범한 지지하에서 추진되었지만 이 과정에서 재벌 소유였던 많은 기업들은 초국적 자본의 지배하에 놓이게 되었다.

셋째의 변화는 공기업의 민영화이다. 민영화의 목표는 기업 내부적으로는 인력 감축과 자본주의적 수익성 경영으로의 전환을 달성하는 것에, 그리고 부가적으로는 IMF 차입금 상환과 한국사회의 신자유주의적 개혁을 위한 재정 수입을 확보하는 것에 있었다. 이에 따라 정부는 포항제철, 한국중공업 등 6개 공기업의 민영화를 완료했고 한국통신, 담배인삼공사, 가스공사, 국정교과서 등의 정부지분을 해외에 매각하고 지역난방공사, 산업단지공단, 에너지관리공단, 한전기공, 한국 전력기술 등 에너지 분야 관련 기업들의 민영화를 추진했다. 이에 따라 정부는 공무원의 수를 대폭 감축했다. 그것의 결과는 공공서비스의 질의 하락, 공공부문 노동자의 해고, 초국적 금융자본의 지배권의 확대와 강화였다.

자본의 신자유주의적 내부조정의 형태를 취한 이 재구성보다 더 중요한 것은 노동시장 유연화라고 불리는 노동에 대한 공세이다. 이미 공공부문의 민영화 과정에서 대대적인 인원감축이 목격되었지만 민간부문에서의 인원감축은 그보다 훨씬 더 유혈적인 양상을 띠었다. 자본은 전체 노동력의 30%를 감원할 목표로 1997년 말에서 1998년까지의 1년 동안 금융권의 경우 23%를 감원했고 일반기업의 경우도 10%를 감원하여 1999년에는 전체 노동인구의 19%인 450만여 명(정부 집계로는 6.8%인 146만여 명)이 실업상태에 이를 정도였다. 정부는 2002년 9월 현재 실업률이 2.5%로 하락했다고 주장하지만 실제의 실업률은 그보다 훨씬 높아 ILO는 한국의 청년 실업률이 2002년 현재 12%대에 이르고 있다고 발표했다. 그나마 고용형태가 비정규직 중심으로 편제되어 2002년 현재 한국에서 시간제, 임시직, 계약직, 하청 등의 불안정고용자의 수가 800만을 넘어서 정규직노동자의 수보다 더 많을 것으로 추정되고 있다. 이러한 상황은 1998년 2월에 '근로자 과반수를 대표하는 노동조합 또는 근로자 대표와의 성실한 협의 등의 요건이 충족된 경우' 해고를 할 수 있도록 규정한 '경영상 이유에 의한 고용조정제'가 도입되고 또 1998년 7월에 고용과 사용을 분리한 근로자파견제가 도입됨으로써 앞으로 한층 심화될 것으로 예상된다.

불안정해진 것은 고용관계만이 아니다. 신자유주의적 개혁은 연공제에서 연봉제로의 임금체계의 전환을 수반했다. 이것은 노동에 대한 보상기준을 학력, 연수, 직종, 성 등의 속인적 기준에서 기업에 제공된 직무라는 성과 기준으로 전환시킴으로써 노동자간의 경쟁관계를 격화시켰다.

고용관계와 임금관계의 이러한 유연화는 2002년 11월 5일 여야 합의로 통과된 경제특구법에 의해 촉진되게 되었다. 경제특구의 개설조건은 완화되어 전국 어디에나 경제특구가 설치될 수 있게 되었으며 그 특구에서는 월차휴가제가 폐지되고 주휴에 대해서는 급료가 지급되지 않으며 파견노동자를 무제한 사용할 수 있게 되었다. 이렇게 하여 1980년대 중반 이후 현장 수준에서 투쟁을 통해 구축되었던 노동자권력의 대부분이 무효화된 것이 지난 5년간 심화된 신자유주의 개혁의 귀결이다.

경제위기 이후 노동계급 재구성의 동태

노동시장 유연화는 고용 인력의 감축 혹은 비정규화로 자본의 비용부담을 덜어 주었을 뿐만 아니라 1980년대 이후 구축되어 온 대중 노동자의 전투적 조합주의 정치구성을 심각하게 해체시켰다. 오늘날 노동계급 내에 깊게 자리잡아 가고 있는 패배감은 이러한 계급 탈구성의 심리적 여파이다. 1985년 이후 지속된 노동계급의 투쟁이 자본축적의 안정성을 뒤흔들었음에도 불구하고 왜 노동계급은 지금 정치적으로 탈구성되고 있는가?

　김대중 정부의 노동개혁은 김영삼 정부와 마찬가지로 현장에 구축된 전투적 조합권력을 해체시키는 대신 노동조합 상층에 교섭권을 부여함으로써 민주노조운동을 신자유주의적 개혁의 하위파트너로 배치하는 것을 지향했다. 이를 위해 노사정위원회가 사용되었는데 이것은 역설적이게도 민주노총의 제안을 수용하는 형식으로 설치되었다.

　민주노총은 한국노총과 함께 제1기 노사정위원회(1998년 1월 15일)에 참여하여 10개 대항목에 90개의 합의사항에 합의했으나 그 중 즉시 입법화된 것은 정리해고제와 파견근로제 등 노동계급에 불리한 내용뿐이었고 공무원 및 교원의 노동기본권 보장, 사회보장제도 확충 등은 유예되었다. 이에 대한 노동자들의 반발이 거세지자 민주노총 임시대의원 대회는 노사정 합의결정을 부결시키고 지도부 총사퇴와 비상대책위원회 구성으로 대응했다. 그러나 비대위가 선언한 총파업마저도 역량부족과 여론을 이유로 철회되고 말았다. 그 후 1998년 4월 1일 구성된 민주노총 제2기 지도부는 노사정위원회 참여 거부와 '대중투쟁에 기초한 대정부 직접협상전술'로 돌아서게 되었다.

　1998년 6월 3일 외자유치의 여건조성을 위해 김대중 정부가 추진한 제2기 노사정위원회는 민주노총의 불참 속에서 한국노총과 정부, 정당, 사용자대표만이 참석한 가운데 열렸다. 그러나 이틀 뒤인 5일 민주노총은 자본의 일방적인 구조조정 강행에 대한 우려 때문에 정부와 협상에 나서 '정리해고제와 근로파견제의 남용방지 대책 논의, 부당노동행위 사업주의 엄단'과 같은 신자유주의의 폐해 방지요구 외에 노자간 사회적 합의를 실질화하기 위한 '노동조합 구조 및 교섭 구조의 산별화 논의, 노사정위원회 위상 강화' 등을 약속 받고 6월 19일 노사정위원회에 정상적으로 참여했다. 그러나 합의와는 달리 자본의 일방적 구조조정이 강행되자 민주노총은 한국노총과 더불어 공동기자회견을 통해 노사정위원회 선결과제 4가지를 발표하고 불참선언을 한 후 7월 14~16일에 걸쳐 제2차 총파업을 벌였다. 7월 23일의 제3차 총파업을 앞두고 노정 합의가 이루어져 8월부터 12월까지 경제개혁, 고용실업, 노사관계, 사회보장 등에 관한 제도개선에 합의했으나 정부의 강제 정리해고가 계속되고 합의사항의 입법화가 보류되는 등 일방적 구조조정을 강행하자 민주노총은 1999년 2월 노사정위원회를 탈퇴했다.

1999년 9월 민주노총을 제외한 채 한국노총의 참여만으로 제3기 노사정위원회가 출범했으나 노조전임자 임금지급 문제를 둘러싼 갈등으로 한국노총마저 그해 12월 노사정위원회를 탈퇴함으로써 노사정위원회는 현재 기능 정지된 상태에 놓여 있다.

이상의 과정이 보여주는 것은 한국의 노동조합 운동이 경제위기 이후 노사정위원회를 매개로 한 노자 타협, 즉 사회적 합의의 노선을 지향하고 있다는 것이다. 그러나 신자유주의적 노동개혁이 현장 수준에서 구축되어 있던 조합권력을 파괴한 상태에서 상층합의가 진행됨으로써 노동은 자본에 비해 열세에 놓이게 되고 결국 합의가 신자유주의적 개혁을 보조하거나 그 폐해를 최소화하는 수준에 그치게 된다. 이리하여 합의는 피상적이고 형식적인 것으로 귀결되었고 결국 합의제도 자체가 기능 정지되는 상태에 빠진 것이다. 그러나 이것이 노조운동의 합의노선 폐기를 가져온 것은 아니며 민주노총과 한국노총은 오히려 사회적 합의 노선을 실질화하는 조건을 조성하는 데에 많은 노력을 기울이고 있다. 사용자, 정부와의 상층교섭을 용이하게 할 중앙집권적 산별노조 건설을 위해 진력하는 한편에서 이 양 노총은 각각 2000년 1월에 민주노동당을, 그리고 2002년 11월 3일에 민주사회당을 창당하여 합의의 정치적 실현을 위한 사회민주주의적 정치세력화를 시도했다. 2004년의 총선에서 민주사회당은 의회 진출에 실패했지만 민주노동당은 10석을 얻어 노동계급의 의회정치를 위한 교두보를 확보했다.

이렇게 노동운동 주류가 사회적 합의와 사회민주주의를 추구하고 있는 상황에서 노동운동의 잔존하는 전투적 세력은 대중투쟁을 통한 사회주의 건설을 목표로 현장권력의 보존과 재건, 그리고 확산을 위해 노력해 왔다. 최근에 이 세력 중의 일부가 지도부 의존적인 노동조합 운동의 한계를 비판하면서 대중 자신이 모든 결정에 책임을 지는 평의회 건설을 모색하는 방향으로 전환하는 고무적 모습을 보이고 있다.

한국에서 새로운 사회적 주체성의 동태

지금까지 우리는 1987년 이후의 계급구성을 산업 노동자층을 중심으로 고찰했다. 그런데 1987년의 투쟁은 산업 노동자들의 투쟁으로 환원할 수 없는 새로운 주체성의 맹아를 보여주었다. 흔히 '시민'이라고 불리어 온 다양한 사회적 주체성들, 즉 여성들, 대학생 및 고등학생들, 예술가들, 지식인들, 기술자들, 과학자들 등의 등장이 그것이다. 이에 기초하여 1987년 이후 한국의 사회운동에 노동조합으로 결집된 산업 노동자들을 중심으로 하는 민중운동과는 별개로 시민운동이라고 불리는 새로운 운동이 정립되게 된다. 이후 시민운동은 경제 정의, 사회 민주화, 환경 보호, 여성 평등, 인권 등의 새로운 의제를 지속적으로 제기하면서 급속히 성장했고 경실련, 참여연대, 환경운동연합, 여성운동연합, 각종 인권운동연합 등 다양한 형태의 시민운동 단체(및 그 연합체)들이 급속히 조직되어 2003년 기준으로 등록된 것만도 10,000여 개가 넘는 것으로 추산되고 있다.

그러나 시민운동은 자신이 기초하고 있는 '시민'의 정체성을 정의하는 데 어려움을 겪고 있다. 최근에 시민은 '사회적으로 존립하는 상태에서는 결코 초계급적이지 않지만 자기계급의 한계를 뛰어넘고자 하는 사회구성원의 모든 생활세계에서 충원되는 탈계급적 운동의 주체'[2]로 설명되기도 한다. 이러한 탈계급적 정체성 부여는 시민을 국가건설의 주체로 설정하기 위한 이론적 정지 작업으로 귀결된다. 이것은 주류 시민운동이 1987년 이후 등장하고 있는 새로운 주체성에 대한 매우 보수적이며 국가주의적인 개념화로 기울

---

2. 『시민과 세계』 창간호, 2002년 상반기, 29쪽.

고 있다는 증거이다.

우리는 계급의 투쟁이 궁극적으로 계급 폐지를 지향해야 할 필요성이 있음에 동의한다. 하지만 민중운동과 별개로 시민운동의 탈계급성을 정의하는 것은 민중운동과의 연합을 어렵게 만들 뿐만 아니라 '탈계급적' 시민운동을 '계급적' 민중운동의 전위로 설정할 위험마저 발생시키게 된다. 그러므로 시민에 대한 이와는 다른 개념화가 필요하며 또 가능하다. 시민은 1980년대 이후 추진된 자본의 산업재구조화 속에서 이루어진 노동계급 재구성의 맥락 속에서 정의될 수 있다. 1980년대 후반에 자본은 중화학공업화를 넘어 첨단산업 중심의 산업구조 재구조화를 추진했고 그것은 노동력을 전통적인 것과는 다른 것으로 형상화했다. 1990년대에 이루어진 정보통신 중심의 산업재구조화는 노동력에 점차 과학기술적 성격을 강하게 부여했고 학교, 가정, 사회를 노동력 재생산의 공장으로 전화시켰다. 이로 인해 삶의 공간인 생태 그 자체가 하나의 공장으로 바뀌는 현상이 한국에서도 전개되었다.

앞서 고찰한 바 있는 산업 노동자 운동의 약화는 이러한 산업 및 사회 재구조화의 효과이기도 하다. 사회가 복잡하고 이질적인 업무들, 공간들, 관계들로 세분되고 확장되면서 육체에 의존하는 산업 노동자의 상대적 비중이 축소되었기 때문이다. 그리고 노동조합의 전통적이고 위계적인 조직형태와 그것의 투쟁이 이질성과 복수성을 특성으로 하는 현대 한국사회에 미칠 수 있는 파급력도 그만큼 줄었기 때문이다. 지난 20여 년간 추진되어 온 신자유주의적 개혁은 자본이 사회를 포섭할 수 있는 경로, 방법을 무제한 개방함으로써 사회구성원의 모든 활동영역을 축적의 대상으로 편입시켰고 이로써 사회의 배치는 이전과 비교할 수 없을 만큼 다층화, 다양화되었다. 이것은 노동의 자본에의 실제적 포섭의 심화를 의미하는데, 1997년의 경제위기는 바로 이 포섭과정을 빠르게 가속하는 계기로 되었다.

그러므로 '시민'이란 실제로는 복잡하고 다원적으로 된 이질적이고 새로운 노동주체들, 즉 '다중'의 새로운 층들에게 붙여진 낡은 이름표이다. 이것을 다중의 일부로 파악함으로써 우리는 비로소 여전히 공장에서 일하고 있는 노동주체들인 산업 노동자들과 1987년 6월 항쟁에서 거리에 나섰고 1991년 5월 투쟁을 거치면서 한국 사회운동의 또 하나의 축으로 등장한 이 새로운 주체성들의 연속성을 파악할 수 있게 된다. 그리고 이러한 시각을 통해서 비로소 우리는 신자유주의적 경제 위기 이후에 한국의 산업 노동자들도 전통적 성격을 조금씩 벗어나면서 이 새로운 노동주체인 다중의 일부로 전화하고 있는 현실을 깊이 있게 이해할 수 있다.

이른바 '시민운동'이 자기 자신을 탈계급적 주체로 설정하게 되면 그것은 민중운동과의 연합 가능성을 줄이는 결과를 가져온다. 그리고 이러한 정의는 한국의 시민운동이 지금까지 전개해 온 유의미한 투쟁, 즉 낡은 권위주의 구조를 청산하기 위한 자신의 투쟁을 신자유주의적 개혁에 대항하는 노동자, 민중의 투쟁과 연결짓지 못하게 만든다. 이러한 연합의 부재로 인하여 한국의 시민운동은 지금까지 주로 미디어에 의존하는 상징 투쟁에 자신을 국한했고 실천적으로는 자본의 신자유주의 개혁을 뒷받침하는 2중대라는 비판을 면하기 어려웠다.

그러나 조금씩 문제가 발견되고 있고 해법이 모색되고 있다. 지난 5년간 시민운동이 참여민주주의의 이름하에 김대중 정부와 호응하면서 벌인 반권위주의 투쟁이 시민운동의 기대와는 달리 초국적 금융자본을 필두로 한 자본들의 총체적 지배를 위한 정지작업이었음이 드러나면서 시민운동 내부에서도 지금까지의 활동과정에 대한 반성이 일고 있기 때문이다. 한편에서는 시민운동 조직의 관료화가 진행되고 있지만 다른 한편에서 시민운동 혁신을 위한 노력들이 일어나고 있다. 시민운동의 혁신은 결코 노동운동의 헤게모니의 재승인을 의미하는 것이 아닐 것이다. 지난날 민주노조운동의 노동운동 중심성 주장은 시민운동과 민중운동의 연합, 다중들의 다양하고 복수적인 운동들의 수평적 연합을 가로막아온 장애물의 하나였다. 노동운동의 헤게모니론은 노동의 형식적 포섭 단계의 이론적 유산이자 권위주의 통치가 한국의 운동에 물려준 역사적 유산일 뿐이다. 시민운동과 노동운동의 동시적 혁신은 다중의 네트워크적 운동의 기획 속에서 가장 효과적으로 성취될 수 있을 것이다.

자율의 힘

노동운동의 사회적 합의 노선이 궁지에 봉착하고 시민운동의 참여민주주의가 신자유주의 개혁의 보조물로서의 한계를 드러내고 있는 지금의 시점이야말로 사회운동을 총체적으로 재점검하면서 투쟁과 연합의 새로운 노선을 강구할 좋은 기회이다. 이를 위해서는 시민이 20세기 말의 산업재구조화 속에서 탄생한 새로운 노동자, 즉 다중의 일부이며 경제위기가 만들어낸 임시직, 계약직 등의 한국의 산업 노동자들 역시 다중의 일부이고 정리해고의 광풍 속에서 살아남은 산업 노동자들 역시 이제 다중의 일부로 편제되고 있음을 다시 한번 강조할 필요가 있다.

1980년대 이래 일관되게 추진되어 온 신자유주의적 지배전략은, 세계의 다른 지역에서와 마찬가지로 한국에서도, 사회구성원 모두를 자본관계 속으로 포섭하고 그들의 삶의 활동 모두를 착취의 대상으로 정립하기 위한 것이다. 한국에서 이 신자유주의적 개혁은 전두환의 신권위주의 정부에 의한 외자유치에서 시작하여 노태우, 김영삼 정권에 의한 세계화 전략으로 발전하고 김대중 정부에 의해 사회의 전면적 재편, 즉 신자유주의적 자본재구성과 계급 탈구성의 전략으로 구체화되었다. 광주민중항쟁, 1987년 6월 항쟁, 1987년 노동자 대투쟁, 1991년 5월 투쟁, 1996/7년 총파업 등 이 과정에 대항해 온 일련의 아래로부터의 투쟁은 자본의 축적 안정성을 깨뜨리고 이윤율을 압박하면서 마침내 1997년에 한국의 신자유주의적 발전을 위기에 빠뜨렸다. 다중의 투쟁의 불충분함은 자본에게 역공의 기회를 제공했고 그것은 한국에 더 많은 초국적 자본을 불러들이고 그들에게 더 넓은 활동의 자유를 보장하며 노동계급의 삶의 위기를 가져오고 있지만 다중이 사회의 자본주의적 발전과 대립하며 사회 발전의 새로운 대안적 힘을 내장(內藏)하고 있는 잠재적 주체성임은 오늘날 분명히 확인되고 있다.

노동운동의 합의적 노선과 시민운동의 참여적 노선이 봉착해 있는 현재의 궁지가 보여주듯이 신자유주의적 발전은 타협과 합의에 그렇게 큰 여지를 남겨주지 않으며 참여의 성과를 가로챈다. 또 신자유주의적 자본주의는 권위주의적 자본주의와는 달리 사회적 적대의 선이 뚜렷하지도 않다. 자본관계가 우리 삶의 미시적 선을 따라 발전하기 때문이다. 이것은 한국의 혁명적 좌파가 취하고 있는 혁명적 사회주의 전략의 유효성을 삭감한다. 그렇다면 우리는 신자유주의적 자본주의와 싸울 힘을 어디서 발견할 것이며 또 그것과 어떻게 싸워 나갈 수 있을 것인가?

오늘날은 지난날의 산업 프롤레타리아처럼 투쟁의 특수하고 특권적인 중심영역을 찾는 것은 유효하지 않다. 자본관계가 우리 삶 전체를 지배하고 있는 만큼 삶 전체에 확산되어 있는 복잡한 적대의 선들을 따라가며 그곳에서 발생하고 있는 주체성들의 활력을 서로 연결시키는 것이 필요하다. 오늘날 한국에서도 생산력은 고도로 사회적인 형태로 존재한다. 다시 말해 생산력은 물질적이고 비물질적인 고도화된 노동협력의 형태로 존재한다. 자본은 생산, 유통, 분배, 소비의 순환선을 따라 흐르는 이 고도화된 사회적 노동협력을 착취하고 있다. 자본은 이 사회적 노동협력체, 삶의 공동체에 달라붙어 있는 기생적 존재로 생존하고 있다. 자본의 생산적 기능은 끝났다. 자본은 사회적 노동협력체를 낡은 가치관계에 종속시키는 순수 권력으로 현존한다. 이제 이 생산적 노동협력체를 신자유주의적 권력 외피에서 벗어나게 하는 것, 즉 대립과 타협을 넘어서는 자치의 길이 필요하고도 유효한 길이다. 오늘날 노동운동 일부에서 비로소 시작된 평의회 운동들과, 인터넷을 통해 전개되는 무수한 커뮤니티들의 운동들은 다중의 사회적 자치를 위한 길을 암시하고 있다. 그리고 2002년 6월의 '붉은 악마'와 2002년 12월의 촛불시위대는 그것이 보이는 여러 한계에도 불구하고 한국에서 사회적 주체성이 1987년 이전과는 다른 형상을 갖추어 가고 있음을 보여준다. 비록 이들이 지금 애국의 깃발을 들고 있지만 그것이 배외주의를 함축하지는 않는다. 오히려 그것은 다른 공동체들과의 수평적 소통을 지향하는 민족적 자율의 깃발에 가깝다. 안타까운 것은 이 새로운 주체성과 민중적 주체성 사이에 일고 있는 현재적 갈등이다. 신자유주의와의 갈등을 극대화하려는 노력 속에서 이 갈등을 발전적으로 해소하려는 노력이 필요하다. 한국의 다중들이 배외적이기보다 연합적인 공동체적 자치를 위한 이 투쟁의 길 위에서 지구의 다중들과 함께 인류의 전 지구적 연합을 향해 전진할 수 있기 위해서 무엇이 필요한가? 국가공동체에 대한 환상적 기대를 다중의 지구적 자치공동체에 대한 자각으로 대체할 힘은 어떻게 현실화될 수 있을까? 다중의 윤리정치는 20세기 좌파운동을 지배해 온 대의, 진보, 사회민주주의와 어떤 관계를 맺어야 할 것인가? 3부는 이러한 질문들에 바쳐진다.

3

자율

12장 맑스·엥겔스와 프롤레타리아 자율

13장 대의기계 비판

14장 우리 시대의 진보

15장 삶정치와 자율

16장 다중자율의 윤리정치

12장 맑스·엥겔스와 프롤레타리아 자율

전통적으로 국가 사회주의자들은 무정부주의적 사회주의자들과 대립해 왔다. 사회주의 운동의 법통 계승자였던 스딸린주의적 사회주의는 무정부주의를 파시즘과 등치시킴으로써 그것을 매장하는 일에 성공해 왔다. 한국의 1980년대 스딸린주의 운동의 시대에 무정부주의는 어떤 수정주의보다도 경계되어야 할 운동 내부의 적으로 낙인찍혀 왔다. 그래서 무정부주의를 내건 운동은 공식적으로는 존재하지 않았다. 1980년대 한국의 좌파운동에서 무정부주의는 스딸린에 의해 추방되고 살해된 뜨로츠키의 사상만큼 금기시되었다. 이 모든 것은 놀랍게도 무정부주의나 뜨로츠키주의에 관한 어떤 문헌들도 읽히지 않는 상황에서 구축된 무서운 이데올로기적 천형이었다.

그러나 1989년 베를린 장벽의 붕괴에서 본격화되고 1991년 스딸린주의 소련의 붕괴에서 절정에 이른 사회주의의 붕괴는 모든 것을 바꾸어 놓았다. 좌파운동 속에서 스딸린주의에 대한 대대적 격하가 시작된 이후 정통 사회주의자들이 사회민주주의적 의회주의로 나아갈 것인가(탈권론) 노동현장에 기초한 민중권력 수립으로 나아갈 것인가(입권론)를 놓고 갈등하는 사이에, 1989년 신평론 출판사를 통해 모습을 드러낸 뜨로츠키주의가 1991년에 제4인터내셔널의 정통 뜨로츠키주의를 기각하면서 국제사회주의라는 수정 뜨로츠키주의로 조직화하기 시작했기 때문이다. 또 포스트구조주의가 개방한 새로운 이데올로기 지형 위에서 자신을 정치적으로 복권하기 시작한 무정부주의 역시 2002년 이후 <아나클랜>의 형태로 결집하기 시작했기 때문이다. 이것들은 생태주의, 페미니즘, 동성애론 등 전통적 이데올로기 형태로는 포괄할 수 없는 새로운 생각과 운동들의 대두라는 거대한 상황 변화의 일부로서 나타났다.

자율주의는 이렇게 다원화한 이데올로기 지형 속에서 프롤레타리아 투쟁을 자본주의적 생산과 그 주권의 재합성에 조응하도록 재구성하기 위한 이론적이고 전략적인 방안으로 제안되었다.[1] 이 제안에 대한 다양한 사회주의 조류들(국제사회주의, 국가사회주의, 사회민주주의)의 일관된 태도는 '자율주의=무정부주의'라는 등치와 대입, 다시 말해서 '이미 낙인찍힌 것'으로의 치환을 통한 그것의 기각이다. 만약 1980년대였다면 이것으로 자율주의는 곧장 무덤 속으로 들어가야 했을 것이다. 그러나 이들 사회주의자들에게

---

1. 자율주의에 대한 개괄적 소개로는 이 책의 3부 15장 「삶정치와 자율」 참조.

는 안타까운 일이겠지만, 무정부주의(적 사회주의)가 다양한 정부
주의적 사회주의들에 맞서 소생하고 있고 그것이 단순히 기각되어
야 할 것이 아니라 진지하게 검토되어야 할 것으로 되고 있다는 사
실 때문에, 이 치환의 전략이 잘 먹혀들지 않고 있다. 이 맹목적 치
환의 전략이 반복되면 그럴수록 사회주의들은 이미 입증된 것으로
실행만을 남겨두고 있는 이념으로서가 아니라 현대의 조건 속에서
다중 자신의 입장에서 문제시되고 재검토되어야 할 이념으로 더욱
뚜렷이 나타나게 된다.

　스딸린주의에 의한 무정부주의 억압행위를 뒷받침해 온 이론적
권위들에 대한 재검토가 필요한 것은 이러한 맥락에서이다. 특히
제1인터내셔널(1864~75년)의 후기에 바꾸닌주의에 대항하여 맑스
와 엥겔스가 전개한 투쟁들이 오늘날의 상황에서 어떻게 이해되어
야 할 것인가 하는 문제가 고전적 맑스주의의 정신을 우리 시대에
적실한 것으로 재구성하고자 하는 사람들에게는 절실한 문제로 대
두한다. 나는 이에 대한 검토를 통해, 자율주의가 탈근대에 비로소
실천적 유의미성을 갖는다는 생각을 정식화하고 자율주의를 사회
주의에 비판적일 뿐만 아니라 기존의 무정부주의로도 환원될 수 없
는 것으로 위치 지우려 한다. 오늘날 사회주의나 무정부주의는 극
히 다양한 조류로 나타나기 때문에 그것을 뭉뚱그려서 하나의 단일
한 색조를 갖는 것처럼 말하는 것에는 다소 무리가 있다. 그러므로
여기에서 사회주의나 무정부주의라는 말은 다양한 색조들 속에서
나타나는 그것들의 주요한 경향을 지칭하는 것으로, 다시 말해 방
편적으로만 사용된다. 이럴 때 전자는 '집중의 정치'를 후자는 '분

산의 정치'를 경향적으로 표현한다. 만약 이 대비의 위상학 속에 자율주의를 배치한다면 그것은 분산과 집중의 내재성으로서의 '협력의 정치'로 단순화할 수 있을 것이다.

무정부주의와 국가사회주의 비판

사회주의자들이 무정부주의에 대한 기각을 기정사실화하기 위해 호소하는 문건은, 제1인터내셔널 속에서 바꾸닌주의에 대항해 맑스와 엥겔스가 제시한 「정치문제에 대한 무관심」(맑스; 이하 「무관심」)[2]과 「권위에 관하여」(엥겔스; 이하 「권위」)[3]이다.

맑스는 「무관심」에서 자신이 거부하는 무정부주의자들의 생각을 다음과 같이 요약한다.

노동계급은 정당으로 구성되어서는 안 되며 어떤 구실로도 정치활동을 해서는 안 된다. 왜냐하면 국가와 싸우는 것은 국가를 인정하는 것이기 대문이며, 이는 영구불변의 원리들에 위배되는 것이다! 노동자들은 파업을 해서는 안 된다. 왜냐하면 임금을 올리거나 임금하락을 저지하려고 노력하는 것은 곧 임금이라는 것을 인정하는 것이기 때문이며 이는 노동계급 해방의 영구불변의 원리들에 위배되

---

2. 칼 맑스 · 프리드리히 엥겔스, 『칼 맑스 · 프리드리히 엥겔스 저작집』 제4권, 김세균 감수, 박종철출판사, 1997, 268~274쪽.
3. 같은 책, 275~279쪽.

는 것이다! … 노동자들은 노동일의 법적 제한을 정하려고 노력해서는 안 된다. 왜냐하면 그것은 곧 노동자들이 … 고용주들과 타협하는 것이기 때문이다. … 노동자들은 열 살 미만 여성 아동들의 공장 고용을 법적으로 금지하려고 해서는 안 된다. 왜냐하면 이러한 조치로는 열 살 미만 남성 아동들에 대한 착취를 근절하지 못하기 때문이다. … 노동자들은 … 국가가 노동자들의 자녀들에게 초등교육을 의무적으로 실시하도록 하는 것을 원해서는 더욱 안 된다. 왜냐하면 초등교육은 완전한 교육이 아니기 때문이다. … 노동계급의 정치투쟁이 폭력적인 형태를 띠고 노동자들이 부르주아 계급독재를 자신들의 혁명적 독재로 대체한다면 이는 원리침해라는 엄청난 범죄를 저지르는 것일 것이다. 왜냐하면 그것은 노동자들이 … 국가를 폐지하기는커녕 무기를 내려놓고 국가에 혁명적이고 과도적인 형태를 부여하는 것이기 때문이다. 노동자들은 직종마다 개별적 조합을 구성해서는 안 된다. 왜냐하면 그것은 부르주아 사회에서 보이는 것과 같은 사회적 분업을 영속화시키는 것이기 때문이다. 한마디로 노동자들은 팔짱을 낀 채 있어야 하며 정치운동과 경제운동들에 시간을 허비해서는 안 된다. … 노동자들은 일상적인 필요들을 경멸하면서 확신에 차서 큰 소리로 다음과 같이 외쳐야 할 것이다. '우리 계급이 십자가에 못박히고 우리 종족이 사라질지라도, 영구불변의 원리들은 더럽혀지지 않을 것이다!' … 경건한 기독교도들처럼 사제의 말을 믿고 이 땅의 재부를 멸시하면서 낙원에 당도할 것만을 생각해야 할 것이다.[4]

---

4. 같은 책, 268~269쪽.

이 신랄하고 조롱적인 비판은 국가에 대한 무정부주의의 태도에 대한 다음과 같은 조롱으로 이어진다.

매일매일의 현실 생활 속에서 노동자들은 국가에 순종하는 종복들이 되어야 하지만, 마음속으로는 국가의 존재에 대항하여 정력적으로 저항해야 하며 국가의 폐지에 대한 학술논문들을 구독함으로써 국가에 대한 자신들의 이론적인 경멸을 표명해야 한다; 그렇다고는 해도 탐욕스런 체제가 사라지게 될 미래사회에 대해서 낭송하는 것 이외에 자본주의 체제에 대해서 또 다른 반대를 제기하지 않도록 매우 주의해야 한다.[5]

맑스의 조롱의 대상이 되고 있는 생각들을 현실의 무정부주의자들의 생각들과 혼동하는 것은 옳지 않다. 맑스는 "정치문제에 대한 무관심의 사도들이 이처럼 분명하게 자신들의 생각을 나타낸다면 노동계급이 오래 전에 그들을 지옥으로 쫓아냈으리라는 사실은 아무도 부정할 수 없을 것이다. … 그러나 오늘날 노동계급 운동은 매우 강력하여서 이 박애적인 종파들은 정치투쟁과 관련하여 끊임없이 선포해 온 위대한 진실들을 더 이상 감히 경제투쟁과 관련하여 되풀이하지 못하고 있다"[6]고 함으로써, 자신이 정식화한 생각이 실제로는 무정부주의가 드러내는 정치적 경향을 순수한 이론적 형태로 구성한 산물임을 인정하고 있다.

---

5. 같은 책, 270쪽.
6. 같은 책, 같은 쪽.

그렇다면 그가 이 비판을 통해 주장하고자 한 것은 무엇인가? 그것은 '노동계급의 실제적인 투쟁 수단, 모든 투쟁의 무기는 현실 사회 속에서 취해져야 하는 것이지 신격화한 관념적 환상에서 취해질 수는 없다'[7]는 것이다. 맑스는 이 신격화한 관념적 환상의 이름으로 '자유, 자치, 무정부'[8]를 든다. 이 환상들이 '정치문제에 대한 무관심'을 조장하면서 현실에서는 '공장주, 기업가, 부르주아지, 국가경찰에 대한 선호'를 보이면서 '자유나 경쟁과 같은 부르주아적 원리에 대한 옹호'를 실행할 뿐만 아니라 그 자신들이 '세속적 즐거움과 부르주아 사회의 특권'을 가까이 하도록 만든다는 것이다.[9]

맑스가, 무정부주의에 의해 표명된 '정치적 무관심'의 정치학이 노동계급으로부터 투쟁의 수단들을 빼앗음으로써 그들을 부르주아 사회에 굴종하게 만든다는 점을 비판했음에 반해 엥겔스는 '권위'의 필연성에 대한 규명을 통해 권위의 원리를 적극적으로 옹호하는 방향에서 무정부주의와 싸운다.

엥겔스가 옹호하고자 하는 권위란 '한편의 다른 한편에 대한 종속을 전제로 한 사람의 의지를 다른 사람에게 강요하는 것'[10]이다. 엥겔스는 종속, 의지의 강요라는 말이 나쁘게 들리고 종속되어 있

---

7. 같은 책, 같은 쪽.

8. 같은 책, 같은 쪽.

9. 같은 책, 270~274쪽 참조. 나는 뒤에서 20세기에 왜 '사회주의'가 이 '자유, 자치, 무정부'라는 이름들을 대신하여 신격화된 환상의 자리를 차지하게 되었으며 맑스가 비판하는 것과 동일한 실천적 결과들에 이르게 되는지에 대해 서술할 것이다.

10. 같은 책, 275쪽 참조.

는 편의 마음에 들지 않을 수 있다는 점을 인정한다. 이 인정 위에서 그가 제기하는 것은 다음과 질문이다. "그것들 없이 지낼 수 있는 방법이 있는가? 현재의 사회관계들 아래에서 이러한 권위가 더 이상 대상을 갖지 않아서 결과적으로 사라질 수밖에 없는 다른 사회상태를 만들어 낼 수 있는가?"[11]

그가 권위의 원리를 도출하는 것은 "현재의 부르주아 사회의 기초를 이루는 경제조건들"[12]이다.

현재의 부르주아 사회의 기초를 이루는 경제조건들(공업조건들과 농업조건들)을 검토하면서, 우리는 그것들이 개별적인 행동을 개인들의 결합된 행동으로 점점 교체하는 경향이 있다는 것을 발견하게 된다. 현대 공업은 생산자들이 따로 떨어져 존재하는 소규모 작업장들을 대공장과 대규모 작업장으로 대체하고 있으며, 이 대공장과 작업장에서는 수백 명의 노동자들이 증기로 움직이는 복잡한 기계를 감시한다; 주요 도로의 마차와 짐마차는 철도의 열차로 대체되었으며 마찬가지로 작은 돛단배와 소형 범선은 기선으로 대체되었다. 농업마저도 조금씩 기계와 증기의 지배 아래 놓이게 되어 임금 노동자들의 도움으로 거대한 면적의 농토를 경작하는 대자본가들이 느리지만 단호하게 소지주들을 대신하고 있다. 도처에서 서로 의존하는 과정들의 복잡화인 결합된 행동이 개인들의 독립적인 행동들을 대체하고 있다. 그런데 결합된 행동을 이야기하는 사람들은 조직을 이야기한다; 그러면 권위 없이도 조직이 가능한 것인가?[13]

---

11. 같은 책, 275쪽.
12. 같은 책, 같은 쪽.

　　이 질문에 응답하기 위해 엥겔스는 사회혁명을 통해 토지와 노동도구가 노동자들의 집단적 부가 된 사회상황을 가정하고 그 속에서 '개인'의 자치가 어떻게 노동수단들의 권위에 종속되는지를 보여준다.

　　면방적 공장을 예로 들어 보자. (⋯) 계속 기계를 가동시키려면 기술자 한 명은 증기기관을 감시해야 하고, 기계공은 늘 수리를 해야 하며 그 밖의 많은 노동자들은 생산물을 한 방에서 다른 방으로 옮기는 일을 담당해야 하는 것 등등이 필요하다. 남자건, 여자건, 아이들이건 간에 이 노동자들 모두는 개인의 자치를 조롱하는 증기의 권위에 의해서 결정된 시간에 맞추어 작업을 시작하고 끝마쳐야 한다. (⋯) 모든 사람들은 어떠한 예외도 없이 일단 고정된 이 시간들에 따라야만 한다. (⋯) 개개인의 의지는 항상 부차적인 것으로 되어야만 할 것이다. 이는 문제들이 권위적으로 해결될 것임을 의미한다. 대공장의 기계 자동화는, 노동자를 고용하는 소자본가들도 이제까지 그렇게 하지 못했을 정도로 훨씬 더 전제적이다. 적어도 노동시간과 관련해서는, 이런 공장들의 대문에는 다음과 같이 씌어 있을 수도 있다. 들어가는 사람은 자치를 모두 놔둘지어다! 인간이 지식과 창조적인 재능으로 자연의 힘을 굴복시키기는 했지만 인간이 자연을 이용하는 한, 자연은 인간으로 하여금 모든 사회조직과 별개로 이루어지는 진정한 전제주의에 놓이게 만듦으로써 인간에게 복수하고 있다. 대공업에서 권위를 폐지하기를 바라는 것은 산업자본 자체를 폐지하고자 하는 것이다.[14]

---

13. 같은 책, 275~276쪽.

철도 운행에 따르는 협업이 하나의 지배의지, 분명한 권위를 필요로 하며, 대양에서 위험에 직면한 배가 긴급한 권위를 필요로 한다는 추가 논증을 통해 엥겔스가 강조하고자 하는 주장은 분명하다. 그것은 "아무리 보잘것없다고 해도 대표성을 지니는 일정 정도의 권위와 다른 한편에서는 일정 정도의 종속이, 모든 사회조직과 독립적으로 존재하면서도 우리가 생산하고 생산물을 유통시키는 물질적인 조건과 더불어 우리를 강제한다"[15]는 것이다.

이러한 생각은 국가 권위의 필요성에 대한 주장으로 확대된다. 「권위」에서 엥겔스가 국가권위의 필요성을 이끌어내는 것은 정치적 층위에서이다. 그는 "분명히 혁명은 존재하는 가장 권위적인 것이다. 그것은 인구의 일부가 다른 일부에게 자신들의 의지를 강요하는 행위이다; 승리한 당파는, 싸운 것을 헛되지 않게 하려면, 자신들의 무기가 반동배에게 불러일으키는 공포를 통해 이 지배를 지속시켜야 한다"고 본다. 즉 프롤레타리아에게 국가의 권위가 필요한 이유는, 다른 계급에게 자신의 의지를 강요하고 그들을 지배해야 하기 때문이라는 것이다. 이 계급지배를 통해 반동계급들이 소멸하게 되면 '공공기능은 그 정치적 성격을 상실하고 진정한 사회의 이해관계를 돌보는 단순한 행정적인 기능으로 변모하리라'[16]고 엥겔스는 생각한다.

「권위」에서는 이야기되고 있지 않지만 국가권위가 필요한 경제

---

14. 같은 책, 276~277쪽. 강조는 엥겔스
15. 같은 책, 277쪽.
16. 같은 책, 278쪽.

적 이유도 맑스와 엥겔스에 의해 서술된 바 있다. 맑스는 「토지국
유화에 관하여」에서 농민의 소유권에 대항하여 토지국유화를 옹호
하는데 그것은 "경작이 국민의 통제 아래, 국민의 비용으로, 국민
의 이익을 위하여 이루어질 때라면 개인적 남용에서 생겨나는 농
업 생산의 감퇴는 … 불가능하게 될 것"이라는 생각에 따른 것이
다. 맑스가 생각하고 있는 것은 "생산수단의 국민적 집중"[17]이다.

미래는 토지가 국민적으로 소유될 수밖에 없다고 결정할 것이다. 연
합한 농촌 노동자들의 손에 토지를 넘기는 것은 생산자들 가운데 배
타적 계급들에게 사회를 인도하는 것으로 될 것이다. 토지국유화는
노동과 자본 사이의 관계들에 완전한 변화를 일으킬 것이며, 그리하
여 결국 농업에서건 농촌에서건 자본주의적 생산형태를 제거할 것
이다. 그렇게 되면 계급 차이와 특권은 자신들을 발생시킨 경제적
토대와 함께 사라질 것이며 사회는 자유로운 생산자들의 연합으로
전화할 것이다. 타인의 노동으로 생활한다는 것은 과거지사가 될 것
이다! 그렇게 되면 사회 자체와 구별되는 어떠한 정부나 국가권력도
더 이상 없을 것이다! … 생산수단의 국민적 집중은, 공동의 합리적
인 계획에 따라 사회업무를 수행하는 자유롭고 평등한 생산자들의
연합들로 구성된 사회의 자연적 기초가 될 것이다. 이것이 19세기의
거대한 경제적 운동이 지향하는 목표이다.[18]

국가는 이렇게 생산수단의 집중화의 수단이자 계급지배의 수단

---

17. 같은 책, 156쪽.
18. 같은 책, 155~156쪽.

으로 필요한 것으로 사고된다. 본질적인 것은 국가의 집중 능력이다. 왜냐하면 계급지배의 수단으로서의 국가란 프롤레타리아의 폭력의 집중 장소를 의미하기 때문이다. 이러한 생각은 「헤이그 대회에 관한 연설」에서 명백한 형태로 나타나고 있다. 이곳에서 맑스는 아메리카나 영국에서 노동자들이 평화적인 경로로 목표에 도달할 수도 있다는 유보를 두면서도 "우리는 대륙의 대부분의 나라들에서는 폭력이 우리 혁명의 지렛대일 수밖에 없다는 사실도 인정해야 합니다; 노동의 지배를 수립하기 위해서 언젠가 호소하지 않으면 안 되는 것, 그것은 바로 폭력입니다"[19]라고 주장한다. 이 생각은 국제노동자협회의 총평의회에 "새롭고 한층 확대된 권한을 부여"할 필요성에 대한 서술로 나아가는데 이것은 "분산되면 무력한 것으로 될 수밖에 없는 행동을 모두 집중하는 것이 적절하고도 필요한 일"이라는 생각에 의해 이끌린다. 이러한 생각은 "무정부, 독립적인 그룹의 자유로운 연합 등등의 원리 가운데 남은 것이라고는, 정부가 한줌의 군대로 도시를 하나씩 차례로 거의 저항 없이 복속시키게 해 준 혁명적 투쟁 수단의 끝이 없고 의미 없는 분산밖에 없다"는 판단에 근거한 것이다. 이러한 생각에 따라 미국으로 총평의회의 소재지를 옮겼으나 그것이 가져온 것은 역설적이게도 국제노동자 협회의 강화가 아니라 해산이었다.

무정부주의에 대한 맑스와 엥겔스의 투쟁은 굵고 명확한 선으로 나타나 있다. 사회주의자들은 바로 이것에 의거하여 국가, 집중, 권

---

19. 같은 책, 160쪽

위라는 이름들에 강한 정당성을 부여한다. 그러나 이들이 잊고 있는 것은, 거의 같은 시기에 맑스가 라쌀레의 이름과 결부되어 있는 국가사회주의에 대항해 전개한 투쟁이다. 여기에서 맑스는 무정부주의와의 투쟁에서 자신이 옹호했던 것들에 대한 약한 지지로, 혹은 상대화로 기울어진다. 여기에서 사회주의는 코뮤니즘의 빛에 의해 조명된다. 우리의 주제와 관련된 맑스의 핵심적 비판은, "노동계급은 자신의 해방을 위하여 우선 오늘날의 민족국가의 테두리 안에서 활동하며 모든 문명국의 노동자들에게 공통적인 자신들의 노력의 필연적인 결과가 국민들 사이의 국제적 친목이 된다는 것을 의식하고 있다"는 독일 노동자당 강령에 대한 비판이다. 맑스는 노동계급이 투쟁할 수 있기 위해서는 자국에서 계급으로 조직되어야 하며 국내가 그들의 투쟁의 직접적인 무대이지만 그들의 계급투쟁은 내용상으로가 아니라 형식상으로만 일국적이라고 비판한다. 여기에서 강조되는 것은 '민족국가의 테두리'가 실제로는 '세계시장의 테두리' 안에, 그리고 '국가체계의 테두리' 안에 있다는 점이다. 이것을 통해 국민들 사이의 국제적 친목을 넘어서는 일국(독일) 노동계급의 '국제적 직분'을 상기시키는 것이었다.

국가에 대한 이러한 상대화는 국가와 사회의 관계를 보는 관점에서도 나타난다. 맑스는 라쌀레가 '근로 인민의 민주주의적 통제 아래에 있는 국가 보조를 받는 생산협동조합의 설립'을 요구한 것에 대해, "노동자들이 사회적 규모로, 또 우선 자국에서, 따라서 일국적 규모로 조합적 생산을 위한 조건을 갖추려 한다는 것은 다만 그들이 지금의 생산조건의 변혁에 종사하고 있다는 것을 뜻할 뿐이며 국가보조를 받는 협동조합의 창설과는 아무런 상관이 없는 것이다! 그런데 지금의 협동조합에 대해 말하자면, 그것은 정부로부터도 부르주아로부터도 비호를 받지 않는 독립적인 노동자들의 창조물인 한에서만 가치를 가진다."[20]고 비판한다. 이 비판은 나아가, 라쌀레의 "자유로운 국가" 개념에 대한 비판으로서 "자유의 요체는 국가를 사회보다 상위의 기관에서 사회보다 완전히 하위의 기관으로 전화시키는 데에 있으며 오늘날에도 국가형태는 그것이 '국가의 자유'를 제한하는 정도에 따라 자유롭거나 자유롭지 못하거나 한다"는 제로국가(zero-state) 개념으로 발전한다. 맑스의 비판은 신랄하다.

독일 노동자당은 … 현존 사회(그리고, 미래의 사회에도 통용된다)를 현존 국가(혹은 미래사회에 대해서는 미래 국가)의 기초로 취급하는 대신에 도리어 국가를 그 고유의 "정신적이고 윤리적이며 자유로운 기초"를 보유하고 있는 하나의 자립적 본질로 취급함으로써 당에 한 번도 사회주의 이념이 뿌리를 내리지 못하고 있다는 것을 보여준다.[21]

맑스는 이 대목에서 "국가제도는 공산주의 사회에서 어떠한 변환을 겪게 되는가? 다시 말하면 지금의 국가기능과 유사한 사회적 기능이 거기에 남아 있는가?"[22]라고 묻고 "자본주의 사회와 공산주

---

20. 같은 책, 384쪽.
21. 같은 책, 385쪽.

의 사회 사이에는 전자에서 후자로의 혁명적 전환의 시기가 놓여 있다. 또한 이 시기에 상응하는 정치적 이행기가 있으니, 이 때의 국가는 프롤레타리아트의 혁명적 독재 이외에 다른 것일 수가 없다"[23]고 답한다. 이러한 생각에 입각하여 예컨대 교육문제와 관련하여 "국가에 의한 국민 교육은 완전히 배척되어야 한다. 일반 법률로 초등학교의 재원, 교원의 자격, 수업 과목 등등을 규정한다든가 또 합중국에서 하고 있듯이 국가의 감독관을 통하여 이 법률 규정의 이행을 감시하는 것은, 국가를 인민의 교육자로 임명하는 것과는 완전히 다른 것이다! 오히려 정부와 교회는 똑같이 학교에 대한 어떠한 영향과 관련해서도 배제되어야 한다. 프로이센-독일 제국에서는 정말이지, 거꾸로 국가가 국민에 의한 아주 엄격한 교육을 받을 필요가 있다"[24]고 말한다. 그렇다면 맑스에게는 국가에 대한 두 가지 개념이 있음을 알 수 있다. 하나는 사회를 제압하고 통제하는 것으로 인민대중의 억압자들이 전유하고 있는 인위적 힘으로서의 국가. 그리고 또 하나는 그러한 국가의 권력을 다시 흡수하면서 인민대중이 자신의 사회적 해방의 정치적 형태로 사용하는 국가.[25] 후자는 이미 국가를 벗어나기 시작한 것, 즉 코뮌이다. 그것은, 형식적으로는 국가이지만 내용상으로는 더 이상 국가가 아닌 정치형태이다. 이것은 "사회적 해방의 정치적 형태 … 노동해방

---

22. 같은 책, 385쪽.
23. 같은 책, 385~386쪽.
24. 같은 책, 388쪽.
25. 같은 책, 18쪽 참조.

의 정치적 형태 … 노동계급의 사회운동, 따라서 … 그 행동의 조
직화된 수단"[26]이다. 코뮨은 국가와 대립한다. "코뮨 체제는 사회
에서 자양분을 얻고 사회의 자유로운 운동을 저해하는 '국가'라는
이상 생성물이 이제까지 빨아 먹은 모든 힘을 사회라는 몸뚱이에
돌려줄 것이다."[27] 그것은 "본질적으로 노동계급의 정부였으며 전
유계급에 대한 부를 가져다주는 계급의 투쟁의 결과였으며, 노동
의 경제적 해방이 완수될 수 있음이 마침내 발견된 정치형태였다
"[28]

　　국가를 사회주의의 강력한 무기로 사고하는 사람들을 낙담케 할
「고타강령 초안 비판」은 무려 15년 동안 출판되지 않고 라쌀레파
가 '뿔뿔이 흩어진 패잔병으로서 국외에만 존재하는' 1890년까지
서랍 속에 묶여 있었다. 마치 맑스는 이 문건의 이러한 운명을 예
상이나 하고 있었다는 듯이, '나는 말하였고 그리하여 나의 영혼을
구하였노라'는 경구로 비판을 마치고 있다. 이것은 맑스가 무정부
주의에 대해 취한 공개적 비판의 태도와는 달리 국가주의에 대한
공개적 비판을 삼가고 있었음을 암시한다. 그러나 이러한 태도는
제2인터내셔널의 애국주의로의 경사와 제3인터내셔널의 일국주의
로의 경사, 다시 말해 맑스주의의 주류 전통의 국가주의로의 경사
를 허용케 한 (원인은 아니라 할지라도) 하나의 조건이 된 것만은
분명하다. 맑스는 고타강령 초안을 비판하면서 제1인터내셔널이

---

26. 같은 책, 20~23쪽.
27. 같은 책, 66쪽.
28. 같은 책, 67쪽.

노동계급의 국제적 활동에 중앙기관을 창설하려는 첫 시도였다는 것, 그것이 지속적 성과를 남겼음에도 불구하고 파리코뮨의 몰락 이후로는 '그 최초의 역사적 형태'로는 더 이상 수행될 수 없었다는 것을 인정한다.[29] 그러나 그의 사후에 나타난 새로운 인터내셔널들은 라쌀레의 국가주의를 결코 넘어서지 못한 모습으로 나타났다.

맑스 · 엥겔스와 자율의 정치

맑스와 엥겔스는 집중을 인간 해방의 역사적이고 사회적인 전제로 이해하였다. 왜냐하면 그것이야 말로 인간을 자연에의 종속 상태에서 해방시킬 생산력의 발전을 보장해 준다고 보았기 때문이다. 부르주아 사회에 대한 맑스의 이중적 태도는 여기에서 기인한다. 부르주아 사회는 생산수단을 생산자로부터 분리시켜 소수 지배계급의 수중에 집중한다. 그리하여 생산수단은 점차 대규모화하며 산업은 대공업으로 발전한다. 대공업은 사회의 생산을 점차 사회화하며 노동을 개인 노동으로부터 사회적으로 결합된 사회적 노동으로 전화시킨다. 생산수단의 집중이 심화되면 그럴수록 생산자들의 연합이 발전한다. 맑스는 사회의 힘, 인민대중의 힘의 전 사회적 집중이 가져오는 생산력의 이러한 발전과정을 지지하면서 부르주아 사회가 그 과정에 가하는 불가피한 한계를 비판했다. 그가

---

29. 같은 책, 381쪽.

'국유화'를 지지한 것은 이러한 맥락이다. 아무리 독점에 이른다고 하더라도 부르주아 사회에서는 소수 사적 소유자들의 수중에서 생산수단이 분산되는 것을 막기는 어렵다. 그렇기 때문에 국가를 통해 전 국민적 수준에서 생산수단의 사회적 집중을 달성하려 한 것이다.

국유화를 통해 사회적으로 집중되는 생산수단이 착취의 수단으로 전용되지 않게 만들기 위해서 맑스는 '프롤레타리아의 정당으로의 집중'이 필요하다고 보았다. 맑스에게서 정당은 노동계급의 정치적 활동 그 자체를 의미하는 것이었으며 국제 노동자 협회는 그것의 중앙기관으로 사고되었다. 다시 말해 맑스의 정당은 '생산자들의 연합체' 혹은 '코뮌'을 의미하는 것이지 그것으로부터 분리되어 이른바 '대중'을 지도하는 (전위적인 혹은 대중적인) '전위조직'을 의미하는 것이 아니다. 맑스에게서 정당 건설은 "노동계급을 정당으로 구성하는 것"[30]이지 계급으로부터 분리된 레닌주의적이거나 사회민주주의적인 의미의 '당'을 건설하는 것이 아니다. "노동계급의 국제적 활동은 결코 '국제 노동자 협회'의 존재 여부에 달려 있는 것이 아니다. 이 협회는 그러한 활동에 하나의 중앙기관을 창설해 주는 첫 시도일 뿐이었다."[31]는 말은 이러한 의미로 해석되어야 한다.

맑스와 엥겔스는 자신의 정치학을 근대화 과정의 역사성 속에 정초한다. 국제 노동자 협회가 노동계급의 국제적 활동에 하나의

---

30. 같은 책, 268쪽.
31. 같은 책, 381쪽.

중앙기관을 창설하려는 "최초의 역사적 형태"[32]로 이해되었듯이, 국가와 국유화에 대한 전략적 강조도 역사적 필요에 따른 것이었다. 소토지 소유와 수공업으로 다수의 생산활동들이 분산되어 있으며 대공업이라 할지라도 사적 자본가들에 의해 무정부적으로 분할되어 있는 상황에서 인간 해방은 요원한 것으로 바라보았기 때문이다. 맑스와 엥겔스가 속한 시대는 근대가 전근대에 포위되어 있는 시대였다. 근대에서 벗어나는 것으로서의 탈근대의 기획이 전근대의 근대화 없이는 가능하지 않은 시대였다. 이들이 설정한 사회주의라는 이행기가 근대화의 성격을 강하게 부여받고 있는 것, 즉 부르주아 사회의 완성이라는 과제들을 부여받고 있는 것은 이 때문이다.

20세기는 이러한 의미에서 사회주의의 시대였다. 1917년 혁명 이후 동과 서를 막론한 지구상의 많은 지역에서 생산수단의 국유화가 진행되었다. 전근대는 인위적으로 보존되면서 새롭게 창출되고 있긴 하지만 근대를 포위하고 있지는 못하다. 생산수단의 사회적 집중은 이제 맑스가 상상한 수준을 훨씬 더 넘어서까지 진행되었다. 그것은 국민적 집중의 수준이 아니라 전 지구적·인류적 집중을 향해 나아가고 있다. 오늘날 초국적 기업체들은 개별 국가가 수행할 수 있는 수준 이상의 집중을 달성하고 있다. 근대화의 과제는 이미 해결되었다. 그렇기 때문에 근대화의 과제를 혁명의 과제로 설정하는 것은 복고적인 것이다. 오늘날 현대화한 주요한 생산

---

32. 같은 책, 381쪽.

부문들에서 국유화는 이미 생산수단의 사회적 집중의 방책이기보다 그것의 분할과 분산의 방책으로 바뀌었다. 국유화가 지구적 수준에서 사회화된 생산력의 집중과 상충하는 것으로 되었기 때문이다. 20세기 초중반에 놀라운 생산력을 과시했던 국유기업들이 20세기 후반에 이르러 생산력의 현저한 저하를 경험하게 되는 것은, 그리하여 국유산업이 압도적 비중을 차지하고 있었던 사회주의 사회들이 붕괴하게 된 것은 이와 무관하지 않다.

근대화의 완성이란 더 이상 근대의 외부가 없는 시간의 도래를 의미하며 자본관계 외부에 아무 것도 없는 사회의 도래를 의미한다. 이것은, 다르게 말하면, 모든 인간이 노동관계에 포섭된 사회의 도래를 의미한다. 레닌주의적-사회민주주의적 정당은 프롤레타리아를 단일한 이념으로 통일된 계급으로 조직하면서 프롤레타리아가 아닌 계급들에게 프롤레타리아의 의지를 강요하기 위한 수단으로 창출되었다. 프롤레타리아 헤게모니론은 이러한 사상을 직접적으로 표현한다. 그러나 오늘날 모든 인간들이 노동관계에 편입된 탈근대적 사회는 '프롤레타리아가 아닌 계급들에게 프롤레타리아의 의지를 강요'할 필요를 제거한다. 그럼에도 불구하고 프롤레타리아가 자신을 단일한 정당으로 구성할 필요가 남는 것은 아닌가?

프롤레타리아의 연합은 여전히 필요하다.[33] 그러나 이것은 20세

---

33. 자율주의는 사회로부터 분리된 근대적 국가형태를 거부하지만 프롤레타리아의 연합을 위한 정부형태를 거부하지는 않는다. 그러나 그 정부형태는 프롤레타리아의 삶에 내재적인 것, 즉 자기정부이다. 역사적 한계를 갖는 그것의 선례는 코뮨을 통해 주어졌다. 자율은 글자 그대로도 프롤레타리아의 집단적 자기통치를 의미한다.

기 사회주의 운동에서처럼 하나의 이념으로의 통일과 같은 '권위적' 방식을 통해서 이루어질 수 없고 또 그래서도 안 된다. 사회적 생산, 사회적 노동의 발전이 대규모 기계체제의 권위와 전제주의에 인간 전체를 종속시키는 엥겔스적 시대, 산업공장의 시대는 끝났다. 오히려 점점 더 많은 인간들이 자의적으로 혹은 타의에 따라 '노동에서 해방'되고 있는 것이 탈근대의 현실이다. 자기고용 노동자, 불안정 노동자, 실업자 등의 증가는 그것을 보여주는 징후이다. 정보화는 이러한 경향을 가속시킨다. 그것은 인간들 사이의 수평적 소통을 가장 중요한 생산력으로 만듦으로써 권위를 점점 인위적인 것으로 만들고 있다. 산업의 서비스화도 이러한 경향을 가속시킨다. 노동이 점차 타인들의 삶을 돌보는 것으로 됨으로써 권위는 인위적인 것으로 되고 있다. 오늘날의 생산은 점점 더 생산자들 사이의 수평적 협력을 통해, 사랑을 통해 이루어지고 그것들에 의해 추동된다. 권위는 오늘날 생산의 자연적 전제도 사회적 동력도 아니다. 이제 엥겔스가 자치를 부정하기 위해 사용되었던 그 말이 권위를 부정하기 위한 것으로 돌려져야 한다.

권위와 자치는 서로 다른 사회 발전 양상에 따라 그 범위가 서로 다른 상대적인 것들이다. 만약 자치주의자들이 미래의 사회조직은 생산 조건 때문에 불가피한 한도로 권위를 제한하게 될 것이라고 말하는 데에 그친다면 우리는 서로 의견을 맞출 수가 있을 것이다; 그러나 그들은 사태를 필요하게 만드는 모든 사실에 대해 눈을 감고 있으면서도 맹렬하게 그 단어에 대들고 있다.[34]

오늘날은 거꾸로 권위를, 국가를, 계급으로부터 분리된 정당을 혁명의 수단이라고 주장하는 사람들이 '자율'이라는 단어에 대해, "사태를 필요하게 만드는 모든 사실에 대해 눈을 감고 있으면서도 맹렬하게 그 단어에 대들고 있"는 사람들이다. 협력이 프롤레타리아를 서로 연결시키고 있는 시대에 권위를 통해 프롤레타리아를 연결시킬 수 있다고 주장하기 때문이다. 다중들과 그들의 투쟁의 네트워크들은, 권위를 '영구불변의 원리'로 신격화하면서 자신들을 주권의 대상인 민중으로 묶어두려는 권위적 힘들에 저항하면서 자신들을 연결시킬 사랑의 테크놀로지를 발전시켜 나가는 탈근대의 프롤레타리아 정당, 즉 우리 시대 프롤레타리아의 정치형태이다.

이상에서 우리는 현대의 생산조건의 변화가 '권위'와는 다른 새로운 조직화의 원리와 윤리정치를 요구하고 있다는 것을 밝혔다. 이러한 관점에서 근대의 대의민주주의, 척도에 근거한 진보관념의 역사적 한계를 고찰하고, 나아가 다중자율의 잠재력과 가상실효적 덕성(德性)의 정치철학의 가증성을 타진해 보도록 하자.

---

34. 같은 책, 278쪽(강조는 인용자).

13장 대의기계 비판

참여민주주의

2002년 12월 19일 노무현은 권위주의의 부활을 꾀한 이회창을 누르고 대통령에 당선되었다. 그의 당선은 '당의 비민주주의'에 대한 '국민 참여민주주의'의 승리로 이야기된다. 유시민은 이것을 1987년 6월 항쟁의 주체가 행정 권력을 장악한 사건으로 설명한다. 만약 2004년 총선에서 이 세력이 승리하여 의회권력을 장악한다면 6월 항쟁은 낡은 권력 주체가 새로운 권력 주체로 대체되는 하나의 혁명으로 완성된다는 것이 그의 시각이다. 어떤 성격의 혁명 말인가? 민주주의 혁명, 좀더 구체적으로는 참여민주주의 혁명. 한국의 민주주의는 분명히 권위적 독재 정부로서의 군부 정권 이후 '문민정부'와 '국민의 정부'를 거쳐 이제 '국민 참여정부'를 향해 나아가고 있다. 이 과정에서 '국민'은 '통치의 대상'에서 점차 '권력 구성의 주체'로 바뀐다. 국민은 대통령 후보의 선출, 대통령의 선출, 대통령의 행정 행위 등에 각종 경로, 각종 방식을 통해 참여할 수 있게 된다. 지금까지 무시되고 핍박 받아온 다수 대중이 자신의 욕구와 의지를 표현할 수 있게 되는 이 과정이 진보적 과정임은 아마 어느 누구도 부인하기 어려울 것이다.

6월 항쟁은 군부독재에 대항하는 시민들의 항거였다. 그 항거의 여파는 시민들을 국가에 의해 통치되는 대상(피압박 민중)에서 국가로부터 상대적으로 자율적인 시민사회 구성의 주체(시민)로 정립했는데 이제 그들이 점차 국가의 참여적 주체(국민)로 전화되고 있는 것이다. 노무현의 승리는 이 일련의 과정에서 최근의 사건인데 이것을 6월 항쟁의 '혁명적' 완성의 첫걸음이라고 보는 유시민의 시각은 ('혁명적'이라는 말을 '권력적'이라는 뜻으로 이해한다면) 설득력을 갖는다.

2003년 1월 9일 새벽 두산중공업의 노동자이자 조합 대의원이었던 배달호는 파업에 대한 보복으로 자본이 가한 재산 및 월급 가압류 조치에 대한 항의로 그리고 동료들의 징계해고에 대한 규탄으로 온몸에 시너를 끼얹고 분신하여 까맣게 탄 시체로 발견되었다. 이것은 1980년의 광주민중항쟁을 기반으로 1998년에 집권한 김대중 정부 5년의 비참한 결실이다. 1987년 6월 항쟁이 청와대를 접수하여 행정권력화하는 시간에 왜 노동자 배달호는 비참한 자살을 선택해야 했는가? 그의 분신은, 김대중 국민의 정부에서 노동계급의 일부가 비국민으로 배제되었으며 이 배제된 노동자 집단은 노무현 신정부에서도 여전히 참여의 여지를 얻지 못하는 비국민으로 남으리라는 절망적 생각이 뿌리 깊다는 것을 시사한다.

여기서 우리는 1987년 6월과 7~9월의 균열을 본다. 6월의 승리가 7~9월의 죽음을 통해서 달성되었다는 것, 국민 참여민주주의가 노동자를 죽음으로 내모는 신자유주의의 다른 얼굴이라는 것, 권위주의를 청산하는 진보 속에서 이루어진 시민의 국민적 통합이 시민의 다른 일부를 빈곤과 도탄에 빠뜨리는 과정과, 다시 말해 무수한 비시민을 창출하는 배제의 과정과 불가분하게 얽혀 있다는 것을 말이다.

배달호는 유시민의 역사의식의 경계 밖에 있다. 유시민에게서 1987년 6월의 요구는 자신이 모든 것을 바쳐서라도 완성해야 할 과제이지만 1987년의 7~9월의 요구는 남의 일, 예컨대 권영길이나 민주노동당이 풀어야 할 일에 지나지 않는다. 여기서 그가 말하는 시민의 국민화('국민통합')는 한계를 드러내며 설득력을 잃는다. 그의 민주주의는 상대화된다. 그의 말대로 2004년 총선에서 6월 항쟁의 주체가 의회권력을 장악하여 항쟁을 혁명으로 끌어올린다면 그것은 권위적 보수주의자들이 의회를 장악하고 있는 현실로부터의 커다란 진보를 의미할 것이다.[1] 하지만 6월 항쟁의 이 혁명적

---

1. 이 글이 쓰여진 후 치러진 2004년 총선에서 노무현의 열린우리당은 의회에서 압도적 다수 의석을 차지함으로써 6월 항쟁 세력의 권력장악을 완성했다. 하지만 같은 해 4월의 노무현 탄핵에서 11월의 '행정수도 이전 위헌' 판결에 이르는 과정은 6월 항쟁 세력이 아직 사법 권력을 장악하지 못했음을 보여준다. 우리는 여기에, 현대의 권력은 행정-입법-사법을 넘어 언론과 여론의 수준으로 산포되며, 이곳에서 노무현 정부

국민통합이 이러한 상대성 속에서, 7~9월에 대한 배제 속에서 이루어질 수밖에 없다면 그것은 또 다른 혁명을 필요로 하게 될 불구적 혁명으로 남게 될 것이다.

사회민주주의

많은 사람들이 권영길과 민주노동당의 활동에 주목하게 되는 것은 민주당의 노무현과 개혁적 국민정당의 유시민이 이미 드러내고 있는 이 한계에 대한 통찰 때문일 것이다. 권영길은 지난 대선에서 노무현의 당선을 위한 번트 표를 제외하고도 약 100만표에 가까운 득표를 함으로써 참여민주주의에 대한 불만족의 실재성을 드러내었다. 노무현과 유시민의 참여민주주의는 권영길에 의해 신자유주의의 변종으로 비판받았다. 민주노동당의 부유세론은 실현가능한 무기로서보다는 신자유주의가 가난한 자의 배제에 기초하고 있음을 드러내는 비판의 무기로 더 큰 힘을 발휘하였다.

개혁적 국민정당에 의한 1987년 6월의 절대화는 민주노동당이 제기한 1987년 7~9월의 기억만으로 상대화되었다. 집권한 참여민주주의는 이제 (오른 편에서 가해지는 권위주의의 위협 외에) 왼편에서 가해지는 사회민주주의의 도전에 직면하게 되었다. 참여민주주의가 권위주의 청산을 자신의 과제로 설정하는 바로 그 시간

는 좌우 양측으로부터 견디기 힘든 공격을 받고 있다는 사실을 덧붙여야 할 것이다.

에 사회민주주의는 참여민주주의의 신자유주의적 성격을 비판하기 시작한다. 7~9월은 6월을 그림자처럼 따라붙고 있다.

그러나 한 가지 주목해야 할 것이 있다.

노무현과 유시민이 1987년 6월을 참여민주주의적 정치로 수렴한 것에는 후퇴나 굴절이 없다. 1987년 6월의 시민들이 '호헌철폐-직선제 개헌'이라는 자유민주주의 정신 속에서 움직였던 것을 상기할 때 참여민주주의 정치로의 지향은 오히려 직선제를 기초로 하면서도 당시의 자유민주주의 정신을 넘어서는 일정한 전진을 포함하기 때문이다. 참여민주주의 정신 속에서 국민으로 된 시민은 투표할 뿐만 아니라 제안하며 로비할 뿐만 아니라 감시하는 주체로 된다. 1987년 9월 전두환 정권은 노태우를 통해 시민의 요구를 수렴함으로써, 즉 직선제 요구를 받아들임으로써 노동자의 요구를 제어하려 했다. 직선제 개헌의 수용은 아래로부터 솟아오르기 시작한 급진적 요구들을 시민적 요구의 틀 속에서 흡수하기 위한 자본의 전략으로 선택되었다. 1990년대에 시민운동은 자본과의 이러한 협상을 통해 활성화된다. 따라서 1990년대 내내 지속된 민중운동과 시민운동의 분리는 자본의 이러한 분할 정책과 무관하지 않다.

1987년 9월 이후에 전개된 시민운동과 자본의 부분적 타협 속에서 민중운동은 고립되었고 이것이 사회주의권의 도미노식 붕괴의 효과와 결합되면서 민중운동의 고립은 심화되었다. 이것이야말로 노동자들이 1987년에서 1991년까지 비타협적 투쟁을 전개할 수밖에 없었던 조건이기도 했다. 이 비타협적 투쟁의 요구는 주로 '노동해방'이라는 말로 집약되었다.

그렇다면 오늘날 민주노동당의 사회민주주의는 당시의 '노동해방' 요구를 온전히 수렴하거나 혹은 전진시키는 것인가? 그것이 1987년에서 1991년까지 투쟁정신의 직접적 계승 혹은 발전을 포함하는가? 그렇지 않은 것 같다. 7~9월의 요구(더 정확하게는 1987~91년의 요구)는 6월의 요구보다 한층 복잡하고 다양한 것이었다. 그것은 '노동에 의한 해방'의 요구로 해석될 수도 있었고 '노동으로부터의 해방'의 요구로도 해석될 수 있는 것이었다. 당시 많은 지식인들은 이것을 전자로 해석했다. 이러한 해석에 기초하여 노동계급의 국가권력 장악을 통한 국가 민주화(정치혁명)와 이것을 지렛대로 한 사회 민주화(사회혁명)가 그것을 실현할 방법으로 제안되었다.

한국에서 사회민주주의는 1990년대 산업 노동자 비중의 축소, 노동조합 운동의 위축, 소련 사회주의의 붕괴 등을 배경으로 탄생했다. 이것은 역사적 사회주의가 자본주의를 벗어나지 못했다는 사실로부터 자본주의의 궁극적 극복은 불가능하며 국가를 통해 자본주의의 폐해를 통제하는 것만이 가능하다는 결론을 이끌어 냈다. 그것은 '노동으로부터의 해방'은 물론이고 '노동에 의한 해방'의 가능성까지 부정했다. 그 결과 권영길의 사회민주주의는 1987년 7~9월의 계승이되 그것의 굴절된 계승으로 되었다.

이러한 계승은 권영길의 사회민주주의에 하나의 기회를, 자본주의의 위기나 붕괴를 원치 않는 집단이나 계층들로부터 지지를 얻을 수 있는 기회를 제공했다. 서구에서 신자유주의의 위기를 사회민주주의 정당들이 성공적으로 극복하곤 했다는 역사적 사실은 권영길의 사회민주주의가 노동자를 넘어 범계급적 지지를 얻을 수 있는 가능성을 드높였다. 그러나 이것은 권영길의 사회민주주의에 하나의 위기를 제공하기도 한다. 그것은 자본주의의 철폐를 지향하는 노동계급 세력으로부터의 도전이다. 사회민주주의가 자본주의는 물론이고 신자유주의에 대해서도 그것의 폐절보다는 그것의 폐해를 통제하는 데 머무른다는 사실은 근본적 변화를 바라는 사람들로 하여금 사회민주주의와는 다른 새로운 대안을 찾지 않을 수 없도록 만들었다. 제도권에서 이미 사회당의 사회주의가 민주노동당의 사회민주주의를 상대화하는 한편에서 제도권 밖의 많은 세력들이 민주노동당의 사회민주주의와는 다른 방향에서 '노동해방'의 가능성을 찾음으로써—평의회 운동이나 자율운동 등은 그러한 모색의 일부이다—민주노동당은 (자신의 지지기반이었던) 좀더 전투적인 노동자들 및 자율적인 다중들의 지지를 상실할 위험을 안고 있다.

참여민주주의 및 사회민주주의의 힘과 한계

　시민운동의 참여민주주의와 민중운동의 사회민주주의는 이렇게 서로 다른 발전 경로를 밟고 있으면서도 실제로는 많은 공통점을 갖는다.
　첫째로 이 양자는 아래로부터의 힘들이 국가를 통해 결집될 수 있다고 보는 점에서 공통적이다. 참여민주주의와 사회민주주의는 똑같이 '국민통합'을 지향한다. 운동의 국가화와 권력화는 이 양자의 공통된 의지이다. 전자는 시민운동의 국가화를, 후자는 민중운동의 국가화를 전략적 목표로 설정하고 있다. 노무현의 당선으로 시민운동은 이미 국가권력 속으로 진입했으며 민중운동은 빠른 속도로 국가권력에 가까이 다가가고 있다.

둘째로 이 양자는 1987년 이전의 민주화 운동이 지향해 온 자유민주주의(이른바 '양김'의 민주주의)를 넘어서려는 의지를 담고 있다. 자유민주주의는 민주주의를 상층의 민주주의로만, 행정-입법-사법의 민주주의로만, 제도의 민주주의로만 사고한 반면 1987년에서 분기한 두 조류인 참여민주주의와 사회민주주의는 민주주의를 제도권을 넘어 비제도권으로 확장시킨다는 데 그 특이성이 있다. 참여민주주의는 비제도권의 힘들이 국가를 포함하는 주요한 사회 제도들에 참여하는 것을 통해 제도 및 사회의 민주화가 이루어질 수 있다고 보며, 사회민주주의는 민주노동당이 국가권력을 장악하여 자본과 노동 사이를 매개함으로써 사회의 민주화가 이루어질 수 있다고 본다.

국가가 지난날 재벌들, 군부 엘리트들, 권력지향적 지식인들에 의해 장악되어 왔던 것을 생각하면 시민운동이나 민중운동의 국가권력 장악은 분명히 하나의 진보를 의미할 것이다. 그것은 지금까지 정치의 대상으로 되어 왔던 피억압자들이 권력의 주체로 되는 것을 의미하기 때문이다. 시민운동과 민중운동이 권력의 주체가 된다면 그것은 계급간의 화해할 수 없는 적대를 내포한 상태에서 내걸리곤 했던, 그래서 단지 허울에 불과했던 권위주의적 '국민통합'과는 다른 국민통합을 가능케 할지 모른다. 국민 내부의 적대가 줄어들면 그럴수록 '국민통합'이 실질적인 것으로 될 가능성은 높아질 것이다.

사회를 민주화하기 위한 참여민주주의와 사회민주주의의 원리들, 즉 참여와 협상의 원리는 국민통합을 한층 더 실질적인 것으로 만들 수 있을 것이다. 사회의 다양한 구성원들이 자신의 욕구와 지향을 적극적으로 표현할 통로와 방법이 많아질수록 국민 내부의 다양성이 증대되어 마치 사회의 균열이 증대되는 것처럼 보일 수도 있겠지만 협상의 원리를 통해 그 차이와 다양성이 중재될 수 있다면 통합의 효과는 그만큼 증폭될 수 있을 것이다. 만약 한국에서 국민통합이 이렇게 상향적으로 실질화한다면 지금까지 한국의 국가권력이 불가피한 것으로 받아들여온 미국에의 종속은 불필요한 것으로 될 것이다. 대외종속은 외부로부터의 억압 외에 내적 필요를 갖고 있었는데, 그것은 사회가 적대적으로 균열되어 국민통합이 극히 취약한 현실에서 권력 자원을 해외에서 빌려 와야 했던 한국 지배계급의 취약성에서 주어지고 있었기 때문이다. 이제 이렇게 남한에서 국민통합이 실질화한다면 그것은 민족자주의 요구를 전 한반도적 수준에서 실질적인 것으로 만들 가능성을 높일 것이다. 왜냐하면 북한이 이루어온 하향적 국민통합이 민족자주를 민중의 삶의 요구와 분리된 통치 이데올로기로, 추상적이고 경직된 이데올로기로 만들어 놓은 상태에서 남한에서 상향식 국민통합이 이루어진다면 그것은 민족자주에 대한 새롭고 실질적인 대안을 제시함으로써 북한의 민주화를 자극하고 이를 통해 궁극적으로 전 한반도적 국민통합의 가능성을 높일 수 있을 것이기 때문이다.

1987년 이후 이 과정은 우여곡절 속에서이지만 꾸준히 진행되어 왔다. 산업 노동자들이 구축했던 노동조합 조직은 사무직 노동자들과 지식인 노동자들에게까지 확산되었으며 시민들은 생태, 인권, 성별, 주민 등 각 영역에 걸쳐 NGO들을 구축함으로써 참여와 협상의 힘을 축적해 왔다. 이 과정에서 군부, 정당과 같은 전통적 권력조직의 힘은 약화되었다. 그 대신 일방성 대중언론의 권력적 역할이 증대되었으나 이것마저도 인터넷을 무대로 한 아래로부터의 쌍방 소통 활동의 증식에 의해 침식되었다. 2002년의 선거는 조선일보, 중앙일보, 동아일보로 대표되는 전통적 언론매체의 보수적 영향력이 인터넷의 민주적 활력에 의해 무력화되고 극복되는 극적인 전복의 사례를 보여준다. 이것은 2002년 월드컵을 계기로 터져 나온 '붉은 악마'의 자발적 참여의 활력에서 이미 예고된 것이며 두 여중생(미선과 효순)의 죽음을 추모하면서 자주와 반전평화의 의지를 다지는 촛불시위의 확산을 통해 재확인된 것이다. 이것들은 권위주의의 불가능성을 천명하면서 1987년에 거리에서 제기되었던 요구들을 국가의 프로그램으로 확정하도록 압박했다.

그렇지만 이것은 너무 낙관적인 그림은 아닌가?

앞에서 우리는 이미 배달호의 죽음이 갖는 의미에 대해 언급했다. 그것은 참여민주주의의 시야 바깥에 놓이는 것이었다. 참여민주주의가 만인의 참여를 보장하는 것이 아니라 참여의 능력을 가진 사람들의 참여만을 보장한다는 것, 참여에 너무나 분명한 경계가 있다는 것은 명백하다. 참여민주주의의 권력은 참여자의 권력이며 권력의 배분은 참여의 능력에 따라 이루어진다. 자본주의하에서 참여의 능력은 불평등하다. 재산이 불평등하며 지식이 불평등하고 연고관계가 불평등하다. 권위주의는 적은 자원을 가진 사람들의 정치적 참여를 봉쇄함으로써 경제적 수준에서 출현한 계급간 개인간 불평등을 정치적 수준에서 더욱 심화시켰다. 이에 비해 참여민주주의는 적은 자원을 가진 사람이라도 자신을 정치적으로 표현할 수 있는 기회를 제공함으로써 정치적 수준에서의 민주화를 촉진하지만 경제적 불평등 그 자체를 제거하는 것은 아니며 그래서 참여의 능력을 균등하게 하는 것도 아니다. 선거에서의 1인 1표가 참여의 평등성을 보장하는 것은 결코 아니다. 눈에 보이지 않는 주요한 참여 형태인 로비는, 조직되어 있지 않거나 재력이 없는 사람들을 정치에서 배제하며 또 다른 참여 형태인 여론형성에의 참여도 한 사회의 주요 지적 생산수단들(신문, 방송, 학교, 교회 등)이 재산소유자에게 편중되어 있는 현실에서는 공정성을 갖기 어렵다. 참여민주주의는 현존 부르주아 사회의 근저에서 작동하고 있는 배제 메커니즘을 문제 삼지 않으며 그 메커니즘 속에서의 항구적인 권력 재분배를 추구하고 있을 뿐이다.

그러면 우리는 사회민주주의가 참여민주주의의 이 한계를 극복할 수 있으리라고 기대해도 좋을 것인가? 확실히 사회민주주의는 참여민주주의가 경시하는 경제적 불평등의 해소에 강한 관심을 갖는다. 노동자와 민중의 조직화와 투쟁을 통해 자본의 일방적 힘의 우위를 약화시키고 이로써 계급들의 힘의 균형을 달성하는 것이 사회민주주의의 목표이다. 이런 조건하에서 한 사회가 생산하는 잉여가치가 일방적으로 자본의 몫으로 돌아가게 하지 않고 생산자에게도 분배될 수 있도록 제도화한다면 이것은 참여능력의 불평등을 상당 정도로 완화할 수 있을 것이다. 이런 의미에서 사회민주주의는 참여민주주의를 좀더 실질적인 것으로 만들 수 있는 조건이며 참여민주주의는 사회민주주의를 활성화할 수 있는 방법이라고 말할 수 있다. 양자는 이렇듯 대립적인 것이 아니라 상보적인 것이다. 민주노동당의 지지자들이 노무현에게 투표를 하고 노무현이 민주노동당의 분투를 격려하게 되는 것은 이와 무관하지 않다.

그러나 역사는 사회민주주의로도 (혹은 참여민주주의와 사회민주주의의 협력으로도) 인구의 특수한 집단을 민주주의로부터 제외시키는 배제의 메커니즘을 제거할 수 없음을 보여준다. 서구의 전후 역사는 이것의 생생한 사례이다. 전후 복지국가는 실업자를 양산하고 여성, 학생, 이민 등을 주변화시킴으로써만 가동되는 체제였다. 1968년의 혁명은 이 주변화된 집단의 항거를 표현한다.

왜 참여와 협상이 배제와 주변화를 제거할 수 없었던 것일까? 전후 세계에서 자본주의적 경쟁은 국가간 경쟁으로 나타났다. 이런 조건하에서 잉여가치의 분배와 참여능력의 균등화를 달성하기 위해서는 더 많은 이윤을 확보해야 했고 이를 위해서 더 많은 자본을 기계화에 투여해야 했다. 생산수단에 더 많은 투자가 이루어지면서 실업자와 불안정 노동자는 양산되었고 국가의 재정부담은 커져 갔다. 이로 인한 재정위기를 겪으면서 복지국가는 점차 복지의 수혜대상과 폭을 줄여 나갔고 이 강화되는 배제 메커니즘으로 인해 사회 보장에서 제외되는 일군의 배제 집단이 형성, 발전했던 것이다.

우리가 지금 겪고 있는 자본의 지구화는 복지국가하에서 노동조합으로 결집해 있는 산업 노동자 집단의 '경직성'과 배제 집단의 혁명성을 피해 조직력과 투쟁력이 상대적으로 약한 지역으로 이윤을 찾아 자본이 이동하는 현상에 다름 아니다. 이 초국적 금융자본들은 현지의 노동계급을 보호할 수 있는 국가의 능력을 해체시킨다. 한국은 1997년에 이미 IMF로 대변되는 지구화하는 금융자본의 통제를 경험한 바 있고 현재의 제도 질서는 그 영향하에서 구축된 것이다. 즉 한국의 제도 질서는 심각하게 신자유주의적인 것으로 편제되어 있다.

이런 조건하에서 참여민주주의와 사회민주주의의 역할은 제한될 수밖에 없으며 배제의 메커니즘은 종식될 수 없다. 참여민주주의와 사회민주주의는 최선의 경우라 할지라도 신자유주의의 하위 변수로서 그것의 폐해를 완화시키는 역할에 자신을 국한할 수밖에 없도록 내몰린다. 사회민주주의가 확대하고자 하는 '분배'가 잉여가치의 분배인 한에서 그것은 자본가 외에 노동자의 특수층 혹은 특수집단에게만 주어지는 특혜의 성격을 갖게 되며 참여민주주의의 참여 원리는 우리가 오늘날 생산현장에서의 팀제나 정치현장에서의 제안제에서 보듯이 이윤을 위한 참여로 되도록 강제된다. 영국에서 시작되어 많은 나라들로 확산된 '제3의 길'은 우리에게 참여민주주의와 사회민주주의의 독특한 결합을, 그리고 그것의 가상실효를 이미 보여주었다. 이 '대안적' 길에서 민주주의들은 신자유주의를 극복하고 대체하는 것이 아니라 그것을 효율적으로 관철시키며 그것이 낳는 적대를 완화하는 기제에 지나지 않았다.

참여와 분배 원리의 발생적 토대

이렇게 신자유주의는 자유의 원리를 시장 자유로, 착취와 축적의 자유로 전환시킬 뿐만 아니라 참여와 분배를 전 지구적 착취 메커니즘의 부품으로 전락시킨다. 이것은 자유, 참여, 분배의 정치적 무가치함을 의미하는 것인가? 이 문제에 대해 답하기 위해 이 정치적 이념들을 활성화하는 생산영역에서의 변화가 무엇인지 살펴보도록 하자.

오늘날 부의 생산은 더 많은 정보기술의 채택에 의해 특징지워진다. 생산은 빠르게 컴퓨터화하고 있으며 여러 생산과정들이 네트워크로 연결되고 있다. 이것은 산업경제에서 정보경제로의 이행으로, 근대적 생산에서 탈근대적 생산으로의 이행으로 설명된다. 이 과정에서 생산자들의 지성과 상호 소통이 가장 중요한 생산력으로 부각되었다. 생산이 생산자들의 지성의 소통과 조직화에 의거하게 된 것이다.

구상과 실행의 분리는 더 이상 효율적이지 않다. 생산과정의 컴퓨터화는 구상과 실행의 결합을 촉진한다. 지금까지 실행에 묶여 있었던 생산자들은 더 많이 구상, 제안, 실험에 참여하기를 원한다.

생산과정의 네트워크화는 생산을 탈영토화시켜 어떤 고정된 물리적 중심에 생산자를 묶어두지 않으며 분산된 장소에서 이루어진 생산들의 아상블라쥬(assemblage)를 가능케 한다. 생산활동은 더 많은 자유 속에서 훨씬 더 풍부하게 된다.

탈근대적 생산은 사용한 만큼 소모되는 물질적 생산물보다는 사용하면 할수록 그 가치가 증식되는 비물질적 생산물을 생산한다. 예컨대 지식은 소모되는 것이 아니라 사용할수록 가치가 늘어난다. 이러한 현상은 분배를 유한한 것의 분배가 아니라 무한한 것의 분배로 만들며 소비적 분배가 아니라 증식적 분배로 만든다.

이처럼 자유, 참여, 분배는 탈근대적 생산과정 속에서 드러나는 중요한 특징들이며 생산적 가치들이다. 민주주의는 '다중이 자신의 삶을 스스로 결정하고 운영하는 것'을 의미한다. 탈근대적 생산과정은 민주주의의 이 실질적 정의를 실현할 수 있는 주체성이 탄생하고 있음을 암시한다. 어떤 의미에서 신자유주의, 참여민주주의, 사회민주주의는 이 생산적 범주들을 정치적 범주로 전용하기 위한 노력들에 속한다. 오늘날 제3의 길은 신자유주의를 중심으로 참여민주주의와 사회민주주의를 결합함으로써 마치 이 세 가지 가치를 가장 완전하게 구현하는 듯이 보인다. 신자유주의는 국가를 초국적 금융자본들, 초국적 정치기구들, 초국적 무역기구들, 초국적 군사기구들로 구성된 제국의 마디로 편성하면서 제국의 명령을 국가에 전달하고, 참여민주주의는 탈영토적 생산자들로 하여금 현대적 국가구성의 주체로 만들며 사회민주주의는 생산자들을 소비자로 전환시켜 생산된 이윤의 실현을 효과적으로 달성할 것이기 때문이다.

그러나 이것은 얼마나 간교한 정치인가? 그것은 제국의 군주적 명령을 국가들, 기업들, 의회들, 그리고 NGO들을 매개로 달성하는 새로운 정치형태가 아닌가. 제국의 명령을 관철시키는 정치적 기능자로 된 '제3의 길' 속에서 자유, 참여, 분배의 원리는 세계시장의 심부름꾼으로 배치된다.

왜 이런 결과가 나타나는가? 왜 현대의 생산 속에서 탄생하는 생산자들의 적극적 능력, 그들의 능동적 의지, 그들의 절실한 필요가 이렇게 다중의 지성과 소통과 감성력에 대한 착취의 원리로 역전되는가?

이 역전은 정치과정에 내재하는 또 다른 원리에 의해 체계적으로 수행된다. 그것은 재현, 즉 대의의 원리이다. 생산과정에서 구상과 실행의 분리라는 재현적 과정이 약화되었음에도 불구하고 정치과정은 여전히 대의, 대표에 의해 진행된다. 참여에 대한 강조는 대부분 대의과정에의 참여를 의미한다.[2] 운동정치와 제도정치의 변증법[3]도 제도적 대의과정을 효율적인 것으로 만드는 것을 목표로 한다. 사회민주주의는 조직된 노동자 집단의 이익을 정치적 대의영역에 투영하는 것을 목표로 한다. 오늘날 자유, 참여, 분배가 갖는 긍정적 가치의 역전은 그것이 대의제를 거쳐서 표현됨으로써 나타나는 효과이다. 대의제는, 거울이 그러하듯이, 그것이 통과시

---

2. 최장집, 『민주화 이후의 민주주의』, 후마니타스, 2002 참조.
3. 조희연, 『한국의 국가·민주주의·정치변동』, 당대, 1998 참조.

키는 모든 것을 물구나무 세운다. 대의민주주의 속에서 다중의 자기결정력은 교살된다.

한 가지 더 주목해야 할 것은 오늘날 대의제가 취하는 새로운 형태이다. 오늘날 정치적 대의제는 더욱더 스펙터클화하고 있다. 스펙터클화는 대의제가 갖고 있었던 모사의 기능, 즉 대상 의존성의 폐기를 의미한다. 스펙터클은 자신이 모사할 것을 스스로 만들어낸다. 오늘날의 민주주의는 여론조사에 입각하는 여론의 정치이다. 매스 미디어는 여론을 조사하는 데 분주하지만 그 여론은 조사 이전에 자신이 만들어내어 대중들 속에 구성해 놓은 바로 그 여론이다. 스펙터클의 사회는 자유와 참여의 공간을 확장하는 것처럼 보인다. 그러나 그것은 '텔레비전 앞에서 전화로 하는' 개별화된 개인들의 자유와 참여, 그리고 권리분배이다. 이렇게 스펙터클화된 사회에서 화면에 재현되지 않는 것은 존재하지 않는 것이다. 주류 매체들은 이 재현의 권력을 독점함으로써 자유와 참여와 분배에 울타리를 치고 이를 통해 배제를 체계화한다. 스펙터클적 대의제, 매스 미디어 권력은 민주주의의 철저한 부정이다.

절대적 민주주의

멕시코의 사빠띠스따들이 복면을 쓴 것은 바로 제국의 스펙터클의 이 '보이지 않게 하기', '화면에서 감추기'에 대한 도전이다. 이들은 역설적이게도 자신들의 얼굴을 가림으로써, 아니 자신들의 가려진 얼굴들을 집단적으로 드러냄으로써 비로소 이 세계에 원주민들이 존재하고 있음을 알릴 수 있었다. 사빠띠스따들은 지금까지의 대의적, 간접적 민주주의가 자신들을 추방하고 죽음으로 내모는 상대적이고 제한적인 민주주의였음을 드러내기 위해 제국의 지역적 얼굴인 NAFTA와 그것의 국가적 마디의 하나인 멕시코 정부에 대항하여 선전포고를 하지 않을 수 없었다. 지금까지 10년을 넘어선 투쟁을 통해 그들이 주장한 단 한 가지는 멕시코 치아빠스 원주민들의 자치, 원주민들의 직접적 민주주의, 원주민들의 사회적·정치적 공동체에 대한 보장이었다.

이것을 위해 사빠띠스따들이 멕시코 정부뿐만 아니라 전 세계의 신자유주의, 즉 제국과 대항하지 않으면 안 되었다는 것은 의미심장하다. 신자유주의는 자유, 참여, 분배(평등)를 이윤 추구의 원리로 전환시키는 체제이다. 참여민주주의와 사회민주주의가 신자유주의 속에서 자신의 이상들의 전도를 경험하는 것은 이 때문이다. 지구화는 국경을 배경으로 구축되어 온 낡은 권위주의를 약화시킴으로써 민주주의의 조건들을 조성하지만 이 조건들은 다시 지구적 이윤축적 기계의 부품으로 재배치된다. 현실적으로 전개되는 것은 빈부격차의 심화, 노동에 대한 새로운 분할(인종적 성적 분할), 기근이나 군사력을 통한 특정 지역 주민에 대한 잔인한 억압이다. 이것은 시민과 민중의 이질적 총체인 다중이 스스로 자신의 삶을 결정하고 운영할 능력을 박탈한다. 지구화가 민주주의에 적대적인 이유는 바로 여기에 있다.

그렇다면 우리는 지구화를 피하여 다시 국가나 지역으로 돌아가는 것에서 대안을 찾아야 하는가? 결코 그렇지 않다. 우리는 지구화가 노동계급의 탈민족국가적 투쟁의 경제적·정치적 흡수로서 등장했음을 잊지 말아야 한다. 우리가 주목해야 하는 것은 지구화의 정치와 생산의 지구화 사이의 탈구(脫臼)이다. 점차 스펙터클화하는 지구화의 정치는 생산의 지구화 즉 지구적 생산 공동체에서 더욱 멀리 분리된다. 신자유주의 정치는 핵과 돈과 군사경찰을 무기로 절대적 권력을 구축하지만 그 권력이 절대적인 정도만큼 인류의 생산활동에서 분리된다. 지구화의 정치, 즉 신자유주의는 생산의 지구화를 제국의 동력으로 동여매는 마구(馬具)로서 기능하지만 지구상의 곳곳에서는 이 양자의 탈구가 진행되고 있는 것이다.

이 탈구의 힘은 어디서 나오는가? 우리는 여기서 그 활력이 다양한 생산활동 속에서, 정치의 지평 아래에서 전개되는 삶의 지평에서 나온다고 말할 수 있다. 이제 다중은 제국에서 독립적으로 즉 자율적으로 삶을 생산한다. 생산은 전례 없이 자율적이면서 동시에 협동적이다. 커뮤니케이션, 네트워크, 잡종화 등에서 보이는 협동성이 현대의 생산이 띠는 핵심적인 특징이다. 현대의 노동은 제국이 명령의 주체로 전화하는 만큼 협동과 소통의 새로운 주체성으로 전화한다.

이 잠재적 주체성을 현실화하기 위해 필요한 것은 자유, 참여, 평등을 신자유주의적 명령이 아니라 다중의 협동과 소통의 공동체에 연결시키는 것이다. 제국의 명령으로부터의 분리, 민주주의를 대의 메커니즘의 거울회로에서 분리시켜 다중의 소통과 협동을 촉진시킬 절대적 민주주의로 전환시키는 것이 필요하다. 민주주의를 핵과 돈과 정보를 수단으로 하는 제국의 명령체계에 대한 종속으로부터 분리시켜 다중의 활력들의 자기가치화, 자기조직화, 자기의식화라는 절대의 지평으로, 다시 말해 절대적 민주주의로 전환시키는 것이 필요하다.

오늘날 시민운동의 참여민주주의와 민중운동의 사회민주주의가 취하는 대의민주주의적 한계에 대한 각성과 비판으로부터 평의회민주주의가 모색되고 다중 자율주의가 검토되는 것은 이러한 필요를 충족시키기 위한 노력의 일환으로 볼 수 있다. 직접적인 혹은 더 나아가 절대적인 다중의 자기규율에 대한 이 진지한 모색은 인간의 정치적 해방이자 사회적 해방인 (비)정치를 지향한다. 이것들은, 인간의 사회적 힘이 더 이상 자신으로부터 분리된 힘의 형태로, (민족국가나 오늘날의 제국과 같은) 정치적 힘의 형태로 나타나지 않는, 삶 내재성에 대한 추구를 드러내고 있다. 이것들이 오늘날의 탈근대적 조건 속에서 현존하는 모순을 타파하는 현실적 운동들에 대한 탐구를 통해 풍부해짐으로써, 대의민주주의의 실질적 대안이 무엇인지를 제시할 것으로 보인다.

14장 우리 시대의 진보

진보로서의 역사

  '인류는 끊임없이 점점 더 낮고 더 높은 상태를 향해 나아간다'
는 진보의 믿음이 오늘날처럼 거대한 도전에 직면한 시대가 또 있
었을까? 20세기에 진보의 속도를 놓고 미국과 경합해 온 소련의
사회주의는 민중의 저항에 부딪혀 붕괴하면서 자신의 강제 노동수
용소적 실상을 드러냈다. 그 이후 세계의 진보를 대표하는 짐을 짊
어진 미국은 불과 십수 년 사이에 네 차례의 전쟁(1991년의 걸프
전, 1998년의 발칸전, 2001년의 아프가니스탄전, 그리고 2003년의
이라크전)을 주도함으로써 자신의 진보성의 유지가 전쟁에 의존하
고 있음을 드러냈다. 우리가 목격한 최근의 전쟁에서 미국이 과시

한 진보의 힘은 이라크 민중들의 몸, 건물, 도로, 토지, 물, 대기, 문화유산, 사회관계 등을 파괴할 수 있는 그것의 탁월한 능력이었다. 한반도의 두 배가 되는 지역을 단 3주 만에 초토화하여 사람들의 비명, 아우성, 신음이 넘치는 곳으로 만드는 능력이 미국의 진보의 힘의 실상이었다. 기계화, 정보화, 자동화를 통해 지난 수 세기 동안 이루어진 발전된 과학기술은 어머니폭탄(MOB), 집속탄, 스마트 폭탄 등의 대량살상무기에 집약되어 바스라, 모술 등지의 유정을 강탈하고 민중들의 저항을 억눌러 '무덤의 평화'를 조성하는 일에 사용되었다.

자유, 민주주의, 정의, 인권을 구두선처럼 외쳐온 미국이 무엇을 위해 반민주적이며 인권 침해적이며 정의롭지 못한 전쟁에 나선 것일까? 부시와 그 측근들은 대량살상무기 제거, 후세인 제거, 이라크 해방 등 강탈 전쟁의 다양한 명분을 내세워 왔지만 그 어느 것도 세계시민들을 납득시키지 못했을 뿐만 아니라 심지어는 그들 자신마저 납득시키지 못했다. 이 점은, 전황에 따라 명분이 바뀌었고 전쟁에서의 승리가 선언된 지금에도 그 목표 중의 어느 하나도 완전히 달성되지 못했다는 점에 의해 입증된다. 그들이 달성한 것은 명분과는 다른 것, 에너지 흐름의 통제권 장악, 점점 유럽 쪽으로 이동해 가던 중동에 대한 정치적·경제적 영향력의 재장악, 그리고 새로운 세계질서에서의 패권의 강화였다.

그러나 의문은 남는다. 도대체 왜 '세계최강의 강대국'이라고 불리는 미국이 합법적 방법 대신 불법적인 방법을 썼던 것일까? 미국이 유엔을 통한 어떤 국제적 합의도 거두지 못한 상태에서 '강탈을 위한 전쟁'이라는 범죄적 행동에 나서게 된 이유는 무엇일까? 우리가 생각할 수 있는 여러 이유들 중 가장 근본적인 이유는 1999년을 전후한 신경제의 붕괴 이후 미국과 전 세계가 직면해 있는 신자유주의적 경제위기에 있다. 신경제의 붕괴는 정보기술 산업의 가치 창출 능력의 위기를 말해 줄 뿐만 아니라 금리수취가 제일의 목적인 금융산업의 위기를 말해 준다. 1997년 아시아 경제위기 이후 러시아, 아르헨티나 등에서 출현한 디폴트(default; 채무불이행) 시도들은 대출금리에 의존해 온 신자유주의적 방식의 축적에 암운을 드리웠다. 이것은 자본으로 하여금 새로운 형태의 축적양식을 창출할 것을 강제하는 것이었다. 클린턴을 대신하여 부시 2세가 떠맡은 정치적 과제가 이것이다. 그러나 그는 굴뚝산업으로의 회귀라는 낡은 방법 외에 어떤 대안도 갖고 있지 않았고 이것이 굴뚝산업의 어머니인 석유 에너지를 통제하기 위한 전략을 매우 긴급한 것으로 만든 이유이다.[1]

　그러나 석유채굴은 새로운 산업의 개척이 아니다. 그것은 이미 산유국들의 핵심 산업으로 정착되어 있는 것이다. 미국이 개발이 아니라 강탈의 방법을 사용할 수밖에 없었던 것은 이러한 조건과 무관하지 않다. 그러면 이것은 현대 자본주의에 대해 무엇을 말해 주는가? 등가교환을 포함하는 고전적 착취에서 어떤 등가교환도

---

1. 딕 체니 부통령이 위원장을 맡고 국무, 에너지, 통상 등 7개 부처 장관과 6개 기관장이 참여한 국가에너지정책개발 그룹(NEPDG)이 발간하여 2001년 5월 16일 대통령에게 보고한 국가에너지 정책(NEP) 보고서 참조. 김재두, 「'국가에너지정책 보고서'를 통해 본 미국의 '속셈'」, 『오마이뉴스』, 2003년 4월 23일,(http://www.ohmynews.com/articleView/article_view.asp?menu=10400&no=108189&rel_no=1) 참조.

포함하지 않는 투기적 절취로의 이행을 의미했던 현대의 신자유주의적 경제가, 이제 폭력을 사용한 강탈 경제로 급속히 이행하고 있다는 점이다. 미국이 제안하고 주도하는 '테러에 대항하는 영구 전쟁'은 이 강탈 경제로의 이행을 알리는 암구호이다. 경제와 정치 사이의 경계가 허물어진 지 오래 되지 않아서 이제 정치와 전쟁, 경제와 전쟁 사이의 경계도 허물어 졌다. 그래서 이라크 전쟁은 우리에게, '지금도 기술과 경제의 발전이 가능하다면 그것은 폭력에 의존해서만 가능하다'는 것을 시사한다. 직접적 폭력에 의한 수탈(원시적 축적과 형식적 포섭의 시기)에서 권력에 의한 착취(실제적 포섭의 시기)로 발전해 온 진보는 이제 다시 폭력의 효과로 전화된다. 20세기의 나찌즘과 강제수용소는 20세기 말에 이루어진 이 폭력 경제, 전쟁 경제로의 역이행에서 보면 하나의 막간극에 지나지 않았다.

'테러에 대항하는 전쟁'의 영구화는 게토(Ghetto)와 굴락(Gullak)을 지구 전체에 확산시킨다. 이렇게 지금까지 인류가 진보한다는 신념을 뒷받침해 온 두 가지 기둥, 즉 기술 진보와 경제 진보는 실제로는 파괴력과 강탈력의 거대한 진보로 귀결되고 있으며 이제 바로 이 파괴적 폭력 형태들에 의존해서만 발전될 수 있는 것으로 되고 있다. 그렇다면 이 현상은 지금까지의 '진보하는 인류'라는 믿음에 어떤 영향을 미치는가? 진보는 퇴보이다, 그러므로 진보는 없다, 오히려 인류는 퇴보한다는 역전된 믿음이 나타난다. 비관주의와 허무주의 그리고 냉소주의가 확산된다.

구원으로서의 역사

사회주의가 붕괴하기 오래 전에, 그리고 진보로서의 역사 전체
에 대한 현재의 이러한 실천적 자기회의가 있기 이미 오래 전에 벤
야민은 인류가 진보한다는 관념에 대한 유언적 비판을 제시한 바
있다.[2] 「역사철학 테제」(1940)로 알려진 그 글에서 벤야민은 "우리
가 지금 체험하고 있는 일들(독일의 유태인 억압과 학살을 지칭한
다 –인용자)이 20세기에 들어선 오늘날에도 (여전히) 가능할 수 있
다는 놀라움"으로부터 '진보로서의 역사'라는 역사관이 더 이상 지
탱될 수 없다는 생각을 이끌어 낸다. 그는, "파시즘이 승산이 있는
이유 중의 하나는, 그 반대자들이 '진보'라는 이름을 하나의 역사
적 규범으로 삼아 이를 들고 파시즘에 맞서고 있다는 사실"이며,
파시즘에 대한 투쟁에서 억눌린 자들의 입장을 개선하기 위해서는
이러한 역사관에서 벗어나야 한다고 말한다.[3] 세차게 부는 '진보의
폭풍'이, 새로운 천사가 자신의 펼친 날개를 꼼짝달싹 못하게 할
정도로 세차게 불어 오직 파국만이 내다보일 뿐인 역사의 잔해 더
미를 그의 앞에 쌓고 있다는 것이 그의 시대인식이다.

파시즘과 사회(민주)주의가 공유하고 있는 것으로 그가 비판하

---

2. 사회주의 붕괴 속에서 나타나는 진보 이념의 종말에 대해서는 조정환, 「'사회주의적
   발전' 대안의 종말과 그 너머」, 『21세기 스파르타쿠스』, 갈무리, 2002, 39~56쪽, 그
   리고 신자유주의적 진보 이념의 종말에 대한 예상으로는 조정환, 「제국의 석양은 시
   작되는가」, 『제국의 석양, 촛불의 시간』, 갈무리, 2003, 69~74쪽 참조.
3. 발터 벤야민, 『발터 벤야민의 문예이론』, 반성완 옮김, 문학과 지성사, 1983, 347~
   348쪽.

는, '진보에 대한 고집스러운 믿음'의 내용은 무엇인가?

벤야민은 우선, 이 역사관이 갖고 있는 노동 개념의 문제점을 비판한다. 진보로서의 역사관은 몇 가지 구성요소를 갖고 있다. 첫째 '공짜로 거기에 존재하는 자연'과 '자연 정복으로서의 진보'라는 인간주의적 자연관. 둘째 '노동이 모든 부와 문화의 원천'이라는 프로테스탄트적 노동윤리의 재생(고타강령). 셋째 '기술의 발달과정 속에 들어 있는 공장노동이 하나의 정치적 과업을 수행하리라는 기술주의적 환상'. 이 세 가지 요소들이 결합하여 노동은 '프롤레타리아에 대한 착취'와 결코 모순되지 않는 '자연에 대한 착취'로 귀결된다는 것이 그의 생각이다. 벤야민은 '자신의 노동력 외에는 아무 것도 가진 것이 없는 인간은 소유주가 된 다른 인간들의 노예가 될 수밖에 없을 것'이라고 한 맑스의 생각과 노동에 대한 이러한 실증주의적이고 정복주의적인 개념은 양립할 수 없다고 비판한다.

또 벤야민은 진보의 역사관이 갖고 있는 시간 개념을 비판한다. 그 비판은 "인류의 역사적 진보라는 개념은, 동질적이고 공허한 시간을 관통하는 역사적 발전과정이라는 개념과 분리시켜 생각할 수 없다"[4]는 한 문장으로 요약된다. 인류 자체의 진보, 완결되지 않은 진보, 끊임없이 발전하는 진보라는 세 가지 교조적 개념에 의해 이끌리는 진보의 역사관은 다가올 미래에 모든 것을 위임하고 '보편적 인류'를 역사 발전과 인식의 주체로 내세움으로써 '짓밟히고 억

---

4. 같은 책, 352쪽.

눌린 선조들의 이미지', '증오와 희생정신', '억압받고 또 복수하는 최후의 계급', 요컨대 '투쟁하는 피지배계급 자신'을 역사관 속에서 추방한다는 것이다. 이것이 바로 '동질적이고 공허한 시간' 개념의 실체이다.

'노동계급'보다 '피지배계급'을, '노동하는 인간'보다 '투쟁하는 인간'을 역사의 주체로 정의하기 위한 벤야민의 이러한 노력은 자본주의의 일직선적 진보의 역사관은 물론이고 사회주의의 나선형적 진보의 개념이 설자리까지도 허무는 놀라운 힘을 갖는다. 그의 비판은 진보로서의 역사 개념의 파국들, 사회주의의 종말뿐만 아니라 자본주의의 종말에 대한 예상까지를 포함하고 있다.

그렇다면 그가 진보로서의 역사를 비판하는 입지점 혹은 그의 대안적 역사 개념은 무엇인가? 그의 제14테제는 이것을 제시하기 위한 적극적 시도이다.

역사는 어떤 구성이나 구조물의 대상인데, 이 구조물이 설 장소를 형성하고 있는 것은 동질적이고 공허한 시간이 아니라 <현재시간>(Jetztzeit)에 의해 충만된 시간이다. 그래서 로베스피에르에게는 고대의 로마는 현재시간에 의해 충전되어진 과거였다. 프랑스혁명은 스스로를 다시 태어난 로마로 이해하였다. 프랑스혁명은 고대의 로마를, 마치 유행이 지나간 의상을 기억에 떠올리는 것과 똑같은 방식으로 기억하고 회상시켰다. 유행은 무엇이 현실성을 가지고 있는가를 낌새채는―그것이 아무리 지나간 과거의 덤불 속에 있더라도―예민한 감각을 가지고 있다. 그것은 이를테면 과거를 향해 내딛는 호랑이의 도약이다. 다만 이 도약은 지배계급이 지배권을 행사하고 있는 원형경기장에서 일어나고 있을 따름이다. 역사의 자유로운 하늘에서 펼쳐질 이와 동일한 도약이 바로 맑스가 혁명으로 파악한 변증법적 도약인 것이다.[5]

벤야민이 동질적이고 공허한 시간에 대립시키는 시간은 '현재시간'이다. 이 충만의 시간은, 미래를 향한 진화의 개념인 진보의 시간과는 달리 과거를 향한 도약의 개념이다. 진보의 시간이 연속의 시간임에 반해 현재시간은 연속성의 폭파, 시간의 정지이다. 그것은 과도기로서의 현재가 아닌 정지상태로서의 현재에 대한 개념화이다. 그것은 과거의 영원한 이미지가 아니라 일회적인 과거와의 유일무이한 경험을, 역사의 지속성을 폭파시키는 힘을, 사건의 메시아적 정지를 의미한다. 이 현재시간 속에 인류역사는 엄청나게 축소되어 포괄된다.

그렇다면 벤야민에게 미래란 무엇인가? 그것은 기억을 통해서만 알려지는 과거이며 '매초매초 언제라도 메시아가 들어올 수 있는 조그만 문' 이상이 아니다. 여기서 역사적 유물론은, 마치 장기 자동기계가 장기의 명수인 등 굽은 난장이에 의해 조종되듯, 신학에

---

5. 같은 책, 353쪽. 그러나 이것은 과거가 아니라 미래에서 혁명의 영감을 얻으려는 맑스의 생각, 즉 "19세기의 사회혁명은 과거로부터가 아니라 오로지 미래에서 영감을 받는다. 과거와 관련되어 있는 모든 미신을 벗어버리고서야 비로소 19세기의 사회혁명은 시작될 수 있다. 이전의 여러 혁명은 자신의 혁명적 내용에 눈을 감기 위하여 지나간 버린 시대의 세계사의 추억을 필요로 하였다. 19세기의 혁명은 그 자체의 독특한 내용을 얻기 위하여 죽은 자들로 하여금 그들의 시신을 묻어버리도록 하여야만 한다."(칼 맑스, 『프랑스 혁명사 3부작』, 임지현 옮김, 소나무, 1990, 149쪽)는 생각과는 상충하는 역사관이다.

의해 조종된다. 역사유물론은 신학을 자기 것으로 이용함으로써만 어떤 사상과도 한판 승부를 벌일 수 있다는 것이 벤야민의 생각이다. 이렇게 신학화한 역사유물론은 그렇다면 '진보'에 무엇을 대치시키는가? '구원'이 그것이다. 벤야민에게서 행복은 구원이다.

> 행복의 이미지 속에는 구원의 이미지가 불가분의 관계를 맺고 함께 꿈틀거리고 있는 것이다. (…) 과거는 구원을 기다리고 있는 어떤 은밀한 목록을 함께 간직하고 있다. (…) 그렇다면 과거의 인간과 현재의 우리들 사이에는 은밀한 묵계가 이루어지고 있는 셈이고 또 우리는 이 지구상에서 구원이 기대되어지고 있는 셈이다. (…) 사건의 크고 작음을 구별함이 없이 모든 사건을 처음부터 끝까지 애기하는 연대기 기술자는 다음과 같은 진실, 즉 이 지상엔 언제가 일어난 모든 일은 하나도 빠짐없이 역사에서 주목되어야 한다는 진실에 공정하고 있는 셈이다. 물론 과거가 완벽하게 기록될 수 있는 것은 인류가 구원되고 난 연후이다. 다시 말해 구원된 인류만이 그들의 과거의 하나하나를 남김없이 인용할 수 있게 될 것이다. 다시 되살아나는 과거의 한 순간 한 순간은 그날, 즉 최후의 심판이 이루어지는 날의 일정표의 인용문이 될 것이다.[6]

매 순간들은 구원의 일정표의 인용문이며 역사기술은 이렇듯 휙 스쳐지나가는 섬광 같은 어떤 기억을 붙잡아 자기 것으로 만드는 것을 의미한다. 역사가는 과거로부터 희망의 불꽃을 점화할 수 있

---

6. 발터 벤야민, 같은 책, 344쪽.

는 재능을 부여받은 사람이다. 그의 인식 속에서는 죽은 사람들까지도 적으로부터 안전하지 못하다. 메시아는 '적그리스도'와 대치한다. 구원은 극복의 행위, '언제나 새로이 전통을 싸워서 빼앗으려는 시도'를 통해 도달된다. 이 투쟁의 과업은 피지배계급에게 주어져 있지만 이 계급은 과거에 패배한 세대들, '짓밟히고 억눌린 선조들'의 이름으로 해방의 과업을 끝까지 수행한다. 혁명은 '복수', 즉 과거를 향해 내딛는 호랑이의 도약이며 피지배계급은 진보를 기록하는 적그리스도의 모든 시계탑 아래에서 일순간에, 그리고 동시에 시계판에 총을 쏘아 시간을 정지시키는 새로운 여호수아이다.

진보의 역사관에서 미래에 위임되었던 해방은, 구원의 역사관에서는, '억압된 과거를 위한 투쟁'으로 역전된다. 역사유물론은 진화의 '과학'에서 구원의 '신학'으로, '계몽'에서 '기도'로 역전된다.

척도로서의 시간

우리는 앞에서 미국의 이라크에 대한 침공을 '진보의 역설'로 해석했다. 과학 및 기술의 진보, 그리고 경제 발전의 성과가 거대한 폭력과 삶의 퇴보로 나타나는 역설로 설명했다. 주목해야 할 것은 이 진보의 역설 깊숙이 숨어 있는 '구원의 역설'이다.

신자유주의적 전쟁들에서 이번의 이라크 전쟁만큼 '구원'의 주제에 의해 이끌린 전쟁은 없었다. 코소보 전쟁을 이끌었던 '인도주의적 개입'의 주제는 아프가니스탄 전쟁에서는 복수의 주제로 나타났고 이라크 전쟁에서는 다시 '악을 벌하고 구원을 가져오는 천사의 심판'이라는 주제로 바뀌었다. 거대한 진보의 성과들로 무장한 조지 부시는 이라크, 북한, 이란을 '악'의 축으로 설정했고 밤낮으로 이라크를 불바다로 만들면서 하느님의 '정의'와 '분노'를 전하는 심판자로서의 역할을 수행했다. 미국의 복음주의 교회들은 이라크 전쟁을 '바빌론의 왕이자 적그리스도인 사담을 제거하고 아마겟돈에서 승리를 거두기 위한 전쟁'으로 묘사했으며 '유프라테스 계곡을 따라 쳐들어올 적들로부터 예루살렘의 유대인들을 지키지 못하면 지구의 종말에 벌어질 아마겟돈에서의 승리와 승천, 1천년의 평화는 이뤄내지 못 한다'[7]고 역설했다. 이른바 '정의의 전쟁'이 '충격과 공포'라는 작전명으로 나타난 것은 이 때문이다.

이 전쟁의 한편에 정보산업체, 군수산업체, 석유산업체를 포함하는 군산복합체의 진보의 힘이 있고 다른 한편에 기독교 근본주의와 유태교라는 구원의 힘이 있다. 미국의 부시와 이스라엘의 샤론은 이 두 가지 세력들, 산업 세력과 종교 세력을 연결시키는 가교의 역할을 했다.[8] 구형무기의 재고를 처분하고 신형무기를 선보이는 시험장이자 석유와 주권을 강탈하는 침략 전쟁을 지구상의 적그리스도들, 악의 축들을 재앙에 빠뜨리는 심판행위로 조작한 것은 기독교 근본주의와 유태교와 CNN이었다. 이 삼각동맹에 의해

---

7. 『중앙일보』 2003년 3월 13일자에서 인용.
8. 신자유주의의 위기 속에서 미국 정부가 어떻게 기독교 근본주의를 동원했는가에 대해서는 박노자, 「사탄의 국가여, 지옥으로 가라」, 『한겨레21』, 2002년 8월 28일 참조.

부시와 그의 군대는, '마지막 천사'는 아니라 할지라도, 아마겟돈에서의 승리를 예비하는 일곱 천사들 중의 하나로 만들어졌다.

1930년대에 진보주의 세력들에 의해 억압당해 복수의 정신으로 불탔던 발터 벤야민의 혁명적 메시아가 21세기에 들어서는 전 세계의 민중을 착취하고 학살하며 그들의 부를 강탈하는 전쟁의 화신으로 나타나고 있는 것이다. 구원은 이제 진보와 대립하는 것이 아니라 진보와 손잡고 있다. 여기서 진보가 구원을 조종하는지 구원이 진보를 조종하는지는 명확하지 않다. 분명한 것은 구원이 진보의 힘을 빌고 있으며 진보는 구원의 옷을 입고 나타난다는 것이다.

구원과 진보의 이 화해 혹은 변증법적 종합이 드러내는 것은 무엇인가? 그것은 '척도'로서의 절대명령이다. 지구제국의 새로운 군주는 지혜의 군주로서가 아니라 온 세계에 척도를 부과하는 명령의 군주, 심판의 군주로 나타난다. 부시는 모든 나라에 '국익을 위해' 파병하도록 명령한다. 국익을 판정하는 기준은 핵(무기), 달러(화폐), 미디어(정보), 그리고 석유(에너지)이다. 미국은 지금까지 보유했던 앞의 세 가지 척도 외에 마지막 척도까지 수중에 넣음으로써 지구제국의 절대군주로, 심판의 천사로 군림하려 한다. 그래서 우리가 살고 있는 21세기에 진보의 시간과 구원의 시간은 서로 손을 맞잡고 '척도의 시간'을 위해 복무한다. 진보와 구원이라는 두 축에 의해 지탱되는 이 척도의 시간은 흔히 새로운 '보수'(이른바 '네오콘')로, 그것의 이념은 새로운 보수주의로 불려진다. 신보수주의는, 신자유주의와 더불어 현대 자본주의라는 야누스가 드러내는 두 개의 정치적 얼굴들 중의 하나이다.[9]

　그러나 유일척도가 되려는 미국의 이러한 노력이 정의, 민주주의, 인권, 자유 등과 얼마나 무관하며 실제로는 위기와 공포에 쫓기는 행동인가에 대해서는 앞에서 이미 암시한 바 있다. 그러므로 멕시코의 사빠띠스따 부사령관 마르꼬스가 이것에 '돈에 의해 치러지는 공포의 전쟁'이라는 이름을 붙이는 것은 정확한 것이다.

　이것은 공포의 전쟁입니다. 이 전쟁의 목적은 이라크에서 후세인을 패배시키는 것이 아닙니다. 이 전쟁의 목표는 알 카에다를 제거하는 것이 아닙니다. 또한 이 전쟁은 이라크 민중의 해방을 추구하는 것도 아닙니다. 이러한 전쟁을 추동하는 것은 정의도, 민주주의도, 해방도 아닙니다. 그것은 공포입니다. 무엇을 해야만 하며, 어떻게 해야만 하고 언제 해야만 하는지를 말해 주는 경찰을 받아들이기를 세계 전체가 거부할 것이라는 공포. 그것은 공포입니다. 세계 전체가 약탈자로 취급되는 것을 거부하리라는 공포. 반란이라고 불리는 저 인간의 본질에 대한 공포. 오늘날 세계 도처에서 결집되는 수백만의 인간들이 평화의 대의를 세우는 데 승리를 거두게 될 것이라는 공포.[10]

---

9. 현재 미국의 정책을 신보수주의적인 것으로 결정하는 사람들이 1930년대와 1940년대 뜨로츠키 운동의 유태-아메리칸 섹터에서 기원했고 이들이 1950년대와 1970년대 사이에 반공적 자유주의로 변형된 후 마침내 군사주의적 제국주의로 변형된다는 주장에 대해서는 Michael Lind, 'How neoconservatives conquered Wahsington — and lauched a war'(http://www.salon.com/opinion/feature/2003/04/09/neocons/index.html) 참조. 이 글에서 린드는 이들이 뜨로츠키의 영구혁명론을 이스라엘 리쿠드 당의 시온주의와 결합하여 테러에 대한 전쟁으로서의 예방전쟁 개념을 창안한다고 설명한다.

진보와 구원의 두 기둥에 의해 지탱되는 전쟁의 질서는 공포에 의해 추동된다. 대체 무엇에 대한 공포 말인가? 마르꼬스는 그것이 자신이 부과하는 '척도가 거부당할 위험'에 대한 공포라고 말한다. 그것은, '무엇을 해야만 하며 어떻게 해야만 하고 언제 해야만 하는지'를 명령하는 경찰적 척도를 세계 전체가 거부할지 모른다는 공포이다. 신자유주의적 약탈질서를, 그리고 그것의 척도를 세계 전체가 거부할지도 모른다는 공포, 즉 반란에 대한 공포가 현재의 전쟁을 움직인다. 이미 신자유주의적 자본은, 1999년 씨애틀에서 시작되어 퀘벡, 제노바로 옮겨간 대항지구화의 반란을 경험한 바 있다. 그것은, 초국적 자본이 딛고 선 발밑, 그 이윤의 집을 허물어 내리는 폭풍이었다. '테러에 대한 전쟁' 기획을 전 세계에 제시하면서 부시는 9·11의 사건을 거듭해서 환기시키고 그것이 예방전쟁이라고 설교한다. 하지만 그 사건은 '영구 전쟁' 전략에 좋은 명분을 제공했을 뿐이다. 왜냐하면 '테러에 대한 전쟁' 기획의 실제적 표적은 이 대항지구화의 반란, 세계 다중들의 협력적 결집이었으며 이 전략은 9·11 사건부터 이미 준비되고 있었기 때문이다.

여기서 우리가 알 수 있는 것은, 오늘날 신자유주의적 보수가 실제로 겨냥하는 것은, 흔히 생각하듯, 진보가 결코 아니라는 사실이다. 오히려 오늘날 보수는 너무나 명백하게 진보에 의지하고 있다. 오늘날 구원의 이데올로기와 결합된 신자유주의적 보수는 자신이 대결해야 할 사탄을, 지난날 진보가 표적으로 삼았던 '야만'에서

---

10. 마르꼬스, 「전쟁반대—반란의 이탈리아에 보낸 편지」, 『자율평론』 4호, 2003년 3월, http://jayul.net/view_article.php?a_no=241&p_no=1.

찾는다. 인권의 이름으로 치러진 코소보 전쟁, 복수의 이름으로 치러진 아프가니스탄 전쟁, 전제의 제거라는 이름으로 치러진 이라크 전쟁 등을 관통하는 부시의 '정의'는 '야만'과의 투쟁을 명백한 하나의 축으로 삼고 있다. 테러에 대항하는 전쟁이 표적으로 삼는 세 범주(악의 축, 불량국가, 실패한 국가)는 모두 '야만'을 불러내는 다른 이름들일 뿐이다. 그러나 자본의 지구화 광풍이 휩쓸고 간 오늘날의 세계에 야만이 존재한다면 그것은 모두 신자유주의적 '진보'의 효과에 다름 아니다. 아프리카를 비롯한 주변지역들에, 그리고 지금의 중동에 야만과 전제를 만들어낸 것은 서방의 문명, 특히 미국의 야욕과 무력이었다. 야만과 문명에 차이가 있다면 오직 종이 한 장의 차이가 있을 뿐이다. 현대에 문명국 미국이 벌이는 전쟁이 그 어느 누구도 흉내 낼 수 없을 야만의 극치를 보이고 있는 것에서 이것은 쉽게 입증된다.

척도의 시간의 진정한 표적이 전 세계의 다중들이라고 우리가 생각하는 이유는 여기에 있다. 진보와 구원을 두 다리로 삼아 일어선 '정의'는, 실제로는, 부시와 같은 지구제국의 우두머리들이 다중들의 반란에 직면하여 지른 '충격과 공포'의 외마디 비명이었다. 부시는 자신이 '세계경찰의 우두머리'이며, 미국 정부가 '세계의 어디에서 언제라도 범죄를 저지를 수 있다는 것을, 그러면서도 절대적으로 벌을 받지 않는다는 것을 입증'하기 위해 전쟁을 감행한다. 마르꼬스는 이것을 '이라크에 떨어질 바로 저 폭탄들은 지구상의 모든 나라들에도 떨어지기를 노립니다. 저 폭탄들은 우리들의 마음에도 떨어지며 그리고 바로 그런 식으로 그 폭탄들에 내재하고 있는 저 공포를 전 세계로 퍼뜨립니다'[11]라고 묘사한다. 이런 의미에서 현대의 모든 폭탄은 우리의 방관, 우리의 냉소주의, 우리의 침묵, 우리의 순응, 우리의 체념, 우리의 항복, 우리의 망각을 조장하기 위한 공포탄(恐怖彈)인 셈이다.[12]

다중이 이것에 대항해 던질 수 있는 한마디 존엄한 말이 있다면 그것은 '아니오'이다. 그리고 자신을 표현할 양심적 행동이 있다면 그것은 반란이다. 마르꼬스는 이 반란의 '아니오'를 이렇게 정의한다.

조건 없는 또는 이유 없는 "아니오"
절충 없는 "아니오"
회색 지역들에 의해 변색되지 않는 "아니오"
세계를 채색하는 모든 색들이 어우러진 "아니오"
명백하며, 무제한적이고, 또렷이 울려 퍼지며, 확연하고, 온 세계에 미치는 "아니오"[13]

이 '아니오'의 시간 속에서 새로운 역사가 탄생한다. 그것은 진보나 구원을 위한 어떠한 희생, 외부로부터 부과되는 어떤 척도도 명백히 거부하는 '아니오'이며 그 속에서 온갖 다양성들이 어우러지는 전 지구적 존엄의 '아니오'이다. 이것은 '각자가 자기 목소리로,

---

11. 같은 글.
12. 같은 글.
13. 같은 글.

자기 방식으로, 자기 언어로, 자기 자신의 행동으로’ 전 세계에 퍼
뜨려야 할 ‘아니오’이다. 이것은 공포에, 복종에, 항복에, 망각에 반
대하는 것이며, 우리의 인간다움을 포기하는 것에 반대하는 행위이
다. 마르꼬스는 벤야민과는 달리 천사의 이름으로, 메시아의 이름
으로 말하지 않는다. 그는, 벤야민이 구원의 시간을 위해 거부했으
며 진보주의가 오직 미래 시간 속에 보류해 버린 ‘인류’라는 이름을
거머쥐고, ‘신자유주의에 대항하며 인류를 위하는 아니오’를 주장
한다. 그러나 이것은 결코 부정을 위한 부정이 아니다. 이것은 인류
의 대다수를 이루는 ‘정직하고 고귀한 부분들’의 결합을 위한 부정
이며, 다중들이 존엄 속에서 자신을 긍정하기 위한 부정이다. 그리
하여 벤야민에게서는 미래가 ‘메시아가 들어올 수 있는 조그만 문’
이었던 것과는 달리, 마르꼬스에게서는 ‘아니오’를 표명하는 현재의
말과 반란의 행위가 ‘어둠에 구멍을, 내일이 미끄러져 들어올 수 있
는 틈’[14]을 만드는 것으로 인식된다.

구성으로서의 역사

　말과 행위를 통해서 나아가는 ‘존엄의 시간’은 공허하고 동질적
인 미래로서의 진보의 시간도 아니며 충만한 과거로서의 구원의
시간도 아니다. 무엇보다도 그것은 척도의 시간, 명령의 시간에 대

---

14. 같은 글.

한 거부이며 인류의 보편적 협력을 생산하는 시간이다.

　이탈리아의 자율주의와 안또니오 네그리는 '충격과 공포'의 이 현대세계 속에서 '협력'의 실재성과 그것의 운동을 누구보다도 적극적으로 탐구해 왔다. 벤야민이 노동력 범주를 비판하다가 노동의 범주까지 버린 것과는 달리 자율주의자들은 노동 속에서, 특히 탈근대의 비물질적 노동 속에서 어떻게 노동을 넘어서는 삶이 생산되고 있는지를 탐사한다. 비물질적 노동이란 서비스, 문화상품, 지식, 소통 등 상품의 정보적·문화적 내용을 생산하는 노동을 지칭한다.[15] 상품의 정보적 내용이란 직접적 노동과정에서 싸이버네틱스와 컴퓨터 통제에 의해 발생하고 있는 변화를 지칭한다. 그리고 상품의 문화적 내용이란 보통 노동이라고 인식되지 않는 일련의 활동들, 예컨대 문화적·예술적 표준들, 유행들, 취미들, 소비규범들, 그리고 공공 여론의 형성에 기여하는 여러 활동들을 지칭한다. 이러한 변화의 결과 육체노동은 '지적'이라고 불릴 수 있는 절차들을 더욱 많이 포함하게 되었다. 오늘날에 이르러서 구상과 실행, 노동과 창조, 작가와 청중의 분리는 노동과정에서는 지양된다. 그것이 단지 가치화과정에서 정치적 명령을 통해 재부과되고 있을 뿐이다.[16]

　비물질적 노동 속에서 생산자들은 사회적 관계를 관리할 수 있

---

15. 마우리찌오 랏짜라또, 「비물질적 노동」, 『이딸리아 자율주의 정치철학·1』, 이원영 편역, 갈무리, 1997, 311쪽. 그리고 안토니오 네그리·마이클 하트, 『제국』, 윤수종 옮김, 이학사, 2001, 382쪽 참조.
16. 마우리찌오 랏짜라또, 같은 글, 같은 책, 312쪽.

는 능력을 획득하며 비물질적 노동의 구조 속에 내재하는 사회적 협력에 근거하여 실질적인 경영적 기능을 획득한다. 왜냐하면 비물질적 노동 속에서 생산자들은 자신의 활동과 행위를 타인의 비물질적 노동과 조정할 수 있는 능력을 가져야 하기 때문이다. 즉 자신의 활동이 거대한 사회적 노동의 일종의 인터페이스(inter-face)로서 작용하도록 노력해야 하기 때문이다. 노동의 이러한 협력 능력은 노동과정에서뿐만 아니라 소비자와의 사회적 소통의 활성화를 통해 증대된다. 비물질적 노동자는 소비자의 필요, 욕구, 취향 등에 반응하고 그것에 형태를 부여하며 물질화해야 하기 때문이다. 그리고 그/녀의 생산물들은 다시 소비자의 정신적·문화적 환경을 변형한다.[17]

하트와 네그리는 이러한 비물질적 노동에서 협력이 노동 자체에 내재한다는 점을 확인한다. "비물질적 노동의 협동적 측면은 외부로부터 부과되거나 조직되는 것이 아니라 노동활동 자체에 완전히 내재적이다."[18] 이 노동형태에서 노동은 자본에 의해서만 활성화되고 합착되는 힘이 아니라 스스로 가치화할 수 있는 힘, 즉 자기가치화하는 힘으로 나타난다. 뇌와 몸은 가치를 생산하기 위해서는 여전히 타자들을 필요로 하지만 그 타자들이 반드시 자본과 그것의 생산조율의 능력에 의해서만 제공되는 것은 아니기 때문이다. 하트와 네그리는, 오늘날 생산성, 부, 그리고 사회적 잉여의 창조가 언어적, 소통적, 정서적 네트워크들을 통한 협력적 상호작용의 형

---

17. 같은 책, 318~319쪽.
18. 하트·네그리, 위의 책, 386쪽.

태를 띤다는 사실로부터, "비물질적 노동은 자신의 창조적 에너지를 표현하는 가운데 일종의 자연발생적이고 초보적인 꼬뮨주의에 대한 잠재력을 제공한다"고 설명한다.[19]

오늘날 노동 속에서 발생하고 있는 이 협동의 능력을 주목함으로써만 우리는, 마르꼬스가 말한, 자본의 공포의 실체가 무엇인지를 사회의 심층에서부터 읽어낼 수 있다. 자본주의는 시초축적 이후 부단히, 그리고 주기적으로 공유물의 사유화 과정을 지속해 왔다. 그것은 이전의 생산양식들과는 달리 자연보다 인간의 노동을, 좀더 정확히 말하면 노동협력이라는 공유물을 사유화해 왔다. 어떤 방법으로 그것이 가능했는가? 첫째는 노동을 공장 속에서 결합시키는 것을 통해, 둘째는 이 노동을 양화하는 화폐의 발견에 의해, 셋째는 '필요한 노동시간'과 '잉여의 노동시간'의 분할을 통해, 넷째로는 잉여 노동시간을 이윤 형태로 사유화하는 것을 보장할 주권의 합성에 의해. 그러므로 자본주의는 노동협력의 성과를 사유화 해 온 지속적인 과정이었다고 말할 수 있다.

이제 비물질적 노동형태의 발전은 노동협력을 전 사회적이고 전 지구적인 것으로 확장시킨다. 외관상 착취의 더 큰 토양의 구축이라고 볼 수 있는 이 과정이 역설적으로, 자본에게 위기로 다가가고 또 공포를 느끼게 하는 이유는 무엇인가? 그 외부에 더 이상 아무 것도 없기 때문에 외부로부터의 척도화가 불가능한, 전 지구적 노동협력의 자율성 때문이다. 오직 가변자본으로 배치됨으로써만 가

---

19. 같은 책, 386~387쪽.

치화할 수 있었던 노동력이 이제 광범위한 소통관계 속에 포섭되면서 자기가치화의 능력을 획득하고 있는 현실은, 역설적이게도, 사유화의 행위를 극히 인위적이고 부자연스러운 것으로 만든다. 실로 자본주의의 역사에서 오늘날처럼 철저하고 심오한 공통성(commonality)이 구축된 적은 없었다. 통신과 사회적 네트워크들, 인터액티브 서비스들, 공통의 언어들이 이루는 생산세계는 점점 더 큰 협동, 더 큰 소통적 공통체의 구축을 의미한다. 이것은 다중의 활력, 그들의 노동활동이 현대세계에 가져오고 있는 질적 변형이다. 그리고 이것은 점점 척도로서의 화폐 명령의 부과와 위로부터 주권적 명령의 부과를 인위적이고 곤란한 것으로 만든다. 바로 이것이 오늘날 자본이 느끼는 공포의 실체이다.

이 공포에 대한 자본의 대응은 무엇인가? 신자유주의로 표현되기 시작한 이 대응은 민족국가를 넘어서는 거대한 제국적 주권을 구축하며 노동계급의 투쟁의 성과로 구축되었던 공적 지원과 배급의 구조들을 사유화한다. 또 자본은 에너지, 교통, 소통, 그리고 각종 서비스들을 사유화한다. 이것은 물질적이고 비물질적인 노동과정 속에서 생성되고 있는 협력 및 공적인 것을 사적 소유의 초월적 권력 아래에 폭력적으로 복속시키는 과정이다. 그러나 광범위한 협력 공통체의 실재로 인해 이 과정이 순탄할 수만은 없다. 무수한 저항들과 탈주들이 그것을 가로지른다. 오늘날 신자유주의적 자본이 '테러에 대한 전쟁'과 같은 초국적 폭력 행사를 자신의 기본적 생존 방식으로 삼는 신보수주의 정책들을 선택하는 것은 이 때문이다.

　이 과정은 세계의 노동협력체에 새로운 세계질서를, 전 지구적 척도를 부과하려는 자본의 폭력적 기도를 포함한다. 이것이 바로 자유, 해방, 정의 등의 이름으로 움직이는 현대의 구원론적 보수주의임에 대해서는 앞에서 말했다. 여기서 다시 한번 강조해야 할 것은 이 보수주의가 실제로는 과학기술 및 경제의 '발전'으로 표상되는 진보의 정치학의 역설이라는 점이다. 그렇다면 진보는 과연 무엇이었는가? 그것은 다중의 구성력, 다중의 세계구성적 활력을 위로부터 재현하고 그것에 연속성의 척도를 부과하는 과정이었다. 과학기술에서의 진보는 다중의 지성의 집중적 조직화와 물질화의 산물이면서 동시에 다중의 수평적 협동을 봉쇄하고 억압하기 위한 무기로 사용되었다. 경제에서의 진보는 다중의 활력과 노동의 성과를 사적으로 전유한 산물이자 동시에 다중으로 하여금 더 많은 노동, 더 강도 높은 노동에 종속되도록 만들기 위한 무기로 사용되었다. 정치에서의 진보는 다중의 민주주의, 다중의 자치능력을 대의의 회로로 흐르게 함으로써 그들로부터 자치의 능력을 빼앗고 다중을 바로 그들 자신의 힘으로 제조된 더 육중한 권력의 지휘 아래에 복속시키기 위한 무기로 사용되었다. 이렇듯 '진보'라고 인식되는 모든 것의 토대는 다중의 구성활동, 즉 자본주의에서 노동으로 환원되어 나타나는 다중의 삶활동이었다. 그것은 실제로는 복잡하고 단절적이며 이질적인 다중의 이 구성활동을, 마치 한편의 영화에서처럼, 주인공의 연속적이고 동질적인 영상으로 재현하는 것의 산물이다. 이런 의미에서 진보는 자신을 '척도의 시간'으로 내세우는 허위의식이며 환영이다.[20]

그러나 오늘날 진보는 급격히 그것의 한계를 드러내고 있다. 자본주의의 고전 시대에 자본의 진보를 가져온 것이 노동협력에 대한 착취였다면 비물질 노동이 노동의 주요형태로 전환되고 노동시간 척도의 부과가 인위적으로 된 상황에 처한 현대의 자본은 점점 더 많이 착취보다 사취(詐取)에, 사취보다 강탈에 이끌린다. 사유화에 의존해 온 자본 자신이 사적 소유를 부정하고 있는 것이다. 그것은, 맑스와 엥겔스가 부르주아 사회의 한계 내에서의 사적 소유의 부정이라고 보았던, 주식회사를 통한 사적 소유의 지양과는 비교도 되지 않을 만큼 직접적인 사적 소유의 부정을 포함한다. '전쟁을 통해 강탈한 이라크 유정에서 퍼올려지는 원유는 과연 누구의 소유이며 그 대금은 누구에게 귀속되어야 하는가'라는 국제적 쟁점이 제기되고 있는 것은 이러한 상황 속에서이다.[21]

물론 아직 사적 소유의 법적·정치적 체제는 완강하다. 하지만 생산이 실질적으로 언어적이고 협동적인 것으로 되고 있는 맥락 속에서 사적 소유는 그것의 사법적 힘에도 불구하고 추상적이고 초월적인 개념으로 될 수밖에 없으며 현실로부터 더욱 동떨어질 수밖에 없다는 것도 여전히 사실이다.[22] 협동적 생산은 공유지의 개념을 다시 활성화한다. 다중의 지성과 행동은 공통 언어와 공통 감각을, 그리하여 공통 이름과 공통의 부를 생산하도록 결합되고

---

20. José Mariá Sbert, 'Progress', (Wolfgang Sachs ed., *The Development Dictionary*, Zed Books Ltd, London and New Jersey, 1992, p. 201 참조).

21. George Caffentzis, **'No Blood for Oil: The Political Economy of the War on Iraq'**, http://www.commoner.org.uk/02-9groundzero.htm 참조.

22. 하트·네그리, 같은 책, 396쪽.

있다. 다중의 '해방'은 구원의 이름으로 이루어지는 척도부과적 행위(내전으로 전화한 모든 전쟁들의 목적은 이것에 있다)를 통해서 이루어질 수 있는 것이 아니라, 그 척도부과적 행위를 거부하면서 그것으로부터 독립적으로 공유지를 생산하고 확장하는 자기가치화의 행위를 통해서만 이루어질 수 있다는 사실이 명백해지고 있다.

그런데도 오늘날 세계를 바꾸려는 노력은 너무나 광범하게 '진보'의 기치하에 전개되고 있다. 특히 사회주의 붕괴 이후 세계혁명의 장기적 전망을 상실한 좌파에 의해 진보 개념이 대대적으로 수용되고 부활되었다. 좌파는 자신의 진보를 우파의 보수에 대립하는 힘으로 내세웠다. 그러나 이것은 자본의 시간, 척도의 시간 '속'에서의 방법의 대립일 뿐 결코 진정한 대립이 아니다. 좌파는 진보의 기치를 통해 자신의 정치적 영향력을 유지할 수 있었지만 그것은 다중의 삶 전체를 '척도의 시간'에 종속시키는 결과를 가져왔다. 이것이야말로 발터 벤야민과 그를 잇는 비판이론가들의 진보에 대한 비판을 아직도 살아 있는 힘으로 느끼게 만드는 조건이다.

구원론과 결합된 진보의 신보수주의적 방법이 세계를 지배하는 현실에서, 진보에 대한 비판이 구원론으로 흐르지 않도록, 그리고 냉소주의로 흐르지 않도록 하는 것은 중요하다. 그것을 위한 지금의 방법이, 영국의 인도 지배를 바라보는 맑스의 시선과 같을 수는 없다. 맑스는 식민지를 향하는 자본의 거친 폭풍의 야비함과 야수성을 비판하면서도 그것이 아시아 사회의 '야만성'을 제거할 것이라고 믿고 식민화를 '진보적인 것'으로 인정했었다. 오늘날 우리는 이른바 '진보적인 것'이 오직 야비할 뿐만 아니라 그 자체가 '야만적인 것’임을 체험하고 있다. 이러한 상황은 ‘진보’라는 재현적 척도에, 그 연속성의 환영에 굴복함이 없이 그것의 실질적 내용인 ‘다중의 복수적 삶과 구성활동’이 ‘진보의 척도’ 너머로 넘쳐흐를 수 있는 전례 없는 조건임이 분명하다. 이것의 첫 걸음이 절충 없는 “아니오”, 세계를 채색하는 모든 색들이 어우러진 “아니오”라는 사실은 수천만이 제 각각 자신의 목소리를 내기 시작한 전 지구적 반전운동을 통해 이미 분명해지고 있다.

지금까지 우리는 다중이라는 주체성이 새롭게 구성되고 있는 탈근대적 상황에서 전 지구적 삶을 지배하고 있는 다양한 대의 메커니즘의 억압성과 부적실성에 대해 검토했고 진보의 관념이 구원의 관념과 유착하면서 생산하는 폭력적 수탈의 현실을 비판적으로 살펴보았다. 이제 이러한 부정을 현실화할 능동적이고 적극적인 힘에 대해 살펴보자.

15장 삶정치와 자율

긍정성

혁명이 실재하는 것이라면 그것의 정체는 무엇이며 또 무엇에 기초하여 움직이는가? 이 질문에 답하는 많은 방식들이 있다. 그런데 그 대답들은 대개는 부정적인 것들에서 혁명의 기초를 찾는다. 예컨대 그것들은 자연과 사회에 만연한 위기, 불평등, 부정의, 부자유, 가난으로부터 혁명이 비롯된다고 대답한다. 그래서 혁명을 위한 운동들은 이 부정적인 것들을 제거하기 위한 노력으로 설정된다. 생태주의 운동은 자연의 위기를 제거하고자 하며, 사회주의 운동은 계급 불평등과 사회적 가난을 제거하고자 하고, 여성주의 운동은 성별 불평등을 제거하고자 하며, 사회민주주의 운동은 소유

불평등과 부정의를 제거하고자 하고 자유주의 운동은 부자유를 제거하고자 한다. 그리고 각각의 운동들에서 우리는 제거하고자 하는 것들의 중첩과 혼효(混淆)를 발견한다. 예컨대 사회주의 운동이 생태주의의 문제의식을 받아들이고 여성주의 운동이 사회주의 운동의 문제의식을 받아들인다. 많은 운동들이 자유주의의 문제의식을 자신들의 관점 속에서 받아들인다. 이러한 중첩 외에 이들 운동들은 운동의 근거를 부정되어야 할 것의 실재성에서 찾는다는 점에서 커다란 공통성을 지녀왔다.

부정해야 할 것들이 실재하며 또 그것들이 계속해서 산출되고 있다는 점에는 의심의 여지가 없다. 그런데 무엇이 우리로 하여금 그것들이 부정되어야 할 것이라고 느끼고 또 생각하도록 만드는 것일까? 무엇이 우리로 하여금 그것들 앞에서 '절규'하도록 만드는 것일까?[1] 혹은 같은 말이지만 왜 우리가 위기, 독점, 불평등, 부정의, 부자유, 가난, 소외, 고독 … 등을 문제로 설정하고 나아가 그것들을 제거해야 할 것이라고 생각하게 되는 것일까? 또 그것들이 우리의 말과 행동을 통해 제거되고 변혁될 수 있다고 생각하게 되는 것일까? 자율주의는 바로 이 숨겨져 있었던 질문을 제기하는 곳에서 시작된다.

우리로 하여금 절규하게 하고 싸우게 하는 것은 결코 위기 자체, 불평등 자체, 부정의 자체, 부자유 자체, 가난 자체, 소외 자체가 아

---

1. 운동의 단초를 부정과 절규에서 찾는 관점에 대해서는 존 홀러웨이, 『권력으로 세상을 바꿀 수 있는가』, 조정환 · 번역집단 @Theoria 협동번역, 갈무리, 2002 제1장 「절규」 참조.

니다. 그것들은 우리가 벗어나고자 하는 것들이지 그것들을 감수(感受)하고 또 그 벗어남을 가능케 하는 힘이 아니다. 그것들은, 우리가 부정하고자 하는 상태이지 그 부정을 가능케 하는 실천, 그 실천의 주체성이 아니다. 그렇다면 무엇이 부정적인 것들을 정의하면서 그것의 극복을 위한 노력을 추동하는가? 질문 자체가 이미 암시하듯이 그것은 부정적인 것이 아니라 무엇인가를 정립하려는 욕구, 즉 긍정적인 것이다. 부정적인 것들은 긍정적인 것의 부재와 배제를 의미하며 그것을 부정적인 것으로 설정하는 것은 바로 이 긍정적인 것이다. 부정적인 것에 대한 절규는 긍정적인 것의 자기보존적 반응이며 혁명은 이 긍정적인 것의 새로운 구성행동이다.

그래서 자율주의는 이 긍정적인 것의 선언에서 시작한다. 긍정적인 것은 '시간적 영원성'이다. 이것은 특이한 것들에 의한 '공통적인 것'(the commons)의 생산이다. 이것은 삶을 구성하고 재구성하는 존재론적 활력이다. 이 존재론적 활력은 시간 속에서 영원할 뿐만 아니라 자율적이다. 그것은 부정되는 시간에조차도 움직이는 긍정성이며 수동의 시간에도 자신에게 주어지는 한계 속에서 그것에 대항하며 그것을 넘어서는 능동성이다. 긍정적인 것은 따라서 주체성의 영원한 생산과정이다.

이렇게 긍정적인 것에서 시작할 때, 앞서 말한 부정적인 것들은 완전히 다른 의미를 갖게 된다. 그것은 단순히 벗어나야만 할 상태를 의미하는 것으로 되지 않는다. 부정적인 것들은 이 긍정적인 것이 '공통적인 것'을 생산하는 시간 속에서 직면하는 한계이자 그 한계를 넘어설 계기로 존재한다. 부정적인 것이 긍정적인 것의 계기로 배치되는 것이다. 그리고 부정적인 것은 긍정적인 것이 약동하는 장소로 나타난다. 억압당하고 착취당하는 장소는 권력과 부가 부재하는 곳이다. 그곳은 척도의 제로지대, 즉 척도가 사라지는 곳이다. 이곳에서 척도 없는 세계의 형상이 나타난다. '공통적인 것'에 대한 예상과 그것을 향한 실천이 이곳에서 시작된다. 맑스는 프롤레타리아의 자유로움('free from')에 대한 이중적 정의를 통해 부정적인 것과 긍정적인 것의 이 교차를 설명했다. 프롤레타리아는 생산수단이 없음으로 인해 가난한 존재일 뿐만 아니라 그 없음으로 인해 자유로운 인간으로 설정된다. 프롤레타리아의 코뮤니즘은 이 자유로운 인간들이 '공통적인 것'을 생산하기 위해 움직이는 능동적이며 자율적인 운동이다. 이것은 인간개체들의 공통적 자기생산운동이다.

자유주의와 사회주의 비판

자유주의는 개별자 혹은 개인에게 특권적 지위를 부여한다. 그것은, 개인의 자유로운 행동은 그 누구도 저지할 권리가 없다는 명제에 자신의 정치학을 정초한다. 자유주의가 배제하는 것은 '공통적인 것'의 실재성이다. 그것은 개별자 혹은 개인이라는 것이 '공통적인 것'의 생산과정 속에서 출현한 생산물임을 보지 않는다. 그럼에도 불구하고 자유주의는 '공통적인 것'을 완전히 추방하지는 못한다. 자유주의 속에서 개인들은 화폐라는 공통 언어를 통해 소통한다. 이렇게 개별자들의 권리와 부가 돌이킬 수 없을 정도로 '공통적인 것'과 결부되어 있음에도 불구하고 자유주의는 공통체 속의 특이자(the singular)를 공통체로부터 분리된 개별자(the individual)로 환원하면서 인위적으로 개별적인 것에 '공통적인 것'을 종속시킨다.

자유주의에 대항하여 '공통적인 것'을 승인하고 또 특권화하려는 노력은 사회주의에 의해 표현되어 왔다. 사회주의는 '공통적인 것'의 실재성에 자신의 정치학을 정초한다. 그러나 사회주의에서 공통적인 것은 공동적인 것으로, 일종의 동일성으로 변질된다. 복수적인 개체들의 상호소통 과정으로서의 공통체는 그 복수적 개체들을 약분하는 동일성의 구현인 공동체로 환원된다. 사회주의가 발견했고 발전시키려 한 공동체는 국가이다. 그래서 사회주의 정치는 국가의 권력을 통해 개인들을 접합시키고 집단화하는 데에, 즉 사회의 국가화에 역점을 둔다. 부와 권력을 국가의 수중으로 가져가는 이 과정을 통해 개인들은 국가에 종속된다. 국가공동체는 사회의 국가에의 종속을 통해, 국가를 초월적 자리에 놓는 위계제를 통해 '공동성'을 생산하고 관리한다. 그것은, 특이자들에 의한, 공통성의 자기생산이 아니라, 초월자의 명령에 종속된 개인들의 생산활동들을 전유하여 그 결과물을 '공동적인 것'처럼 제시하는 것이다. 사회주의가 제시하는 '공동적인 것'은 내재적인 것이 아니라 초월적인 것이며 실질적인 것이 아니라 모조된 것이다. 국가가 제시하는 공통체적 가상에도 불구하고 특이자들은 '공통적인 것'으로부터 분리된 개인으로 머문다.

맑스는 사회주의자들과의 투쟁에서 자신의 활동을 개시했고 또 그 투쟁을 지속했음에도 불구하고[2] 사회주의를 코뮤니즘으로의 이행을 위한 한 단계로 받아들임으로써 사회주의자를 닮아갔다. 이로 인해 이후의 맑스주의자들이 단지 '사회주의자'로서 '맑스주의자'임을 자처할 수 있게 된 것이다. 그러나 사회주의는 코뮤니즘으로의 이행의 한 단계가 결코 아니다. 자유주의에서 코뮤니즘에 이르는 사다리가 없는 것처럼, 사회주의에서 코뮤니즘에 이르는 사다리도 없다. 사다리는 오히려 자유주의와 사회주의 사이에 수평으로 놓여 있다. 자유주의는 사회주의로 이행할 수 있으며 사회주의는 자유주의로 이행할 수 있다. 이것이 20세기의 역사가 우리에게, 남겨 준 가장 중심적인 교훈이다.

그렇다면 코뮤니즘은 불가능하다는 것인가? 아니다. 코뮤니즘은 가능할 뿐만 아니라 실재적이다. 지금 여기에, 영원성의 여기 이 시간 속에 코뮤니즘은 현존한다. 그것은 생산적인 노동협력으로, 혁명적인 투쟁협력으로, 이질성과 다양성 속에서 창조하고 있는 사회적 네트워크들로, 육체적 정서적 정신적 '사랑'[3]으로 지금-여기에 현존한다. 우리가 코뮤니즘을 부재하는 것으로 느끼는 것은

---

2. 헤겔과 포이에르바하 이후 맑스의 가장 중요한 논적은 사회주의자 프루동이었다(칼 맑스, 『철학의 빈곤』, 강민철·김진영 옮김, 아침, 1989 참조).
3. 대중지성, 정서적 네트워크의 생산적 협력, 탈근대적 삶정치의 생산성을 통해 사회의 혁신에 참여하는 탈근대적 전투성은 "반란을 사랑의 기획"으로 만든다(안토니오 네그리·마이클 하트, 『제국』, 윤수종 옮김, 이학사, 2001, 520쪽); 그리고 '사랑'의 정치철학에 대해서는 안또니오 네그리, 『혁명의 시간』, 정남영 옮김, 갈무리, 2003, 159~187쪽(Antonio Negri, *Time for Revolution*, trans. Matteo Mandarini, continum, New York, 2003, pp. 209~223)을 참조하라.

그것이 잠재적이기 때문이다. 그것이 자유주의와 사회주의에 의해, 시장과 국가에 의해 부과되는 한계 속에 갇혀 있기 때문이다. 그래서 그것이 그 한계를 뚫고 나오는 것, 도래(到來, to-come)하는 것으로 남아 있기 때문이다. 이것이 잠재적임에도 불구하고 코뮤니즘은 자유주의나 사회주의를 거쳐 올 미래인 것이 아니라 자유주의나 사회주의의 껍질들 속에서 살아 움직이는 살(flesh)들의 운동, 사유와 몸의 통일체인 이 살들의 영원한 구성운동으로 실재한다.[4]

계급관점의 역전

사회주의적 관점이 코뮤니즘을 '현재와 분리된 미래'에로 밀어내는 것은 우연이 아니다. 그것은 운동이자 생성으로서의 코뮤니즘을 상태로서의 코뮤니즘으로 물화한다. 이렇게 함으로써 사회주의는 삶 속에 내재하는 코뮤니즘을 국가라는 의제된 공동체로 덮어 대체하는 데 성공한다. 코뮤니즘을 현재적인 것으로 파악하는 것은 오히려 자유주의이다. 그것은 코뮤니즘을 자신의 위기를 가져오는 적으로 설정하면서 현재 속에서 추방하고자 한다. 이것을 위해 자유주의가 사용하는 것이 국가라는 비자유주의적 조직인 것은 아이러니이다. 자유주의는 국가를 수단으로 코뮤니즘을 억압함으로써 화폐라는 자신의 물화된 공동 언어를, 그리고 그것의 지배

---

4. 이에 대해서는 안토니오 네그리, 『맑스를 넘어선 맑스』, 윤수종 옮김, 새길, 1994의 제8강의 「공산주의와 이행」을 참조하라.

를 보존한다.

코뮤니즘이 이렇게 미래로 추방되거나 현재 속에서 억압됨으로써 '현실적인 것'의 자리는 자본과 국가가 차지하게 된다. 그래서 자유주의와 사회주의의 모든 관심은 이들 현실적인 것, 지배적인 것에 빼앗긴다. 자본의 운동과 국가의 운동이 역사의 독립적 주체로 설정된다. 이른바 '사회구성체론'이 자본의 운동과 국가의 운동을 분석하는 것에 전념하면서 노동을 오직 그 독립적 운동의 희생자로만 설정한 것은 자유주의와 사회주의의 관심 속에서 늘 정당화되어 왔다. 이것은, 그것의 기능에서 보면, 코뮤니즘을 우리의 관심으로부터 추방하는 하나의 방법이었다.

구성적 영원성, '공통적인 것'의 시간적 생산, 특이성들의 생산물인 '내재적 목적'은 희생자라기보다는 오히려 주체성이다. 자율주의는, 이 코뮤니즘적 생산활동의 주체성을 긍정하면서, 현실적인 것에 두어져 온 관심을 잠재적인 것에로 가져온다. 즉 현실적인 것을 잠재적인 것에 대한 수동적 대응이라는 관점에서 파악한다. 또 자율주의는 자본과 국가의 운동에 두어져 온 관심을 노동의 자기운동에로 이전한다.[5] 자본과 국가가 취하는 특수한 역사적 합성형태를 그 자체로 독립적인 것으로 이해하기보다 노동이 생산한 '공통적인 것'을 전유하고 관리하는 기생적 포섭의 기제로 파악한다.

---

5. 맑스주의자들은 '현대 부르주아 사회의 운동법칙의 규명'이라는 『자본론』의 특수한 집필목적'이 실제로는 '프롤레타리아의 발생과 그것의 해방의 조건에 대한 탐구'이며 '프롤레타리아의 자기운동에 대한 탐구'를 위한 준비임을 충분히 숙고하지 않았다.

자율주의에서 계급관점은 이런 방식으로 역전된다.[6]

진보주의와 구원주의에 맞서

　자유주의와 사회주의는 진보라는 이름에서 자기 정당성을 찾는다. 사회주의는 자유주의보다 더 큰 진보를 가져올 수 있다는 것에서 자신의 존재이유를 찾아왔다. 아이러니하게도 자유주의는 오늘날 사회주의가 진보에 가져온 커다란 장애를 이유로 사회주의를 비난한다. 양자가 공유하는 것은 진보'주의'의 이데올로기이다.

　진보주의는 무엇으로 진보를 측정하는가? 지금까지 객관적으로 제시된 진보의 기준은 오직 하나, 즉 생산력과 그것의 발전이다. 그리고 그 생산력은 생산수단과 과학기술의 발전수준을 통해 정의되어 왔다. 자본주의 속에서 생산력이 생산수단과 과학기술의 발전이라는 모습으로 나타나는 것은 사실이다. 노동계급의 투쟁에 대한 대응이 과학기술과 생산수단의 발전을 통한 노동력의 기계력으로의 대체라는 방식으로 이루어지기 때문이다. 노동력은 노동과정 속에서 생산수단에 융합되어 작용하기 때문에 노동의 생산력은 생산수단의 생산력으로 나타나고 궁극적으로는 자본의 생산력으로 나타난다. 이 자본의 생산력은 국가가 중심적 역할을 하는 사회에

---

6. 자율주의 속에서 이루어진 계급관점의 역전을 정리한 글로는 해리 클리버, 「맑스주의 이론에 있어서 계급관점의 역전: 가치화에서 자기가치화로」(『사빠띠스따』, 이원영 옮김, 갈무리, 1998, 319~377쪽) 참조.

서는 국가의 생산력, 즉 국가경쟁력으로 나타난다. 자본의 생산력과 국가경쟁력은, 자본주의가 이윤의 증식에 의존하고 있는 한에서, 더욱 크게 증대하도록 요구받고 있으며, 따라서 자본주의가 생산력의 진보로 나타나는 것은 필연적이다.

자유주의와 사회주의가 공유하는 진보주의는 이 현상으로부터 '생산력의 무한정한 발전'이라는 목적론을 이끌어 낸다. 이 목적론은 생산력의 지속적 발전에 자신의 생존을 의지하고 있는 자본주의의 착취 기획의 이론화라고 할 수 있다. 하지만 이러한 진보주의는 입장과 관점을 바꾸어서 보면 진보적인 것이 아니다. 진보주의가 실은, '공통적인 것'을 생산하는 삶의 생산력에 한계를 부여함으로써 작동하는 진보를 자신의 준거점으로 삼고 있기 때문이다. 자본주의의 생산력 향상이 과학, 기술, 기계와 같은 생산수단과 노동력의 분리를 전제로 진행됨으로써 한편에서 생산력의 거대한 향상은 다른 한편에서 노동력의 거대한 파괴로 나타난다. 한편에서 부의 거대한 집적이 다른 한편에서는 가난, 질병, 기아, 죽음의 거대한 집적으로 나타난다. 플라톤, 아리스토텔레스, 헤겔 등 형이상학적 전통의 목적론은, 삶의 총체적 생산능력에 부과되는 이 한계를 기원(아르케)의 개념을 통해 정당화한다. 목적론적 진보는 기원의 위계 내부에 설정되는 보수적 진보이다.[7] 이러한 목적론 속에서 '공통적인 것'의 발전의 가장 명백하고 폭력적인 한계는 국가를 통해 부과된다. 국가가 원리를 명령에 종속시키고 발전에 한계를 부

---

7. 안또니오 네그리, 앞의 책, 108~109쪽(Antonio Negri, *op. cit.*, p. 184).

여하며 생산에 질서를 부여한다.[8]

그러나 그러한 기원은 목적론의 '이론적 실천'의 구성물일 뿐이
다. 따라서 기원에 대한 주장이 그 기능을 발휘하고 있을 때조차
기원은 실재하지 않는다. 우리가 '목적'에 대해 말할 수 있다면 그
것은 '공통적인 것'을 생산하는 특이성들의 생산물로서뿐이며 우
리가 '진보'에 대해 말할 수 있다면 그것은 '공통적인 것'의 이 영
원한 생산과정으로서뿐이다. 그것을 통해 생산되는 것은 새로운
환경, 새로운 삶, 새로운 '운명'[9]이다. 특이성들은 새로운 삶을 개
척해 가는 표류의 과정에서 그때그때 공통적인 것을 생산함으로써
스스로를 구성하고 또 재구성한다. 우리가 이러한 의미에서 진보
를 이해한다면 그것은 가치의 축적에서 진보를 읽는 진보주의의
진보 개념과 대립한다. 가치의 축적으로서의 진보는, 특이성들의
생산물인 '공통적인 것'을 척도화함으로써, 삶을 생산하는 발생적
실천들을 자신의 아래에 종속시키려 하지만, 삶의 진보는, 척도의
명령을 거부하면서, 자율적이고 측정 불가능한 세계, 요컨대 '영원

---

8. 기원에 대한 의존이라는 점에서 진보주의는 구원주의와 상통한다(이 책 3부 14장
「우리시대의 진보」 참조).

9. 내가 이 글에서 사용하는 '운명'이란 용어는 다음과 같은 문맥에 속하는 것이다. "인
간과 그의 환경의 운동에 의해 생산된 '공통적인 것'은 가치가 아니라 운명이다. 그
렇지만 '운명'이라는 단어는 우연의 맹목성으로부터, 그리고 모든 가능한 사전결정
으로부터 분리되어야만 한다. 오히려 그것은 '공통적인 것'의 구성적 관점 속에서 재
정의되어야만 한다. '운명'은 발생적 다중으로 간주되는 인간의 행동 전체를 가리킬
것이다. 그 속에서는, 인간이 지속적으로 변화시키며 그것들이 변경되는 한에서 공동
체적 실존에 영향을 미치는 환경적 조건을 제외하고는, 어떤 것도 전제되어 있지 않
다."(안또니오 네그리, 앞의 책, 109~110쪽.)

성의 운명'을 창조한다. 자율주의에 목적론이 있다면 그것은 기원에 기초한 목적론의 거부, 즉 종말목적론에 대항하는 과정목적론이며 척도목적론에 대항하는 구성목적론이다. 그러므로 자율주의는 흔히 기원적 목적을 지시하는 용어인 '이념'(ideology)과는 대립된다.

자율능력의 발생

우리가 역사를 '공통적인 것'의 생산의 역사로 정의하는 한에서 역사는 자율(autonomy)의 역사이다. 역사가 기원을 갖지 않는다면, 그것이 오직 생성만을 의미한다면 역사는 history(his-story, 즉 기원적 주체의 이야기)가 아니라 Geschichte(독일어에서 동사형 geschechen은 발생하다의 뜻을 갖는다)이다. 이런 의미에서 역사는 자율의 발생사이다.

역사적 인류는 지금까지 세 단계의 운명을 창조해 왔다.

첫 번째 단계는 자연과 융합된 인간으로서의 켄타우르(Centaur, 半人半馬)의 운명이다. 이 운명의 단계에서 인간은 단지 자연의 일부로 존재한다. 인간은 자연의 필연성에 의존하는 자연 존재로 살아간다. 자유는 우연적일 뿐이다. 켄타우르는 근대 이전의 인간이 겪었던 보편적 운명이었다. 여기에서 자율성은 필연성에 종속되어 있다.

두 번째 단계는 노동과 실천에 의해 만들어진 인간-인간의 운명이다. 이 운명의 단계에서 인간은 자연 필연성을 자신의 기획에 응용하기 시작한다. 여기에서 인간은 자연 존재이면서 동시에 그로부터 독립적인 주체로 자신을 정립한다. 인간-인간은 근대의 인간이 창출한 운명이다. 여기에서 자율성은 자연 필연성에 대한 투쟁이자 그것의 극복으로서의 노동이라는 형태로 자신을 드러낸다. 그러나 노동의 자율성은 여전히 자연에 압도당하고 있다. 희소성과 부족이 그것이다. 그래서 노동의 자율성(autonomy)은 자본주의적 경제(economy)의 형태로 나타나는 자연에 속박 당한다. 노동을 자유가 아니라 필연으로 만드는 이 경제-자연은 자연 그대로의 자연, 즉 자연-자연은 아니다. 그것은 자연이 근대 이전에 인류에게 강제해 온 희소성을 인류의 특수한 층에게 강제하기 위해 만들어진 자연의 모사물이다. 그것은 인위적 자연, 다시 말해 풍부함에도 불구하고 강제되는 희소성이다.

세 번째 단계는 경제-자연의 이 모사된 희소성에 대한 노동의 투쟁을 통해 창출되는 운명이다. 인위적 필연으로 강제되는 노동에 대한 거부가 광범하게 발생하면서 자본은 노동력을 더욱더 많이 기계력으로 대체한다. 노동 없이 움직이는 자동기계(automaton)에의 꿈이 이 과정을 이끈다. 인간은 자신의 지성을 더욱 빠르게 기계 속으로 이전하고 바로 그에 의해 생산된 그 기계와 다시 연결되면서 자신의 존재를 인공적으로 발전시킨다. 인간의 자율성은 자연 필연성으로부터 전적으로 독립적인 것으로, 노동의 자율성에서 구성의 자율성으로 된다.[10] 이것이 '생산을 통해 그의 존재를 인공적으로 발전시키면서 변형된 인간'으로서의 탈근대적 인간-기계,

사이보그 단계의 운명이다.[11]

마치 자율성의 예정된 성장인 것처럼 보이는 인간 운명의 이 재구성을 종말목적론적인 것으로 읽어서는 안 된다. 이것들은 제1의 제2의, 제3의 … 그리고 제n차의, 앞으로 어떻게 자신을 전개할지 예정되어 있지 않은 인간적 자연(human nature)의 자기표현들이다. 진화적 표류의 이 단계들은 '영원의 상(像)' 속에서 전개되는 진보의 그때그때의 국면을 나타낼 뿐이다.

이상에서 우리는 인간이 전근대에는 자연에 예속되어 있었고 근대에는 모조된 자연인 경제에 예속되어 있었다고 할 수 있다. 자연에의 예속은 누구나 받아들일 수밖에 없는 자연의 강제로 주어졌지만 경제에의 예속은 경제로부터 분리된 정치에 의해 인위적으로 실현되어 왔다. 이 두 운명의 단계에 인간의 자율성은 부재하거나 억압된 형태로 실재했다. 그러므로 예속으로부터의 해방, 실제적인 인간의 자율성은 탈근대적 인간-기계의 운명을 통해 창출되기 시작한다고 말할 수 있다. 물론 탈근대에서도 인간-기계, 즉 사이보그는 여전히 정치적 억압 아래에 있고 경제에 속박된 모습으로 현존한다. 하지만 그 속박은 근대에서만큼의 합리성이나 설득력을 갖지 못한다. 희소성이 노동자에게 설득력을 가질 수 있었던 것은 근대가 얹혀 있는 기반이 아직 제1차 자연이었기 때문이었다. 근대

---

10. 자율성의 역사적 발전에 대해서는 조정환(이원영), 「오늘날의 계급구성과 '자율성' 개념의 발전」, (『이딸리아 자율주의 정치철학 · 1』, 갈무리, 1997, 13~92쪽) 참조.
11. 켄타우르, 인간-인간, 인간-기계라는 인류사의 계보학적 구분에 대해서는 Antonio Negri, *op. cit.*, pp. 184~185 참조.

의 운명 속에서 인간은, 노동/실천을 통해, 주어진 자연으로부터 자신을 분리시켰지만 그 분리는 자연을 주어진 것으로 받아들일 수밖에 없는 필연성에 의해 조건지어져 있었다. 이 운명의 단계에서 인간은 자연을 생산할 수는 없었다. 인간의 실천은 주어진 자연을 원료로 하여 그것을 가공하는 것에 머물러 있었다.

그러면 탈근대적 인간-기계에게도 주어진 자연이 필연적 조건인가? 그렇지 않다. 인간-기계는 주어진 자연을 자신의 기반으로 삼기보다 오히려 자연 그 자체를 생산한다. 인간-기계는 지금까지 자연에 의해 주어졌던 원료를, 그리고 노동력을 생산하고 재생산한다. 인간-기계는 생태에 의해 규정되고 조건지어지는 것이 아니라 생태를 생산한다. 생태는 더 이상 자연-자연적인 것이 아니고 인간-자연적인 것으로 나타난다. 생태는 자연의 형상보다는 오히려 공장의 형상을 취한다.[12] 그러나 그 공장은 더 이상 자연에 긴박된 공장, 도시의 형태로 농촌에 포위되어 있는 공장이 아니다. 그것은 장소에 묶이지 않은 공장, 인간-기계의 협력적 융합체에 의해 가동되는 사회공장이며 삶의 조건 그 자체를 생산하는 생태공장이다.

인간의 자율성이 사회의 현실적 문제로, 그것도 가장 중심적인 문제로 제기되는 것은 이 운명의 단계에서이다. 탈근대성은 '인간-기계' 자연, 즉 제3차의 자연이 도래하는 시간이며 그 운명 속에서 영원성이 자율성의 문제를 제기하는 공간이다. 여기서 문제는 도

---

12. Antonio Negri, *The Politics of Subversion*, trans. by James Newell, 1989, Polity Press, p. 94.

전적인 형태로 제기된다. 근대성을 정의했던 모든 제도형태들은 인간-기계의 자연과 조응될 수 있는가? 그것들은 현시대에도 자신의 타당성을 주장할 수 있는가?

우리는 근대적 운명의 단계에서도 이와 유사한 도전적 질문들이 제기되어 왔음을 발견할 수 있다. 1917년 혁명 직후에, 세계가 자본주의를 벗어난 최초의 사회형태로서 '사회주의 사회'를 구축했다고 기뻐하고 있던 그 시간에, 여전히 노동을 필연성으로 받아들이는 사회주의 사회가 과연 자본주의와 질적으로 구별되는 새로운 사회인가 의문을 품었던 로자 룩셈부르크와 좌파공산주의자들에서 우리는 이 도전적 문제제기를 발견할 수 있다. 이러한 문제제기는 이른바 '선진' 자본주의와 케인즈주의적 복지국가에서 전과 다름없는 야만의 실재성을 읽었던 발터 벤야민과 <프랑크푸르트학파>, <사회주의인가 야만인가>(SoB), <국제 상황주의자들>(SI), 그리고 <국제 사회주의자들>(IS) 등의 비판적 사회이론들에서도 서로 다른 정도로 발견된다. 이들은 현실에 등장한 사회주의의 새로움에 이의를 제기하거나 사회주의를 구성하는 당형태와 당활동에 대해 문제를 제기했다. 그리고 이들은, 사회주의에 의한 국가 중심의 사회운영과 자본주의 시장 중심의 사회운영의 본원적 일치성을 제시함으로써 사회주의를 근대성의 다른 실현으로 비판하곤 했다.13

---

13. 20세기의 사회주의는 자본주의로부터 경제를 배우고(레닌에 의해 주창되고 스딸린주의 소련에서 가속된 테일러주의 및 포드주의 수용) 또 20세기의 자본주의는 사회주의로부터 정치를 배움으로써(케인즈주의에 의한 계획의 수용) 양자는 서로 닮고

그러나 이 도전적 문제제기에도 불구하고 자율성의 문제가 이들에 의해 전면적으로 제시된 것은 아니다. 비판이론의 전통에서 자율성은 물구나무선 모습으로 나타났다. 부정성이 그것이다. 비판이론이 상상한 자율성은 현존하는 것들을 부정하는 힘이라는 소극적 형태로 나타났다. 이 중에서 인간적 자율성의 문제를 가장 극한적으로 추구한 것은 상황주의자들이었다. 그런데 이들조차 결국에는 전위와 대리주의라는 근대정치의 형식에서 도피처를 찾게 되는데, 이것은 자율성을 부정의 힘으로 파악함으로써 나타난 결과일지 모른다.

1968년 혁명은, 레닌·스딸린주의적 사회주의는 말할 것도 없고 그 사회주의의 취약성을 보강할 비판적 제방을 쌓아 올렸던 이들 비판적 사회이론들까지도 넘쳐흐르는 역사적 홍수였다. 1968년의 다중들(multitudes)은 공산당과 사회당에 대항하여 싸웠으며 비판적 사회이론들의 한계를 심문했다.[14] 『일차원적 사회』와 『에로스와 문명』의 마르쿠제나 『부정의 변증법』의 아도르노와 같은 비판이론가들이 1968년의 학생들로부터 도리어 비판을 받았던 것은 비판이론의 이러한 한계와 무관하지 않을 것이다. 1968년의 혁명은 선진 자본주의와 소련 사회주의를 동질적인 것으로 비판하면서 '인간이 경제적 필연성으로부터, 그리고 그 필연성을 법칙화하는 정치적 권력으로부터 해방되어 자율적으로 될 수 있는 길이 무엇인가'를

또 혼합되었다.

14. 1968년 혁명과 다중 주체성의 형성에 대해서는 조정환, 『지구 제국』, 갈무리, 2002, 153~194쪽 참조.

물었다. 이 질문은, 전근대적 자연필연성으로부터 '노동의 해방'이, 희소성의 원리로 모조된 자연 필연성인 경제적 필연성에 묶여 '강제노동 하의 해방'으로 되어 있는 현실의 부당성을 폭로하고 '강제된 노동으로부터의 해방', '강제에서 욕구로의 노동의 전환'을 선언하는 것이었다. 다시 말해 그것은, 모든 필연성으로부터 인간의 해방, 인간의 완전한 자율성을 선언하는 것이었다.

경제와 정치는 특이한 인간들의 생산능력, 구성 능력을 흡수하기 위한 장치이다. 그것은 근본적으로 노동에 의존한다. 그런데 1968년에 제기된 '노동으로부터의 해방'은 단순히 관념적인 요구가 아니었다. 그것은, 가변자본에 대한 고정자본 비율의 압도적 증가로 나타나는 기계체제, 즉 인간-기계의 사회적 운명이 '실업자', '불안정 노동자', '비임금 노동자'라는 부정적 형태들을 양산하고 있는 현실에 기초하고 있었다. 부와 가치의 생산이 점점 더 노동자의 직접적 노동보다는 과학기술의 사회적 응용에 의존하게 되는 현실에서, 노동거부의 요구는, 자본이 노동의 힘을 빌려 창출한 현실을, 자본의 입장이 아니라 노동의 입장에서 적극적으로 전복하고 전유하려는 노력에 다름 아니었다. 이처럼 노동이 부와 가치의 생산에서 차지하는 위치가 줄어드는 만큼 경제와 정치는 인위적으로 되고 나아가서는 점차 불가능하도록 떠밀린다.

1968년 혁명은 이런 의미에서 아래로부터 내전의 개시이다. 그것은 인간-기계의 자율성의 전투적 발현이다. '노동으로부터의 해방'의 요구는, 경제와 정치의 매개작용을 통해, 가난의 인위적 생산을 통해 필연적인 것으로 강제되어 온 노동을, 그 매개된 필연성으로부터 분리시키려는 시도였다. 그것은 이미 사회공장의 공간 속에 산포되어 있는 생태 기계인 사이보그가 직접적으로 삶을 생산하고 조형하고자 하는 욕구의 분출이었다. 1960년대 노동자주의(operaismo)의 오랜 고투와 1973년 그것의 분열을 거쳐 1977년 여성-학생-생태-노동 운동의 합체로서 폭발한 이탈리아의 자율운동(autonomia)은 1968년 혁명의 한 정점을 표현한다. 이로써 자유주의와 사회주의를 지탱해 온 플라톤-홉스-헤겔-엥겔스-레닌-스딸린-케인즈를 잇는 진보적 사상전통의 주류성은 꺾이고 에피쿠로스-스피노자-마키아벨리-맑스-푸코-들뢰즈-가따리-네그리를 잇는 구성적 사상전통이 새롭게 대두하게 되는 것이다.

신자유주의 반혁명

　내전의 방식으로 이루어진 인간 자율성의 이 전면적인 제기에 대항해 자본이 취한 전략은 흡수보다는 전쟁이다. 더 이상 정치를 통한 경제의 재생산이, 국가를 매개로 한 노동 가치의 자본화가 어려워진 상태에서 신자유주의는 전쟁질서를 전면화한다. 그것은 정치와 경제의 이분법을 포기하면서, 다시 말해 시민사회를 국가 속으로 흡수하면서 그것을 전 지구적 전쟁에 종속시키는 길이다. 그 결과 사빠띠스따 민족해방군 부사령관 마르꼬스가 '제4차 세계대전'[15]이라고 부른 이 전쟁은 국가간 전쟁 혹은 제국주의 전쟁으로 나타난 이전의 세 차례의 세계대전과는 달리 전 지구적 계급전쟁으로 나타나게 된다.

　케인즈주의가 봉합해 왔던 노동과 자본의 갈등이 내전으로 폭발하게 되는 것은 '실재적 외부'의 소멸 때문이다. 자본주의의 형식적 포섭은 자본관계 외부에 있는 것들, 즉 제1차의 자연과 켄타우르를 자신의 내부로 포섭하는 것이었다. 이 과정에 포섭된 모든 것들(원료-자연, 노동력, 기술-기계 등)은 민족국가를 정점으로 하는 주권체제 속에 위계적으로 합성되었다. 외부 세계의 영토적 병합을 특징으로 하는 제국주의는 민족국가 주권의 발전된 형태이다. 외부를 내부로 흡수하여 자본관계에 포섭하는 이 과정에서 제2차의 자연인 인간-인간이 탄생하고 성장한다. 자본은 인간-인간에게 부과한 경제적 필연성이 도전에 직면할 때마다 이 도전을 외부로, 외부의 더 큰 흡수를 위한 투쟁으로, 즉 제국주의 전쟁으로 돌리는 것이 가능했다. 제1차 세계대전과 제2차 세계대전은, 그리고 심지어 냉전(제3차 세계대전)도 내전의 위험을 외부화하려는 자본의 포섭 전략의 산물이다. 아직 자본주의의 외부가 광대하게 남아 있던 제1차 세계대전의 시기에 '제국주의 전쟁을 내전으로' 전화하고자 했던 레닌의 시도는, 전 지구적 규모에서 볼 때는 너무 때이르게 나타난 것이었지만 그러나 위대한 혁명적 선취였다고 할 수 있다.

　그러나 근대성의 운명 속에서 인간의 사회적 생산의 발전은 제2차적 자연인 인간-인간을 제3차적 자연인 인간-기계로 전환시킴과 동시에 제1차의 자연과 켄타우르를 자신의 아래에 병합한다. 노

---

15. 마르꼬스, 「제4차 세계대전은 시작되었다」(전태일을 따르는 민주노조운동연구소 편역, 『신자유주의와 세계민중운동』, 한울, 1998, 55~85쪽.

동은 자본관계에 실질적으로 포섭되어 인간-기계는 자본관계의 외부에 아무 것도 없는 운명 속에서 움직인다. 생산은 공장노동을 통합한 사회적 수준에서의 결합노동에 의해 이루어진다.[16] 그 결합을 매개하는 것은 과학기술-기계, 나아가 정보기계이다. 기계가 (상품뿐만 아니라 기계 자신을, 그리고 원료를, 심지어는 인간을) 생산하며 인간은 직접적 노동에서 물러난다. 점차 실업이 사회의 정상(正常)으로 자리잡고 취업이 사회의 예외로 배치된다. 실업자를 헐가의 불안정 노동자로 고용함으로써 그들로 하여금 기계를 대신하게 함으로써 '인간-기계'화 경향의 역전이 나타나기도 하지만 그것은 인간-기계의 운명을 조건으로 나타나는 역진운동일 뿐이다. '인간-기계'는 탈근대성의 인간 조건이다.

이 조건이 가속화하고 있는 것은 착취의 곤란, 심지어는 착취의 불가능성이다. 착취는 노동시간에 의존한다. 그런데 인간-기계의 운명은 노동을 부의 생산에서 추방함으로써 점점 더 가치화과정을 어렵게 만든다. 기계는 물론 자신의 가치를 생산물로 이전하거나 노동 생산력의 향상을 통해 필요노동에 대한 잉여노동의 비율을 증가시키거나 유통시간을 단축하는 등의 방식으로 가치생산에 기

---

16. 이러한 생각의 모태는 칼 맑스에 의해 『정치경제학 비판 요강』 제2권, 김호균 옮김, 백의, 2000, 368~428쪽에서 전개되었다. 안토니오 네그리가 『맑스를 넘은 맑스』(윤수종 옮김, 새길, 1994)에서 집중적으로 분석하고 복권시킨 이 생각은 조정환, 『지구 제국』(갈무리, 2002)의 제2부에서, 그리고 최근에는 이진경, 「노동의 기계적 포섭과 기계적 잉여가치 개념에 관하여」(맑스코뮤날레 조직위원회, 『지구화시대 맑스의 현재성 · 1』, 2003)과 유동민, 「맑스의 잉여가치론의 재해석」(같은 책)에서도 나타나고 있다. 이 책 『제국기계 비판』의 1부 1장은 '가상실효적 포섭'의 개념을 통해 현대 자본주의에서의 이러한 생산양식 변화를 설명하려는 시도이다.

여하기는 한다.[17] 그럼에도 불구하고 착취는 노동시간을 통해서만 가능한데 왜냐하면 기계류에 의한 인간노동의 대체가 노동자의 직접적 노동시간 대신 기계의 직접적 작동시간에 대한 착취를 가능케 해 주는 것은 아니기 때문이다.[18] 인간-기계의 운명은 점차 '노동시간에 의한 가치측정'(가치법칙)을 위기에 빠뜨린다. 자본이 '착취'보다 '수탈'에 대한 더 큰 유혹을 받는 것은 이 때문이다. 크게 보면 실업자, 비정규직 노동자, 비임금 노동자 등 다양하게 분할된 불안정 노동자 집단의 창출은 착취의 곤란을 만회하기 위한 수탈의 한 방식으로 이해할 수 있다. 이들은 실제로는 사회적 노동의 과정에 다양한 방식으로 결합되어 있는 노동자들임에도 불구하고[19] 이들에게는 사회역사적이고 문화적인 욕구수준에 상응하는 임금은 물론이고 노동력의 재생산에 필요한 수준의 임금조차 주어지지 않는 경우가 허다하기 때문이다. 다시 말해 이들은 착취의 기본전제인 등가교환이 이루어지지 않는 조건 속에서 노동하도록 강제되는

---

17. 이에 대해서는 칼 맑스, 『정치경제학 비판 요강』 제2권, 김호균 옮김, 백의, 2000, 376쪽.

18. 이진경은 기계화, 자동화, 정보화에 의해 인간의 노동능력에 대한 착취와는 다른 착취 양식으로서 인간의 모든 사회적 활동 자체에 대한 착취가 출현하고 있다고 보는데, 나는 동일한 현상이 실제로는 노동시간에 기초한 고전적 의미의 착취의 불가능성, 착취의 위기, 결국 가치법칙의 위기를 의미하는 것이라고 생각한다. (이진경, 앞의 글, 476쪽 참조).

19. 비정규직 노동자는 말할 것도 없고 주부나 학생과 같은 비임금 노동자도 가사나 학업과 같은 방식으로 사회적 노동에 참여하며 실업자조차도 이전(以前)의 노동과 구직 노동을 통해 사회적 노동에 참여한다. 그리고 삶정치화되고 네트워크화한 현대 경제에서 현내의 이 모든 집단들은 소비활동을 통해서도 사회적 노동에 참여한다.

것이다. 또 이들은 국가에 의한 화폐 수급의 조절(예컨대 인플레이션)에 의해 자신이 획득한 소득을 수시로 ‘약탈’당한다. 그래서 다시 이들은 등가교환을 기초로 하는 자본관계의 ‘외부’에 놓이게 된다. 이들의 노동력은 다시 자본에게는 마치 자연처럼 정복 가능한 형태로 주어져 있는데, 이것은 제1차의 자연과는 달리 자본에 의해 생산된 자연, 즉 인위적으로 창출된 외부, 제3차 자연의 잉여이다.

신자유주의적 지구화와 시장의 세계화는 이들 잉여인간들을 전 지구적 규모로 양산한다. 실업자들, 원주민들, 여성들, 기타 소수자들이 가장 대규모로 이 잉여인간군에 편입되며 정리해고를 통해 점차 많은 노동자들이 이 잉여인간군에 편입된다. 기계가 생산의 주된 담당자로 되어 있는 현실에서는, 정규직노동자라고 해서 이 운명에서 완전히 벗어나 있는 것이 아니다. 오늘날의 정규직노동자는 실업자와 기계 사이에 놓인 중간 존재로서 엄밀히 발하면 불안정 노동자이다. 오늘날 노동조합들(그리고 노동당들)은 정규직노동자의 불안정화의 속도를 저지할 수 있을지 모르나 그것을 근본적으로 막아낼 힘을 갖고 있지는 않다. 그렇기 때문에 제1세계인가 제2세계인가 제3세계인가를 불문하고 지구 곳곳에 제4세계들이 창출된다. 맘모스적 금융빌딩 단지가 지구상의 어디에나 있듯이, 아니 바로 그 때문에, 빈민거주지는 아프리카에만 있는 것이 아니라 서울, 도쿄, 런던, 뉴욕 등 지구상 어디에나 있다. 신자유주의적 지구화는 인간-기계 세계의 곳곳에 수용소 군도를 창출한다.

지구제국은 이처럼 수용소 군도에 둘러싸인 인간-기계 세계를 관리하기 위한 주권형태이다. 그것은 에테르화한 ‘노동명령=착취’

체제[20] 위에 '화폐명령=수탈' 체제를 구축하고 그 위에 다시 '핵명령=강탈/학살' 체제를, 요컨대 총제적 전쟁질서를 구축하고 있는 포획의 기계이다. 수용수 군도의 잉여인간들은 이 기계 속에 살면서 그것의 '가상 외부'로 시뮬레이션되고 그럼으로써 가상실효적 방식의 착취, 수탈, 강탈, 죽임을 겪는다. 2003년 3월의 이라크는, 사실은, 지구제국에 사는 프롤레타리아들의 보편적 운명을 보여준다.

다중과 협력

이 다수의 잉여인간들, 지구제국의 프롤레타리아들이 바로 다중(multitude)이다. 이들은 지구제국에 포섭된 탈근대적 인간-기계의 사회에서 '가상적으로' 추방된 사람들이다. 이들은 공동체의 경계지대에, 그 외부에 산다. 이들이 생산한 거대한 부와는 대조적으로 바로 그 부의 생산자인 이들은 가난을 삶의 조건으로 갖고 있다. 그들은 공동적 부를 생산했다. 하지만 그 부가 귀속되는 공동체인 지구제국의 물구나무선 구조는 그것이 사적 소유물로서 소수의 수중에 축적되도록 만든다. 그래서 다중은 지구제국과 적대관계에 서 있다.

다중은 계급 개념이다. 그것은 지구제국의 주권합성 과정 속에

---

20. 오늘날의 착취 체제는 정보를 매개로 하는 지성적·감성적 노동, 즉 비물질적 노동을 대상으로 하여 이루어진다. 그것이 에테르(ether)적이라고 부를 수 있는 것은 이 때문이다.

서 부를 생산하는 주체임에도 불구하고 가난한 존재로 계급화된다. 다중은, 인간-인간 단계의 운명에서 프롤레타리아가 띠었던 형태인 노동계급과는 다른 특성을 갖는다. 노동계급은 공장기계의 회로에 배치되어 직접적 노동을 통해 부/가치를 생산했다. 그러나 다중은 인간-기계의 운명 속에서 움직인다. 그것은 생산과 재생산의 전 회로에 산포되어 있다. 산업 노동자, 가사 노동자, 학생 노동자, 연구 노동자, 언론 노동자, 네트 노동자, 유통서비스 노동자, 금융서비스 노동자, 의료서비스 노동자, 보험서비스 노동자, 소비 노동자, 관리 노동자, 공무 노동자, 병역 노동자, 실업 노동자 … 등등으로 (자본에 포섭되어) 사회의 전 영역에 산포되어 있다.

이들의 노동에서 개인은 더 이상 주요한 행위자가 아니다. 협력이 다중의 노동을 특징짓는다. 형식적 포섭 단계에서와는 달리 협력하는 것은 공동체로부터 분리된 '개인들'이 아니라 공통체 속의 '특이성들'이다. 특이성들의 네트워크가 생산의 실제적 행위자이다. 부는 개인노동의 산물이 아니라 협력노동의 산물, 즉 '공통적인 것'이다. 이것은 측정 불가능한 것에 속한다. 이제 착취는 더 이상 척도에 의한 착취로서의 노동가치론에 따라 전개될 수 없다. 그래서 그것은 협력에 대한, 협력하는 특이성들 전체에 대한 착취(실제로는 수탈-약탈-강탈)로 된다. 여기서 착취는 더 이상 경제적이지만은 않으며 정치적인 것, 즉 통제와 합체된다. 그리고 그 통제는 직접적으로 다중의 협력적 삶을 대상으로 하는 정치로 변용된다. 개인노동(혹은 그것의 대중 노동적 합산)을 근거로 해서만 생겨날 수 있는 잉여가치의 생산과 착취는 노동협력에 대한 통제를 통한 착취(실제로는 탈착취)에 자리를 비켜 준다. 인간-기계의 운명에서 '잉여가치'가 창출된다면 그것은 '공통적인 것'의 생산을 향한 기원도 종말도 없는 다중의 목적론(즉 코뮤니즘)에 대한 저지, 척도와 가치를 넘어서려는 다중의 다른-가치화(transvaluation) 노력의 중립화, 활력의 디플레이션으로 나타난다.[21]

다중에 대한 '착취'가 그들의 협력에 대한 '지배'로 나타난다는 사실은 역으로 다중이 갖고 있는 활력을 반증한다. 다중의 활력이란, 이미 말한 것처럼, '공통적인 것', 즉 자신의 운명을 생산하는 힘이다. 그것은 동질적인 미래(future)를 향해 미끄러지는 것이 아니라 사건적 도래(到來)를 드러내는 주체성이다. 다중은 특이성들의 배치, 아상블라쥬, 혹은 별자리이다. 협력하면서 새로운 활력을 생산하는 것은 활력들의 특이성들, 그것들의 차이이다. 근대에 생산적 협력은 자본가나 국가에 의해 부과되었지만 탈근대에 생산적 협력은 일반지성-다중지성의 헤게모니에 의해 부과된다.[22] 다중은 협력하지 않고는 생산할 수 없으며 그 협력은 점점 더 언어적, 지적, 정서적 성격을 띠어간다.[23] 이를 통해 구축되는 일반지성은 다른-

---

21. 안또니오 네그리, 『혁명의 시간』, 205~206쪽.

22. 같은 책, 201~203쪽.

23. "언어는 공통적이다. 우리는 자연을 변형할 도구, 혹은 역사적 세계와 관련하여 우리를 자리매김할 도구를 더 이상 필요로 하지 않는다. 우리는 언어만을 필요로 한다. 언어가 바로 도구다. 더 정확히 말하자면, 두뇌가 바로 도구다. 이 도구를 뇌에 내재하도록 만드는 것은 형이상학적 토대의 환상을 제거한다. 유일한 도구가 언어일 때 우리는 더 이상 도구라는 것에 대하여 본격적으로 이야기할 수 없다. 지금까지는 행위자와는 다른 어떤 것이었던 도구는 이제 일단의 보철에 자리를 내주게 된다. 이 보철의 생산적 힘은 공통적이다. 언어는 '공통적인 것'에서만 그리고 '공통적</p>

가치화를 규정한다. 그것은 척도를 생산하는 것이 아니라 '공통적인 것'을, 측정 불가능한 것을, 영원한 것을 생산한다. 일반지성의 생산활동에서 가장 중요한 생산수단은 다중의 특이한 두뇌들이다. 이것은 실로 하나의 역설이다. 탈근대 자본의 기술적 합성에서 고정자본이 유동자본을 압도하고 그것의 유기적 합성에서는 불변자본이 가변자본을 제로의 수준으로 압박하게 된다. 이 과정을 통해 자동기계 체제는 점차 무르익게 되는데, 그 체제에서는 노동력과 결합되었을 때에는 생산수단이었던 기계류가 마치 햇볕이나 공기와 같은 '생산의 자연조건'으로 전위(轉位)되어 버린다. 그 결과 오히려 전에는 생산수단과 분리되어 있었던 다중의 두뇌와 몸이 가장 주요한 생산수단으로 전화되는 것이다. 이렇게 해서 다시 한번 생산수단이 생산자와 결합되는 탈근대적 역설이 발생한다.

이러한 결합을 통해 생산은 삶과 합체되며 주권은 점점 삶의 외부로 밀려난다. 주권의 초월성이 점점 심화되는 만큼 노동이 삶에 밀착하고 그것이 주권 정치와는 다른 의미에서 정치적인 것으로, 즉 자율정치적인 것으로 전화된다. 삶과 분리된 것, 삶을 대상화하는 것으로서의 주권적 정치와 삶에 내재하는 삶으로서의 정치가 하나의 장소에서 대립한다. 다중의 일상적 삶이 세계를 생산하고

인 것'으로부터만 탄생하고 발전한다. 모든 생산되는 것은 '공통적인 것'을 통하여 생산된다. 모든 상품은 서비스가 되었으며 모든 서비스는 관계들이 되었고, 모든 관계들은 두뇌들이 되었으며, 모든 두뇌들은 '공통적인 것'의 일부를 구성한다. 언어는 더 이상 표현의 형식일 뿐인 것이 아니다. 그것은 인간적인 것과 그 환경을 생산하는 유일한 형식이다. 그리하여 언어는 공통적 존재의 존재방식이다." (같은 책, 119~120쪽.)

혁신하는 장소일 뿐만 아니라, 주권체에 합성될 것인가(타율) 아니면 그것으로부터 자신을 분리하여 스스로를 통치할 것인가(자율)의 싸움이 벌어지는 전장으로 되는 것이다.

여기에서 선택과 결정의 문제가 등장한다. 다중의 운동에서 결정을 내리는 것은 다중의 몸과 두뇌이다. 자율적 결정은 다른-가치화를 선택하는 실천이다. 다른 한편에서 다중의 몸과 두뇌에 대해 명령이 결정을 내리려 하지만 그것은 그에 맞서는 다중의 자기결정력에 직면한다. 가난하지만 투쟁하는 다중들은 사유화, 착취, 수탈, 강탈에 맞서 '공통적인 것'을 생산하는 자신의 활력에 따라 자율을 선택한다. 다중의 자율은 명령에 의한 활력의 디플레이션에 맞서, 그리고 주권에 의한 '공통적인 것'의 폐쇄에 대항하여 자신의 활력을 열어젖히는 것이다. 이 과정에서 가난은 중요한 기능을 한다. 부유함과는 달리 가난은 그 자체가 측정불가능하며 '공통적인 것'에서 추방된 자신의 존재를 통해 공통성의 현존을 증거한다. 그래서 가난은 '공통적인 것'을 주권의 수중에서 분리시킴으로써 그것과 재결합하는 투쟁 속에서 측정불가능성, 공통성, 영원성이 도래하는 장소로 된다. 여기서 계급으로서의 다중은 자신을 코뮤니즘의 현실태로 능동적으로 구성하는 주체성으로 생성된다.

이 주체성이 자신을 구성하는 다양한 방식들 중에서 우리는 세 가지 중요한 양태를 강조할 수 있다. 생산, 저항, 그리고 탈주가 그것이다. 무엇보다도 우리는 생산을 주체성 구성의 측면에서, 즉 정치의 측면에서 이해할 수 있다. 오늘날 생산은 직접적으로 정치적이다. 그것은 현존하는 것의 혁신을 통해 삶을 바꾼다. 둘째로, 착취가 다중의 생성에 대한, '공통적인 것'의 생산에 대한 저지의 형태를 띠는 한에서 저항과 반란은 필연적이다. 이것들은 착취를 위한 전쟁질서가 부과하는 가치를 다르게-가치화한다. 저항은 명령의 질서를 파열시키는 한편 협력의 기술을 발견하고 발명한다. 이것은 협력을 생산하는 '사랑의 테크놀로지'를 통해 생산된다. 그런데, 셋째로, '사랑의 테크놀로지'는 '탈주의 테크놀로지'이기도 하다. 왜냐하면 '공통적인 것'을 생산하는 내재적 주체성으로 자신을 생산함으로써 비로소 주체성의 생산을 저지하려는 명령의 기획으로부터 벗어날 수 있기 때문이다. 생산, 저항, 탈주는 오늘날 제국을 전복하고 대항제국을 건설하는 다중의 주체적 운동의 주요한 양태들이다.

그렇다면 많은 사람들이 주체성 생산의 기관으로 생각하는 정당은 다중의 이 주체화와 능동화에 어떤 방식으로 기여할 수 있겠는가? 아니, 그것이 다중의 자율적인 삶정치적 기계로서 기능할 수 있겠는가? 정당에 대한 다른 정의를 통해서만 이 질문에는 '그렇다'는 대답이 주어질 수 있다. 이럴 때 정당은 다중 외부에 존재하고 외부에서 활동하는 정치조직이 아니라 다중 내부에서 다중 자신의 정치적 조직화로서 생성되는 정치조직으로 재정의되어야 한다. 예컨대 볼셰비끼당이나 역사적 공산당/사회당보다는 파리코뮨이나 소비예트 같은 대중정치조직이 정당의 진화된 형태로 정의되어야 하며 오늘날에는 다양한 유형의 네트워크들에서 정당의 진화된 모습을 읽어야 한다. 재현/대의에 기초하는 근대적 의미의 정당은 다중의 삶정치적 기계로 작용할 수 없다. 그것은 언제나 다중의 삶정치적 결정을 대상화하고 재현하는 '권력의 공간'에서 움직인다. 바로 그렇기 때문에 그러한 정당은 명령 질서로부터의 탈주라는 다중의 기획을 위한 삶정치적 기계로 기능할 수 없다. 오늘날 그것은 다중을 주권의 계열 속으로 포섭하는 포획의 기계로 더 잘 기능하곤 한다.

탈국가적 이행

우리가 혁명을 '공통적인 것'의 새로운 생산이자 운명의 혁신으로 이해하면 이행의 개념은 달라진다. 그것은 자본주의에서 사회주의로의 이행, 즉 하나의 상태에서 다른 상태로의 객관적 이동 같은 것, 요컨대 철도 여행 같은 것이 아니다. 이행은 주체성에 의한 새로운 '공통적인 것'의 생산, 주권적인 것에 대한 저항과 그것으로부터의 탈주의 형태로 나타난다. 그것은 빅뱅과 같은 성격을 갖는다. 다중의 이러한 생산, 저항, 탈주가, '공통적인 것'의 확대재생산에 대한 저지를 극복하고 협력을 확대재생산하는 것인 한에서, 코뮤니즘은 미래의 어떤 사회상태가 아니라 지금 여기에서의 운동을 통해 도래하는 협력적 관계 그 자체이다. 그것은 '분할의 테크놀로지'에 대항하는 '사랑의 테크놀로지'의 부단한 혁신과정이다.

코뮤니즘은 무엇보다도 탈근대적 생산의 협력노동 속에서 생장한다. 언어가 핵심적 생산수단으로 되면서 소통(communication)은 생산력이자 동시에 생산물로 된다. 점차 착취가 이 소통에 대한 착취로 되는 것은 이러한 변화에 기인한다. 코뮤니즘은 이 협력적 소통생산 속에서 도래한다. 이 과정은 특이성들의 소통뿐만 아니라 혼종(hybridization)을 수반한다. 인구의 탈영토화(예컨대 이민)를 통해 인종적·민족적 혼종이 이루어지며 언어와 문화의 교류를 통해 문화적 혼종이 이루어진다. 혼종은 다중의 소통과 단결을 위한 전제이자 그 방식이며 그것의 형태로 나타난다. 혼종은, 소통과 더불어, 다중이 자신을 혁명하는 과정인 셈이다.

나는 앞에서, 재현/대의의 원리 위에서 움직이는 근대적 정당은 다중의 코뮤니즘적 주체화를 위해 기능하기 어려우며, 다중의 욕구와 활력을 표현하는 코뮨적 정치조직이나 네트워크적 조직이 그것을 위해 더 잘 기능할 수 있을 것임을 암시했다. 이것은 국가를 이행의 중심 수단으로 설정해 온 모든 정치학과의 결별을 의미한다. 변혁을 자본주의에서 사회주의로의 직선적이고 객관적인 이행으로, 동질적인 시간 속에서의 이동으로 사고할 때 국가는 그 이행의 관제고지이자 지렛대로 상상되었다. 그래서 우선 국가권력을 장악하고 자본주의에서 생산된 모든 부와 권력을 국가의 수중으로 옮긴 후 이것을 지렛대로 생산의 사회화를 이룰 필요가 있다고 주장되었다. 그러나 생산의 사회화는 탈근대의 비물질적 노동의 헤게모니 속에서 이미 현실화되고 있다. 근대에는 1917년의 혁명이, 그리고 그에 대한 수동적 대응으로서의 케인즈주의가 생산의 사회화를 높은 수준으로 진척시켰다. 그리고 이 과정에서 국가가 생산 사회화의 중요한 매개 역할을 담당했다. 그런데 탈근대에는 무엇보다도 다중의 생산적 협력의 발전이 생산의 사회화를 주도한다.

국가와 지구제국은 한편에서는 다중의 생산적 협력의 발전을 수용하고 흡수하면서도 다른 한편에서는 이 과정을 제약한다. 그러므로 탈근대적 이행에서 근대 국가가 수행했던 생산 사회화 기능으로부터 '국가 장악의 필요성'을 추론하고 그에 따라 행동한다면 그것은 복고적인 것으로, 반동적인 실천으로 귀결될 것이다.

그런데 여기서 '국가권력의 장악 없이 반혁명을 저지할 수 있겠는가?'라는 마지막 남은 우려의 목소리가 제기될 수 있다. 이 우려에 대해 우리는 이렇게 답할 수 있다: '지금까지의 역사에서 모든 반혁명은 국가를 통해 이루어졌지 국가에 대항해 이루어지지 않았다. 국가는 언제나 혁명을 저지하고 반혁명을 이끄는 기관차였다. 국가가 혁명의 기관으로 사용되는 경우에조차 그것은 동시에 반혁명을 예비하는 기관이었다.'

근대적 국가권력의 장악이 이행의 과제라기보다 반(反)이행의 과제임이 확인된 후에 이제 반론은 '코뮨도 역시 국가의 한 형태이다.'라는 방식으로 제기될 수 있다. 여기서 우리는 오늘날 state와 republic의 무차별한 사용에도 불구하고 이 양자를 구분함으로써 이에 응답해야 한다. state와 republic은 서로 상반되는 것이다. state는, 그것의 라틴어 어원이 암시하듯이, 다중에 의한 '공통적인 것'의 생산을 저지하는 것, 즉 멈추게 하는 것(stand)이다. 그것은 흡수와 억압을 표상한다. 반면 republic은 state의 수중에 응고되어 있는 부와 권력을 다시 다중의 것으로 되돌리는 것(re-public)[24], 즉 '공통

---

24. republic의 어원에서 re는 물론 '다시'를 의미하는 re가 아니라 res, 즉 물건을 의미했다. 즉 공중의 것을 의미했다.

적인 것'을 state의 수중에서 분리시켜 다중의 것으로 재전유하는 것이다. 이런 의미에서 commune은 state보다는 republic에 가깝다. 그러나 republic이 표현하지 못하는 것이 있다. 그것은 '공통적인 것'을 생산하는 것으로서의 인간의 육체적·지적 삶이다. commune 은 직접적으로 이 '공통적인 것'을 생산하는 삶을 정치적으로 주체화함으로써 republic을 한층 근본적인 것으로 전위시킨다. 그것은 코뮤니즘이 삶에 내재적인 것임을 승인하는 조직화의 형태이다. 코뮤니즘은 외부로부터 수입되거나 지도되거나 양육되는 것이 아니라, 삶의 협력적 생산을 통해 지금-여기에서 생산되는 인간의 새로운 운명이다. 낙관은 무엇보다도 이 활력이 존재한다는 사실의 효과이지만 이에 대한 인식의 효과이기도 하다. 왜냐하면 이러한 인식은, 우리로 하여금, 특이한 자기에 대한 부정을 수반하는 외부에 대한 일체의 의존으로부터 벗어나 자기의 활력을 해방할 뿐만아니라 타자들에 대한 신뢰와 사랑을 통해, 그리고 그들과의 협력을 통해 집단적 자기, 즉 '우리'를 구성한다는 희망을 갖게 하기 때문이다. 그러나 이 희망은 유토피아적이기보다는 디스토피아적이다. 왜냐하면 그 희망은 오직 비참을 강제하는 전 지구적 전쟁질서에 대항하는 길고 지루하며 고통스러운 전쟁을 통해서만 도달할수 있는 것이기 때문이다.[25]

---

25. 탈근대적 희망의 디스토피아적 성격에 대해서는 Antonio Negri, *The Politics of Subversion*, trans. by James Newell, 1989, Polity Press, p. 152; 그리고 Éric Alliez & Antonio Negri, 'Peace and War'(http://waam.net/jhjournal/view_article.php?a_no=134& p_no=1) 참조.

16장 다중자율의 윤리정치

신자유주의에 대한 주류 대응노선은 오늘날 사회적 합의(즉 새로운 규범의 수립)인가 아래로부터의 저항인가 사이에서 맴돌고 있다. 사회적 합의의 노선이 다중을 보장층과 비보장층으로 분할하는 경직된 선을 암묵적으로 받아들이는 반편, 저항적 저지의 노선은 신자유주의 반대를 위한 다중의 연대를 천명하면서도 권위주의 정부들 아래에서 발전되어 그것에 권력을 부여해 온 국가를 저항의 최후 보루로 생각하는 보수적 인식틀 속에서 움직인다. 권위주의적 징계사회에 대한 저항 속에서 탄생하여 그것을 해체하는 것에 결정적 역할을 수행해 온 저항의 힘들이 이제 (신자유주의적 개혁에 합의하거나 아니면) 권위주의 정치의 토대이자 생산물인 국가소유를 옹호하지 않으면 안 되는 현실에 봉착해 있는 것이다.

그래서 '역사상 징계에 대한 투쟁 및 감금 환경과 연관되어 있던 투쟁의 힘들과 조직들이 신자유주의적 통제사회에 잘 적응할 수 있을 것인가 아니면 새로운 저항형태에 자리를 내줄 것인가'[1]하는 문제가 지금의 한국사회에서 중요한 화두로 대두되고 있다.

저항형태의 새로운 구축과 관련된 이 문제는 지배형태의 변이, 나아가 계급구성의 동태에 대한 탐구 없이는 풀기 어려운 문제이다. 1987년을 거치면서 한국의 지배권력은 다중에 대한 예속화에서 규범화로 서서히 지배원리를 바꾸어 왔다. 그리고 1998년 이후 신자유주의적 개혁을 가속화하는 과정에서 지배의 규범화는 정보화[2]와 중첩될 뿐만 아니라 그것의 보완물로 전화해 왔다. 전통적 저항운동에서 사회적 합의의 방안이 제기되는 것은 이런 맥락과 연관되어 있다. 이것은 1980년대에 진리의 이름으로 폭압적 권력에 맞섰던 저항운동의 변이이다. 이 사회적 합의론에 대한 거부는 전통적 저항모델로부터 나오고 있을 뿐만 아니라 신자유주의적 사회재편 과정에서 생성된 새로운 주체성에 기초한 욕망의 모델로부터도 나오고 있다. 그러므로 우리 시대에 다중의 주체적 힘이 자신을 새롭게 구성해 나갈 내재적 윤리학을 탐색하기 위한 이 마지막 장에서 우리는 1980년대에 득세했던 진리모델에 입각한 이데올로

---

1. 질 들뢰즈, 『대담』, 김종호 옮김, 솔, 1993, 204쪽 참조.
2. 나는 이하에서 정보화와 버츄얼화(virtualization)를 중첩되면서도 구분되는 개념으로 사용한다. 정보화는 버츄얼화에 포함되지만 그것은 버츄얼화 속에서 작동하는 다중의 힘을 소외시키고 사물화시키는 방식으로 이루어진다. 정보화는 자본과 권력이 버츄얼화의 탈영토적 힘을 흡수·이용하는 방식이다. 다르게 표현하면 그것은 다중의 소통적 힘과 관계를 '데이터'로 전환시키는 과정이다.

기 비판, 1990년대에 득세한 규범모델에 입각한 합의노선, 그리고 욕망모델에 입각한 통제 비판을 검토하면서 그것의 성과와 한계를 살피고 오늘날의 조건 속에 현존하는 대안을 모색할 필요가 있다. 이 과정에서 특별히 주목할 필요가 있는 것은 지배전략이 점차 버츄얼화3에 입각한 정보화를 중심으로 구축되면서 체제가 저항의 진리모델과 규범모델뿐만 아니라 저항의 욕망모델까지 흡수할 능력을 갖게 되었다는 점이다. 그러므로 정보화에 대응할 수 있는 새로운 저항형태의 구축이 필요하게 된다. 여기서 나는 정보화로 나타나는 지배의 새로운 형태에 대응할 수 는 윤리적 구성적 실천의 방안으로 덕(德)의 윤리정치적 가능성을 탐색하고자 한다. 이것은 변화된 지배전략하에서 저항의 진리모델이나 규범모델에 대한 대안으로 1990년대에 새롭게 제기된 저항의 욕망모델이 지금까지 드러내 온 한계를 극복하면서 다중의 자율적 윤리정치(학)을 새롭게

----

3. virtual은 virtue와 마찬가지로 '남자/인간'을 의미하는 라틴어 vir에서 유래하여 '힘'을 뜻하게 된 virtus에 그 어원을 둔다. virtual은 효과상에서 실제적이라는 뜻이며 실제적 효과를 낼 수 있는 힘을 갖고 있음을 뜻한다. 나는 이 글에서 '가상적' '가상성'(virtuality)이라는 통상적 번역어를 피하고 '버츄얼' '버츄앨러티' 등의 음역을 택한다. 왜냐하면 이 글에서 버츄얼은 가상보다는 오히려 '실상(實相)'에 더 가깝고 '가상적'이기보다는 '가상실효적'인 것을 의미하기 때문이다. 이것은 윤리적·정치적 범주로서의 덕(virtue)을 오늘날의 virtual reality 위에 정초하기 위한 방편이다. 스피노자에게서 덕은 존재를 보존하고 완전으로 이끌 수 있는 지적·정서적 능력을 의미하는데 이러한 덕이 현대에 더욱 절실하다는 것이 나의 생각이다. virtualization은 virtual의 힘의 자기전개를 의미한다. 이 과정에서 오늘날에는 디지털 테크놀로지가 핵심적 역할을 하고 있다. 나는 real도 '실재적' '실재성'(reality)과 같은 통상적 번역어를 피하고 '리얼' '리얼리티'로 표현했는데 이는 이 말이 갖는 물리적 성격(res는 라틴어에서 thing을 의미한다)을 virtual과의 대비 속에서 드러내기 위해서다.

세워보려는 보려는 노력의 하나이다.

저항의 진리모델

　1970년대의 운동이 양심에 주로 의거했던 반면 1980년대에 주된 저항의 선은 '진리'의 이름으로 구축되었다. 객관적 진리에 대한 확신으로 가득 찬 레닌주의가 어떻게 수십 년의 시간적 거리를 뛰어넘어 한국에서 다시 부활할 수 있었던 것일까? 반공의 진열창이었던 남한에서 어떻게 프롤레타리아의 필연적 승리를 확신하는 과학적 사회주의가 수많은 사람들의 마음을 사로잡을 수 있었던 것일까? 공산당이나 사회당에 반하는 혁명이 유럽을 휩쓸고 동구에서 사회주의가 아래로부터의 저항에 직면해 개혁과 개방의 응급조치를 통해서만 연명하고 있던 상황에서 어떻게 한국의 저항운동이 1917년의 상상력과 프롤레타리아 계급의식의 정당성을 그토록 강렬하게 다시 제기할 수 있었던 것일까?
　우선 그 외적 조건은 지배권력으로부터 주어졌다. 지배권력은 권위주의 정권의 위기(이른바 1980년 봄)를 강제한 1970년대 말의 부마항쟁과 YH 노동자투쟁, 그리고 1980년 초의 학생투쟁과 광주항쟁을 폭력으로 짓밟고 군사적 질서를 복구했다. 그것은 한국전쟁 이후 5·16 반혁명을 거치면서 구축되어 온 비상질서에 민중을 수직적으로 다시 결박하는 것이었다. 1980년 5월 사건은 부과되는 질서(order)에서 명령적 예속화(sub-ordi-nation)의 지속을, 즉 개인,

기업, 학교, 행정, 가정, 군사, 언론, 문화 등 사회의 대부분의 활동
이 위계적 국가질서에 더 심하게 예속될 것임을 선언하는 것이었
다.

　권력이 억압적 국가에 예외적으로 집중되어 있으면서 국가가 스
스로를 유일한 진리이자 법으로 선언하고 있는 상황은 '객관적 진
리'론이 저항의 무기로 자리잡을 수 있는 가장 적합한 토양이다.
왜냐하면 국가가 선언하고 또 강제하고 있는 것이 진리가 아니라
허구임을 객관적으로 입증하는 것만으로 질서에 중대한 타격을 가
할 수 있기 때문이다. 그래서 저항적 지식인들은 전두환 정부가 내
건 '정의'가 실제로는 독점, 독재의 정의일 뿐만 아니라 신식민지
적 종속의 정의일 뿐임을 입증함으로써 또 다른 정의, 또 다른 진
리의 가능성을 암시하고자 했다. 폭발한 사회구성체 논쟁이 이데
올로기 비판의 성격을 띠었던 것은 이 때문이다.

　노동계급이 아직 조직되어 있지 않고 학생과 지식인들이 저항의
전위를 이루고 있는 상황에서 진리모델은 저항의 확고한 노선으로
자리잡았으며 그것은 진리 담당자로서의 당 건설을 위한 정파운동
들로 구체화되었다. 당은 이데올로기 비판의 성과를 조직적으로
전유하고 진리를 권력으로 전환시키는 매개체로 사고되었다. 객관
적 진리의 담당자인 사회(주의)당이 국가권력을 장악함으로써 사회
는 허구적 권력이 부과한 질곡에서 벗어나 진보의 길을 걸어갈 수
있다는 것이 그 논리였다. 그래서 국가권력 장악은 사회변혁의 필
수적 통과점이자 지렛대로 간주된다.

　여기서 우리는 1960년대 이후 연이어진 개발정책으로 양산된 산

업 노동계급이 저항의 이 진리모델에 어떤 태도를 보였는가를 주목할 필요가 있다. 한국의 근대적 산업화는 저임금장시간 노동체제를 유지하여 축적을 가속시키려는 국가의 노골적으로 친자본적인 개입을 수반했다. 공장은 일종의 병영체제로서 가동되었으며 산업 노동자를 생산하는 제도교육기관인 초, 중, 고등학교도 이러한 병영적 체제로서 운영되었다. 대학은 정신노동자나 지배 엘리트를 생산하는 기관으로 배치되었다. 근대적 산업화의 초기에 육체노동과 정신노동의 분할은 뚜렷했고 그것은 저항형태 속에도 깊게 각인되었다.

그 결과 저항운동은 대중과 전위로 구별되고 대학과 연관된 학생이나 지식인이 저항의 전위를 구성했다. 하지만 1980년대에 들어 개시된 산업재구조화는 산업을 첨단화, 지성화하는 방향으로 진행되었고 이로써 구상과 실행의 분리에 기초한 육체노동과 정신노동의 경직된 분할은 서서히 이완되었다. 산업 노동자들은 전통적 저항조직인 노동조합을 저항의 수단으로 선택했지만 그것을 중앙집권적 구조로 조직하기보다 평조합원들의 의사를 최대한 반영할 수 있는 민주적 구조로 다듬기 위해 노력했다. 이것이 1980년대의 전투적 조합주의와 민주노조운동의 특이성을 구성한다.

전위운동들이 산업 노동계급을 사회변혁의 기본적 대중동력으로 호명했음에도 불구하고 한국의 민주노조운동이 전위운동의 진리모델에 동의하거나 그것과 결합하지 않은 것은 한국의 노동계급 형성의 이 역사적 특수성에서 주어진다. 그 결과 1980년대 중반 이후 '노동운동과 과학적 사회주의의 결합'을 추구해 온 전위운동은 민주노조운동과 결합하는 것에 (즉 지도/피지도 관계를 구축하는 것에) 어려움을 겪었으며 1990년대 초 정파질서의 해체를 거쳐 민주노동당으로 재결집한 이후에도 그 어려움은 완전히 사라지지 않고 있는 것으로 보인다. 진리는 노동운동 외부에서 형성되어 노동운동 속으로 수입된다는 생각이 산업재구조화와 노동계급의 재구성으로 인해 의심받게 된 것 외에 사회주의의 붕괴도 진리모델의 신뢰성을 실추시킨 한 요인이었다. 사회주의의 붕괴과정에서 '객관적 진리'가 실제로는 노멘클라투라화한 지배계급의 진리라는 사실이 선명하게 드러났기 때문이다. 진리의 이 상대화 혹은 사회주의의 이데올로기적 성격의 폭로로 인하여 진리모델에 입각한 저항은 한층 큰 곤란에 부딪히게 된다.

규범모델과 욕망모델

한국에서 1987년의 투쟁들은 더 이상 권력이 억압의 방식으로만 작동할 수는 없는 상황을 초래했다. 다중의 불복종에 직면한 권력은 그들의 민주화 요구를 받아들이지 않을 수 없었고 저임금장시간 노동체제를 유지할 수도 없었다. 그 결과 주로 대기업 노동자들을 중심으로 임금이 꾸준히 상승하고 노동시간도 줄어들기 시작했다. 육체노동자와 정신노동자의 임금격차가 줄어들기 시작한 것도 이 무렵부터이다. 예속화 전략이 완전히 포기된 것은 아니지만 예속화보다는 규범화(normalization)가 더 주요한 지배전략으로 부상하기 시작했다. 예속화 전략에서 노동계급은 억압과 배제의 대상으로 설정되지만 규범화 전략에서 노동계급은 합의와 포섭의 대상으로 설정된다. 합의의 기류는 1990년 1월 전노협 결성 이후 자본 내부에서 대두되었다. 그 후 김영삼 정권 출범 직후인 1993년 4월 1일에 '노총·경총 합의'가 이루어지고 그해 10월 27일에 최초의 '노사정 합의'가 이루어짐으로써 합의의 제도화가 궤도에 오르게 되는 것이다.

그러나 한국에서의 사회적 합의는 전후 유럽에서와 같은 복지국가의 대두를 의미하는 것이 아니었다는 점에 그 특이성이 있다. 최초의 노사정 합의인 1994년 10월의 합의가 1987년에 출현한 민주노조운동을 배제한 채 이루어진 데서 미루어 짐작할 수 있듯이 사회적 합의는 경제위기 극복을 위한 고통분담의 차원에서, 즉 노동계급을 경제위기 극복의 동원세력으로 설득하고 견인하기 위한 조치로 선택되었다. 이것은 1995년 민주노총 건설 이후 1996년의 신노사관계 구상과 노사관계개혁위원회를 거쳐 1998년초 김대중 정부의 노사정위원회로 이어지는 합의노선의 기본성격이라고 볼 수 있다.

그렇다면 고통분담을 빌미로 이루어진 노동 동원의 구체적 내용은 무엇이었는가? 1997년 말에 시작된 경제위기 상황에서 1998년 2월에 도출된 노사정 합의의 핵심은 자본이 직면한 정리해고의 필요성을 합의의 방식으로 충족시키는 것에 있었다. 당시의 합의는 정리해고 관련 법조항을 근로기준법에 삽입하고, 긴박한 경영상의 필요에 의한 해고의 요건을 완화시키며, 양도·인수·합병을 긴박한 경영상의 필요로 인정함으로써 산업구조조정에 박차를 매달아 주는 것이었다. 그리고 이것은 권위주의 정부하에서 전투적 저항을 통해 구축된 노동계급의 힘을 약화시키고 신자유주의적 방향으로 사회경제구조를 개혁함으로써 위기를 극복하기 위한 것이었다. 민영화 저지를 사회적 이슈로 부각시킨 발전노조 파업은 노정 합의를 통해 파괴되었는데 이 합의에서도 합의의 이와 같은 일방성과 불균등성은 여실히 드러난다.

한국에서의 사회적 합의들이, 생산성과 임금의 연동을 통해 노동계급을 자발적으로 축적에 동원했던 유럽에서의 사회적 합의와는 내용을 달리하는 것이었다고 할지라도 합의의 형식이 억압의 형식과는 달리 노동계급을 자본의 동반자이자 규범적 주체로 포섭하는 것이었음은 분명하다. 이것은 조직된 노동조합 세력이 사회규범의 창출, 유지, 확산 및 재생산에서 참여적 동반자가 되기 시작했음을 의미한다. 자본에게 필요한 것은 정리해고와 노동관계의 유연화, 불안정화인데 그것을 관철시킬 힘이 노사정 합의를 통해 나온다는 것은 노동계급의 관점에서 보았을 때에는 분명히 역설적이다. 노동계급의 일부가 다른 일부의 정리해고와 불안정화에 합의해 주고 그것을 거역 불가능한 사회규범으로 만드는 데 기여하기 때문이다. 이것은 계급간(inter-class) 합의를 통해 계급 내(intra-class) 적대를 심화시키는 분할지배 전략의 세련된 방식이 아닌가?

그렇다면 노동조합 조직은 왜 자신을 자본의 대리인으로 헌납하게 되는가? 배제적 권위주의 권력에 대항해 투쟁했고 그것을 붕괴시키는 데 기여한 노동조합이 조합질서에 면역력을 가진 신자유주의 권력 앞에서 무력하게 된 요인으로 우리는 다음의 두 가지를 생각해 볼 수 있다.

첫째는 정세적 요인과 조직적 요인이다. 자본은 기계화와 정보화를 통해 노동자투쟁으로 인한 이윤 위기에 대응하고 있는데 이것이 공장을 넘어 사회, 해외, 그리고 싸이버스페이스 등으로의 자본이동을 가져오면서 전통적 노동조합 조직의 약화를 초래하고 있기 때문이다. 게다가 전노협을 해체하고 민주노총으로 전환하는 과정에서 영세, 중소기업 노동자나 해고노동자의 의결권은 축소되고 상대적으로 더 높은 임금, 더 높은 혜택을 받고 있는 대기업 노동자들의 의결권이 강화되었기 때문이다.

둘째는 본원적 요인이다. 노동조합은 노동자들의 자기방어조직으로 출현하여 권위주의 정부의 배제적 태도에 대한 저항으로 전투성을 강화해 왔지만 본원적으로는 노동 속에서의 유리한 교섭을 위한 단결체, 즉 노동력 판매에서 유리한 조건을 확보하기 위한 조직으로서의 성격을 벗어나기 어렵다. 그러므로 전투적 조합주의에서 사회적 합의주의로의 노선변화는 노동조합 운동의 다른 얼굴일 뿐 노동조합 본연의 역할에서의 타락이나 전향이라고 말할 수 있는 것은 아니다. 노동조합이 전투의 길을 선택할 수 있듯이 그것은 합의의 길을 선택할 수도 있는 것이다. 이렇게 노동조합 운동에서 전투와 합의는 대립되기보다 상보적이며 분리되기보다 교차하는 양상들이다.

민주노총과 한국노총으로 대변되는 노동조합 조직들이 임금인상 억제에서 더 나아가 정리해고에까지 합의할 수밖에 없게 된 것은 이 조직형태가 노동관계, 즉 생존을 위해 강제로 노동할 수밖에 없는 자본주의적 관계의 해체를 상상할 수도 또 실현할 수도 없는 것의 정세적 투영이라고 보아야 할 것이다. 노동조합은 자본의 위기를 강제하기도 하지만, 그것이 자본과의 교섭을 자신의 생존조건으로 삼는 한, 자본의 위기가 곧 자신의 위기로 전화하는 딜레마에 처하게 된다. 자본이 실제로 위기에 처했을 때 노동조합이 자본을 위기로부터 구출하려는 노력을 하게 되는 것은 이 때문이다. 오늘날 사회적 합의주의는 자본의 위기가 일상화된 현실에서 합의를 통한 구출을 제도화하려는 시도이다. 노사정의 합의는 평조합원들은 말할 것도 없이 미조직 노동자들과 사회구성원 전체에게까지 영향을 미치는 사회적 규범으로 작용한다. 이것은 오늘날 노동조합 조직이 저항주체에서 규범주체로 전화하고 있음을 의미하는 것이다.

1990년대에 들어 저항 운동의 일각에서 욕망의 문제가 제기되기 시작한 것은 이러한 상황에 대한 반발과 결부되어 있다. 전위운동이 주장해 온 저항의 진리모델과 거리를 두면서 전위운동의 해체 이후에도 전투적 저항성을 보여온 민주노조운동이 권력의 신자유주의적 개혁 드라이브에 밀려 사회적 합의 노선으로 기울고 또 그와 동시에 서서히 사회적 규범주체로 편입되어 가는 현실에서, 규범모델이 갖는 초월성과 억압성을 거부하는 움직임이 일기 시작한 것이다. 이것은 전위운동이 견지했던 저항의 진리모델에 대한 거부의 연장선에서 전개되었다. 저항의 욕망모델이라고 부를 수 있는 이러한 움직임은 1990년대에 크게 두 가지의 방향에서 발전했다.

그 하나는 1990년대 초에 광범하게 도입된 포스트모더니즘 경향
이다. 이 경향은 노동의 자본에의 실제적 포섭과 노동주체의 규범
주체로의 전화를 더 이상 저항이 불가능한 시대로서의 탈근대의
시작으로 읽었다. 이것은 노동의 권력에의 포섭을 권력과 생산의
등가성으로 파악하면서 반권력, 반생산의 전략을 추구한다. 그것은
생산에 대해 소비를, 삶에 대해 죽음을, 성욕에 대해 유혹을, 리얼
에 대해 버츄얼을 옹호하는 역(逆)동일화의 전략으로 나타났다. 이
것이 근대성의 논리와 전략들이 잊고 있던 혹은 배제하고 있던 한
측면을 드러내고 부각시키는 것임은 분명하다. 이것은 노사정 합
의체제의 등장과 더불어 권력과 자본과 노동이 사회적 규범, 지배
적 공리의 확립에 공모하기 시작한 지배적 조류를 고발하며 그것
에서 벗어날 필요성을 제기하는 효과를 갖는다. 그러나 이 경향은
억눌리고 망각되어 왔던 것들에 대한 일면적 찬미에 기운 나머지
소비가 자본주의적 생산 순환의 한 국면임을, 그리고 버츄얼이 리
얼과 마찬가지로 힘의 흐름의 한 양상임을 주목하지 못한다. 포스
트모더니즘에 이론적 무기를 제공한 보드리야르는 "소비가 관계의
능동적 양식이라는 것, 즉 우리의 문화체계 전체가 기초를 두고 있
는 체계적 활동 및 포괄적 반응의 양식이라는 것을 처음부터 분명
하게 주장하지 않으면 안 된다"[4]고 말하며, 여성의 유혹이야말로
남성의 성욕을 규정하고 이끄는 힘이자 화장과 술책의 기호전략이
라고 보면서 이를 옹호한다. 그래서 포스트모더니즘에서는 죽음,

---

4. 장 보드리야르, 『소비의 사회』, 이상률 옮김, 문예출판사, 1992, 9쪽 참조.

소비, 여성, 버츄얼 등에 대한 일방적 긍정이 이루어지게 된다. 이 역전된 긍정론은 '소외는 상품사회의 구조 자체이다. 소외의 극복은 불가능하다. 죽음 이외에는 소외를 피할 방법이 없다'[5]는 식의 비관주의와 결합되는데 이로써 생산, 권력, 남성, 리얼의 연쇄로서의 근대성의 논리는 그것에 대한 격렬한 비난의 담론을 통해 오히려 보호받는 역설적 위치에 놓이게 된다.

생각해 보면 소비, 여성, 버츄얼 등의 찬미는 자본주의의 전략적 재구성 방향과 대립하는 것이 아니다. 오히려 그것은 자본의 전략적 재구성에 도움이 되었다고 할 수 있다. 왜냐하면 자본은 합의적 규범화 속에서 낡은 지배방식과 낡은 지배영역을 넘어 새로운 지배방식과 새로운 지배영역을 구축하려 하고 있었고 여기에서 소비, 여성, 버츄얼, 죽음 등은 중요한 개척지였기 때문이다.

한국의 경우에도 1990년대 초에는 소비 바람이 불면서 그것이 포스트모더니즘을 위한 중요한 자극제가 된다. 그러나 우리의 경우 서구와는 달리 임금상승과 소득증가가 소비풍조 강화의 유일한 물적 기반이었던 것은 결코 아니다. 분명히 1987년 투쟁으로 인한 저임금장시간 노동체제의 파괴가 노동계급의 소비능력을 향상시킨 것은 사실이지만 한국의 '풍요'는 더 많은 부분 부채에 의해 지탱되었다. '소비하라! 소비하라! 소비하라!' 이것이 나날이 자본이 내리는 지상명령이었다. 텔레비전, 팩스, 인터넷, 핸드폰 등 통신기기의 발달은 소비과정을 직접적 가치생산의 영역으로 포섭했으며 여

---

5. 같은 책, 296쪽 참조.

성과 어린이는 이 영역의 중요한 주체로 부상했다. 아울러 디지털 테크놀로지는 자본의 개척지를 장소로부터 해방시켰으며 자본의 이 탈영토적 운동은 인터넷으로 연결된 버츄얼 세계에까지 확장되었다. 생명보험, 암보험 등을 비롯한 각종 보험들은 교회와 국가를 대신하여 죽음까지 축적수단으로, 즉 투자의 영역으로 포섭하고 관리했다. 이렇게 포스트모더니즘은 부채에 의존한 호황을 후원했다. 하지만 그것의 결과는 다중에게 삶의 위기로 되돌아온 1997년의 경제위기였다.

포스트모더니즘이 후기자본주의의 문화논리라는 제임슨의 냉정한 비판은 그것이 수행하는 자본운동에의 이러한 조력효과에 대한 지적이다. 포스트모더니즘은 근대성의 동일화에 반대하는 과정에서 탈근대적 동일화에, 즉 탈근대성의 신비화에 빠지게 되었다. 그것은 소비를, 유혹을, 죽음을, 버츄얼을 찬미하는 과정에서 욕망을 결여로, 소비와 죽음을 허무로, 여성을 빈 공간으로, 버츄얼을 기호적 술책으로 정의했다.

이것이 저항의 제스처를 취하지만 실질적으로는 우리의 삶을 자본운동에 편입, 포섭, 동화시키는 운동논리임이 확인되기까지는 오랜 시간이 걸리지는 않았다. 더욱 강렬한 버츄얼들로 소비와 쾌락을 자극하는 대중매체들의 유혹은, 규범적 배제의 소용돌이에 떠밀려 정리된 다중에게는 불만과 고통을 증폭시킬 뿐이었다. 비정규직, 임시직, 시간제 노동자들과 실업자들의 삶은 더 이상 소비도 쾌락도 버츄얼도 향유할 수 없는 죽음의 문턱으로 내몰렸고 죽음은 저항으로 선택할 수 있는 능동의 행위이기보다 자본에 의해 강제되는 수동의 사고(事故)로 되었다.

노동의 자본에의 실제적 포섭에 대한 대응이 모두 포스트모더니즘적 허무주의의 길을 걸었던 것은 아니다. 한국에서 들뢰즈는 허무주의적인 것과 구별되는 탈근대적 운동의 가능성을 제시하는 데에서 중요한 역할을 했다. 그가 "노동계급이 기왕에 획득한 사회적 지위나 심지어 이미 이론적으로 극복한 국가에 의해 규정되는 한 그것은 오직 '자본' 또는 자본의 일부(가변자본)로서 나타날 뿐 자본의 판(=계획)에서 벗어날 수는 없다. 기껏해야 그러한 계획은 관료적인 것이 될 뿐이다. 반대로 자본의 판에서 벗어나고 항상 그렇게 하고 있을 때에야 비로소 대중은 끊임없이 혁명적으로 되고 가산 집합들간에 성립되는 지배적 균형을 파괴할 수 있다."[6]라고 말할 때에 그것은 노동의 자본에의 실제적 포섭 상황 속에서 다중이 혁명적일 수 있는 길이 무엇인가에 대한 하나의 대안을 제시하는 것이다.

들뢰즈가 이처럼 운동의 권력화에 대항하면서 허무주의적 내파(內破) 대신 탈주의 운동을 제안하게 되는 이론적 근거는 무엇인가? 그는 보드리야르와는 달리 생산의 지형을 떠나기보다 그 지형 위에서, 그것을 등기와 소비를 포함하는 포괄적 과정(생산들의 생산, 능동들과 수동들의 생산, 등기들의 생산, 분배들과 배치들의 생산, 소비들의 생산, 불안 및 고통의 생산 … 등등[7])으로, 그리고 인간-자연의 구별이 없는 우주적 생산으로 확장하는 것에서 출발한다.

---

6. 질 들뢰즈·펠릭스 가타리, 『천 개의 고원』, 김재인 옮김, 새물결, 2001, 901~902쪽.
7. 질 들뢰즈·펠릭스 가타리, 『앙띠-오이디푸스』, 최명관 옮김, 민음사, 2000, 18쪽.

이것이 '욕망하는 기계'의 '욕망하는 생산'이다. 욕망을 근본적으로 생산적인 것으로 정의함으로써 그는 욕망을 결여, 부정, 허무로 정의하는 관점을 기각한다. 그에게서 욕망은 잡종적 요소들의 배치이며, 구조나 발생이 아닌 과정이고, 감정(feeling)이 아닌 정동(affect)이고, 주체성이 아닌 개체화원리(haecceity)[8]이며, 사물이 아니라 사건이다. 욕망은 오직 흐름, 강렬도에 의해서만 정의될 수 있는 내재성의 장, 기관 없는 신체이다. 배치가 만들어지고 또 해체되는 곳, 탈영토화의 점들이나 탈주의 선들이 생성되는 곳이 바로 이 신체이다.[9]

들뢰즈는 조직화의 층들, 특히 권력의 조직화에 대항하기 위해 '기관 없는 신체'라는 표현을 사용한다. 왜냐하면 권력은 이 내재성의 지평(plane)에 그것을 계층화하는 구도(plan)를 부과하여 이 기관 없는 신체에 질서를 부여하고 내재성의 장을 깨뜨리기 때문이다. 이에 대항하는 그의 정치학은 유목론 또는 전쟁기계이다. 그에게서 전쟁기계는 국가장치 밖에 구축되며 국가에 맞서 그리고 국가들에 의해 표현되는 세계적인 공리계에 맞서 이에 도전하면서 우주 끝까지 연장될 수 있는 파괴선과 탈주선을 형성하는 것으로 설정된다.[10] 탈주에 관한 들뢰즈의 사유가 1990년대 한국에서 노동운동보다 문화운동과 학생운동, 그리고 지식인운동에 중요한 상상

---

8. 둔스 스코투스가 창안한 말로 개체화를 담당하는 질적이지 않은 속성을 지칭한다.
9. Gilles Deleuze, 'Desire & Pleasure'(trans. Melissa McMahon, http://www.arts.monash.edu.au/visarts/globe/issue5/delfou.html)
10. 질 들뢰즈·펠릭스 가타리, 『천 개의 고원』, 김재인 옮김, 새물결, 2001, 810~811쪽.

력을 제공한 것은 노동과 자본의 합의 경향의 심화, 그리고 사회적
노동자로의 노동계급의 재구성 경향의 영향이라고 볼 수 있다.

욕망모델의 변형

우리는 욕망을 기초로 하여 우주를 향해 열린 들뢰즈의 기계적
상상력과 탈주의 정치학에서 진리모델과 규범모델을 넘어설 존재
론적 기초를 발견할 수 있다. 이 발견이 생산적일 수 있는 것은 우
리가 근대성으로부터의 유목민적 탈주를 원시적 삶으로의 복귀로
이해하지 않는 한에서이다. 들뢰즈 역시도 오늘날의 철학은 '거대
한 숲속에서나 오솔길에서가 아니라 도시와 거리에서 그리고 이들
이 만들어 내는 보다 인위적인 것들 안에서' 만들어진다고 하지 않
았는가.[11] 이런 점에서 우리는 그가 '때아닌 것은 보다 먼 과거와
관련해 플라톤주의의 전복 안에서, 현재와 관련해 이 비판적 현대
성의 지점으로서 간주되는 시뮬라크르 안에서, 그리고 미래와 관
련해 그에 대한 믿음으로서의 영겁회귀의 환각 안에서 수립된다'[12]
고 한 것에 주목할 필요가 있다.

한국에서 신자유주의적 개혁은 노동계급이 합의에 목말라 하는
상황에서가 아니라 여전히 전투성을 유지하고 있는 상황에서 위로
부터 전략적으로 시작되고 진행되었다. 그것은 노동계급의 전투성

---

11. 질 들뢰즈, 『의미의 논리』, 이정우 옮김, 한길사, 1999, 422쪽.
12. 같은 책, 같은 쪽.

을 순치하고 해체시킴과 동시에 그들의 능력에 걸맞는 자리를 제도 속에 마련해 주는 것이었다. 노사정위원회 가동(1998년 2월)과 민주노총의 합법화(1999년 11월)는 그것의 가시적 조치이다.

그러나 합의와 규범화는 오늘날 가속화하는 지구화를 조건으로 전개되고 있다. 예컨대 합의와 규범화의 어려움을 겪고 있는 쟁점인 민영화나 정리해고가 국가의 단독적 결정이라기보다 자금지원을 대가로 한 초국적 자본의 요구와 결부되어 있는 것이다.[13] 국가는 점점 제국적 네트워크의 마디로 편입되고 있다. 착취와 지배는 점점 탈영토화하고 있다. 신자유주의하에서 도입되고 있는 한국에서의 합의는 주권의 핵심적 지탱물이 아니다. 그것은 어떤 사회적 매개나 교섭도 없이 초국적 수준에서 부과되는 제국의 금융적 정치적 명령들을 추인하는 역할을 하는 것으로 배치되고 있다. 합의가 노동대중의 요구를 제도 속에 반영하는 효과를 가질 때에도 그것은 제국적 주권이 부과하는 큰 틀을 벗어나기 어려운 것이다.[14]

그러면 이것은 매개의 권력인 국가의 약화를 의미하는가? 그렇지 않다. 오히려 국가는 시민사회를 흡수하면서 더욱 강해지고 있다. 드러나고 있는 것은 제국의 마디로의 국가의 위상변화와 억압자에서 규범생산자로, 그리고 다시 조율자(modulator)로의 그것의 경향적 기능변화일 뿐이다.

---

13. 이 사실은, 예컨대 '2차 구조조정 차관'을 위해 1998년에 재정경제부의 이규성 차관이 제임스 울펀슨 IBRD 총재에게 서신으로 국유기업 민영화와 노동시장 개혁 등을 약속하고 있는 것으로 미루어 짐작할 수 있다.
14. 한국의 신자유주의적 재편을 위한 경제, 정치, 통일 정책의 변화에 대해서는 이 책 1부 5장 「제국 속의 한국과 동북아시아」 참조.

조율자로서의 국가는 정보기술을 대의(代議)의 곤란을 해결하는 수단으로 이용한다. 다중들이 자신들의 대표를 선출하는 것이 아니라 후보자가 텔레비전과 인터넷을 통해 자신에게 표를 던질 투표자를 생산하는 것이다. 지배의 정보화가 창출하고자 하는 것은 정치의 스펙터클화를 통한 다중의 관객화이다. 사회공장에서 생산을 하고 사회시장에서 소비를 하는 다중은 이제 사회극장에서 정치게임의 구경꾼으로 참여하도록 유인된다.

그러나 우리가 '때아닌 것'을 찾아야 할 곳은 바로 이 너무 암울해 보이는 현실 속에서이다. 지금 제국적 주권과 그 마디로서의 국가에게 스펙터클을 연출할 힘을 주고 있는 것은 무엇인가? 나날이 착취되어 다중에게 대립하는 노동이 그것의 가장 근본적인 힘일 것임은 분명하다. 문제는 오늘날 노동이 실현되는 양상이다. 오늘날 생산은 직접적 노동에 의해서보다는 다중의 지성, 즉 집단적으로 발전된 과학과 기술의 응용에 의해, 인류의 소통에 의해 더 많이 규정되고 있다. 그 결과 노동은 점차 비물질화, 지성화하며 정동화한다.

이 지형에서 전개되는 현재의 변화들은 무엇을 의미하는가? 오늘날의 정보사회는 맑스가 예견한 기계체제를 훨씬 넘어섰다. 물리학과 역학에 의해 규정되었던 제1차 산업혁명에서 전기학과 화학에 의해 규정된 제2차 산업혁명으로, 그리고 인공두뇌학과 극소전자 기술, 그리고 생물기술에 의해 규정되는 제3차 산업혁명을 거치면서 생산은 점차 리얼(real)에서 버츄얼(virtual)로 전환되고 있다. 버츄얼은 그 나름의 독자적 공간을 구축할 뿐만 아니라 리얼을 횡단하면서 리얼을 버츄얼의 일부로 재배치한다. 우리가 사는 세계는 리얼리티(reality)보다는 버츄앨러티(virtuality)를 축으로 재구축되고 있다. 리얼에서 버츄얼로의 이행이 오늘날의 생산과 문화를 특징짓는다. 이미 적지 않은 사람들이 '면도날로 자신을 베는 행위'를 통해서만, 그로 인해 흐르는 피와 아픔을 통해서만 자신의 리얼리티를 느끼는 상태에 들어서고 있는 것은 결코 개인병리적인 것이 아니다.[15]

이것은 리얼리티에 집중해 온 전통적 관점을 위기에 빠뜨린다. 자본주의의 발전과 더불어 유물론은 점차 리얼리티만을 승인하는 일면성에 빠져왔다. 의식에서 독립된 객관적 실재의 승인을 유물론으로 정의할 때 버츄얼은 리얼에 종속된다. 그리하여 버츄얼(특히 의식)은 (버츄얼과 리얼을 자신의 속성으로 갖는 존재 자체와 관련하여 정의되기보다) 리얼의 속성으로 정의된다. 그러나 리얼의 특권화는 리얼로 정의된 노동계급이 아니라 버츄얼로 정의된 당의 특권화로 귀착되었는데 이것은 아이러니가 아닐 수 없다.

그러나 자본주의의 현대적 발전은 버츄앨러티를 자기 재생산의 필수적이고 핵심적인 수단으로 받아들였으며 이것에 의존해 노동계급의 도전을 제압하면서 축적을 지속하고 있다. 버츄얼의 어떤 힘이 그것을 가능케 하는 것인가? 이것은 버츄얼을 리얼에 종속된

---

15. 이른바 '컷터'(cutter). 지젝이 *Spiked* 지와 가졌던 온라인 인터뷰 참조(http://www. spiked-online.com/Printable/00000002D2C4.htm). 이것이 병리적 현상으로 나타나는 것은 버츄얼로의 이행이 리얼에 대한 편집증이라는 환경 속에서 나타나고 있기 때문이다.

것으로 보는 관점의 수정을 요구한다. 그렇다면 버츄얼은 어떻게 새롭게 정의될 수 있는가? 인간존재는 리얼한 존재이면서 동시에 버츄얼한 존재이다. 이 두 가지는 인간 존재의 상이하고 비교 불가능한 역능이다. 버츄얼은 일종의 문제 복합, 즉 어떤 상황이나 사건 혹은 객체를 수반하면서 문제의 해결과정을 자극하는 힘들이나 경향들의 결절(結節)로 정의될 수 있다.[16] 우리가 논의를 좀더 분명히 하려면 버츄얼의 문제복합을 이루는 힘들과 경향들은 인간의 집단적이고 사회적인 지각능력, 감성능력, 행위능력의 총체임을 주목할 필요가 있다.

존재의 물리적 역능이 리얼이라면 존재의 정신적 역능이 버츄얼이다. 예컨대 말과 글은 우리가 버츄얼의 역능을 실현하기 위해 사용해 온 아주 오래된 버츄얼화의 기술이며 인간의 공동체는 이에 의존하여 구성되어 왔다. 오늘날은 디지털 기술이 버츄얼화의 핵심 기술로 등장하여 인간의 삶의 모든 부문을 버츄얼화하는 데 기여하고 있다. 그것은 컴퓨터화·디지털화를 통해 생산을 버츄얼화하고, 금융화를 통해 경제를 버츄얼화하며, 네트워크를 통해 기업을 버츄얼화하고, 인터넷 여론조사, 전자투표, 텔레비전 유세 등을 통해 정치를 버츄얼화한다. 이것은 하나의 포괄적인 버츄얼 문화의 형성에 기여한다. 이렇게 생산, 유통, 분배, 소비 등 부르주아 사회의 경제적 재생산의 총과정이 버츄얼화할 뿐만 아니라 정치, 교육, 예술 등 사회의 정치적 이념적 재생산과정까지 버츄얼화하면

---

16. Pierre Lévy, *Becoming Virtual*, Plenum Trade, 1998, p. 24.

서 이를 토대로 영토와 국경을 초월한 제국적 주권형태가 등장한
다.

그러면 주권이 무엇보다도 지금-여기에서 벗어나는 탈영토적
방식으로 작동하기 시작했다는 것은 무엇을 의미하는가? 이 물음
에 대한 답은 무엇보다도 현재의 버츄얼화가 사회화된 노동자들의
사회적 노동, 즉 다중의 힘의 폭발적 표현임을 승인하는 데서 시작
되어야 한다. 버츄얼화가 사회의 생산과 재생산의 중심적 힘으로
부상하고 있다는 것은 개인들의 육체력보다 사회의 지적·정서적
소통능력이 인류의 삶에 더 중요한 의미를 갖기 시작했다는 것을
의미한다. 디지털화 속에서 영상과 소리와 텍스트의 경계가 허물
어지듯이 버츄얼화를 통해 인류는 자연과 인간의 경계를 넘어서며
인간과 기계의 경계를 넘어선다. 자연은 인간을 생산하지만 인간
은 다시 자연을 생산하며 인간이 기계를 생산하지만 다시 기계가
인간을 생산한다. 삶은 더 이상 운명적으로 주어지는 것이 아니라
자연 및 기계와 아무런 경계도 갖지 않는 인류에 의해 생산되고 재
생산되는 것으로 된다.

버츄얼화는 디지털 테크놀로지에 입각한 인간의 소통능력의 증
폭이다. 이것은 지금까지 특정한 장소와 특정한 육체에 한정되어
있었던 공동체를 격하시킨다. 그러나 이것은 공동체를 파괴할 것
을 요구하기보다 공동체를 새로운 차원에서 새로운 방식으로 재구
성할 것을 요구한다. 아날로그 기반의 공동체를 디지털 기반의 공
통체 속에 재배치할 것을 요구하는 것이다. 버츄얼화의 잠재력은
결코 이데올로기적인 것이 아니며 실제적인 것이다. 그것은 욕망

원리로, 혹은 힘의 원리로 환원할 수 없는 새로운 차원을 요구한다. 버츄얼화는 힘 혹은 욕망의 지성적 감성적 구현이며 그것의 활동적 실현이다.

그러나 어려움은 다중의 힘의 버츄얼화가 다중의 자기운동과 같은 순수한 환경에서 출현하고 있는 것이 아니라 자본과 노동, 제국과 다중이 서로 갈등하는 적대적 환경 속에서 출현하고 있다는 것에서 온다. 오늘날의 정보화 정책들이 보여주듯이, 자본은 가능한 모든 방법을 사용하여 버츄얼의 잠재력을 축적 메커니즘에 종속시키려 한다. 저작권을 강화하며 인터넷을 상업화하려는 끈질긴 시도, 직접적 노동시간의 비중을 줄일 수 있는 버츄얼의 힘을 노동시간 단축에 이용하기보다 불필요해진 노동자의 해고로 매듭짓는 반사회적 노력 등이 그것이다.

그러나 인간의 버츄얼 능력은 그것의 리얼한 몸, 즉 사회적 육체(특히 두뇌)의 활동력이기 때문에 그것을 생산하는 주체의 몸으로부터 분리하기가 어렵다. 그런데 자본의 소유권은 노동으로부터는 물론이고 실제적 부(富)로부터도 더 멀리 분리되어 점점 인위적인 것으로 되어가고 있고(약탈과 의제화(擬制化)) 자본의 권력은 대의와 매개로부터 분리되어 점점 사법적으로 되어가고 있다(명령화). 이것은 자본이 생산과 창조 공간으로부터 분리되어 그것의 주변부로 밀려나고 있음을 뜻한다. 노동의 버츄얼화는 사회적으로 협력하는 생산자들의 육체적 지성적 감성적 힘을 점점 독립적인 것으로, 자본의 간접화된 명령으로부터 분리 가능한 것으로 만든다.[17]

이 분리는 어떤 방식으로 실현될 수 있는가? 무엇보다도 다중이 최대한 대의기제로부터 자신을 분리시킬 필요가 있다.[18] 사실상 대의제는 더 이상 고전적 방식들(자유주의적 방식이나 사회주의적 방식)에 따라 작동하지 않는다. 예컨대 사회민주주의적 대의제를 표방해 온 영국의 노동당은 신자유주의적 개혁의 주체로 되면서 노동자 당비에 대한 당의 의존성을 줄이고 노동자당으로서의 당적 정체성에서 벗어나려 하고 있다('제3의 길'). 오늘날 대의제는 점차 명령구조에 종속되어 가고 있다.

9. 11 테러와 미국의 반테러 전쟁이, 씨애틀에서 제노바로 이어진 직접행동적 반지구화 운동에 찬물을 끼얹고 이것이 운동으로 하여금 제국에 대항하는 직접 행동으로부터 국민적 대의제 정치로 복귀하라는 압력을 가하고 있다. 하지만 대의제 정치는 현재의 지구적 계급구성에 부합하지 않는 것이다. 물론 대의행위는 아직도 우리 삶에서 적지 않은 비중을 차지하고 있다. 중요한 것은 대표자가 대표되는 집단으로부터 점점 더 멀리 분리되고 있다는 사실이다.

그러므로 대의는 다중의 실천에서 부차적이고 주변적인 지위 이상을 차지할 수 없다. 강화되어야 할 것은 다중의 직접적인 소통행동, 풍부한 다중지성, 그리고 그에 기초한 공통 감성이다. 이것들이 버츄얼(virtual) 시대의 버츄(virtue), 즉 덕(德)[19]의 내용을 구성한

---

17. 안또니오 네그리·마이클 하트, 『디오니소스의 노동·Ⅱ』, 이원영 옮김, 갈무리, 210~211쪽 참조.
18. 이에 대해서 3부 13장 「대의기계 비판」 참조.
19. 영어 virtue에 상응하는 의미를 갖는 한자어 德은 행동(彳), 눈(目), 그리고 마음(心)이 결합된 상형문자에 그 유래를 갖는다.

다. 덕은 버츄얼을 통찰하는 능력이면서 그 힘에 의거하여 리얼에 묶여 있었던 공동체를 버츄얼 공통체로 재구성할 힘이다. 그것은 욕망을 지성화하고 감성화하며 행동화하는 내재적 원리이다. 지성, 감성, 행동과 결합된 욕망, 즉 이성적이고 실천적인 욕망은 대의된 욕망, 그림자 욕망, 이데올로기적 욕망의 거부 위에서 창조될 수 있다. 그러할 때, 다중의 공통체가 정치를 벗어나 덕을 원리로 하여 운영될 수 있을 것이다. 이렇게 덕에 기초한 공통체는 질서(order)가 아니라 항구적으로 재구성되는 조직화(organization)일 것이다.[20]

덕성(德性)의 강화, 그리고 덕성적 삶의 구성에서 리얼은 어떤 위치를 차지하고 어떤 역할을 할 것인가? 자본은 리얼과 버츄얼 사이에 경계를 지음으로써 리얼과 버츄얼의 결합을 방해한다. 자본은 더욱더 버츄얼을 선호하고 버츄얼을 주의화(主義化)한다. 리얼리즘에 버츄얼리즘을 대치시키는 것이다. 하지만 다중의 힘은 리얼과 버츄얼 사이에 경계를 짓기보다 그 경계를 허물고 양자를 상승시키는 것에서 더욱 크게 증폭될 수 있다. 자본의 버츄얼리즘은 다중의 리얼한 몸인 육체를 피폐화시킬 뿐만 아니라 다중이 발딛고 있는 사회와 자연을 파괴한다. 리얼은 이제 생태 및 육체를 포함하는 사회적 몸으로 배치되고 있다. 사회적 몸, 즉 리얼의 건강

---

20. 들뢰즈가 탈주선을 조직화의 문제와 연결짓기를 꺼려했음에 반해 네그리는 들뢰즈의 욕망의 문제설정을 긍정하면서도 그것을 좀더 적극적으로 새로운 주체성, 구성, 조직화의 문제와 결합한다(마이클 하트, 『들뢰즈 사상의 진화』, 김상운·양창렬 옮김, 갈무리, 2004, 232쪽 각주 94 참조). 나의 문맥 속에서 덕은 구성과 조직화의 힘이자 주체성의 조건을 의미한다.

을 극대화하는 것이 버츄얼의 힘을 살리게 되고 역으로 버츄얼의
힘을 제고하는 것이 리얼, 즉 사회적 몸의 힘을 강화하게 되는, 이
윤리적이고 구성적인 실천 자체가 덕행이다.

덕(德)의 윤리정치

나는 진리모델에 입각한 이데올로기 비판이 지식인을 중심으로
하는 전위운동의 저항 방식이었으며 욕망모델에 입각한 통제 비판
의 등장은 이 전위운동의 한계를 다중적 입장에서 역전하고 재편
하는 중요한 전환이라고 주장했다. 그러나 1990년대 초 부시의 새
로운 세계질서 선언에서 시작된 주권형태의 지구제국적 재구축과
지난 10여 년에 걸친 한국에서의 신자유주의 개혁은 이 욕망모델
이 지배의 정보화 모델에 흡수될 위험을 갖고 있음을 보여주었다.
실제로 1968년에 등장한 저항의 욕망모델은 서구사회의 신자유주
의적 개혁과정에 저항하기보다 그것에 흡수되어 그 동력으로 활용
된 측면이 강하다고 볼 수 있다.

이러한 문제의식에서 나는 제국적 주권과 신자유주의 전략이 다
중의 버츄얼의 힘을 불러내 그것을 경제와 정치 그리고 문화에 응
용하고 있음에 주목하여 버츄얼화에 내재하는 모순, 혹은 이중성
속에 저항 운동을 배치시키고자 했다.[21] 이 관점에서 볼 때 버츄얼

---

21. 이에 대한 좀더 자세한 서술로는 조정환, 『지구 제국』, 갈무리, 2002의 2부 「사이버
    스페이스」를 참조.

화에 기초한 정보화는 자본이 다중의 불복종적 힘과 직접 대면하지 않고 착취를 하는 방식이며 권력이 다중의 저항과 대면함이 없이 지배를 하는 방식임과 동시에 다른 한편에서는 다중의 사회화된 노동이 그것에 내재한 소통의 힘을 극대화함으로써 더 이상 대의체계에 종속됨이 없는 자율적 공통체를 구축할 수 있는 잠재력의 축적이다. 오늘날 세계를 휩쓸고 있는 위기는, 주술을 사용하여 생산과 통제의 거대한 수단을 불러왔지만 자신이 불러내 온 지하세계의 힘들을 더 이상 통제할 수 없게 된, 부르주아 사회라는 마법사[22]가 겪는 위기에 다름 아니다. 나는 이 위기를 버츄얼의 힘과 자본관계의 분리 가능성으로 독해했다. 그리고 이 위기를 삶의 지복(至福)으로 이끌 힘은, 욕망을 내재적 이성, 소통, 행동과 결합시키는 데에서 나온다고 보았다. 이들의 결합을 나는 덕(virtue)이라고 불렀다. 오늘날 덕은, 지난 날 '객관적 진리' 주장이 그랬듯이, 다중의 외부에서 다중 속으로 수입되어야 할 어떤 것이 아니다. 그것은 소통을 향한 다중의 나날의 이끌림 속에서, 대의되기보다 스스로 창조하기를 원하는 열망의 증대 속에서, 그리고 IMF, 세계은행, WTO 등의 초국적 국제기구들과 그들의 명령을 하달하는 국가기구의 신자유주의적 개혁에 대한 최근의 다양한 대항행동들에서 이미 나타나고 있는 경향을 이르는 이름일 뿐이다.

---

22. 칼 맑스·프리드리히 엥겔스, 『칼 맑스 프리드리히 엥겔스 저작선집』 제1권, 김세균 감수, 박종철출판사, 1997, 405쪽.

참고문헌

[※ 참조하는 인터넷 주소는 2004년 12월 1일 기준]

| 한글 단행본 |

닉 다이어 위데포드, 『사이버-맑스』, 신승철·이현 옮김, 이후, 2003.

더글러스 러시코프, 『미디어 바이러스』, 방재희 옮김, 황금가지, 2002.

마르꼬스, 『우리의 말이 우리의 무기입니다』, 윤길순 옮김, 해냄, 2002.

발터 벤야민, 『발터 벤야민의 문예이론』, 반성완 옮김, 문학과 지성사, 1983.

브레진스키, 『거대한 체스판: 21세기 미국의 세계전략과 유라시아』, 김명섭
    옮김, 삼인, 2000.

스피노자, 『에티카』, 강영계 옮김, 서광사, 1990.

쎄르지오 볼로냐·안또니오 네그리 외, 『이딸리아 자율주의 정치철학·1』,
    이원영 편역, 갈무리, 1997.

안토니오 네그리, 『맑스를 넘어선 맑스』, 윤수종 옮김, 새길, 1994.

안또니오 네그리, 『혁명의 시간』, 정남영 옮김, 갈무리, 2004.

안토니오 네그리·마이클 하트, 『디오니소스의 노동』, 이원영 옮김, 갈무리,
    1996/7.

안토니오 네그리·마이클 하트, 『제국』, 윤수종 옮김, 이학사, 2001.

안또니오 네그리·펠릭스 가따리, 『미래로 돌아가다』, 조정환 편역, 갈무리,
    2000.

엠마뉘엘 토드, 『제국의 몰락』, 주경철 옮김, 까치, 2003.

워너 본펠드·쎄르지오 띠쉴러 외, 『무엇을 할 것인가?』, 조정환 옮김, 갈무리,
    2004.

워너 본펠드·존 홀러웨이 편저, 『신자유주의와 화폐의 정치』, 이원영 옮김, 갈무리, 1999.

장 보드리야르, 『소비의 사회』, 이상률 옮김, 문예출판사. 1992.

조정환, 『아우또노미아』, 갈무리, 2003.

조정환, 『제국의 석양, 촛불의 시간』, 갈무리, 2003.

조정환, 『지구 제국』, 갈무리, 2002.

조정환, 『21세기 스파르타쿠스』, 갈무리, 2002.

조희연, 『한국의 국가·민주주의·정치변동』, 당대, 1998.

존 홀러웨이, 『권력으로 세상을 바꿀 수 있는가』, 조정환·번역집단 @Theoria 협동번역, 갈무리, 2002.

질 들뢰즈, 『대담』, 김종호 옮김, 솔, 1993.

질 들뢰즈, 『의미의 논리』, 이정우 옮김, 한길사, 1999.

질 들뢰즈, 『차이와 반복』, 김상환 옮김, 민음사, 2004.

질 들뢰즈·펠릭스 가타리, 『앙띠-오이디푸스』, 최명관 옮김, 민음사, 2000.

질 들뢰즈·펠릭스 가타리, 『천 개의 고원』, 김재인 옮김, 새물결, 2001.

최장집, 『민주화 이후의 민주주의』, 후마니타스, 2002.

칼 맑스, 『경제학 노트』, 이론과 실천, 1988.

칼 맑스, 『자본론』 제1권(상), 김수행 옮김, 비봉출판사, 1990.

칼 맑스, 『자본론』 제1권(하), 김수행 옮김, 비봉출판사. 1990.

칼 맑스, 『정치경제학 비판 요강』 제1권, 김호균 옮김, 백의, 2000.

칼 맑스, 『정치경제학 비판 요강』 제2권, 김호균 옮김, 백의, 2000.

칼 맑스, 『철학의 빈곤』, 강민철·김진영 옮김, 아침, 1989.

칼 맑스, 『프랑스 혁명사 3부작』, 임지현 옮김, 소나무, 1990.

칼 맑스·프리드리히 엥겔스, 『칼 맑스 프리드리히 엥겔스 저작선집』 제1권, 김세균 감수, 박종철출판사, 1997.

칼 맑스·프리드리히 엥겔스, 『칼 맑스·프리드리히 엥겔스 저작선집』 제4권, 김세균 감수, 박종철 출판사, 1997.

파울 프뢸리히, 『로자 룩셈부르크의 사상과 실천』, 석탑, 1984.

하워드 라인골드, 『참여군중』, 이운경 옮김, 황금가지, 2003.

해리 클리버, 『자본론의 정치적 해석』, 한웅혁 옮김, 풀빛, 1986.

해리 클리버, 『사빠띠스따』, 이원영·서창현 옮김, 갈무리, 1998.

| 한글 문헌 |

고길섶, 「문화시대와 국가권력의 이동: '국가보안법'에서 '청소년보호법'으로」, 『진보평론』 제2호, 1999년 겨울.

국가균형발전위원회, 「신국토구상」, 2002.

김동춘, 「시민운동과 민족, 민족주의」, 『시민과 세계』 창간호, 2002년 상반기.

김성국, 「한국의 시민사회와 신사회운동」, 『시민사회와 시민운동·2』, 한울, 2001.

김성일, 「대중의 새로운 구성-2002년의 한국사회와 대중분석」, 『문화과학』 31호, 2002년 가을.

김세균, 「'시민사회론'의 이데올로기적 함의 비판」, 『이론』 2호, 1992년 가을.

김세균, 「민중사회를 위하여」, 『동향과 전망』 49호, 2001년 여름.

김영정, 「자립적 지방화와 지역혁신체계의 구축」, 『동향과 전망』, 2003년 겨울 통권 59호

김재두, 「'국가에너지정책 보고서'를 통해 본 미국의 '속셈'」, 『오마이뉴스』, 2003년 4월 http://www.ohmynews.com/article_view.asp=108189&rel%5Fno=1&back%5Furl=).

김형기, 「지방분권과 국가경쟁력」, 『동향과 전망』, 2003년 겨울 통권 59호.

김호기, 「시민사회의 유형과 '이중적 시민사회'」, 『시민과 세계』 창간호, 2002년 상반기.

노명우, 「새로운 군중의 출현」, 『문화과학』 31호, 2002년 가을.

마르꼬스, 「전쟁반대-반란의 이탈리아에 보낸 편지」, 『자율평론』 4호, 2003
　　년 3월, http://jayul.net/view_article.php?a_no=241&p_no=1.

마르꼬스, 「제4차 세계대전은 시작되었다」, 『신자유주의와 세계민중운동』, 전
　　태일을 따르는 민주노조운동연구소 편역, 한울, 1998.

라모네, 「차베스」, 『자율평론』, 4호, 신기섭 옮김, 2003년 3월, http://jayul.
　　net/view_article.php?a_no=192&p_no=1.

마우리찌오 랏짜라또, 「비물질적 노동」, 『이딸리아 자율주의 정치철학 · 1』, 이
　　원영 옮김, 갈무리, 1997.

마이클 하트, 「지구화와 민주주의」, 『자율평론』 2호, @Theoria 옮김, 2002년
　　9월, http://jayul.net/view_article.php?a_no=84&p_no=4.

박노자, 「사탄의 국가여, 지옥으로 가라」, 『한겨레21』, 2002년 8월 28일.

박노자, 「평화를 사랑한다면 달러를 팔자」, 『한겨레21』, 제454호, 2003년 4월
　　10일.

박현제, 「세계 속의 한국 인터넷: 한국 인터넷의 역사」, 1995년 11월,
　　http://www.iak.ne.kr/history/data/hjpark-history.doc.

백낙청, 「한반도에 '일류사회'를 만들기 위해」, 『창작과 비평』 118호, 2002년
　　겨울.

손호철, 「반세계화(지구화) 투쟁은 역사적 반동인가? ─ 네그리 · 하트, 『제국』
　　의 비판적 평가」, 맑스코뮤날레 쟁점토론회 발제문, 2003년 9월 5일.

안또니오 네그리, 「다중의 존재론적 정의를 위하여」, 『자율평론』 4호, 영광
　　옮김, 2003년 3월, http://jayul.net/view_article.php?a_no=180&p_no=1.

안병엽, "정보통신 기반 보호법" 제정을 위한 토론회를 소집하는 글에서 쓴
　　말. http://www.kisa.or.kr/news/2000/0702/forum.html.

안병진, 「9 · 11 테러와 미국 국내외 정치 패러다임의 변화 : 예방개념을 중심
　　으로」, 맑스코뮤날레 편, 『지구화시대 맑스주의의 현재성 · 2』, 문화과학
　　사, 2003.

앤써니 코드스먼(Anthony H. Cordesman), 「중국과 미국: 국가미사일방어체계(NMD)와 중국의 핵무기 현대화」, http://www.peacekorea.org/bmd/bmd11.html.

울카맨, 「광화문의 두 흐름, 그 첫 만남에 대하여」, 『자율평론』 3호, 2002년 12월, http://jayul.net/view_article.php?a_no=133&p_no=1.

유동민, 「맑스의 잉여가치론의 재해석」, 『지구화시대 맑스의 현재성·1』, 맑스코뮤날레 조직위원회, 2003.

이광일, 「민주주의 이행과 시민운동의 진로」, 『시민과 세계』 창간호, 2002년 상반기.

이대훈, 「시민불복종과 법치주의의 상상력」, 『시민과 세계』 3호, 2003년 상반기.

이동연, 「붉은 악마와 주체형성: 내셔널리즘인가 스타일의 취향인가」, 『문화과학』 31호, 2002년 가을.

이영현, 「아르헨티나, 혁명을 고뇌하게 하다」, 『자율평론』 4호, 2003년 3월, http://jayul.net/view_article.php?a_no=189&p_no=1&PHPSESSID=b56f32063569019d6c5329d100bd166d.

이용숙, 「지역혁신체제론의 비판적 재검토」, 『동향과 전망』, 2003년 겨울 통권 59호.

이원영(조정환), 「오늘날의 계급구성과 '자율성' 개념의 발전」, 『이딸리아 자율주의 정치철학·1』, 갈무리, 1997.

이진경, 「노동의 기계적 포섭과 기계적 잉여가치 개념에 관하여」, 『지구화시대 맑스의 현재성·1』, 맑스코뮤날레 조직위원회, 2003.

장상환, 「민주적 사회주의론」, 『동향과 전망』 49호, 2001년 여름.

정성진, 「21세기의 자본주의와 제국주의」(장상환 외, 『제국주의와 한국사회』, 한울아카데미, 2002.

정영섭, 「경제자유구역법 문제점 7가지」, 『민족21』 27호, 2003년 6월 1일, http://www.minjog21.com/news/read.php?idxno=160.

정욱식·이용식, 「우리 시대의 새로운 패러다임」, 『황해문화』, 2003년 여름.

제임스 페트라스, 「브라질 : 신자유주의, 위기, 그리고 선거정치」, 『자율평론』 4호, 노기연 영문번역팀 옮김, 2003년 3월, http://jayul.net/view_article. php?a_no=187&p_no=1.

조정환, 「'사회주의적 발전' 대안의 종말과 그 너머」, 『21세기 스파르타쿠스』, 갈무리, 2002.

조정환, 「제국, 자본주의적 주권의 최근 형태」, 『지구 제국』, 갈무리, 2002.

조정환, 「제국의 석양은 시작되는가」, 『제국의 석양, 촛불의 시간』, 갈무리, 2003.

조정환, 「지구제국의 위기와 미국 일방주의」, 『자율평론』 5호, 2003년 6월 30일.

조정환, 「진보란 무엇인가: 척도의 시간에서 구성의 시간으로」, 『황해문화』, 2003년 여름.

『중앙일보』 2003년 3월 13일자.

최정준, 「'노동유연화'의 전개와 '불안정 노동'의 확대에 대하여」, http://www.pwc.or.kr/jsboard/read.php?table=js_organ&no=661.

칼 맑스, 「유태인 문제에 관하여」, 『맑스의 초기저작: 비판과 언론』, 전태국 옮김, 열음사, 1996.

칼 맑스, 「헤게 법철학 비판 서문」, 『맑스의 초기저작: 비판과 언론』, 전태국 옮김, 열음사, 1996.

칼 맑스, 「헤겔 국법론 비판」, 「헤겔 법철학 비판 서문」, 『헤겔 법철학 비판』, 아침, 1989.

칼 맑스, 「형식적 포섭과 실제적 포섭」(『자율평론』 3호, http://jayul.net/view_article.php?a_no=143&p_no=4)

해리 클리버, 「맑스주의 이론에서 계급관점의 역전: 가치화에서 자기가치화로」, 『사빠띠스따』, 이원영·서창현 옮김, 갈무리, 1998.

홍윤기, 「시민민주주의론」, 『시민과 세계』 창간호, 2002년 상반기.

| 외국어 단행본 |

Antonio Negri, *The Politics of Subversion*, trans. by James Newell, Polity Press, 1989.

Antonio Negri, *Time for Revolution*, trans. Matteo Mandarini, continum, New York, 2003.

Antonio Negri, *Insurgencies: Constituent Power and the Modern State*, Minnesota, 1999.

Gille Deleuze & Felix Guattari, trans. by Brian Massumi, *A Thousand Plateaus*, USA, University of Minnesota Press, 1987.

Jason Read, *The Micro-Politics of Capital*, State University of New York Press, 2003.

Jeremy Brecher and Tim Costello, *Global Village or Global Pillage*, South End Press, 1998.

José Mariá Sbert, 'Progress', *The Development Dictionary*, Wolfgang Sachs ed., Zed Books Ltd, London and New Jersey, 1992.

K. Marx, *Grundrisse*, Vintage Books, A Division of Random House, New York, 1973.

Michael Hardt & Antonio Negri, *Empire*, USA, Harvard Univerity Press, 2000.

Michael Hardt & Antonio Negri, *Multitude*, The Penguin Press, 2004

Manuel Castells, The Rise of the Network Society, USA, Blackwell Publishers, 1997.

Nicholas Thoburn, *Deleuze, Marx, and Politics*, Great Britain, Routledge, 2003.

Pierre Lévy, *Collective Intelligence*, Plenum Trade, 1997.

Pierre Lévy, *Becoming Virtual*, Plenum Trade, 1998.

| 외국어 문헌 |

Al S, 'Organize!: Argentina-what next?', http://www.ainfos.ca/02/jul/ainfos00 201.html.

Anc C. Dinerstein, 'Beyond Insurrection. Argentian and New Internaionalism', http://www.commoner.org.uk/dinerstein05.pdf.

Antonio Negri, 'Argentina: La revuelta piquetera' , La Fogata, March 31, 2003, http://www.lafogata.org/003arg/arg4/ar_rev.htm.

Aufheben, 'Behind the twenty-first Intifada', Aufheben #10, September 2001, http://www.geocities.com/aufheben2/auf_10_intifada.html.

Aufheben, 'Picket and pot-banger together: Class re-composition in Argentina?', Aufheben 11, Autumn 2002, http://www.geocities.com/aufheben2/auf_arg. html.

Danny Yee, 'Review of Cyberspace: First Steps' by Michael Benedikt, http:// dannyreviews.com/h/Cyberspace_First_Steps.html.

Éric Alliez & Antonio Negri, 'Peace and http://waam.net/jhjournal/view_no= 134&p_no=1).

Franco Barchiesi, 'South Africa:Betrween Repression and "Home-grown Structural Adjustment"', Silvia Federichi et al. ed., A Thousand Flowers, Africa World Press INC., 2000.

Fred Evans, 'Cyberspace and the Concept of Democracy', http://www. firstmonday.dk/issues/issue5_10/evans/index.html#note1.

George Caffentzis, 'No Blood for Oil: The Political Economy of the War on Iraq', http://www.commoner.org.uk/02-9groundzero.htm.

Gilles Deleuze, 'Desire & Pleasure'(trans. Melissa McMahon, http://www.arts. monash.edu.au/visarts/globe/issue5/delfou.html)

Gregory R. Gromov, 'The Roads and Crossroadsof Internet History', http://www.netvalley.com/intval1.html.

International Communist Group, 'Additional Notes on the Insurrection of March 1991 in Iraq', Communism #11, June 1999, http://www.geocities.com/icgcikg/communism/c11_addnotes.htm.

International Socialist Forum, 'Revolution and Counter Revolution in Iran', http://www.isf.org.uk/ISFJournal/ISF1/ist1a6.htm.

Practical History, London, May 2000, http://www.geocities.com/CapitolHill/Senate/7672/iraq.html.

Selim Gool, 'On the origins of spin, fraud and pillage in the New South Africa', Africa, February 25, 2003.

Silvia Fedrici, 'The New African Student Movement', Silvia Federichi et al. ed., A Thousand Flowers, Africa World Press INC., 2000.

South African Comrades for the Encounter, 'Resistence to Neoliberalism: A View from South Africa', http://www.geocities.com/CapitolHill/3849/safrica_paper.html.

John Holloway, 'Argentian Today:iQue se Vanyan Todos!', November 2002, unpublished article for a Greek student magazine.

부록

19~21세기의
국제적 투쟁주기와 투쟁순환들

• 주권합성(지배체제 + 자본순환 + 축적주기) • 계급구성(투쟁전략 + 투쟁순환 + 투쟁주기)

시대 구분	근대		탈근대	
주기 구분	제1주기	제2주기	제3주기	제4주기
항목＼연도	1848~1917	1917~1968	1968~1991	1991~현재
지배체제				
권력	군주권력	훈육권력	통제권력	삶권력
포섭	형식적 포섭	실제적 포섭 형식적 포섭	가상실효적 포섭 실제적 포섭 형식적 포섭	심화된 가상실효적 포섭 실제적 포섭 확장된 형식적 포섭
정치	자유민주주의 (자유대의제)	사회민주주의- 케인즈주의 (약한, 구속된 대의제)	민주주의의 위기와 신자유주의 (도용 대의제)	테러주의적 신자유(보수)주의 (대의의 소멸과 일방주의)
경제사회	수공업/테일러주의	테일러주의/ 포드주의	포스트포드주의	지구적 포스트포드주의
국가	야경국가	복지(welfare)국가	위기국가	전쟁(warfare)·경찰 국가
국제	식민주의	제국주의	제국주의/제국	제국/제국주의
군사	총검	소총/대포	핵/생화학 무기	정보/핵/ 생화학 무기
전쟁	예외적 간국가전 (보불전쟁)	예외적 제국주의 열전(1·2차 대전)	일상화된 제국주의 냉전과 국지적 대리전 (한국전, 베트남전)	일상화된 제국적 내전으로서의 국지전, 그리고 넷워(이라크, 아프가니스탄전, 일상적 경찰행동)
기술	물리화학/역학	전기/화학/기계화	우주/전자/정보/ 자동화	생물/정보/전자/ 우주
조직	공장	공장/시장	사회시장/사회공장	가상시장/가상공장
계급	산업자본	국가 금융자본	국제 금융자본	초국적 금융자본
주체합성	민족	국민-시민	시민-국민	세계시민-국민

시대 구분	근대		탈근대	
주기 구분	제1주기	제2주기	제3주기	제4주기
항목\연도	1848~1917	1917~1968	1968~1991	1991~현재
지배체체				
착취방식	절대적 잉여가치 (노동시간) 착취	상대적 잉여가치 (공장적 협력) 착취	가상실효적 잉여가치 (일국적 협력) 착취	가상실효적 잉여가치 (지구적 협력) 착취
헤게모니 국가	영국	영국/미국	미국/러시아	미국/유럽/일본/ 중국
헤게모니 산업	광업/공업 (광산, 방직)	공업(자동차)	반도체/정보	각종 서비스산업
헤게모니 노동	육체노동	기계적 협력의 육체노동	정보적 협력노동	비물질적 노동
지배적 분할	신체(공간-숙련-성) 분할	보장/비보장 분할	지적-정서적 분할	지적-정서적-법적 분할
투쟁전략				
전략	노동정치 (경제 → 정치)	노동-저항정치 (경제 + 정치)	사회운동정치 (정치 → 경제)	삶정치(삶: 경제+ 정치+문화)
이념	일원적 코뮤니즘/ 아나키즘 사이에서	민족해방/혁명적 사회주의	다원적(생태, 여성, 노동, 동성애 등) 민주주의	다원적 코뮤니즘
정치	공장 기반의 자주관리- 직접민주제- 구속된(gebundene) 대의제	평의회 기반의 직접민주제- 구속된 대의제에서 계획화와 사회주의적 대의제로 대체	구속된 대의제- 절대적 민주주의	절대적 민주주의- 자율적 코뮤니즘
국제	국제주의	일국 기반 국제주의	국제주의	간대륙주의- 지구주의
국가	탈권적 국가권력 장악	입권적 국가권력 장악	국가권력에서 독립	탈주권 자기가치화
군사	농촌게릴라→ 민병대-인민군	민병대-인민군	도시게릴라- 네트워크	삶티즌/넷티즌의 네트워크와 게릴라성 떼
과학기술	잡지/신문	신문/방송	방송/신문/팩스	인터넷/위성/방송/팩 스/핸드폰/신문/
조직	노동조합-당	당/노동조합/평의회	행동위원회/평의회	비판·저항· 탈주·구성의 행동네트워크

시대 구분	근대		탈근대	
주기 구분	제1주기	제2주기	제3주기	제4주기
항목＼연도	1848~1917	1917~1968	1968~1991	1991~현재
투쟁전략				
계급	전문 노동자	대중 노동자	사회적 노동자	지구적 노동자
주체구성	프롤레타리아-민중	대중-민중·민족	시민	다중
행동	봉기	재전유/봉기	구성/재전유	구성/재전유/봉기
전술	선전선동	선전, 선동, 조직	투쟁의 유통; 직접행동	투쟁의 네트워크
전쟁	계급전쟁(보불전쟁, 남북전쟁)	제국주의 전쟁을 내전으로	반제, 반전, 반핵 평화	전쟁에 대항하는 전쟁
배치	민주집중	민주집중	분산/연방	다원적 네트워크
사상	변증법적-헤겔적 유물론	역사적 유물론	저항적-우발적-니체적 유물론	구성적-스피노자적 유물론
대표적 사례	1948·1870혁명	1917혁명	1968혁명, 1977운동	1994사빠띠스따, 1999씨애틀, 2003반전시위
주요조직	공산주의자동맹-인터내셔널	RSDLP(B)-KPD-KPAD	SI-노동자학생행동위원회-노동자기초위원회	원주민회의, 대항 지구화넷, Labor-N, Peace-N, WSF
주요인물	맑스-엥겔스	레닌-트로츠키-루카치-그람시-로자-마오-체 게바라	푸코-들뢰즈·가따리-뜨론띠·빤찌에리·알꽈띠	마르꼬스-네그리·하트-버틀러·해러웨이-스피박-R.스톨만·L.레시히
투쟁순환				
공간	매뉴팩처	공장사회	시민사회	지구사회 + 싸이버스페이스
장소	공장/농촌	대공장/군대/거리(중) 농촌/공장(주)	거리, 공장, 농장, 군대, 학교, 가정	거리, 공장, 농장, 군대, 학교, 가정, 국가기관, 연구실, 실험실, 학술, 미디어, 폐기물 투기장, 시장(백화점, 숙박업소), 소비, 주민생활, 그리고 싸이버스페이스의 제 영역

찾아보기

ㄱ

가따리 45, 47, 49, 468

가변자본 28, 47, 58, 111, 251, 325, 326, 444, 467, 476, 497

가상공간 78, 237, 243

가상실효 15~17, 29, 40, 46, 48~ 51, 147, 166, 168, 170, 236, 237, 245, 274, 404, 417, 470, 473, 486

가상실효적 포섭 147, 166, 168, 170, 29, 40, 470, 49~51

가치법칙 9, 46, 47, 49, 61, 189, 213, 214, 471

가치화 30, 31, 46, 61, 86, 87, 95~99, 100~103, 108, 172, 186, 189, 191, 248, 268, 324, 325, 424, 442~445, 448, 458, 470, 475, 477, 478

걸프전 69, 75, 119, 127, 283, 284, 294, 425

경향으로서의 제국주의 58, 71

계급구성론 53, 323

계급합성 62, 206, 322, 323, 325, 326, 340, 342, 351

고정자본 42~44, 47, 101, 102, 325, 362, 467, 476

고타강령 398, 430

『공산주의당 선언』 100

공통 공간 191, 239

공통 언어 79, 447, 453

공통성 , 50, 73, 80, 221, 325, 445, 451, 454, 477

공통적 삶 49, 51, 223

공통적인 것 79, 85, 214~219, 221, 224, 225, 237, 269, 452~454, 457, 459~461, 474~479, 481, 482

공통체 76, 78, 109, 215, 218~221, 230, 239, 251, 253, 254, 256~258, 265, 445, 454, 474, 504, 507, 509

광주민중항쟁 75, 378, 406

구로동맹파업 363

국가권력 79, 88, 89, 112, 135, 192, 208, 215, 242, 261, 313, 320, 342, 349, 358, 364, 393, 410, 412, 413, 480, 481, 487

국가독점자본주의 58

국가사회주의 384, 386, 395

국가자본주의 58, 68, 110

국가주권 113, 176, 221, 337

국가주의 13, 59, 60, 67, 150, 158, 192, 374, 398, 399

국민경제 98, 156, 192, 357, 366

국제사회주의 384

국제통화기금(IMF) 110, 125, 142, 145, 162, 165, 175, 184, 187, 196, 271, 299, 307, 309~311, 319, 332, 356, 357, 360, 367, 368, 417, 509

군주제 11, 121, 127

굴락 428

권위주의 94, 150, 216, 217, 227, 240, 241, 327, 339, 360, 362~364, 367, 368, 376~379, 405, 407, 408, 413~415, 422, 483, 486, 491, 492

귀족제 11, 121~123, 127

규범모델 485, 489, 493, 499

규범화 484, 489, 490, 495, 500

『그룬트리세』 27, 29, 41

금융자본 68, 91, 110~112, 116, 117, 126~128, 135, 136, 141, 151, 164, 171, 175, 183, 184, 217, 271, 273, 307, 360~362, 364, 367, 369, 377, 417, 419

기계 11, 13, 32, 36~38, 41, 42, 44, 45, 47, 48, 49, 63, 90, 96, 97, 101, 102, 111, 162, 166, 177, 178, 203~205, 247, 251, 253, 390, 391, 422, 458, 459, 462, 468, 470~473, 476, 478, 479, 498, 499, 504

기계적 잉여가치 47, 470, 48, 515

기계체제 38, 42, 45, 203, 403, 467, 501

기계화 97, 98, 101, 103, 162, 181, 205, 211, 252, 329, 416, 426, 471, 492, 523

꼬뮨주의 444

ㄴ

남미남부공동시장(MERCOSUR) 114, 115, 309

내재성 386, 424, 498

냉소주의 197, 428, 440, 448

냉전 66, 67, 69, 75, 118, 469, 523

네트워크 40, 44, 48, 52, 67~69, 71, 77, 80, 92,109, 112, 117, 119, 122, 125, 131, 138, 142, 144~149, 154~156, 158~162, 164, 167~172, 187, 188, 228~237, 240, 241, 248, 250, 251, 253~262, 264~266, 268, 318, 321, 331, 354, 377, 404, 418, 423, 443, 445, 455, 471, 474, 478, 480, 500, 503

넷스케이프 233

노동강제 182, 342

노동거부 182, 185, 213, 214, 467

노동분업 34

노동생산력 36, 96

노동시간 9, 31, 36, 38, 46, 47, 49, 62, 86, 95, 96, 98, 101~103, 105, 126, 135, 166, 182, 186, 188, 189, 203, 204, 212~214, 292, 309, 310, 391, 444, 447, 471, 489, 505

노동자 대투쟁 75, 378

노동자 평의회 127, 319, 353

노동자주의 343, 468

노동조합 63, 73, 183, 185, 192, 195, 204, 207, 210, 212, 302, 303, 308, 320, 329, 353, 358, 363~366, 369, 371~375, 410, 414, 417, 472, 488, 491~493

노동협력 135, 251, 379, 444, 446, 447, 455, 474

노무현 140, 144~146, 148, 149, 151, 153~156, 158, 160~162, 167, 171, 172, 329, 405~409, 412, 416

노사정 합의 371, 490, 491, 494

뉴딜 66, 74

니체 76, 257, 525

닉 다이어 위데포드 73, 258, 259, 510

ㄷ

다양성 34, 73, 78, 107, 124, 188, 221, 345, 351, 413, 440, 455
다중자율 269, 404, 483, 483
다중지성 78, 239, 475, 506
대의민주주의 227, 404, 420, 421, 424
대중노동자 65, 363
대중지성 44, 455
덕(德) 16, 17, 257, 269, 281, 485, 506~509
덕성 404, 507
도널드 럼즈펠드 134
디지털 78, 151, 191, 228, 229, 243~245, 247, 250, 253, 260, 485, 496, 503, 504
뜨로츠키 383, 384, 437

ㄹ

라쌀레 395, 396, 398, 399
래테 63
러시아혁명 64, 74, 74, 280
레닌 56, 58, 61, 64, 400, 402, 465, 466, 468, 469, 486
로자 룩셈부르크 64, 178, 179, 465
리얼 494, 495, 501~503, 505, 507, 508
리얼리티 485, 502

ㅁ

마르꼬스 354, 355, 437~441, 444, 468

마르쿠제 11, 222, 466
마이클 하트 5, 56~58, 68, 69, 72~74, 92, 107, 111, 118, 120, 121, 131, 145, 179, 187, 190, 247, 248, 250, 251, 255, 272, 324, 345, 442, 443, 447, 455, 506, 507
맑스 15, 27~31, 33, 36~38, 40~44, 46, 57, 61, 86, 90, 93, 94, 96, 98, 100, 112, 180, 181, 209, 211, 252, 253, 260, 324, 334, 337, 346, 385, 386, 388, 389, 393~401, 430, 432, 447, 448, 453, 455, 456, 470, 471, 501, 509
맑스주의 16, 27~29, 33, 46, 49, 57, 133, 248, 258, 324, 385, 398, 455, 457, 458
메일링리스트 78, 239, 246
명령적 예속화 486
무노동무임금 제도 163, 365
무슬림 290, 291
무정부 8, 88, 92, 93, 137, 238, 358, 389, 401
무정부주의 208, 383~386, 388, 389, 394, 395, 398
무질서 8, 138, 326
물질적 45, 107, 122, 136, 238, 248~252, 254, 379, 419, 442~445, 473, 480
미국 9~15, 52, 58, 59, 66, 69, 71, 72, 75, 96, 109, 113, 115, 116, 118, 127~135, 137~142, 151, 154, 168, 170, 175, 192, 205, 230, 231, 233~235, 237, 240, 245, 246, 275, 276, 281~287, 289~291, 293, 295, 310, 350, 356, 394, 413, 425~428, 434~437, 439, 506
미디어 71, 78, 84, 120, 121, 192, 222, 223,

227, 238, 247, 258, 263, 264, 376, 421, 436

미주자유무역협정(FTAA) 114, 115

민족해방운동 54, 88, 208, 210

민주노동당 161, 348, 373, 407, 408, 410~412, 416, 489

민주노조운동 366, 367, 371, 377, 488~490, 493

민주노총 175, 348, 353, 365, 366, 371~373, 490, 492, 500

민중 15, 54, 64, 70~73, 85, 107, 108, 119~121, 124, 140, 150, 169, 192, 193, 207, 210, 213, 218~221, 225, 226, 246, 270, 275, 277, 279, 280, 282~289, 291~294, 296, 299, 312, 317, 320, 323, 328, 329, 341~351, 354, 362, 363, 365, 368, 376, 380, 404, 406, 413, 415, 422, 425, 426, 436, 437, 486

민중권력 323, 330, 340, 341, 342, 384

민중사회론 323, 339~345, 349

민중운동 322, 334, 335, 338, 339, 343, 347, 351, 353, 374~377, 409, 411, 412, 424, 469

ㅂ

바그다드 7, 8, 14, 280

바꾸닌주의 385, 386

반전운동 11, 14, 171, 246, 260, 354, 449

반지구화투쟁 125

버츄얼리티 17, 485, 502

버츄얼 17, 53, 484, 485, 494~496, 501~509

베를린 장벽 75, 197, 232, 278, 384

벤야민 429~433, 436, 441, 442, 448, 465

변증법 100, 117, 255, 420, 432, 436, 466

보편주의 131, 141, 142

볼셰비끼 65, 478

부르주아지 100, 291, 295, 296, 310, 319, 334, 336, 346, 389

부시 7, 8, 10, 14, 84, 131, 134, 283, 284, 426, 427, 435, 436, 438, 439, 508

북대서양조약기구(NATO) 11, 187, 272

북미자유무역협정(NAFTA) 114, 170, 187, 245, 265, 422

불복종 14, 127, 209, 210, 261, 283, 307, 338, 347, 360, 489, 509

붉은 악마 238, 351, 352, 380, 414

브레진스키 137, 138, 510

블로거 236, 239, 246

비물질적 노동 45, 248~252, 254, 442~444, 473, 480

(비)보장 노동자 67

비임금 44, 46, 467, 471

비정부기구(NGO) 71, 120, 124, 218

비판이론가 40, 448, 466

ㅅ

사빠띠스따 75, 125, 195, 196, 245, 260, 306, 321, 324, 354, 421, 422, 437, 458, 468

사회(민주)주의 88~92, 429

사회공장 464, 468, 501

사회구성체론 457

사회민주주의 64, 89, 125, 185, 193, 208,
　　300, 301, 305, 348, 349, 373, 380, 384,
　　400, 402, 408~413, 415~417, 419, 420,
　　422, 424, 450, 506

사회변혁 93, 305, 323, 340, 342, 343, 487,
　　488

사회운동 54, 74, 80, 158, 216, 259, 305,
　　339, 340, 374, 376, 378, 398

사회적 관계 43, 45, 318, 343, 442

사회적 생산력 32, 34, 42, 43, 98, 181

사회적 연합 253

사회적 자본 85, 90~92, 94, 95, 97, 108,
　　155

사회적 주체 43, 44, 185, 253, 259, 363, 373,
　　374, 380

사회적 협력 50, 123, 252, 301, 443

사회주의 66, 73, 75, 79, 83, 89, 94, 104,
　　125, 140, 175, 197, 209, 215, 220, 221,
　　238, 279, 284, 294, 319, 327, 329, 341,
　　348, 349, 373, 379, 383~385, 395, 396,
　　398, 401~403, 409~411, 425, 429, 431,
　　448, 450, 451, 453~459, 465, 466, 468,
　　479, 480, 486, 488, 489, 506

사회주의자 93, 303, 383~386, 394, 455, 465

사회편성 54, 55, 62

사회혁명 391, 410, 432, 432

사회형성론 323

사회화 80, 85, 90, 91, 93, 98, 101, 104, 111,
　　146, 156, 157, 159, 166, 181, 182,
　　185~188, 194, 197, 212, 218, 252, 399,
　　402, 480, 481, 504, 509

산 노동 40~42, 44, 45, 95, 98~100, 102,
　　103, 106, 109

산업자본 67, 68, 110, 368, 391, 523

산업혁명 62, 89, 501

삶권력 71, 146, 161, 172

삶정치 47, 69~71, 76, 77, 109, 119, 120,
　　124, 125, 170, 171, 173, 384, 450, 455,
　　471, 478, 479

상대적 잉여가치 28, 32~34, 38, 39, 46, 90,
　　96~98, 204, 252

상황주의자 29, 40, 465, 466

새로운 주권형태 65, 159, 195, 255, 364

새로운 주체성 44, 45, 50, 106, 107, 126,
　　198, 213, 252, 317, 320, 321, 354, 363,
　　374, 376, 380, 423, 484, 507

생산관계 80, 325, 339

생산력 32, 34, 36, 42, 43, 60, 62, 80, 96~99,
　　107, 109, 139, 181, 182, 185, 203, 204,
　　220, 240, 252, 253, 379, 399, 402, 403,
　　418, 458, 459, 470, 479

생산물 32, 37, 43, 102, 126, 249, 391, 392,
　　419, 443, 453, 457, 460, 470, 479, 483

생산성 35, 48, 107, 148, 157, 181, 205, 206,
　　212, 251, 252, 255, 301, 443, 455, 491

생산수단 31, 32, 63, 73, 77, 112, 251, 340,
　　341, 393, 399, 400~402, 415, 416, 453,
　　458, 459, 476, 479

생산양식 30, 32~34, 38, 40, 46, 83, 85, 90,
　　93~95, 105, 444, 470

생산조건 31, 224, 395, 403, 404

생태 77, 88, 125, 164, 166, 167, 194, 225,
　　262~364, 375, 384, 414, 450, 451, 464,

468, 508

석유위기 276, 277, 281, 307

세계질서 75, 138, 426, 446, 508

세계화 54, 57, 145, 169, 170, 174, 331, 364, 378, 472, 514

소련 9, 66, 108, 129, 133, 138, 140, 241, 280, 282, 288, 384, 410, 425, 465, 466

소비에뜨 63, 65, 209

소외 30, 45, 99, 207, 238, 451, 484, 495

쇼라 75, 127, 278, 292~294, 319

수용소 9, 10, 11, 14, 16, 472

숙련 노동자 64, 65, 97, 204

스딸린주의 383~385, 465, 466

스펙터클 84, 421, 423, 501

시뮬레이션 186, 473

시민불복종 운동 261, 338

식민주의 176

신보수주의 133, 134, 140, 141, 170, 171, 436, 437, 445, 448

실업자 67, 126, 135, 162, 182, 211, 212, 256, 263, 306, 310~315, 317, 320, 403, 416, 467, 470~472, 496

실제적 포섭 29, 33, 38~41, 43~46, 49~51, 90, 91, 104, 122, 147, 166, 170, 180~182, 187, 344, 351, 376, 428, 494, 497

싸이버네틱 228, 263, 265, 442

싸이버스페이스 15, 78, 225, 229, 231, 236~241, 243~247, 253, 255~258, 264~270, 321, 492

씨애틀 75, 84, 108, 125, 196, 245, 260, 354, 438, 506

ㅇ

아감벤 9

아랍 11, 279, 279, 280, 282, 284, 286, 287, 289, 290, 296, 318

아상블라쥬 419, 475

아우또노미아 29, 40

아프가니스탄 전쟁 137, 170, 425, 435, 439

아프리카 74, 175, 265, 274, 297~300, 302~305, 307, 318, 319, 439, 472

악의 축 132, 134, 137, 138, 435, 439

안또니오 네그리 5, 29, 40, 41, 43~45, 48, 50, 56~58, 68, 69, 72, 74, 92,107, 111, 118, 120, 121, 131, 145, 179, 187, 190, 247~251, 255, 259, 272, 317, 324, 352, 442, 443, 447, 455, 456, 459, 460, 468, 470, 475, 506, 507

알 카에다 437

알파넷 230~232, 240

압둘 카림 까심 280

앨 고어 133, 134

엠마뉘엘 토드 128, 129, 130, 139

엥겔스 383, 385, 386, 389, 391~394, 399~401, 403, 447, 468, 509

여성운동 88, 374

역사유물론 433, 434

영토 63, 64, 66, 69, 70, 111, 119, 160, 170, 176, 206, 237, 238, 241, 271, 285~288, 349, 469, 504

예방주의 127, 133, 134, 136, 138, 142

예속화 전략 489, 490

오뻬라이스모 29, 40

욕구 32~36, 45, 70, 71, 98, 103, 106, 108, 119,
  120, 177, 221, 279, 361, 406, 413, 443,
  452, 467, 468, 471, 480

욕망 70, 74, 77, 120, 140, 141, 197, 223, 484,
  493, 496, 498, 499, 505, 507, 509

욕망모델 485, 489, 493, 499, 508

원주민 108, 135, 195, 196, 201, 245, 306, 320,
  422, 472

월드와이드웹(WWW) 229, 232

유럽중심주의 272, 273, 318, 320, 321

유럽혁명 74

유시민 405~409

유엔 11, 69, 113, 118, 132, 139, 285, 286, 426

유연화 145, 146, 162, 163, 300~332, 365, 369,
  370, 491

육체노동 45, 97, 204, 442, 488, 489

윤리정치 16, 17, 265, 269, 380, 404, 483, 485,
  508

이민 133, 135, 137, 187, 194, 259, 416, 480

이슬람 근본주의 275, 277, 278, 284, 287,
  289~291, 295, 307, 319

이탈리아 29, 40, 74, 232, 321, 438, 442, 468

인간 해방 399, 401

인터넷 소사이어티 232

인플레이션 130, 184, 277, 278, 307~309, 472

일국주의 398

일반지성 42~44, 224, 475, 476

일방주의 11, 15, 71, 78, 109, 110, 113, 127,
  131, 133, 134, 137, 138, 142, 170, 171, 228

일본 128~130, 139, 142, 150, 152, 154, 155,
  169, 175, 232, 233

임금인상 277, 348, 364, 492

잉여노동 31, 47, 101~103, 105, 188, 189, 470

잉여노동시간 46, 86, 96, 101, 103, 105

ㅈ

자기가치화 30, 61, 100, 103, 108, 172, 268,
  324, 424, 443, 445, 448, 458

자기결정 5, 35, 293, 421, 477

자기조직화 73, 358, 424

자동기계 432, 462, 476

자동화 205, 211, 391, 41, 426, 471

『자본론』 15, 27~29, 36, 85, 86, 90, 96, 112,
  457

자본운동 58, 59, 89, 496

자본합성 53, 325

자유무역협정 114, 115, 116, 154

자유주의 104, 279, 305, 334, 437, 451,
  453~458, 468

자유화 114, 115, 145, 146, 162, 217, 300, 308,
  309, 311, 331, 332, 368

자율운동 411, 468

자율주의 48, 248, 249, 258, 384~386, 402,
  424, 442, 451, 452, 457~458, 461

잡종화 354, 423

재구조화 55, 58, 150, 185, 328, 344, 361, 362,
  365, 375, 378, 488, 489

재배치 41, 126, 137, 144, 145, 151, 158, 160,
  191, 268, 324, 359, 367, 422, 502, 504

재현 8, 70, 112, 120, 218, 219, 223, 238, 254,
  420, 421, 446, 449, 478, 479, 480

저작권 257, 258, 266, 505

저항모델 484

적대적 구성 38, 40, 50

전노협 490, 492

전두환 145, 362, 363, 378, 409, 487

전위운동 488, 493, 493, 508

전쟁기계 49, 72, 498

절합 59, 69, 71, 72, 119, 121, 181

정보화 44, 91, 111, 136, 146, 148, 162, 233,
    247, 328, 344, 403, 426, 471, 484, 485,
    492, 501, 505, 508, 509

정서적 노동 47, 250, 251

정신노동 488, 489

『제국』 56, 57, 69, 74, 107, 118, 145, 179, 247,
    248, 272, 324, 442, 455

제국기계 5, 11, 16, 109, 470

제국적 주권형태 94, 504

제임슨 496

조합주의 121, 217, 304, 329, 348, 367, 370,
    488, 492

주권자 10, 175

주권합성 15, 62, 64, 75, 111, 148, 206, 207,
    209, 219, 239, 258, 271, 322~327, 332,
    336, 338~340, 342, 345~347, 349~351,
    355, 473

주민평의회 315, 316, 320

주변부국가 60, 61

주변부의 반란 274

주변화 183, 416, 416

주체화 44, 478, 480, 482

중간계급 308, 310, 311, 315, 316, 317, 320

중국 11, 12, 75, 128, 132, 138~141, 150~152,
    154, 168, 169, 241, 285, 364

중국혁명 74

중심부국가 61

중앙권력 69, 119

중앙정부 156

쥐페 259

지구제국 11, 15, 71, 110, 112, 113, 116,
    124, 125, 127~129, 131, 132, 135, 137,
    138, 141, 142, 145~147, 149, 150, 154,
    159~161, 172, 189, 190, 194~197, 324,
    436, 439, 466, 470, 472, 473, 481, 508,
    509

지구촌 15, 142, 173, 174, 188, 191, 192

지구화 반대 투쟁 75

지배권력 484, 486

지성화 97, 98, 101, 136, 182, 185, 488, 501,
    507

지역주의 167, 169, 171, 274

지역통합 126

지역혁신클러스터 145, 152, 158, 160, 162,
    163

지적재산권 78, 241, 243, 258

진리모델 484~489, 493, 499, 508

진보주의 142, 436, 441, 458~460

집단지성 239, 255, 260

집속탄 8, 426

집중의 정치 385

ㅊ

참여민주주의 377, 405, 407~409, 411~417,
    419, 422, 424

채플린 44

척도부과적 행위 448
천안문 75, 108, 150, 241
첨단산업 150, 153, 163, 375
추상노동 250
치아빠스 75, 84, 108, 245, 265, 422
치안기계 9, 11, 16

ㅋ

컴퓨터바이러스 242
케네스 톰슨 230
케인즈주의 64~67, 79, 94, 104, 181, 210,
    218, 465, 469, 480
코말라 288
코뮤니즘 51, 80, 224, 252, 358, 395, 453,
    455~457, 475, 477, 479, 480, 482
코뮨 10, 15, 63, 196, 221, 306, 397, 398,
    400, 402, 480, 481
쿠데타 11, 113, 138, 279, 280, 307
쿠르드족(인) 281, 284, 285, 288, 289
클린턴 133, 427

ㅌ

탈계급성 339, 340, 346, 375
탈계급화 346, 349
탈구 255, 327, 423
탈구성 73, 325, 366, 367, 370, 371, 378
탈근대 지구촌 142, 173
탈영토 5, 68, 160, 191, 418, 419, 480, 484,
    496, 498, 500, 504

탈자본주의 89
탈제국주의 67
탈코드화 48
테러 8, 10, 83, 99, 126, 133, 134, 136, 137,
    141, 287, 290, 291, 437, 439, 506
테러리즘 100, 127, 184, 290
테러에 대항하는 전쟁 428, 439
테크놀로지 69, 119, 166, 191, 228, 321, 404,
    478, 479, 485, 496, 504
텔넷 230
통치 121, 122, 123, 169, 209, 227, 241, 243,
    255, 281, 321, 377, 406, 413, 477
투쟁순환 76, 258, 260, 262
투쟁주기 73~75, 258, 260
특이성 73, 79, 189, 190, 218, 220, 412, 457,
    460, 474, 475, 480, 488, 490
팀 버너스 리 232

ㅍ

파놉티콘 10, 11, 77, 243
파리코뮨 209, 399, 478
파시즘 74, 362, 383, 429
파업 37, 77, 167, 195, 197, 204, 260, 276,
    280, 297, 300, 303, 304, 308, 309, 316,
    363, 386, 406, 491
팔레비 275~277, 279, 292, 293
퍼블릭 액세스 264
페미니스트 46, 260, 261
페미니즘 77, 259, 384
펜타곤 126

평의회 74

평조합원 488, 493

포드주의 65, 181, 206, 209, 248, 263, 328, 465

포섭론 15, 27~30, 40, 50, 90

포스트모더니즘 84, 88, 223, 494~497

폴 울포위츠 134

프랑스 12, 29, 74, 75, 96, 108, 114, 196, 204, 237, 259, 282, 431

플라톤 459, 468, 499

필요노동 47, 101~103, 105, 188, 189, 470

필요노동시간 46, 96, 101~103, 105, 204

ㅎ

하메네이 279

하이퍼텍스트 232

한국 노동자 총파업 75, 114

한국경제 145, 356, 367

한국전쟁 66, 486

해고노동자 492

해킹 78, 242, 256, 264, 266

핵 8, 157

핵무기 128, 132, 139, 140, 514

헤겔 459

현대 자본주의 53, 136, 324, 427, 436, 470

협력의 정치 386

협업 32, 62, 90, 97, 104, 202, 252, 392

형식적 포섭 30, 31, 32, 46, 50, 96, 166, 168, 180

호메이니 138, 275, 277~279, 290, 292~294

혼종 122~124, 352, 480

혼합 68, 72, 121, 124, 466

홉스 345, 468

화폐자본 183, 184, 360

확대재생산 87, 344, 479

활력 29, 45, 55, 62, 65, 68, 98, 99, 100, 105, 106, 109, 113, 136, 142, 158, 185, 191, 197, 221, 225, 226, 237, 251, 324~326, 338, 343, 350, 354, 358, 359, 379, 414, 423, 424, 445, 446, 452, 475, 477, 480, 482

후기자본주의 496

후세인 7, 10, 13, 14, 281~285, 288, 289, 294, 426, 437

훈육 47, 70, 119, 123, 195, 197

희망 15, 88,99, 244, 289, 298, 433, 482

기타

1917년 혁명 63, 64, 65, 66, 74, 89, 180, 204, 209, 401, 465, 480

1968년 혁명 45, 67, 74, 108, 133, 182, 210, 215, 277, 360, 416, 466~468

6월 항쟁 376, 378, 405~407

9·11 테러 133, 134, 291, 438

14. **포스트모더니즘 이후의 정치와 문화**

마이클 라이언 지음 / 나병철 · 이경훈 옮김

마르크스주의와 해체론의 연계문제를 다양한 현대사상의 문맥에서 보다 확장시키는 한편, 실제의 정치와 문화에 구체적으로 적용시키는 철학적 문화 분석서.

15. **디오니소스의 노동 · I**

안토니오 네그리 · 마이클 하트 지음 / 이원영 옮김

'시간에 의한 사물들의 형성'이자 '살아 있는 형식부여적 불'로서의 '디오니소스의 노동', 즉 '기쁨의 실천'을 서술한 책.

16. **디오니소스의 노동 · Ⅱ**

안토니오 네그리 · 마이클 하트 지음 / 이원영 옮김

이딸리아 아우또노미아 운동의 지도적 이론가였으며 『제국』의 저자인 안또니오 네그리와 그의 제자이자 가장 긴밀한 협력자이면서 듀크대학 교수인 마이클 하트가 공동집필한 정치철학서.

17. **이딸리아 자율주의 정치철학 · 1**

쎄르지오 볼로냐 · 안또니오 네그리 외 지음 / 이원영 편역

이딸리아 아우또노미아 운동의 이론적 표현물 중의 하나인 자율주의 정치철학이 형성된 역사적 배경과 맑스주의 전통 속에서 자율주의 철학의 독특성 및 그것의 발전적 성과를 집약한 책.

19. **사빠띠스따**

해리 클리버 지음 / 이원영 · 서창현 옮김

미국의 대표적인 자율주의적 맑스주의자이며 사빠띠스따 행동위원회의 활동적 일원인 해리 클리버 교수(미국 텍사스 대학 정치경제학 교수)의 진지하면서도 읽기 쉬운 정치논문 모음집.

20. **신자유주의와 화폐의 정치**

워너 본펠드 · 존 홀러웨이 편저 / 이원영 옮김

사회 관계의 한 형식으로서의, 계급투쟁의 한 형식으로서의 화폐에 대한 탐구, 이 책 전체에 중심적인 것은, 화폐적 불안정성의 이면은 노동의 불복종적 권력이라는 것을 이해하는 것이다.

21. **정보시대의 노동전략 : 슘페터 추종자의 자본전략을 넘어서**

이상락 지음

슘페터 추종자들의 자본주의 발전전략을 정치적으로 해석하여 자본의 전략을 좀더 밀도있게 노동의 관점에서 분석하고 또 이로부터 자본주의를 넘어서려는 새로운 노동전략을 추출해 낸다.

22. **미래로 돌아가다**

안또니오 네그리 · 펠릭스 가따리 지음 / 조정환 편역

1968년 이후 등장한 새로운 집단적 주체와 전복적 정치 그리고 연합의 새로운 노선을 제시한 철학 · 정치학 입문서.

23. 안토니오 그람시 옥중수고 이전

리처드 벨라미 엮음 / 김현우 · 장석준 옮김

『옥중수고』 이전에 씌어진 그람시의 초기저작. 평의회 운동, 파시즘 분석, 인간의 의지와 윤리에
대한 독특한 해석 등을 중심으로 그람시의 정치철학의 숨겨져 온 면모를 보여준다.

24. 리얼리즘과 그 너머 : 디킨즈 소설 연구

정남영 지음

디킨즈의 작품들에 대한 치밀한 분석을 통해 새로운 리얼리즘론의 가능성을 모색한 문학이론서.

31. 풀뿌리는 느리게 질주한다

시민자치정책센터

시민스스로가 공동체의 주체가 되고 공존하는 길을 모색한다.

32. 권력으로 세상을 바꿀 수 있는가

존 홀러웨이 지음 / 조정환 옮김

사빠띠스따 봉기 이후의 다양한 사회적 투쟁들에서, 특히 씨애틀 이후의 지구화에 대항하는 투쟁
들에서 등장하고 있는 좌파 정치학의 새로운 경향을 정식화하고자 하는 책.

피닉스 문예

1. 시지프의 신화일기

석제연 지음

오늘날의 한 여성이 역사와 성 차별의 상처로부터 새살을 틔우는 미래적 '신화에세이'!

2. 숭어의 꿈

김하경 지음

미끼를 물지 않는 숭어의 눈, 노동자의 눈으로 바라본 세상! 민주노조운동의 주역들과 87년 세대,
그리고 우리 시대에 사랑과 희망의 꿈을 찾는 모든 이들에게 보내는 인간 존엄의 초대장!

3. 볼프

이 헌 지음

신예 작가 이헌이 1년여에 걸친 자료 수집과 하루 12시간씩 6개월간의 집필기간, 그리고 3개월간
의 퇴고 기간을 거쳐 탈고한 '내 안의 히틀러와의 투쟁'을 긴장감 있게 써내려간 첫 장편소설!

4. 길 밖의 길

백무산 지음

1980년대의 '불꽃의 시간'에서 1990년대에 '대지의 시간'으로 나아갔던 백무산 시인이 '바람의
시간'을 통해 그의 시적 발전의 제3기를 보여주는 신작 시집.